성경을 성실히 연구하여 거기 계시된 하나님께 신실하자는 저자의 관심은
계시의 핵심을 포착한다. 목차와 내용이 잘 드러내는 것처럼,
이 책은 순종을 향한 열정과 치밀한 성경 읽기의 행복한 결혼을 보여 준다.
치밀한 열정이라는 저자의 양날 선 읽기를 따라가면서,
우리는 자신의 삶의 맹목적 허술함과 신학의 메마른 냉기로 인해 부끄러워진다.
성경 계시에 관한 물음이 왜 삶에 관한 물음이 되는지,
삶에 관한 물음이 왜 하나님의 말씀으로 회귀하는지를 보여 준다는 점에서,
저자의 목소리는 "하나님의 약속"을 높이 외치며 "믿음의 삶"을 촉구하던
옛적 예언자들을 생각하게 한다.
―권연경, 웨스트민스터신학대학원대학교 신약학 교수

이 책은 20년 이상 성경 신학 분야에서 탁월한 학문적 성취를 이룩해 온
저자의 영적 통찰과 경건이 어우러진 놀라운 책이다.
한마디로, 구원의 진리에 대한 독보적인 성경 신학적 해설서다.
저자는 성경이 인간의 근본적인 문제에 답을 제시하는 하나님의 말씀이라는
확신의 토대 위에서, 창세기부터 요한계시록에 이르는 성경 전체의 메시지를
명쾌하게 해설한다. 성경의 권위가 심각하게 도전을 받는
문화적·종교적 다원주의 시대에, 성경에 나타난 하나님의 메시지만이
인간에게 구원을 약속한다는 사실을 매우 설득력 있게 제시한다.
따라서 이 책을 읽는 독자들은 누구나 성경적인 구원의 진리를 올바르게
이해할 수 있고, 구원의 진리에 대한 확신과 열정을 회복할 수 있을 것이다.
―길성남, 고려신학대학원 신약학 교수

해프먼은 이 책에서 성경 신학이 삶의 모든 영역의 토대가 되며
더없이 실용적인 학문임을 보여 준다. 믿음, 소망, 사랑은 현실과 동떨어진
추상적인 덕목으로 우리에게 생경하다는 인상을 주는 것 같다.
해프먼은 믿음, 소망, 사랑의 진정한 의미가 무엇인지를 파헤치는 동시에,
그 같은 덕목들이 성경 전체를 아우르는 신학과 어떤 연관이 있는지를 밝힌다.
여기 신학과 실천을 융합하고, 지성과 감성에 도전을 주며,
하나님에 대한 인식을 바꿔 놓고, 미래에 대한 소망으로 마음을
한껏 부풀어 오르게 하는 책이 있다. 해프먼이 자신만만하게 설명하듯,
이 같은 소망을 품게 되면 우리는 거리낌없이 우리 자신뿐 아니라
다른 사람들도 사랑하게 될 것이다.
-토마스 슈라이너(Thomas R. Schreiner), 남침례 신학교 신약해석학 교수

스코트 해프먼은 뛰어난 교사로서 성경에 나타난 구속(救贖)의 범위와 구조를
이 시대 어느 학자 못지않게 훤히 꿰뚫고 있다.
이 책에서 해프먼은 성경 신학의 진지한 연구 결과를 쉽게 풀어내
사려 깊은 그리스도인들에게 선보인다. 우리는 성경의 언약 구조, 하나님의 율법,
안식일, 이 세상의 선과 악, 하나님의 자녀들이 당하는 고난, 믿음과 순종의
필연적 관계를 어떻게 이해해야 하는가? 해프먼이 제시하는 해답은,
내가 기도해 왔고 이 시대가 절실히 필요로 하는 개혁/부흥을 촉진하는 데
기여할 것이다. 가능할 때마다, 나는 진지하게 성경을 연구하고자 하는 사람들의
욕구를 충족시키기 위해 이 책을 개인적으로 활용할 것이다.
통찰력 넘치는 본서를 두 손 들어 환영한다.
-존 암스트롱(John H. Armstrong)
 일리노이 주 캐롤 스트림 소재, 개혁 및 부흥 목회 연구소 소장

해프먼은 성경 계시의 중심과 삶의 한가운데 계시는 은혜와 영광의 하나님을
포괄적이며 원대하게 그려 내고 있다. 이 같은 묘사와 더불어
그는 우리에게 하나님 앞에서 신실하게 살라고 촉구한다.
설령 그것이 문화를 거스르는 것으로 드러나더라도 말이다. 뛰어나며,
원기를 북돋울 뿐만 아니라 참신하기까지 한 책이다.
-데이비드 웰즈(David F. Wells)
　고든-콘웰 신학교 앤드류 머취 역사신학 및 조직신학 석좌교수

우리 그리스도인들은 모름지기 성경을 사랑하는 백성이 되어야 한다는 사실을
익히 알고 있음에도 그간 성경 연구를 게을리 해 왔다.
그것은 더 시급히 처리해야 하거나 더욱 커다란 흥미를 자아내는 일들이
생기기 때문이다. 성경이 마음에 쉽게 와 닿지 않는다는 이유도 있었다.
즉각적인 만족을 추구하는 현대인들은 여러 가지 일을 처리하는 뇌에
과중한 부담을 주지 않을 정도의 적당한 정보를 원한다.
해프먼의 안내서는 독자적으로 성경 연구를 하는 데서 오는 기쁨을
누려 보지 못한 교회에 더없이 소중한 도움을 제공한다.
저자는 학문적 통찰과 목회적 관심을 절묘하게 배합하면서, 이스라엘의 역사,
예수님 및 교회의 선교에 대한 포괄적 이해라는 테두리 안에서 성경에 나타난
주요 신학적 주제들을 간결하면서도 탁월하게 풀어내고 있다.
21세기에 즈음하여, 이 책은 새로운 믿음의 세대에게
진정한 성경의 사람이 되도록 격려하며 힘을 실어 줄 것이다.
-제임스 스코트(James M. Scott), 트리니티 웨스턴대학교 종교분과 교수

이 책은 성경을 진지하게 연구하고자 하는 독자들에게 제격이다.
하지만 내용을 제대로 소화하기 위해 굳이 학자가 될 필요까지는 없다.
내용을 곱씹다 보면 깊이 감춰진 보물을 건져올릴 수 있다.
특히 하나님의 주권과 그것이 그리스도인의 믿음 및 하나님이 세우신
약속의 성취와 어떻게 연결되는지를 설명한 대목은 가히 압권이라 할 수 있다.
이러한 시도는, 하나님을 절대 주권자이자 전지한 분으로 보는 시각이
점차 퇴조하는 오늘날의 복음주의 세계에 절실히 필요하다.
본서는 단순히 이론적인 연구에 머물지 않고 '신학'을 철두철미 그리스도인들의
일상적 삶과 연결짓는 일에 관심을 갖는다. 고난에 대한 논의는
독자들에게 특히나 도움이 될 것이다. 성경 해석과 그에 따른 신학적 함의들과
진지하게 씨름하는 일이 그리스도인들이 현실을 살아가는 데에
더없이 소중하다는 사실을 저자는 설득력 있게 제시하고 있다.
이 책의 또 하나의 장점은 구약 성경의 중심 주제들이
신약 성경과 어떻게 연결되는지를 탁월하게 풀어내고 있다는 것이다.
—G. K. 비일(G. K. Beale), 휘튼대학교 성서 및 신학 대학원 신약학 교수

하나님의 약속을 이루어 가는

온전한 신뢰

스코트 해프먼 ● 강봉재 옮김

Ivp

한국기독학생회(IVF: InterVarsity Christian Fellowship)는
'캠퍼스와 세상 속의 하나님 나라 운동'을 비전으로
'캠퍼스 복음화, 기독 학사 운동, 세계 선교'를 사명으로 삼고 있는
초교파적, 복음적인 신앙 운동체입니다.

IVF는 전국 각 대학에서 활동하고 있으며
이에 대한 자세한 사항은
100-619 서울중앙우체국 사서함 1960호 IVF
(전화 333-7363)로 문의해 주시기 바랍니다.

IVP는 InterVarsity Press의 약어로
한국기독학생회(IVF)의 출판부를 뜻합니다.

본서의 전부 혹은 일부는 서면 인가 없이 복사
(프린트 · 제록스 · 마스터 · 사진 및 기타)할 수 없습니다.

The God of Promise and the Life of Faith
Copyright © 2005 by Scott J. Hafemann
Published by Crossway Books
a division of Good News Publishers
Wheaton, Illinois 60187, U. S. A.
This edition is published by arrangement
with Good News Publishers
All rights reserved.

Translated and used by permission of Crossway Books
through the arrangement of KCBS, Literary Agency, Seoul, Korea.

Korean Edition
© 2006 by Korea InterVarsity Press
C. P. O. Box 327, Seoul, Korea

Understanding the Heart of the Bible

The God of Promise and the Life of Faith

SCOTT J. HAFEMANN

사랑하는 아들,
존 다니엘과 에릭 스콧에게

| 차례 |

한국어판 서문 _13

감사의 말 _17

여는 말: 성경으로 돌아가자 _23

1. 우리는 왜 존재하는가? _31
   천지 창조가 주는 교훈

2. 하나님을 안다는 것은 어떤 의미인가? _55
   안식일과 언약의 하나님

3. 무엇이 잘못되었으며, 하나님은 어떤 조치를 취하셨나? _83
   자기 의존 그리고 안식으로의 부르심

4. 우리는 왜 상황을 초월해 하나님을 신뢰할 수 있는가? _113
   믿음의 초점과 토대

5. 만물의 회복을 위해 하나님은 왜 그토록 오래 기다리시는가? _145
   '소망으로 구원받음' —미래를 바라보는 삶

6. 이 세상은 왜 고통과 악으로 가득 차 있는가? _177
   고난과 하나님의 주권

7. 하나님의 백성이 왜 고난을 당하는가? _207
   고난의 학교

8. 하나님의 백성은 왜 하나님께 순종하는가? _233
   성결과 소망

9. 예수님으로 인해 무엇이 달라지는가? _261
   믿음, 용서, 거리낌없는 순종

   맺는 말: 우리는 누구인가? _295

   주 _311

한국어판 서문

한국의 그리스도인 형제자매들에게 이 책을 선보이게 된 것을 매우 기쁘고 영광스럽게 생각합니다. 한국 교회가 뜨거운 열정으로 그리스도를 섬기고 있음은 전 세계 그리스도인들이 익히 알고 있습니다. 한국 교회 성도들이 하나님의 약속에 비추어 헌신하는 삶을 살아내고 있다는 사실은 뜨거운 예배, 신실한 기도 및 선교에 대한 소명에서 확연히 드러나고 있습니다. 나아가, 여러분이 하나님을 의식하면서 믿음의 형제들과 더불어 살아내는 공동체적 삶은 서구 그리스도인들이 본받을 점이라고 봅니다.

이 책은 성경에 기초해 이처럼 의미심장한 헌신의 본질과 중요성을 심도 있게 파헤치고 있습니다. 특별히 이 책은 하나님이 우리에게 자신의 신실하심을 드러내셨기에 이에 대한 응답으로 우리가 그분을 신뢰하는 삶을 살게 되었음을 성경을 통해 입증하고자 합니다. 아울러, 그리스도인들이 서로 맺는 관계는, 그들이 하나님과 맺는 언약의 관계를 반영해야 하는 것임을 이 책은 명백히 보여 주고 있습니다.

하지만 전 세계 그리스도인들이 하나님과의 관계, 동료 그리스도인들과의 관계를 삶으로 살아내고자 할 때 부딪치는 근본적인 질문이 있습니다. '믿음'이란 정확히 무엇이며, 하나님의 약속을 믿는 삶을 살아낸다는 것은 무엇을 의미하는가? 그리고 하나님이 신실하신 분이라면, 어째서 예수를 따르는 사람들이 그처럼 모진 고난을 당하는가? 하나님은 죄와 고통이 만연한 이 세상에서 살아가는 그리스도인들에게 건강과 부를 약속하시는가? 타락한 세상으로 인한 고통의 한가운데서, 우리는 왜 그리고 무엇을 위해 기도해야 하는가? 그리고 하나님은 약속을 이루시기까지 왜 그토록 오래 기다리시는가? 하나님은 과연 고통을 다스리시는 주권자이신가? 반면에, 만일 우리가 믿음으로 구원을 얻는다면, 하나님은 왜 우리에게 순종하라고 하시는가? 사랑이 왜 하나님의 율법의 완성이며, 그리스도인들은 왜 그분께 불순종하기를 밥 먹듯이 하는가? 이 세상에서 개인으로 그리고 하나님의 백성의 일원으로 그리스도를 따른다는 것은 진정 무엇을 의미하는가?

이같이 중요한 질문에 답하기 위해 우리는 하나님이 택하신 백성들—아담, 아브라함 및 이스라엘에서부터 예수와 교회에 이르기까지—과 세우신 언약의 본질에 대해 성경이 어떻게 말하고 있는지 살펴볼 것입니다. 우리는 하나님의 약속을 신뢰하는 것과 그분의 명령에 순종하는 것이 어떤 관계인지를 살펴볼 것입니다. 우리는 또한 고난의 문제와 하나님의 주권에 대해 진지하게 검토할 것입니다. 하나님이 과거에 자신의 백성을 세우시고 구원하시기 위해 어떻게 역사하셨는지, 그분이 미래를 내다보시고 하신 약속이 어떤 것인지, 그리고 그로 말미암는 믿음, 소망, 사랑의 삶이 일상에서 어떻게 펼쳐지는지를 집중적으로 탐구할 것입니다.

특별히 번역하느라 여러모로 애를 쓴 역자와 이 책을 출간하기로 결정한 IVP에 깊은 감사를 전합니다. 제 책이 한국어로 번역 출간되는 것은 하나님이 제게 베푸신 또 하나의 놀라운 은혜입니다.

2006. 11. 15
스코트 J. 해프먼
메리 F. 록펠러 신약학 석좌교수
고든-콘웰 신학교

감사의 말

각각의 책에는 우리 이야기처럼 하나님의 은혜를 증거하는 각각의 이야기가 있다. 특별하다고 할 수 있는 이 책이 세상에 모습을 보이기까지는 14년이라는 세월이 필요했다. 그 시작은 내가 인디애나 주 업랜드 소재 테일러대학교에서 2년째 가르치던 1986년으로 거슬러 올라간다. 바로 그해, 이 책의 기본 골격과 논지의 주된 방향이 정해졌다. 삶을 변화시키는 성경의 핵심 메시지를 내가 이해한 대로 다른 사람들에게 알려 주어야겠다는 것이 처음부터 내 목표였다. 먼저 성경을 다양한 시각으로 볼 수 있도록 더없이 커다란 가르침을 주신 세 분 선생님, 존 파이퍼(John Piper) 박사님, 다니엘 풀러(Daniel Fuller) 박사님 그리고 피터 스튤마허(Peter Stuhlmacher) 박사님께 감사드린다. 귀중한 가르침을 주신 선생님들께 감사를 표하는 일은 아무리 해도 피곤치 않은 법이다.

그 당시 리드 홀(Reade Hall) 2층에 있는 타이핑실에서 수고를 아끼지 않았던 여러 비서에게도 감사를 전한다. 오랜 세월 탓에 그들의 이름을 기억하지 못해 안타깝기만 하다. 내가 갈겨쓴 원고를 2층 타이핑실로 가져가면 깔끔하게 타이핑되어 나온 일이 기억에 새롭다. 당시에는 개인용 컴퓨터가 없던 터라 그들이 도와주지 않았다면 이 책을 출간하는 일은 꿈조차 꿀 수 없었을 것이다. 게다가, 당시 막 알게 된 친구인 폴 하우스(Paul House) 또한 성경의 통일성(그는 이른바 소예언서들의 통일성에 대해 연구하고 있었다)에 대한 자신의 생각을 정리하느라 바빴다. 성경에 대한 그의 뜨거운 관심과 학문적 열정에 나는 날마다 감명을 받았으며, 그 일은 지금까지도 계속되고 있다. 진심어린 감사를 그에게도 전한다.

당시를 돌이켜 보면, 이 책의 원고는 내 젊음을 바쳐 무진 애를 썼음에도 윤곽이 잡히질 않아 출간하기가 어려운 상태였다. 몇 번의 거절을 당한 끝에 나는 원고에 '무용지물'(dead dog)이라는 애정 어린 딱지를 붙여 파일 캐비닛에 넣어두었고, 훗날 내가 8년 동안 가르친 매사추세츠 주 해밀턴 소재 고든-콘웰 신학교로 자리를 옮길 때 그 원고를 가져갔다.

그 동안 동료 교수 및 학생들과의 토론을 통해 성경과 성경의 메시지에 대한 나의 생각을 가다듬기 시작했다. 하나님이 원하시면 언젠가는 나의 성경관을 다시 정리할 수 있을 거라고 내내 생각하면서. 동료 교수인 그레그 비일(Greg Beale), 리처드 린츠(Richard Lints), 데이비드 고든(T. David Gordon) 및 데이비드 웰즈(David F. Wells)와 자주 대화를 나누고 우의를 다질 수 있어 특히 감사하다. 시간이 흐르면서 파일에 들어 있는 원래의 원고에 메모가 다닥다닥 붙기 시작했고, 계속 손질을 가해 마침내는 "믿음, 사랑 그리고 소망"이라는 제목의 성경 신학 강좌를 개설하기에 이르렀다.

하나님의 자애로운 섭리로 지난 18개월 동안 네 가지 일이 순조롭게 진행되어 마침내 원고가 빛을 보게 되었다. 첫째, 미시건 주 그랜드래피즈 소재 신학 연구소(Institute of Theological Studies, ITS)는 성경 신학을 주제로 한 강의―훗날 "그리스도인과 신약 성경 신학"이라는 강좌로 열매를 맺게 된―의 핵심을 녹음해 보내 달라고 내게 요청해 왔다. 이러한 자극에 힘입어 나는 성경의 중심 메시지를 집중적으로 되짚어 볼 수 있었다. 녹음을 하다 보면 내 강의가 자연스럽게 보완될 수 있을 것이라고 따스하게 격려해 준 ITS의 커리큘럼 책임자 조지 쿤즈(George Coons)에게 감사드린다.

둘째, 강의를 녹음하는 동안 크로스웨이 출판사의 편집 담당 부사장 마빈 패짓(Marvin Padgett)은, 교회에서 진지하게 성경 연구를 하고자 하는 평신도들을 위해 현재 진행중인 성경 신학 연구가 있는지 내게 물어 왔다. 오래 묵혀 두었던 원고와 그 분야에 관심이 있다는 얘기를 꺼내자, 그는 하루빨리 그 원고를 보고 싶다고 했다. 어느 날 밤 집으로 향하는 비행기 안에서, 그 오래 묵혀 두었던 '무용지물'을 살펴본 마빈은 완성된 틀을 갖춰 보라는 청신호를 보내 왔다. 그가 관심을 보이지 않았던들 나는 오래 전의 원고를 다시 손질하고 내용을 확대하는 엄청난 작업을 시작할 엄두조차 내지 못했을 것이다. 페이지마다 손질하느라 예상 외로 많은 시간이 소요되었음에도 묵묵히 기다려 준 그가 고맙기만 하다.

이 책이 세상에 나오게 된 것은 하나님의 도우심과 크로스웨이 출판사의 마빈 그리고 그가 이끄는 편집팀, 특히 뛰어난 편집 실력과 헌신적인 자세로 이 책을 몰라보게 향상시킨 빌 데커드(Bill Deckard, 그리고 그의 객원 편집인)의 수고 덕분이다. 크로스웨이의 구심점이자 그리스도인으로서의 성품과 헌신적인 자세를 드러내 내가 크게 존경해 마지않는 레인 데니스(Lane Dennis) 박사님께도 감사를 표한다. 그들은 오늘날 보기 드문 사람들이다. "때론 밤늦게, 때론 이른 새벽에 기도해 주신 레인 박사님께 다시 한 번 감사드립니다. 레인 박사님, 이런저런 문제로 박사님과 의견의 일치를 이끌어내기가 쉽지 않았지만, 성경 본문이 지향하는 바를 따르고자 하는 제 노력을 아시고 박사님이 기꺼이 뒤로 한 발짝 물러나신 것은 박사님이 생각하시는 것 이상으로 중요한 의미가 있습니다. 무엇보다도 저는 성경과 주님께 신실하려는 박사님의 열망을 본받고 싶습니다."

나는 성경의 메시지를 주제로 책을 펴내는 것이 실로 용기를 필요로 하는 일임을 잘 알고 있다. '사람들 입맛에 맞는' 이야기들, 기독교 소설, (성경 그 자체가 어떤 식으로든 다른 그 무엇에 관한 책이라도 되듯) 성경에서 몇 절을 뽑아내 '실생활'에 적용한 자기계발서들이 주류를 이루는 이 때, 크로스웨이는 성경 신학 서적을 출간하겠다는 결단을 내린 것이다. '신학'은 이제 무미건조하고 분열을 조장하는, 달갑지 않은 단어로 전락했다. 하나님을 아는 것이 지성(mind)의 문제가 아니라 감성(heart)의 문제로 변질되었기 때문이다. 그리스도인들이 전통적으로 "그 책"(the Book)의 사람이라 불려 왔음에도, 오늘날은 점점 더 행복을 찾으려면 무엇보다도 자존감을 이야기하는 상담자들의 조언에 의지해야 한다고 생각한다. 믿음, 소망, 사랑이라는 성경적 윤곽을 말하는 목회자의 설교는 오히려 뒷전으로 밀려났다. 여기서 그치지 않는다. 목회자의 '노련한 경영'과 같고 닦은 '용인술'(用人術)이 힘을 발휘하면서, 교회의 역할은 성경의 메시지를 가르치고 삶으로 살아내는 것이라기보다는 지역 사회의 '절실한 요구'—그것이 어떤 성격이든—를 충족시키는 것으로 변질되었다. 오늘날 교회를 움직이는 원동력은 성경 신학이 아니라 개인 및 소그룹 치유다. 이런 상황에서 크로스웨이가 이 책을 출간하겠다고 하니 어찌 감사하지 않으랴!

셋째, 나는 지금 휘튼대학교에서 신약 헬라어 및 주석 담당 제럴드 호손(Gerald F. Hawthorne) 교수라는 분에 넘치는 자리를 맡고 있는데(현재는 고든-콘웰 신학교에서 가르치고 있다—편집자 주), 대학에서는 이 책을 출간할 수 있도록 강의 틈틈이 시간을 배려해 주었다. 오늘날 이 자리까지 오게 해주신 분들의 따뜻한 관심, 내가 속해 있는 학과와 학교 당국이 끊임없이 베풀어 준 개인적·행정직 지원에 대해 하나님께 늘 감사하고 있다. 그들이 내게 보여 준 신뢰를 저버리지 않기를 기도한다.

넷째, 예전의 제자이자 지금은 남침례 신학교에서 신약학 전공으로 박사 과정을 밟고 있는 브라이언 비커스(Brian Vickers)는 원고를 장(章)별로 검토해 주겠다고 자청했다. 공부하랴, 교회에서 사역하랴, 정신없이 바쁠 텐데도 노련한 편집 실력과 탄탄한 성경 지식을 바탕으로 원고를 꼼꼼히 살펴보았으며, 또한 즐거운 마음으로 그렇게 했으니 나는 하나님의 귀한 선물을 받은 셈이다. 브라이언 덕택에 나는 엉뚱한 진술이나 어색한 표현을 상당히 피할 수 있었다. 책에서 발견되는 오류는 전적으로 내 책임이며, 하룻밤새 뚝딱 이룰 생각은 아예 말고 평생 공부해 진보를 이루어 가라는 하나님의 권면으로 받아들인다. 브라이언의 삶과 연구 자세는 하나님이 그분의 백성 가운데 임재하셔서 삶을 변화시키시는 생생한 증거다. 그가 과정을 마치고 강단에서든 강의실에서든 전임으로 사역하게 될 날을 기대해 본다. 교회의 장래는 브라이언과 같이 학문을 게을리 하지 않는 목회자이자 선교사의 손에 달려 있다.

이제 스물하나와 열여덟이 된 두 아들 존과 에릭에게 이 책을 바칠 수 있게 되어 오랜 숙원을 이룬 셈이다. 그들이 내게 얼마나 소중한 존재인지는 몇 줄의 글로 요약할 수 없다. 아버지 노릇을 변변히 한 적이 없고 하나님을 알아가는 기쁨도 제대로 증거하지 못했는데도, 그들이 성년기에 접어든 이즈음 우리 가족이 예전처럼 단단한 결속력을 보여 너무나 감사하다. 우리 모두가 믿음의 실로 촘촘히 엮이기를 기도한다. 그런 의미에서 이 책을 그들에게 바친다.

아버지 노릇에 생각이 미칠 때면 아버지 잭 해프먼(Jack L. Hafemann)

에 대한 감사도 빠뜨릴 수 없다. 나이가 들어갈수록 그분이 줄곧 성실하게 살아오셨고 변함없이 나를 지지해 주신 사실이 대단한 일로 여겨진다. 아버지가 곁에 계셨으면 할 때마다 그분은 언제나 내게 오셨다. 그분은 말과 행실이 일치하는 분이다.

마지막으로, 아내 데바라(Debara)에게 감사를 전한다. "잔잔하지만 흔들림 없는 결혼 생활, 그것이 내게 얼마나 큰 기쁨이었는지 당신은 알고나 있소? '구속 예술'(redemption art; 구속을 주제로 한 예술 작품들을 일컬음—역주), '성경 상자'(biblical boxes; 상자 표면에 성경의 주제들을 새겨 넣은 일종의 조각품들—역주) 및 가르침으로 표현된 하나님을 향한 당신의 돈독한 신앙을 통해 나는 '예술이란 멋진 것의 일부다!'(Art is part of being smArt)라는 당신 말이 옳았다는 확신을 갖게 되었소."

여는 말: 성경으로 돌아가자

"나 여호와는 변하지 아니하나니…"
말라기 3:6

그런즉 믿음, 소망, 사랑, 이 세 가지는 항상 있을 것인데 그 중의 제일은 사랑이라.
고린도전서 13:13

언제나 그렇다고 느끼는 것은 아니지만, 이 글은 정말 필요하다고 생각해서 쓴다. 모던 및 포스트모던 문화에 만연한 자기애(self-love)가 우리를 질식하게 만들지만, 성경은 인간의 진정한 갈망은 성경 곳곳에 계시된 유일하신 참 하나님을 아는 것이라고 잘라 말한다. 그렇게 할 때라야 비로소 우리는 안전을 추구하려는 갈망을 채우며(믿음), 삶의 목적을 발견하며(소망), 또한 자아에 종속된 상태에서 벗어나게 된다(사랑).

이 같은 갈망을 채우려면 성경으로 돌아가는 길밖에 달리 뾰족한 수가 없다. 그것만이 바른 길이다. 여기에 화려함 같은 것은 없다. 깜짝 놀랄 만한 통찰도 없다. 하나님의 백성들은 언제나 "그 책"의 사람이라 일컬어져 왔다. 이스라엘과 교회는 언제나 성경에 근거하여 성경과 함께 살아왔다. 이러한 확신은 세상의 모든 종교 서적 중 유독 성경만이 인간이 기록했음에도 동시에 하나님의 영감을 받았기 때문에, 하나님의 말씀이라는 신뢰할 만한 자기 계시였다는 지속적인 신념에서 비롯된 것이다.

우리가 어떤 사물에 대해 알고자 한다면 그에 대한 정보와 통찰을 제공해 주는 원천은 무궁무진하다. 하지만 하나님을 알고자 한다면 다른 곳을 기웃거려 봐야 소용없다. 성경은 그만큼 독보적이다.

하나님의 말씀으로 돌아가려는 이 같은 시도는, 나 자신의 영적 삶을 살찌운 성경 메시지를 신학생들과 일반 대학생들에게도 들려주고자 했던 지난 14년 동안의 노력에서 비롯되었다. 내가 그 내용을 책으로 출간하겠다고 결심하게 된 것은 그들 또한 성경이 영혼을 살리는 필수 자양분이 된다는 사실을 터득했기 때문이다. 예수님이 친히 말씀하신 것처럼 말이다. "**기록**되었으되, '사람이 떡으로만 살 것이 아니요, 하나님의 입으로부터 나오는 모든 **말씀**으로 살 것이라'"(마 4:4, 신 8:3을 인용, 강조는 저자의 것).

이 책은 단순하지만 심오한 주제, 곧 삼위일체 하나님과 그분의 한결같은 성품이 우리의 삶에 함의하는 바를 성경을 통해 풀어낸다. 그러나 내게는 독자들과 함께 나눌 영적 비범함이 전혀 없다는 점을 먼저 말해야겠다. 이 책에는 하나님이 주셔서 '이제 막 세상에 선보이는' 새로운 비전이나 말씀 같은 것은 없다. 솔직히 말해, 우리는 모두 다른 이들로부터 물려받은 우리의 전제, 문화, 성경관으로부터 지대한 영향을 받지만, 할 수만 있다면 나는 나 자신의 생각이나 경험을 성경적 세계관에 굴복시키고자 한다.

따라서 여러분 앞에 놓여 있는 이 책은 '성경 신학' 연습인 셈이다. 이 말은 이 책의 의도가 나의 개인적 관점에서 나온 통찰력 있는 새로운 사상을 제시하려는 것이 아니라, 성경의 메시지 그 자체를 선보이는 데 있다는 뜻이다. 아울러, 그렇게 하려는 것은 하나님을 알게 되면 필연적으로 믿음, 소망, 사랑의 삶을 살게 되며, 그로 인해 하나님을 아는 것 그 자체가 삶의 중심이자 원천이 된다고 성경이 선포하는 이유를 파악하고자 함이다. 바꿔 말해, 우리가 다루는 주제와 궁극적 관심은 성경의 **신학**(theology), 즉 하나님에 관한 성경의 메시지다. (창조 세계가 증거하는 하나님의 존재와 능력은 별개로 할 때—참고. 롬 1:20) 우리가 하나님의 성품과 의도에 관해 알고 있는 모든 것, 예수님에 관한 모든 신빙성 있는 말씀, 우리가 하나님의 백성으로서 소망하는 모든 것이 성경에 들어 있다. 성경을 떠나서는 하나님의 말씀이 없다.

지금은 바야흐로 문화적·종교적 다원주의 시대다. 진리에 대한 온갖 주장이 서로 충돌을 일으키더라도 그러한 주장을 별 생각 없이 받아들이는 시대에 오로지 성경에만 충실하겠다고 서약하는 것은 비위를 거스르는 일인 듯하다. 가령 하나님이 우리의 경험을 초월해 자신을 계시하지 않으셨다면, 그리고 이 같은 신적 계시에 우리가 접근할 수 없다면, 이 같은 상황에서 우리는 현대 문화에 의해 규정되고 인간적으로 유한한 종교적 '통찰'만을 **남길 수 있을** 뿐이다. 하지만 이 세계가 꼭 필요로 하며 우리가 영적으로 몹시 갈망하는 것이 있음을 감안할 때, 정말로 비위를 거스르는 것은 하나님이 우리를 인간의 유한한 이해에 토대를 둔 상대주의에 내맡겨 두시는 일이며, 개개인의 경험이 상호 충돌을 일으키고 있는 어둠 속을 더듬어 가게 하시는 일이 될 것이다.

성경 연구는 진지하면서도 벅찬 과제가 아닐 수 없다. 성경에서는 천지 창조에서 새 하늘과 새 땅의 창조에 이르기까지, 예수님의 초림에서 재림에 이르기까지의 이야기가 펼쳐진다. 에덴 동산에서 겟세마네 동산에 이르기까지, 출애굽에서 십자가상의 '제2의 출애굽'에 이르기까지, 시내 산에서 가진 언약의 식사에서 최후의 만찬에 이르기까지, 아브라함의 할례에서 고린도의 회심한 이방인들의 세례까지, 솔로몬의 성전 건축에서 성령의 전에 이르기까지의 무궁무진한 이야기가 전개된다. 성경의 메시지는 사람을 죽이는 '문자'(letter)에서 사람을 살리는 성령에 이르기까지, 황금 송아지 사건에서 새로운 언약에 이르기까지, 예언자들로부터 사도들에 이르기까지, 시온 산에서 새 예루살렘에 이르기까지, 다윗의 아들에서 하나님의 아들에 이르기까지, 이스라엘의 바벨론 포로 생활에서 약속의 땅으로 귀환하기까지, 그리고 이스라엘의 분열 왕국의 역사에서 하나님의 나라로 통합된 교회의 선교에 이르기까지 다양하다.

어찌 보면 이러한 책을 쓰겠다고 덤벼드는 것 자체가 세상 물정 모르는, 일종의 자기 과신일 수도 있다. 나는 지적인 면이나 영적인 면에서 부족함과 약함을 뼈저리게 느낀다. 하지만 독자는 결코 혼자가 아니라는 사실에서 위안을 찾을 수 있으리라. 성경을 해석할 때 우리는 우리보다 앞서 성경을 연구한 지적이면서도 영적인 거장들에게 의지할 수 있다. 바라건대 나의 이러한 노력이 독자들 스스로 성경 연구에 매진하는 계기가 되었으면 한다. 이 책의 페이지마다 성경 구절을 많이 인용한 것은 바로 그런 이유에서다. 인용된 성경 본문들은 문학적 '겉치레'가 아니라 심사숙고해서 뽑아낸 구절들이다. 따라서 이 책의 가치는 인용된 성경 본문을 얼마나 충실히 다루는가에 달려 있다.

그러므로 나는 이 책이 독자들에게 성경을 이해하는 기본 틀을 제공해 그들 스스로 성경을 붙잡고 씨름하는 계기가 되었으면 한다. 교회는 21세기 벽두에 들어서면서 정체성의 위기에 직면했다. 성경의 가장 초보적인 사실조차 이해하지 못하는 그리스도인들이 부지기수다. 성경은 믿음의 토대지만 대다수의 신자에게는 먼지만 쌓이는 책일 뿐이다. 현대 그리스도인들은 성경 문맹자들이다. 성경이 기독교의 '위자보드'(Ouija board, 점이나 심령 체험에 사용되는 판—편집자 주)라도 되듯 문맥은 아랑곳하지 않고 필요한 구절만 따로 떼내어 읽는 것은 별개로 여기더라도 말이다. 게다가 우리의 성경 지식은 너무도 초보적이어서 과학 기술 시대의 세련됨에 비하면 초라하기 짝이 없다.

사정이 이렇게 된 것이 전적으로 우리 탓만은 아니다. 교회에서 성경이 등한시되고 강단(혹은 지금 우리의 '활동 무대')에서 성경적 설교가 실종되다 보니 회중석(혹은 접는 의자)에 앉아 있는 신도들이 성경을 제대로 이해할 리 만무하다. 이것은 놀랄 일이 아니다. 오늘날 치유 문화(therapeutic culture)가 기승을 부리고 있음에도 대다수 신학교에서 차세대 교회 지도자들에게 가장 기초적인 성경 지식이나 성경 해석 기술을 철저하게 습득하라고 더 이상 요구하지 않기 때문이다. 게다가 '포스트모더니즘'이 대두하면서 성경 본문의 의미를 어떤 식으로든 되살릴 수 있을지 확신이 서지 않는 마당에, 굳이 사서 고생할 필요가 있을까? 이제 '성공적인' 교회를 세우는 '비결'은 성경에서 말하는 삼위일체가 아니라, 과학 기술·심리학·마케팅이라는 새로운 삼위일체를 터득하느냐에 달려 있는 것 같다.

한편, 이 책은 성경의 메시지만이 하나님을 알고자 하는 인간의 가장 절실한 욕구를 충족시킨다는 확신에서 비롯되었다. 인간은 하나님에 의해, 하나님을 위해 창조되었기에, 인간의 '자아'는 결코 '자족'(self-satisfied)할 수 없다. 성경에 계시된 하나님을 잊어버린 인간의 눈에 보이는 것이라곤 자아뿐이다. 이 자아는 도저히 종잡을 수 없는 욕구를 충족시키려다 세상이 주는 싸구려 쾌락에 몸을 맡기지만, 결코 만족하지 못한다.

결과적으로 우리는 자신을 계시하신 하나님의 시각에서 우리 자신을 파악하기보다는, 우리 존재에 대한 우리의 이해 수준에 맞게 그분을 축소해 버렸다. 우리는 막강하며 홀로서기를 할 수 있다고 착각한 나머지 하나님의 주권을 축소하고 말았다. 이로 인해 우리는 우리 삶을 두고 하나님께 의존하는('믿음') 대신, 하나님을 인정하는 '결정'을 하게 만드는 역사적 자료에 정신적으로 동의했다. 우리의 미래에 대해 하나님이 세우신 약속을 신뢰하기('소망')보다는, 건강과 부를 추구하려는 열망에 사로잡힌 나머지 인간적인 갈망에 의지했다. 그렇기에, 우리 자신의 욕구보다는 다른 이들의 욕구를 먼저 고려하라는('사랑') 요구를 받았음에도, 우리는 어떻게든 돈, 섹스 및 정서적 만족을 추구하려 안간힘을 쓴다.

우리는 성경의 하나님을 뒷전으로 내몰면서 이름뿐인 그리스도인으로 전락했으며, 이로 인해 하나님의 구속(救贖)은 한낱 웃음거리가 되고 말았다. 이유는 분명하다. 성경에 계시된 하나님과 관계를 맺지 못하면 우리는 필경 우리 자신을 의지하게 되기 때문이다. 성경에 선포된 하나님의 약속에 소망을 두지 않으면, 현세의 모든 열망은 죽음에 의해 한낱 비웃음거리가 될 뿐이다. 하나님이 우리를 먼저 사랑하셨는데 우리가 이웃을 사랑하지 않는다면, 자아도취에 빠져 결국 '자만'에 이르게 될 것이다. 하지만 우리의 '자아'는 이제껏 믿음, 소망, 사랑을 획득하려는 수고를 감당한 적이 한 번도 없었다. 우리는 피조 세계나 피조물을 우상으로 삼아 우리 자신의 필요를 채우라고 지음받은 것이 아니다. 세상의 헛된 꿈을 이루지 못해 좌절하라고 지음받은 것도 아니다. 우리가 애정을 쏟아야 할 주된 대상은 하나님 한 분뿐이다. 인간이나 사물이 아니다. 성경은, 우리가 하나님을 알고 하나님을 영원히 즐거워하기보다 다른 대상을 통해 만족을 누리고자 할 때 생기는 독을 치료하는 해독제이다.

이제 우리는 성경과 더불어 여정을 떠나게 된다. 첫 여정은 천지 창조가 주는 교훈이다(제1장). 그 다음 죄가 이 세상에 들어오기 전의 삶이 어떠했는지를 살펴본 후(제2장), 대체 무엇이 잘못되었고 왜 잘못되었는지 그리고 하나님이 어떤 조치를 취하셨는지를 검토한다(제3장). 제4장과 제5장에서는 아브라함의 삶과 이스라엘의 역사가 예시하듯, 구원 활동을 펴신 하나님을 신뢰하고 그분 안에 소망을 두는 것이 어떤 의미를 지니는지 중점적으로 살펴볼 것이다. 그런데, 믿음과 소망은 역경과 시련 가운데 생긴다. 따라서 우리는 제6장과 제7장에서 하나님의 주권이라는 관점에서 악의 실제를 다루되 하나님의 백성들이 고난당하고 죄를 짓는 까닭에 대해 결정적인 질문을 던진다. 죄와 구원의 역사를 다루는 제8장과 제9장에서는, 역사의 중심이 되시는 예수님으로 인해 무엇이 달라지는지를 살펴본다. 마지막으로, 그리스도 안에서 하나님을 안다는 것이 선택받은 백성에게 어떤 의미인지를 되짚어 보며 결론을 맺는다.

이 책에서 내가 의도하는 바는 우리 모두가 성경의 메시지를 성실하게 연구하여, 그 안에 계시된 유일하신 참 하나님께 신실하게 되는 것이다. 사도 바울은 젊은 목회자인 디모데에게 이렇게 일렀다. "모든 성경은 하나님의 감동으로 된 것으로, 교훈과 책망과 바르게 함과 의로 교육하기에 유익하니"(딤후 3:16). 디모데에게 그러하다면 우리 모두에게도 그렇지 않겠는가.

1 우리는 왜 존재하는가?

| 천지 창조가 주는 교훈 |

> "우리 주 하나님이여 영광과 존귀와 능력을 받으시는 것이 합당하오니
> 주께서 만물을 지으신지라.
> 만물이 주의 뜻대로 있었고 또 지으심을 받았나이다 하더라."
>
> 요한계시록 4:11

성경을 여는 첫 절인 창세기 1:1은 성경 전체를 통틀어 하나님이 누구신지 가장 기본적인 선언을 한다. "태초에 하나님이 천지를 창조하시니라." 이 선언이 하나님의 여러 속성 중 하나(하나님은 전능한 창조주시다)에 대한 추상적인 진술이 아니라, 그분이 하신 일(하나님이 창조하셨다)에 대한 구체적인 묘사라는 점에 주목하자. 하나님은 자신의 본성에 대한 철학적 논의가 아니라, 주로 시공간 속에서 하신 일을 통해 자신을 계시하셨다. 성경은 하나님의 자기 계시를 기록하고 해석한 책이다. 그렇기에 성경은 하나님이 우주를 창조하신 유일한 주권자라는 선언으로 그 막을 연다. 그런 후에 창세기 1:3-25에서 하나님이 식물과 동물을 비롯해 이 세상을 '어떻게' 지으셨는가를 자세히 설명하며, 지으신 모든 것이 좋았다고 강조한다. 마지막으로 하나님은 자신의 형상을 따라 사람을 지으시고, 그들에게 생육하고 번성하고 땅에 충만하고 모든 것을 다스리라고 명령하심으로 창조의 절정을 이루신다(창 1:26-28).

하나님의 형상과 하나님의 나라

성경은 또한 인간의 본성과 창조 목적에 관해 매우 중요한 진술을 한다. 다른 생명체들이 "각기 종류대로" 지음받았다는 것은 단순히 육체를 지닌 피조물로서 각기 다른 본성에 따라 생겨났다는 뜻이다. 하지만 인간 창조는 이와 사뭇 다르다. 사람은 또 다른 "종류"의 생명체로 지음받은 것이 아니라 하나님 자신의 속성에 따라 만들어진 것이다. "**우리의** 형상을 따라 사람을 만들자"(창 1:26, 강조는 저자의 것). 인간은 창조 세계의 한 부분이지만 비교 대상이 느닷없이 바뀐다. 인간은 단순히 다른 피조물처럼("각기 종류대로") 창조된 것이 아니라 하나님처럼 창조되었다!

이 사실이 너무나 중요함에도 불구하고, 성경학자들이 "하나님의 형상"대로 지음받았다는 진술을 다양하게 해석하는 것은 그리 놀랄 일이 아니다. 하지만 어떤 해석이든 창세기 1:26-27은 하나님이 인간을 책임 지시며 그들에게 권세를 행사하시듯, 인간 또한 세상을 다스릴 책임과 권세를 지닌다는 근본적인 의미에서 하나님을 '드러내'거나 그분의 '형상을 그려냄'을 지적한다.

> 하나님이 가라사대, "우리의 형상을 따라 우리의 모양대로 우리가 사람을 만들고 **그들로** 바다의 물고기와 하늘의 새와 가축과 온 땅과 땅에 기는 모든 것을 **다스리게 하자** 하시고." 하나님이 자기 형상 곧 하나님의 형상대로 사람을 창조하시되 남자와 여자를 창조하시고, 하나님이 그들에게 복을 주시며 하나님이 그들에게 이르시되, "생육하고 번성하여 땅에 충만하라, **땅을 정복하라**, 바다의 물고기와 하늘의 새와 땅에 움직이는 모든 생물을 **다스리라**" 하시니라 (창 1:26-28, 강조는 저자의 것).

따라서 하나님의 형상대로 지음받았다는 것은 비교 대상이 (자신이 아니라 하나님이기에) 특별하며, (생육할 뿐만 아니라 다스리라는) 독특한 명령을 받는다는 뜻이다. 안토니 후크마(Anthony Hoekema)의 설명처럼, "지배권을 행사할 때 인간은 하나님과 다를 바 없다. 하나님이 탁월하면서도 궁극적으로 세상을 통치하시기 때문이다."[1] 하나님의 형상은 무엇보다 인간의 본성에 대한 묘사가 아니라, 인간의 기능에 대한 묘사다. 인간이 "하나님의 형상"대로 창조된 것은 일차적으로 어떤 능력을 소유하기 위해서가 아니라 **하나님과 관련된** 어떤 소명을 다하기 위해서다. "인간에 관한 가장 중요한 사실은 인간이 하나님과 불가분의 관계에 있는 것이라고 성경이 가르친다면, 그 같은 관계를 부인하는 인류학은 어느 것이든 문제가 있다고 보아야 한다."[2]

하나님의 형상대로 창조된다는 것은 그분을 닮은 존재로서 그분과 관계를 맺는다는 뜻인데, 이는 창세기 1:26-28을 창세기 5:3—누군가의 형상대로 지음받았음을 언급하는 두 번째 표현—과 비교해 보면 명확해진다. 창세기 5:3은 이렇게 말한다.

"아담이 백삼십 세에 자기의 **모양** 곧 자기의 **형상**과 같은 아들을 낳아 이름을 셋이라 하였고"(강조는 저자의 것).[3] 이 절에서, 누군가의 "형상"이 된다는 것은 부자 관계를 묘사한다. 우리가 하나님의 자녀가 되는 방식은 셋이 아담의 아들이 되는 방식과 같다. 우리의 생명은 하나님이 주신 것이며 우리는 그분의 소유로서 그분을 대리한다. 인간은 하나님의 형상을 소유하는 것이 아니라, 그분의 형상**이다**. 이런 의미에서 **하나님의 형상**이라는 말은 우리가 어떤 존재가 되도록 지음받았는지를 본질적으로 드러낸다. 그것은 우리가 더하거나 뺄 수 있는 어떤 것이 아니다. 마치 우리가 하나님의 형상을 지니지 못하더라도 여전히 인간인 것처럼 말이다. 하나님의 형상인 우리가 주어진 역할을 다하지 못할 수도 있다. 그럼에도 우리는 그분의 형상대로 지음받은 것이다.

이렇듯 "하나님의 형상"은 일차적으로 **기능적** 의미를 지닌다고 할 수 있다. 인간은 하나님께 의식적으로 의존한다는 점에서 그분과 직접적인 관계를 맺으며(하나님은 인간에게 직접 명령을 내리신다), 하나님처럼 세상을 다스림으로써(아담이 동물들에게 이름을 지어 준다) 이 같은 관계를 나타낸다. 따라서 하나님의 형상으로 존재한다는 말은 "인간이 하나님을 대리하기 때문에, 인간이 세상을 직접 다스리게 될 경우 인간이 하는 일은 곧 하나님 자신이 하시는 일"[4)]이라는 뜻이다. 하나님의 지배와 통치를 대리하는 아담과 하와는 창조 세계를 직접 다스리며 하나님의 주권적 통치를 선포한다.

그러므로 아담과 하와가 하나님의 형상으로 창조되었다는 사실은 이후에 성경이 말하는 '하나님 나라'의 시작을 의미한다. 하나님 나라는 택함받은 백성의 주 되신 하나님의 지배와 다스림이다. 이를 통해 만물의 유일한 창조자, 유지자, 공급자, 통치자로서의 영광이 드러난다. 하나님 나라에 속해 있다는 말은 일차적으로 하나님의 권세라는 특정한 **영역** 안에 있느냐의 문제가 아니라, 그분의 권세와 특정한 **관계**를 맺느냐의 문제다. 그러므로 하나님 나라는 하나님의 백성들이 온전히 하나님께 **의존**하며 **지배권**을 행사할 때, 그들의 믿음 안에서, 믿음을 통해 표출된다. 왕이신 하나님은 인간을 다스리시며, 하나님의 성품을 드러내도록 지음받은 인간은 창조 세계를 다스린다. 따라서 창조 세계 자체는 인간과 더불어 하나님이 '신의 신', '왕의 왕', '주의 주', 다시 말해 만물을 다스리시는 분(신 10:17; 딤전 6:15)으로서 자신의 영광을 드러내시는 통로가 된다. 요컨대 창조 세계는 하나님의 왕 되심을 드러낸다.

이 같은 사실은 구약 성경에서 "하나님의 형상"을 말하는 두 번째이자 마지막 절인 창세기 9:6에 명시되어 있다. 여기서 살인에 대한 사형이라는 형벌은, '하나님이 자신의 형상을 따라 인간을 지으셨다'는 사실에 기초한다. 하나님의 형상대로 지음받았다는 것은 인간이 하나님과 **의존** 관계에 있으며 하나님을 대신해 이 세상을 **다스리라는** 소명을 받았다는 뜻으로, 이는 살인을 금하며 하나님의 정의를 실천에 옮겨야 한다는 사실에서 명확히 알 수 있다. 살인을 금하는 이유는 피조물인 인간이 모든 것을 하나님께 의존한다는 사실에 기인한다. 우리에게 생명을 주시고 그 생명을 지속시키시는 하나님만이 생명을 취할 권리를 갖고 계신다. 사람의 목숨을 빼앗는 일은 창조 세계를 다스리시는 하나님의 권세를 빼앗는 것과 같다.

다른 한편, 우리는 하나님의 대리자로서 그분의 주권을 세상에 드러내도록 지음받았다. 따라서 인간만이 창세기 9:6에서 말하는 대로 살인 행위에 대해 극형을 내릴 수 있다("다른 사람의 피를 흘리면 그 사람의 피도 흘릴 것이니"). 하나님이 **그분의** 형상대로 인간을 지으셨기 때문에(창 9:6), 하나님의 명령에 따라 이 땅에서 그분의 권세를 나타내는 인간은 하나님의 권세를 빼앗는 사람들을 심판하지 않으면 안 된다. 나아가 하나님이 이 같은 금령과 형벌을 제정하셨다는 사실은, 하나님을 거역하는 인간이라 할지라도 하나님의 형상으로서의 정체성과 역할을 상실하는 것은 아님을 뜻한다. 메리디스 클라인(Meredith Kline)은 창세기 9:6의 핵심을 이렇게 요약한다. "하나님의 형상인 인간은 왕가의 아들로서 왕의 직임에 속하는 재판 기능을 수행하게 된다."[5]

그런데 하나님을 **대신해** 세상을 다스리도록 지음받은 인간이 하나님**처럼** 스스로 모든 것을 결정할 수 있다고 생각하는 순간 엄청난 비극이 일어난다. 창조주 하나님은 주권자로서 스스로 부족함이 없으시며, 우리에게 모든 것을 공급해 주신다. 그분은 자신의 뜻대로 최상의 통치를 하신다. 하나님이 지으신 인간은 어느 것 하나 그분에게 의존하지 않는 것이 없다. 따라서 **하나님**의 형상대로 지음받은 **피조물**인 우리가 마땅히 있어야 할 곳은 하나님과 세상 그 중간이다. 인간이 창조의 절정이긴 하지만 여전히 하나님께 종속되어 있다. 창조 세계에는 하나의 위계 질서가 있다. 하나님은 자신의 부통치자(vice-regent)인 인간을 통해 세상을 다스리시는 한편, 인간은 하나님의 대리자로서 세상을 다스린다. 남자와 여자가 하나님의 형상을 따라 창조되었다는 말은 그들의 역할이 인간을 지으신 하나님의 역할과 관계가 있다는 뜻이다. 이런 까닭에 프랑스 학자 장 다니엘루(Jean Danielou)는 창세기의 처음 몇 장이 우리에게 다음과 같은 가르침을 준다고 본다.

> 인간이 하나님의 형상대로 지음받았다고 가르치는 창세기를 통해 우리는 인간의 본성을 알 수 있다. 그것은 곧 인간이 여러 신화에서 부추긴 것처럼 신적인 존재로 창조된 것도, 진화론자들이 말하는 자연의 산물도 아니라는 사실이다. 하지만 인간은 자연을 초월하며, 그와 동시에 하나님은 인간을 초월하신다.[6]

유독 인간만이 하나님의 형상으로 존재한다. 이는 오직 인간만이 이 세계와 그 안에 있는 다른 피조물들을 다스리도록 지음받았기 때문이다. 게다가 우리가 '책임 있는 통치자'로서 세상을 다스리면, 하나님이 세상을 통치하시는 실재와 본질이 어떤 것인지를 세상에 드러내게 된다. 하나님의 형상으로 산다는 말은 하나님을 대신해 그분의 명령에 따라 세상을 다스린다는 뜻이다. 우리가 이같이 주권을 행사할 때, 이 세상은 하나님의 주권과 능력이 지닌 영광으로 충만해진다.

부모와 자식의 관계가 적절한 사례다. 자식이 된다는 것은 정의상(by definition) 자식에 대해 권위를 행사하는 사람에게 의존한다는 뜻이다. 반면, 자식은 자신만의 세계를 '다스린다.' 방을 예쁘게 꾸미기도 하고

(어쩌다 깨끗이 청소할 때도 있다!), 고양이를 극진히 보살펴 주기도 하고, 어떻게 하면 장난감을 제대로 정리할 수 있을지 고민하기도 한다. 하지만 자신이 마음대로 할 수 있는 권한을 비롯해 자식이 갖고 있는 것은 모두 부모님이 주신 것이다. 자식은 부모를 대신해 '다스리지만', 부모가 부여한 책임의 영역 안에서만 그렇게 할 수 있을 뿐이다. 그러니까 자식으로서의 권한은 자신의 것이 아니라 부모로부터 위임받은 것이다. 그럼에도 자식은 부모의 '형상'대로 지음받았기 때문에, 이러한 책임을 부여받을 수 있다. 자식의 위치는, 그러니까 부모와 자신이 기르는 애완 동물 중간쯤 된다! 고양이 집이 너저분하더라도 그것은 고양이 잘못이 아니다. 마찬가지로 우리 또한 하나님의 부통치자로서 그분이 우리를 위해 지으신 모든 세계를 다스릴 책임을 부여받은 것이다. 이렇게 해서 우리는 '하나님의 자녀'가 된다.

창조주와 피조물 구별하기

창세기 1장은 창조 세계에서의 인간의 역할 외에도 두 가지 다른 중요한 사항을 강조한다. 첫째, 창조 과정을 묘사하면서 창조주와 피조물을 어떤 식으로든 동일시해서는 안 된다고 못박는다. 이 같은 사실은 세상을 신들의 연장이라고 보았던 고대 세계의 여러 창조 신화와 뚜렷이 대비된다. 창조 세계를 신의 구현으로 볼 수 있듯이, 세상을 창조한 신들은 세상의 일부로서 세상 **안에** 존재할 수 있다. 변덕스런 동양 종교와 초기 영지주의를 추종하는 뉴 에이지 운동에서는 세상과 하나님(어떤 비인격적인 생명력으로 나타나는)을 동일시하고자 하는데, 여기서 '새로운'(new) 것이라곤 찾아볼 수 없다." 하나님은 그 같은 시도에 여전히 반대하신다. 성경에 계시된 하나님은 이 세상을 지으신 전능하신 창조주로서 창조 세계와 **구별되시며** 창조 세계 **밖에** 존재하신다. 성경의 하나님이 자신의 능력을 나타내시기 위해 단지 말씀으로 세상을 창조하셨으므로, 세상은 영원히 창조주와 구별된다. 우리는 고대와 현대의 창조 이야기와 대비되는 성경의 창조 기사를 통해, 유일하신 참 하나님은 "스스로 존재하시며, 홀로이시며, 스스로 충만하신 창조주"[8]라는 사실을 알게 된다.

고대 및 동양의 사고 방식과 대비되는 또 하나의 사실은, 인간이 **하나님의** 형상으로 지음받았지만 하나님의 연장은 결코 아니라는 점이다. 우리 안에 '신의 광채'(divine spark) 같은 것은 없다. 내면의 자아와 접촉한다고 해서 하나님과 접촉하게 되는 것은 아니다. 하나님은 우리 안이 아니라 우리 밖에 계신다. 우리는 그분이 지으신 **피조물**일 뿐, 그분의 신성이 축소된 형태는 아니다. 인간은 신으로 **변모하는** 과정에 있는 것도 아니다. 아담과 하와는 그들의 삶을 끝없이 이어가도록 불멸의 영혼을 보장받은 게 아니다. 그들은 죽을 때까지 하나님께 기대고 살아야 하는 존재다.

창조 세계의 기능

이제 우리는 창세기 1장에서 제기하는 두 번째 핵심 사항을 다루게 된다. 빛의 창조(창 1:3)로 시작해서 생물의 창조(창 1:24-25)로 절정을 이루는 창조의 순서를 보면, 창조 세계의 기능이 하나님의 형상대로 지음받은 인간이 생명을 이어가도록 적합한 환경을 제공하는 것임을 알 수 있다. 만물이 창조의 절정인 인간을 위해 창조되었다! 그러므로 아담과 하와를 하나님과 동일시할 수 없듯이 다른 피조물들과도 그렇게 할 수 없다. 인간이 창조 질서의 한 부분이긴 하지만, **하나님**의 형상을 따라 창조되었기에 유충이나 침팬지와 같은 종류로 볼 수는 없다. 창조 질서에서 인간이 차지하는 위상은 나머지 피조물과 다르다. 자연이 인간보다 더 소중한 것인 양 인간을 자연에 얽매인 종으로 생각해서도 안 된다.

생태학에 관심을 갖는 것은 좋은 일이지만, 그릇된 동기로 관심을 가질 때도 있다. 하나님이 세상에 필요한 것을 공급하라고 인간을 지으신 게 아니다. 오히려 인간에게 필요한 것을 공급하라고 세상을 지으셨다. 우리가 세상과 같은 본질이기 때문에 청지기로서 세상을 돌봐야 하는 것은 아니다. 우리는 인간을 다른 피조물과 같은 수준으로 격하시키거나 다른 피조물을 인간과 같은 수준으로 격상시켜 세상을 하나의 우상으로 바꾸지 않도록 조심해야 한다. 우리가 떡갈나무를 보살피는 것은 우리가 존재론적으로 떡갈나무와 차원이 같기 때문이 아니다. 우주 만물을 주권적으로 다스리시는 통치자에게 복종하기 때문이다. 왕이신 그분은 우리에게 자신이 만든 모든 것을 다스리라는 명령을 내리셨다. 따라서 우리가 다른 피조물과 관계를 맺을 때 사용하는 '청지기직'(stewardship)이라는 용어는 적절한 개념이다. 고대 세계에서는 '청지기'가 주인의 이름으로 주인의 업무를 처리할 수 있는 권한을 부여받은 종이었기 때문이다. 왕이신 하나님의 형상을 따라 그분의 신하 혹은 종으로 창조된 우리는, 그분이 우리를 위해 지으신 창조 세계를 그분이 주신 지혜와 보살핌—하나님 자신의 특징인—으로 다스릴 때 그분의 성품과 영광을 세상에 드러낸다.

이 말은 우리가 하나님의 공급하심을 신뢰한다는 표시로 세상을 보살펴야 한다는 뜻이다. 따라서 세상을 돌보지 않는 것은 하나님이 주신 좋은 선물을 하찮게 여기는 것이다. 세상에 대한 우리의 책무를 소홀히 하는 것은 우리의 공급자 되시는 하나님의 은혜를 저버리는 행위다. 하나님은 아담과 하와에게 세상을 다스리라고 말씀하신(창 1:28) 후에 그들이 그렇게 할 수 있도록 공급하신 것을 이렇게 묘사하신다(29절).

하나님이 이르시되, "내가 온 지면의 씨 맺는 모든 채소와 씨 가진 열매 맺는 모든 나무를 너희에게 주노니, 너희의 먹을거리가 되리라."

이 본문은 창조 세계의 기능이 인간에게 집과 식량을 제공하는 것임을 분명히 밝히고 있으며, 이는 우리의 공급자가 완벽한 분임을 드러내는 것이다. 창세기 1:28의 하나님의 명령이 1:29에 오면 선물로 바뀌면서 인간의 통치가 **하나님의** 영광을 드러낸다는 사실이 분명해진다. 하나님의 공급하심이 있어야 인간이 창조 세계에 명령을 내릴 뿐 아니라 그것이 수행될 수 있기 때문이다. 창세기 1:28의 명령을 따른다고 해서 1:29의 하나님의 공급하심이 보장되지는 않는다. 오히려 1:29의 공급하심이 1:28의 명령을 뒷받침한다. 인간은 하나님이 주시는 식량을 얻기 위해서가 아니라 그분이 필요한 식량을 **이미** 주셨기 때문에 세상을 다스리라는 부름을 받은 것이다. 따라서 인간의 다스림은 인간이 하나님께 의존하고 있음을 나타내며, 그분께 의존할 때 수여자(Giver)는 영광을 받으신다. 이런 까닭에 "하나님이 지으신 그 모든 것을 보시니 보시기에 심히 좋았더라"(창 1:31).

도대체 창조 세계의 어떤 점이 "심히 좋았던" 것일까? 창조 세계가 "심히 좋았던" 것은 그것이 의도했던 즉각적인 목적(인간을 위해 여건을 조성하는 일)을 이루었을 뿐 아니라 궁극적인 목적(하나님의 성품을 드러내는 일) 또한 분명히 성취했기 때문이다. 창조 세계가 존재할 수 있었던 것은 전적으로 하나님의 결정에 따른 것이므로, 창조 세계는 하나님의 주권(하나님은 전능한 창조주시다)과 은혜(홀로 충만하신 하나님은 자유롭게 창조하신다)를 드러낸다. 하나님이 인간을 위해 광대하면서도 더 없이 적합한 세상을 지으신 것은 그분의 본성 때문이었다. 하나님이 그렇게 하신 것은 모든 것을 그분의 뜻대로 할 수 있음(시 115:3; 135:5-7)을 나타내실 뿐만 아니라, 그분의 사랑이 위대하심을 드러낸다. 이사야 45:18에 전개된 논리에 주목하자.

대저 여호와께서 이같이 말씀하시되,
하늘을 창조하신 이
　(그는 하나님이시니!)
그가 땅을 지으시고 그것을 만드셨으며
　(그것을 견고하게 하시되
혼돈하게 창조하지 아니하시고
　사람이 거주하게 그것을 지으셨으니)
"나는 여호와라 나 외에 다른 이가 없느니라."

창조 세계 자체가 주권자 하나님의 신성을 드러낸다. 하나님이 세상을 인간이 거처할 곳으로 만드신 것은 그분의 주권적 사랑의 표현이다. 하늘과 땅 사이에 있는 인간은 창조주이자 공급자이신 하나님의 이름에 합당한 영광을 돌림으로써, 이 같은 사실을 인식하고 체험할 수 있는 피조물이다. 우주 만물이 인간을 위해 지어졌지만, 주인공은 인간이 아니라 하나님이다. 시편 기자의 말을 들어 보자.

주의 손가락으로 만드신 주의 하늘과
　주께서 베풀어 두신 달과 별들을 내가 보오니,
사람이 무엇이기에 주께서 그를 생각하시며,
　인자가 무엇이기에 주께서 그를 돌보시나이까?

그를 하나님보다 조금 못하게 하시고,
　영화와 존귀로 관을 씌우셨나이다.
주의 손으로 만드신 것을 다스리게 하시고,
　만물을 그의 발 아래 두셨으니,

> 곧 모든 소와 양과
>> 들짐승이며
> 공중의 새와 바다의 물고기와,
>> 바닷길에 다니는 것이니이다.
>
> **여호와**, 우리 주여,
> **주의 이름이 온 땅에 어찌 그리 아름다운지요!**(시 8:3-9, 강조는 저자의 것)

게다가 창조 세계는 자립 능력이 없기 때문에, 하나님의 능력과 은혜로만 존재가 **지속된다**. 따라서 하나님께 의존하는 것은 곧 그분의 영광을 드러내는 일이 된다. 창조 세계는 결코 창조주에게 독립 선언을 하거나 하나님의 형상대로 지음받은 인간의 지배에서 벗어날 수 없기 때문에, 자체의 힘이나 관성에 의해 존재할 수 있는 것도 아니다. 또한 하나님의 지시를 받은 인간이 다스리지 않으면 창조 세계는 자신이 뜻한 바를 이룰 수 없다. 우리가 잔디를 손질할 때 창조주이시며 유지자이신 하나님의 영광이 드러난다! 풀이 자라는 것은 단순히 '자연' 법칙의 결과가 아니며, 또한 인간의 보살핌이 없으면 잔디가 될 수도 없다고 성경이 말하기 때문이다!

나아가 인간이 궁극적으로 죄를 범했음을 감안할 때, 계절의 변화와 추수는 하나님의 능력과 사랑뿐만이 아니라 그분의 **자비** 때문이기도 하다. 타락한 세상에 여름이 찾아오는 것은 인간이 죽어 마땅한 존재이지만 하나님이 창조 세계를 유지하겠다고 기꺼이 약속하셨기 때문이다(창 8:20-22). 예수님의 말씀대로 하나님은 "그 해를 악인과 선인에게 비추시며, 비를 의로운 자와 불의한 자에게 내려 주신다"(마 5:44-45). 그리고 그 문맥은 그리스도를 따르는 우리 또한 원수를 사랑해야 하는 이유를 제시한다.

하나님은 처음부터 자신이 지으신 창조 세계가 심히 좋았다고 선언하신다(창 1:31). 죄가 이 세상에 침투하기 전에 창조 세계가 하나님의 임재와 공급하심에 대한 인간의 기본적인 반응인 **믿음**을 가르치는 '교과서' 역할을 했기 때문이다. 창조 세계를 배경으로, 아담과 하와는 자신들이 이 세상에 존재하고, 주권을 행사하고, 생명을 이어갈 수 있게 된 것이 창조주 덕분이라고 인식했다(창 2:16).

인간은 하나님이 생명을 부여하셨기 때문에 존재하며, 하나님이 식량을 주셨기 때문에 존재가 지속된다. 이것이 "심히 좋은" 까닭은 우리의 생명이 하나님의 선물이며, 우리가 힘과 안정을 누리더라도 **언제나** 하나님을 의지해야 살 수 있음을 드러내기 때문이다. "여호와가 우리 하나님이신 줄 너희는 알지어다. 그는 우리를 지으신 자시요 우리는 그의…"(시 100:3). 하루 그 자체와 하루를 무사히 마칠 수 있음도 하나님의 선물이다.

그러나 하나님을 거역하는 현실에서 이것만큼 서구인들의 심기를 불편하게 하는 것은 없다는 생각이 든다. 인간은 하나님이 창조하셨기 때문에 그분의 소유일 뿐 아니라 모든 것을 그분에게 의존한다는 사실을 깨닫게 되면, 하나님 없이도 살 수 있으며 자신이 중요한 존재라는 환상은 뿌리채 흔들린다.

이 같은 환상은 인간 창조를 부인하는 사상, 곧 우주는 '어쩌다 생겨났으며' 인간은 시간과 우연의 산물로 이 땅에서 진화해 왔다는 주장에서 엿볼 수 있다. 반면 하나님을 믿는 사람들 중에는 하나님이 어떻게든 인간을 창조하실 필요가 있었다고 주장하기도 한다. 하지만 성경 어디에도 하나님이 그럴 '필요'를 느끼셨다는 주장은 눈을 씻고 봐도 없다. 하나님의 자기 충족과 행복을 위해 세상이나 인간이 필요한 게 아니다.

우주와 그 가운데 있는 만물을 지으신 하나님께서는 천지의 주재시니, 손으로 지은 전에 계시지 아니하시고 또 무엇이 부족한 것처럼 사람의 손으로 섬김을 받으시는 것이 아니니, 이는 만민에게 생명과 호흡과 만물을 친히 주시는 이 심이라(행 17:24-25).

실제로 삼위일체 안에서 성 삼위가 교제한다는 사실은 인간 창조의 목적이 하나님의 부족함을 메우려는 것이 아님을 여실히 보여 준다. 하나님이 외로움이나 따분함이나 무언가 부족함을 느끼셔서 인간을 지으신 것이 아니다. 하나님은 홀로 완전하시며, 성부·성자·성령의 영원한 결합에서 비롯되는 교제와 사랑을 통해 행복을 맛보신다. 따라서 하나님이 인간을 지으신 것은 삼위일체 내의 **부족함**을 채우시기 위해서가 아니라, **충만함**을 주체하지 못한 나머지 그 기쁨을 함께 나누고 싶으셨기 때문이다.

> 하나님은 성부와 성자 가운데서 기쁘게 울려퍼지는 영광을 '온 천하에 드러내셨다!' 하나님이 누리시는 기쁨은 충만하며 흘러넘치는 경향이 있다. 그분의 기쁨은 주위로 확산된다. 그분은 기쁨을 공유하고자 하신다. 하나님이 세상을 창조하신 것은, 마치 그분에게 약한 면이 있어 창조를 통해 보완하시려는 생각에서가 아니었다. '하나님의 샘은 비어 있거나 어떤 결함이 있는 것이 아니라, 흘러넘치는 속성이 있다.'[9]

하나님의 명령으로 생겨난 창조 세계는 그 자체가 하나님의 장엄한 주권·결단·지혜·아름다움·완전함 그리고 사랑에 대한 찬양이다. 하나님이 세상을 지으시고 보시기에 "심히 좋았더라"고 선언하신 것은, 창조 세계가 하나님의 본성을 나타낼 뿐 아니라 피조물인 인간이 모든 것을 그분에게 의존함으로써 세상이 그분의 본래적 영광을 드러내기 때문이다. 창조주 하나님은 공급자 하나님이다. 모든 것을 그분에게 의존할 때 모든 것을 공급하시는 하나님의 영광이 찬란히 빛난다. 요컨대 우리와 이 세상은 그분의 소유다. 시편 24:1-2는 이렇게 말한다.

> 땅과 거기에 충만한 것과
> 　세계와 그 가운데에 사는 자들은 다 여호와의 것이로다.
> 여호와께서 그 터를…세우심이여
> 　…건설하셨도다.

우리는 하나님의 소유로서 그 분 안에서만 행복을 발견하지만, 하나님은 **홀로** 그리고 **그분의** 영광을 드러내는 창조 세계 안에서 행복을 찾으신다.[10] 오직 이런 의미에서만 창조 세계는 하나님의 행복을 확대한다. 즉, 하나님은 자신이 지으신 창조 세계가 여전히 지속되기에 더 큰 기쁨을 맛보신다. 다니엘 풀러의 말을 들어 보자. "예수님은 '주는 것이 받는 것보다 복이 있다'(행 20:35)라고 친히 말씀하셨다. 하나님의 궁극적 목적은 삼위일체가 누리는 복을 창조 세계가 공유하여 자신의 기쁨을 더하는 데 있다.…자신이 지으신 인간에게 선을 베풀 때 더 없는 만족을 느끼신다."[11] 거꾸로 말해, 완벽하게 공급하시는 하나님을 우리가 묵상할 때, 그분은 행복을 만끽하신다. 존 파이퍼는 이렇게 말한다.

> [하나님의] 행복은 [피조물인 인간이] 그분의 위대하심을 찬양할 때 울려퍼지는 기쁨을 맛보는 데서 절정을 이룬다.[12]

창조주이시며 유지자이신 하나님

우리는 앞에서 창세기의 창조 이야기가, 성경에 계시된 하나님에 대한 본질적으로 중요한 사실, 즉 그분이 주권자이시며 은혜로우신 창조주임을 진술하고 있음을 살펴보았다. 이 같은 근본적인 사실에 비추어 볼 때, 이 세상이 '어쩌다 생겨났다'는 주장은 무신론자의 입장을 지지하는 것이다. 나아가 하나님이 창조주시라는 사실을 현대인들이 진지하게 성찰하지 않는 것은, '모르는 게 약'이라기보다 오히려 무신론자들의 세계관에 암묵적으로 동의하는 것이다. 조이 데이비드맨(Joy Davidman)의 말을 들어 보자.

> 고대 이방인들은 불의의 세력들이 판치는 우주인 찬란하고 시끄러우며 책임을 회피하며 혼란스럽기까지 한 우주와, 하나님이 지으신 합법적인 우주인 차분하고 질서정연한 우주 사이에서 하나를 선택해야 했다. 현대 이방인들은 신적인 질서와, 음울하며 생명력 없으며 무책임하며 혼란스럽기까지 한 무신론의 우주 사이에서 하나를 선택해야 한다. 이 시대의 비극은 우리가 어정쩡한 상태에서, 말하자면 분명한 확신이 아니라 막연한 추측으로, 하나님을 부인해서가 아니라 그분에 대한 관심이 없는 상태에서 선택한다는 것이다.[13]

그러므로 하나님의 창조는 결코 부적절한 이야기가 아니라, 하나님에 대한 우리의 인식과 타인에 대한 이해는 물론 우리 자신에 대한 이미지를 형성하는 출발점이다. 나는 왜 여기에 존재하는가? 나는 누구에게 속해 있는가? 내가 존재한다는 사실에 비추어 볼 때 내가 감당해야 할 책임은 무엇인가? 무신론자라면 이 같은 질문을 귀찮게 여겨 사뭇 다른 입장을 보일 것이다.

게다가 하나님이 세상을 창조하셨을 뿐 아니라 유지도 하시기에, 우리가 삶을 **지속할** 수 있는 것이 하나님 덕분이라는 사실을 한시도 잊어서는 안 된다. 하나님은 부재 지주(absentee landlord)가 아니시다. 유감스럽게도 하나님의 인간 창조를 긍정하는 사람들조차 창조 이후의 인간은 스스로 생존 투쟁을 벌여야 한다고 착각한다. 인간은 이른바 종교적 '적자생존'이나 '자기 계발' 프로그램, 곧 '하나님이 우리를 이 땅에 살게 하셨더라도 삶을 최대한 선용하는 것은 인간의 몫이다'라는 생각에 사로잡혀 있는 것 같다. 사례 하나를 든다. 내가 강의했던 대학에서 어떤 그리스도인이 좋은 뜻으로 복도에 종교 포스터(나로서는 그 포스터가 기독교적인 것인지 의심스럽다)를 하나 부착했는데, 내용인즉 이렇다. '지금의 우리는 하나님이 주신 선물이지만, 앞으로의 우리는 하나님께 드릴 선물이다.' 포스터의 풍경은 근사했지만 메시지는 그렇지 않았다. 실로, 하나님은 우리를 이 땅에 **보내셨을** 뿐 아니라, 이 땅에서 우리가 살 수 있게 **유지해** 주고 계시다. 그분의 도움으로 우리는 기술자나 어머니, 배관공이나 종업원, 대학 교수나 주식 중개인, 정치가나 그 밖의 다른 직업을 가진 사람이 '될' 수 있다. 우리가 하는 고된 일조차 하나님의 선물이다. 그런 일을 할 수 있는 동기와 능력과 기회도 마찬가지다. 우리는 하나님을 위해 일하는 '초급 간부'(junior executives)—그분이 우리에게 주신 원료를 힘써 가공해 완제품을 만들어 내는 역할이 주어진—가 아니다. 우리는 하나님의 형상대로 지음받은 피조물이다. 우리는 그분이 이제까지 공급해 주신 모든 것을 다스림으로써 그분의 성품을 나타내고 영광을 드러낸다. 하나님을 의지하고 세상을 다스리는 것은 그분의 충만하심과 공급하심에 대한 우리의 반응이며, 이는 동전의 양면과도 같다. 비극적인 것은 대다수 인간이 이 같은 사실을 알지 못한다는 것이며, 그들은 성경이 제기하는 아주 초보적인 질문 앞에서 쩔쩔맨다. "네게 있는 것 중에 받지 아니한 것이 무엇이냐? 네가 받았은즉 어찌하여 받지 아니한 것같이 자랑하느냐?"(고전 4:7) "누가 주께 먼저 드려서 갚으심을 받겠느냐? 이는 만물이 주에게서 나오고 주로 말미암고 주에게로 돌아감이라"(롬 11:35-36상).

우상 숭배의 본질

하나님이 우리의 창조주, 공급자 또한 유지자시라면 우리는 그분이 주신 권세를 행사하고 은사를 사용할 때 어떻게 반응해야 하는가? 바울은 로마서 11:33-36에 언급된 송영(doxology)으로 직접 답한다. "영광이 그에게 세세에 있으리로다"(36절 하). 앞서 로마 교인들에게 보낸 서신에서, 바울은 인간이 창조주 하나님께 마땅히 긍정적으로 반응했어야 함에도 부정적으로 반응했음을 지적하며 이 같은 질문에 간접적으로 대답했다. 실로 성경은 인간의 모든 악, 나아가 자연계의 왜곡된 성향을 추적하면서 이같이 온당치 못한 반응이 그 근원임을 폭로한다(창 3:17-19; 롬 1:18, 24-32; 8:20-21을 보라). 바울의 말대로 "하나님을 알되 하나님으로 영화롭게도 아니하며 감사치도 아니하는"(롬 1:21상) 것이야말로 다른 모든 불순종 행위의 기저에 깔려 있는 근원적 죄다. 인간은 근원적인 것에서 이처럼 실패했기 때문에, "그 생각이 허망하여지며 미련한 마음이 어두워졌다"(롬 1:21하). 22-23절에서는 이 같은 허망함의 내용이 어떤 것인지를 보여 준다.

> 스스로 지혜 있다 하나 어리석게 되어 썩어지지 아니하는 하나님의 영광을 썩어질 사람과 새와 짐승과 기어다니는 동물 모양의 우상으로 바꾸었느니라.

바꿔 말해서, **우상 숭배**란 창조 사건을 통해 자신을 '하나님으로' 계시하신 유일한 분을 인간이 영화롭게 하지 않은 데서 생긴 허망한 사고 방식이다. 어떤 대상을 '하나님으로' 영화롭게 한다는 것은, 그 대상이 우리 삶의 주관자임을 인식하며 그 대상에게 의존해 우리의 욕구—그것이 허기를 달래는 것이든, 목표를 성취하는 것이든, 안전을 추구하는 것이든, 위안을 삼는 것이든—를 충족시킨다는 뜻이다. '우상 숭배'란 유일하신 참 하나님을 제쳐두고 어떤 사람이나 사물에게서 육체적·정서적 욕구를 충족시켜 줄 자원과 공급을 찾으려는 관습이다. 우리의 진정한 욕구를 충족시켜 줄 수 없는 무생물을 통해 생명을 추구하려는 시도는 애처롭기 짝이 없다. 시편 기자의 말을 들어 보자.

오직 우리 하나님은 하늘에 계셔서 원하시는 모든 것을 행하셨나이다. 그들의 우상은 은과 금이요 사람이 손으로 만든 것이라. 입이 있어도 말하지 못하며 눈이 있어도 보지 못하며 귀가 있어도 듣지 못하며 코가 있어도 냄새 맡지 못하며 손이 있어도 만지지 못하며 발이 있어도 걷지 못하며 목구멍이 있어도 작은 소리조차 내지 못하느니라. 우상들을 만드는 자들과 그것을 의지하는 자들이 다 그와 같으리로다(시 115:3-8).

좀더 구체적으로, 우상 숭배란 하나님을 아는 지식과 하나님이 그분의 지혜로 우리에게 공급해 주시는 것에 의지하기보다 어떤 사물이나 사람—예를 들면 돈, 과학, 교육, 연인, 섹스, 권력 혹은 우리 자신—을 통해 필요를 채우려는 욕구다. 그리스도인들 가운데서 이러한 우상 숭배는 혼합주의(syncretism)라는 좀더 미묘한 형태를 띠어, 그리스도에 대한 헌신과 행복을 가져다줄 것이라 생각하는 몇몇 원천을 뒤섞는다. 따라서 두 마음을 품는 자들이 되어 '예수와 그 무엇'(Jesus and)이라는 혼합 종교를 신봉하게 된다. 그들의 기도는 이런 형태가 될 것이다. "제게 예수님과 _____만 있으면 더 이상 바랄 게 없습니다"(빈 칸에는 자신을 행복히게 해줄 것이라 생각되는 것이면 무엇이든 채워 넣으라).

하지만 예수님이 경고하셨고 우리 모두가 경험했듯이, 창조주와 공급자 되시는 하나님의 권위를 '깎아내리려는' 이 같은 시도는 예수님을 헌신짝 버리듯 대했을 때보다 우리를 더 비참하게 만들 뿐이다. 창조주와 창조 세계에 양다리를 걸치는 자는 심한 좌절감을 느끼게 되는데, 이 같은 긴장이 지속되면 그는 자멸하고 말 것이다. 예수님의 말씀처럼, 하나님과 재물을 둘 다 섬기고자 할 때, 어느 한쪽을 미워하고 다른 한쪽을 사랑할 수밖에 없기 때문이다(마 6:24).

하나님을 하나님으로 경배하기

창조 세계를 통해 밝히 드러난 하나님의 능력과 신성 앞에서 우리가 합당하게 보여야 할 반응은, 우상 숭배에 빠지는 것이 아니라 하나님을 우리에게 필요한 모든 것을 공급해 주시는 **유일한** 분으로 경배하는 것이다. 로마서 1:21에 의하면, 하나님의 형상대로 지음받은 인간이 그분을 창조주이자 공급자로 경배하는 방법은 심오할 뿐만 아니라 단순하기까지 하다. 그것은 하나님이 베풀어 주신 것에 마땅히 감사드리는 일이다. 하나님께 감사드리는 것과 그분을 하나님으로 경배하는 것은 무관하지 않다. 우리가 하나님의 은혜로 이처럼 존재할 수 있기에, 하나님께 감사드리는 것은 '그분을 하나님으로 경배하는' **방식**이 된다(롬 1:21).

따라서 죄의 본질은 감사드리지 않는 것이 아니라, **엉뚱한** 감사를 표하는 것이다. 무엇인가에 의존하는 인간은 본질상 자신의 경험이나 성취에 대해 어떤 사람이나 사물(대개는 자기 자신!)에게 감사를 표한다. 감사의 궁극적 대상은 곧 예배의 대상이 된다. 또한 예배의 대상은 섬김의 대상이 된다. 우리의 필요를 채워 줄 것이라 생각하는 대상이나 사람이면 다 우리가 섬기는 대상이 되기 때문이다(마 6:24).[14] 이런 까닭에 로마서 1:25은 예배와 섬김을 연관시킨다. 즉, 예배의 대상은 언제나 예배자의 행동을 지배한다. 하나님이 우리를 지으셔서 그분에게 예배드리며 그분을 위해 살게 하셨듯이, 이것은 인간의 법칙이라 할 수 있다. 따라서 우상 숭배의 죄는, 그것이 고대의 자연 숭배든 현대인의 자아 숭배든 전혀 다를 바가 없다. "그들이 피조물을 조물주보다 더 경배하고 섬김이라. 주는 곧 영원히 찬송할 이시로다"(롬 1:25을 보라).

따라서 우상 숭배는 고대건 현대건 생존을 위해 유일하시며 참되신 창조주이자 공급자를 제쳐두고 다른 사람이나 사물에 기대려는 헛된 시도일 뿐이다. 일이 잘 풀리면 누구에게 감사해야 할까? 일이 꼬이면 누구에게 도움을 청해야 할까? 내게 궁극적인 행복을 가져다주는 것은 무엇일까? 나를 안전하게 지켜 주는 원천은 무엇일까? 내가 소중한 존재라는 느낌을 이 세상 어디에서 맛볼 수 있을까? 내 삶의 목표는 무엇이며, 왜 그것을 추구하는가? 이 같은 질문에 대한 답은 과연 우리가 하나님을 하나님으로 경배하는 자인지, 아니면 이사야 당시처럼 석상(石像)에게 소원을 빌거나, 이웃집 차가 못내 부러워 군침을 흘리거나, 최신 자기계발 전략에 집착하는 우상 숭배자는 아닌지를 판별하는 데 도움을 줄 것이다.

그래서 사도 바울은 탐심을 우상 숭배와 동일시하여(골 3:5) 탐심이 곧 우상 숭배라고 한다(엡 5:5). 탐심은 하나님을 제쳐두고 다른 사람이나 사물을 통해 행복을 추구하는 것이며, 이는 곧 우상 숭배다. 십계명의 첫 계명과 마지막 계명은 동일하다! 탐심을 품지 말라는 명령은 우상 숭배를 하지 말라는 명령과 같다. 우리에게 행복을 가져다준다고 생각되는 것은 무엇이든 필경 우리가 섬기는 신이 되기 때문이다.

우상 숭배에 함축된 의미

우상 숭배는 호락호락 넘어갈 문제가 아니다. 하나님은 우리에게 다른 신을 두지 말라고 **명령하신다**. 하나님은 우리에게 그분 안에서만 궁극적 행복과 안전을 찾으라고 **요구하신다**. 창조주이시며 공급자이신 하나님은 질투의 하나님이다. 그분 홀로 하시는 일에 대해 우리가 다른 신에게 감사하면 참지 못하신다(출 20:5; 34:14; 신 4:24; 5:9; 6:15). 그분은 인간이나 과학 기술이 자신을 대신해 이 세상의 주관자 노릇을 하는 것도 눈감아 주지 않으신다(출 14:4, 17-18; 15:18; 신 4:39; 왕상 8:60; 시 10:16; 딤전 6:14-16). 하나님은 일찍이 이사야를 통해 이렇게 말씀하셨다.

"나는 여호와이니 이는 내 이름이라.
　나는 내 영광을 다른 자에게,
　내 찬송을 우상에게 주지 아니하리라"(사 42:8).

따라서 에베소서 5:5은 "탐하는 자 곧, 우상 숭배자는 다 그리스도와 하나님의 나라에서 기업을 얻지 못하리니"라고 말한다. 우상 숭배는 하나님을 깔보는 행위다. 우상 숭배는 하나님의 주권적 능력과 지혜를 부인하며, 하나님 그분보다 그분이 주신 선물을 더욱 소중히 여겨 하나님을 이류(second-rate)라고 선언한다. 우상 숭배는 우리에게 필요한 것이 무엇인지 그리고 그것이 언제 필요한지를 우리가 하나님보다 잘 안다고 전제하는 것이다. 우상 숭배는 하나님께 부족한 것이 있다고 선언한다. 하나님은 자신을 섬기는 것이 수많은 대안 중 그나마 최선의 선택이라도 되는 것 같은 모욕을 당하시더라도 고개를 돌리지 않으신다. 그렇게 하신다면 자신을 부인하는 일이 될 것이다. 결국, 하나님은 유일한 분이기에 달리 행동하실 수 없다.

그러므로 하나님의 형상대로 지음받은 인간이 우상 숭배를 한다면 결과는 비참할 뿐이다. 하나님을 부인하는 자들이 제멋대로 하도록 그분이 내버려두실 때, 다시 말해 우상 숭배자들이 '마음의 정욕'대로 하도록 내버려두실 때, 로마서 1:24-32에 열거된 악들이 필연적으로 나타난다. 우상 숭배는 처음부터 끊임없이 이류 행복을 추구하게 만들어, 바울의 묘사처럼 결국에는 일종의 자기 파멸로 전락하게 만든다. 다른 신들에게서 행복과 안전을 찾는 자들은 뜻한 바를 이루더라도 덧없으며 평생 후회하게 된다. 이유는 분명하다. 자신을 위해 우리를 지으신 하나님이 아니면, 어떤 사물이나 사람도 인간 내면의 깊은 갈망을 채울 수 없기 때문이다. 파스칼(Pascal)은 이렇게 말한다.

> 인간은 한때 참된 행복을 맛보았지만, 지금은 그 표지와 공허한 흔적만이 남아 있을 뿐이다. 이제 인간은 자신의 환경을 통해 빈자리를 채우려 애쓰지만 부질없는 짓이다.…인간 내면의 무한한 심연은 오로지 무한하며 한결 같은 분이신 하나님만이 채우실 수 있다.[15]

심판이 가져오는 진짜 두려움은 진노하신 하나님의 손 **안에** 떨어지는 것이 아니라, 그분의 임재에서 벗어나 마음의 갈피를 잡지 못하게 되는 것이다. 이런 까닭에 시편 기자는 실제적 무신론인 우상 숭배가 어리석은 것임을 우리에게 일깨운다.

> 어리석은 자는 그의 마음에 이르기를, "하나님이 없다" 하는도다.
> 그들은 부패하고 그 행실이 가증하니,
>   선을 행하는 자가 없도다(시 14:1).

더욱이 시편 기자는 "어리석은" 자가 믿는 것은 개인의 종교적 선호라는 무해한 문제가 아니라 부패와 악의 근원임을 명백히 한다. 예수님은 제자들에게 이렇게 말씀하셨다.

"사람에게서 나오는 그것이 사람을 더럽게 하느니라. 속에서 곧 사람의 마음에서 나오는 것은 악한 생각 곧 음란과 도둑질과 살인과 간음과 탐욕과 악독과 속임과 음탕과 질투와 비방과 교만과 우매함이니, 이 모든 악한 것이 다 속에서 나와서 사람을 더럽게 하느니라"(막 7:20-23).

예수님의 가르침은 틀림없다. "마음"의 상태가 삶의 성격을 결정한다. 하나님을 우리의 모든 필요를 공급해 주시고 채워 주시는 분으로 경배하느냐 않느냐는 우리의 미래를 결정한다.

창조 세계가 주는 교훈

믿음의 삶은 하나님이 우주 만물의 창조주이심을 선포하는 성경과 더불어 시작된다. 더욱이 우리의 전 존재가 하나님의 은혜라는 사실을 끊임없이 자각하고 감사하는 것, 이것이 이 같은 기본적 진리에 대한 온당한 반응이다. 인생에서 이보다 근본적이며 중요한 것이 있을까? 이러한 자각과 감사야말로 믿음의 토대를 이루며, 그것이 없다면 믿음은 존재할 수 없다. 하나님을 신뢰하려면, 그분 홀로 우주 만물을 다스리시며 은혜로 공급하시는 분이라는 확신이 있어야 한다. 따라서 우리는 엉뚱한 대상에게 감사를 표하는 우상 숭배를 피해야 한다. 우주 만물을 창조하셨으며, 우리의 필요를 채워 주시는 하나님께 합당한 감사를 드리며 하나님을 '하나님으로' 경배하는 사람만이 믿음을 실천할 수 있기 때문이다(롬 1:21). 따라서 믿음의 눈으로 창조 세계를 바라볼 때, 우리는 하나님 홀로 창조주요 공급자라는 사실을 깨닫게 되고 우상 숭배를 멀리하라는 가르침을 받게 된다.

2. 하나님을 안다는 것은 어떤 의미인가?

| 안식일과 언약의 하나님 |

> "너희는 내 안식일을 지키며 내 성소를 경외하라. 나는 여호와이니라."
>
> 레위기 26:2

하나님만이 참되시며 삶을 만족시켜 주는 근원이시다. 눈에 보이는 그 어느 것도 우주 만물을 지으셔서 자신의 능력과 신성을 나타내신 눈에 보이지 않는 하나님과 동일시될 수 없다(롬 1:20). 이는 창조 세계 자체에 부족한 면이 있다는 것에서 입증된다. 창조주를 제쳐두고 이 세상에서 삶의 이유를 찾으려는 어떤 시도도 결국은 실패로 끝나기 마련이다. 따라서 우상 숭배자는 뜻을 이루지 못하고 좌절감과 비애감을 맛보게 된다. 창조 세계에 부족한 면이 있다는 사실은 하나님의 풍성함을 보여 주는 광고 게시판이다. 그분만이 우리의 깊은 갈망을 채워 주실 수 있다.

이런 까닭에 하나님이 자신만을 예배하라고 말씀하시는 것은 우리가 그분을 의지해 이 세상을 다스려야 한다는 뜻이며, 이는 부도덕한 이기주의가 아니라 사랑의 서곡이다. 하나님이 우리를 이렇게 지으신 것은 우리가 성취하는 것을 통해 그분의 영광을 드러내도록 하기 위함이다. 하나님만이 우리의 하나님이 되신다는 주장은 우리가 그분으로 인해 행복해야 한다는 말이다. 우리의 갈망을 충족시키는 일에 관한 한 하나님과 견줄 수 있는 것은 없기 때문이다. 우리가 하나님만을 의존할 때 그분은 영광을 받으시며, 그분의 주권과 공급하심을 믿을 때 우리는 만족을 누린다.

사실상 하나님이 자신만을 예배하라고 주장하시지 **않는다면**, 우리는 그분이 악하거나 적어도 위선자라는 결론을 내려야 할 것이다. 그분이 우리가 간절한 소망을 성취하도록 돕지 않으실 것이기 때문이다. 반면에 하나님이 자신만을 예배하라고 주장하시지만 자신의 한계 때문에 우리의 필요를 채워 주실 수 없다면, 우리는 그분을 '허위 광고' 혐의로 고소할 것이다. 하지만 자신만을 예배하라고 주장하시는 하나님은 우리의 필요를 공급하실 의지와 능력이 있기 때문에, 성경은 하나님이 전능하시며 지극한 사랑을 베푸시는 분이라고 선언한다. 성경은 하나님의 주된 특성이 창조주이자 공급자로서의 전능하심과 주권적 능력이라고 말하는 한편(창 1:1; 행 14:15; 17:24-25; 롬 1:20), 그분의 전능하심은 '완벽하게 역사를 주관하시는 것과 사랑을 베푸시는 것을 통해 드러나는 완전함'이라는 사실 또한 분명히 밝히고 있다.[1]

하나님의 능력이 사랑을 통해 나타난다는 사실은 그분이 내리시는 모든 명령을 보면 알 수 있다. 하나님의 명령은 인간의 필요를 충족시키기 위한 그분의 끊임없는 보살핌과 능력의 표현이다. 창세기 1:28과 29절의 관계에서 드러나듯이(제1장을 보라), 하나님은 인간이 그분의 명령을 수행하는 데 필요한 것을 **이미** 공급하셨기 때문에 명령을 내리신다. 바꿔 말해 하나님의 명령은 그분이 우리의 삶의 구체적 정황에서 필요한 것이 무엇인지 아시며 공급하신다는 사실을 분명히 한다. 하나님의 한결 같은 사랑과 능력에 대한 신뢰의 표시로서 우리가 그분의 명령에 순종할 때, 그분은 그 순종을 통해 우리의 필요를 채우신다! 요컨대, 하나님의 명령은 모두 '우리의 행복을 위한'(신 10:12-13) 것이다.

그렇기에 수세기를 내려오는 동안 단순하면서도 포괄적인 하나님의 메시지에는 변함이 없었다. 창조 세계를 통해 자신의 능력과 신성을 드러내시고 구속의 역사를 통해 택하신 백성들에게 '여호와'로서 자신을 알리신 하나님은, 그들이 그분을 신뢰하기만 하면 변함없이 그들과 동행하시며, 인도하시며, 보호하시며, 필요를 채우실 것이다. 이스라엘의 경배와 지혜의 말씀을 들어 보자.

여호와를 기뻐하라,
그가 네 마음의 소원을 네게 이루어 주시리로다(시 37:4).

너는 범사에 그를 인정하라,
그리하면 네 길을 지도하시리라(잠 3:6).

문제는 인간에게 있다

그럼에도 불구하고 하나님에 관한 한 인간은 변덕쟁이다. 눈에 보이는 것과 보이지 않는 것 사이에 갈등이 일어날 때, 인간은 현실적인 기쁨 앞에 무릎을 꿇게 마련이다. 파멸에 이르는 사악한 길은 찰나적 만족으로 포장되어 있다(마 6:19-20; 7:13; 약 5:1-6). 내 아들 존이 여섯 살 때 생일 선물로 용돈을 받았다. 그는 용돈을 아껴 '그렇게도 갖고 싶었던' 장난감을 나중에 살 것인가, 아니면 값은 더 싸지만 얼마 못 가(집에 채 이르기도 전에!) 버릴 게 뻔한 싸구려(대개 화려하게 포장된)를 당장 살 것인가로 심각한 고민에 빠졌다. 어른이라면 아들 녀석이 십중팔구 더 좋은 장난감을 택하지 않을까 생각했겠지만 예상은 빗나갔다.

불행히도, 어른들도 별반 다르지 않다. 하나님과 더불어 영원히 기뻐할 수 있다는 약속은 헌신짝 버리듯 하고, 세상의 덧없는 쾌락에 몸을 맡길 때가 많기 때문이다. 결국, "돈을 사랑함이 일만 악의 뿌리가 되는"(딤전 6:10) 까닭은 물질에서 자신의 안전과 가치를 찾으며 그것으로 하나님의 임재를 대신하려 들기 때문이다. 히브리서는 우리에게 이렇게 경고한다.

> 돈을 사랑하지 말고 있는 바를 족한 줄로 알라. 그가 친히 말씀하시기를 "내가 결코 너희를 버리지 아니하고 너희를 떠나지 아니하리라" 하셨느니라. 그러므로 우리가 담대히 말하되,
>
> "주는 나를 돕는 이시니,
> 내가 무서워하지 아니하겠노라.
> 사람이 내게 어찌하리요?"(히 13:5-6; 참고. 시 118:6)

그럼에도 우리는 사랑의 대상을 잘못 선택해 판단을 그르친다. 루이스(C. S. Lewis)의 말을 들어 보자.

> 인간은 자신에게 무한한 기쁨이 주어졌음에도 거기에는 눈길 한 번 주지 않은 채, 한 잔 들이키고, 섹스에 몰두하고, 야망에 사로잡혀 시간을 낭비한다. 마치 철부지 아이가 해변에서 휴가를 보내는 것이 얼마나 근사한 일인지 상상할 수 없어 너저분한 곳에서 하루 종일 진흙 파이를 만들겠다고 떼쓰는 것처럼 말이다. 인간은 너무나 쉽사리 쾌락에 빠져든다.[2]

안식일은 푯말이다

하나님은 인간이 그렇다는 것을 아주 잘 아신다. 그래서 그분은 자신

의 사랑과 자비가 크다는 또 다른 표시로 푯말을 남기셨다. 그 푯말은 우리가 세상의 쾌락과 황금만능주의에 빠져 허우적거릴 때마다 삶에서 참으로 신뢰할 만한 유일한 원천으로 돌아가는 길을 알려 준다. 자연 그 자체가 하나님의 영광을 선포하는 그러한 푯말 중 하나다(시 19:1-2). 그러나 자연의 의미를 하나님이 설명하지 않으신다면 자연은 그저 침묵만 지킬 뿐이며(시 19:3-4), 타락한 상태에 있는 자연은 우리를 잘못 인도하기까지 한다. 해가 지고 폭포가 떨어질 때가 있는가 하면, 사막에 햇볕이 쨍쨍 내리쬐고 해일이 일어날 때도 있다. 하나님의 "영원한 능력과 신성"이 "그분이 만드신 만물에 분명히 보여 알려진"(롬 1:20) 것이 사실인 반면, 자연 그 자체는 택함받은 백성들의 필요를 채우시는 그분의 은혜와 헌신을 드러낼 능력이 없다.

이를 분명히 하기 위해, 하나님은 세상과 인간을 만드신(창 1:1-28) 후에 세상 창조는 인간을 **위한** 것이라고 선언하셨다(창 1:29). 그렇게 하시면서 하나님은 인간에게 필요한 것을 공급하실 의지와 능력이 있다는 분명한 메시지를 남기셨다. 따라서 시편 19편에 나타난 창조 세계의 무언의 증언은 "여호와의 율법"(글로 쓰인 하나님의 말씀), 즉 하나님의 완벽하면서도 확실한 증언이자 생명에 이르는 길과는 구별된다(시 19:7-8; 비교. 시 1:1-3; 119:33-40, 105).

구약 성경에 기록된 죄와 구속의 역사는 세대를 초월해 택함받은 백성들에게 이러한 기본적인 진리를 가르치기 위한 하나님의 전략이다. 특히, 아브라함을 부르신 일에서 바벨론 포로 생활이라는 심판에 이르기까지 이스라엘을 향한 하나님의 계획은 그분의 한량없는 사랑, 백성들을 향한 그분의 신뢰할 수 있는 헌신, 그분이 내리시는 명령의 필요성, 우상 숭배로 인한 끔찍한 결과, 그리고 그리스도 안에서 임할 구원의 윤곽을 예중하기 위해 조심스럽게 조율되었다(눅 24:25-27; 고전 10:1-13).[3]

이러한 계획을 떠받치는 중심 기둥이 바로 안식일이다. 안식일은 하나님이 우주 만물을 창조하시면서 처음으로 선포하신 진리를 이스라엘 백성들에게 끊임없이 상기시켰다.⁴⁾ 그 의도는 **하나님이 엄청난 기적을 베푸셨음에도** 이스라엘 백성들이 그것을 너무 쉽게 잊어버리자, '그들의 기억을 되살려' 하나님은 부족함이 없으시며 그들의 필요를 늘 채워 주시는 분임을 알리려는 것이었다. 이는 하나님이 홍해를 가르신 지 두 달 반쯤 지나 이스라엘 백성들이 시련을 겪게 되면서 "이스라엘 자손 온 회중이 그 광야에서 모세와 아론을 원망했다"(출 16:2)는 사실에서 뼈아프게 드러난다. 따라서 창조 시에(참고. 창 2:1-3) 시작된 안식일 법령은, 이스라엘 백성들의 손가락에 동여맨 끈처럼 세상을 다스리시는 여호와만이 그들의 필요를 채워 주실 수 있는 유일한 분임을 늘 상기시켰다.

하나님의 안식, 그 기쁜 소식

안식일이 십계명에 포함되었다는 사실은 하나님과 그분의 백성들의 관계에서 안식일이 담고 있는 중요성을 한층 강조한다. 여기서도 안식일 준수는 명령 그 자체에 대한 토대로서 창조 기사와 직접 연관된다.

"안식일을 기억하여 거룩하게 지키라. 엿새 동안은 힘써 네 모든 일을 행할 것이나. 일곱째 날은 네 하나님 여호와의 안식일인즉, 너나 네 아들이나 네 딸이나 네 남종이나 네 여종이나 네 가축이나 네 문안에 머무는 객이라도 아무 일도 하지 말라. 이는 엿새 동안에 나 여호와가 하늘과 땅과 바다와 그 가운데 모든 것을 만들고 일곱째 날에 쉬었음이라. 그러므로 나 여호와가 안식일을 복되게 하여 그 날을 거룩하게 하였느니라"(출 20:8-11).

십계명은 토라(창세기에서 신명기까지) 전체와 마찬가지로 애굽의 종살이에서 해방된 이스라엘의 구원이라는 관점에서 과거를 회상하며 미래를 내다본다. 모세오경이 묘사하는 바와 같이 출애굽, 시내 산에서의 체험, 그리고 이 두 사건에서 비롯된 언약은 이스라엘의 전(前)역사인 천지 창조에서 아브라함 자손들의 노예 생활에 이르기까지, 그리고 그 후의 역사인 금송아지 사건에서 바벨론 포로 생활에 이르기까지의 역사를 들여다볼 수 있는 렌즈와도 같다. 그렇다면 일주일의 일곱째 날, 곧 "안식일"(Sabbath, 이 단어는 '멈추다' 혹은 '휴식을 취하다'를 뜻하는 히브리어에서 왔다)에 일하지 않는 **이유**는 하나님이 세상을 지으신 후 "안식"을 취하셨기(창 2:2하) 때문이다. 이는 놀랄 일이 아니다.

하나님은 왜 안식하셨을까? 분명, 피곤하셨기 때문은 아니었을 것이다. 하나님의 안식은 육체적 피곤 때문이 아니었다. 하나님이 일을 멈추신 이유는 창조 사역이 '완성되었기' 때문이다. 더 이상 하실 일이 없었던 것이다(창 2:1-2상). 그러니까 하나님이 일주일 동안의 '고된 노동' 후에 안식하신 것은 그에 앞서 **말씀**으로 선포하신 일, 곧 지으신 모든 것이 "심히 좋았다"(창 1:31)는 것을 **행동**을 통해 드러낸 셈이다. 하나님은 과제를 끝내신 것이다. 하나님의 안식은 금속 세공사가 마지막 광택 작업을 끝내고 마침내 펜던트를 완성한 후에 취하는 휴식과 흡사하다. 하나님이 안식하신 것은 창조 세계가 인간의 필요를 채워 주기에 더없이 적합하게 되었으며, 그로 인해 창조주의 영광이 나타날 수 있었기 때문이다. 안식일은 천지 창조가 하나님이 원하시는 대로 이루어졌음을 의미했다.

하나님의 "안식"은 자신의 사역이 만족스러울 뿐 아니라 그것을 승인하신다는 표시이기도 하다. 그렇듯, 하나님은 안식일을 매우 존귀하게 여기셨거나 구별하셨다. 바꿔 말해, 하나님은 안식일을 "거룩하게" 여기셨다(창 2:3; 출 20:11). 안식일은 자신의 백성들을 위해 완벽하게 공급하신다는 기쁜 소식을 전하는 하나님의 독특한 선언이다(창 1:29-30).

안식일 지키기

하나님의 "안식"은 창조의 본질에 대한 신적 진술일 뿐 아니라, 택함 받은 백성들에게 하나의 본보기가 되었다. 하나님의 창조가 완벽한 공급하심이 되었다고 하나님의 안식이 선언했듯이, 택함받은 백성들 또한 그분이 예전에 공급해 주신 것에 감사하며 앞으로도 그분을 계속 의지한다는 표시로 "안식일을 지켜야" 했다. 이스라엘 백성들에게는 창조가 매주 새롭게 재현되었다. 하나님이 엿새 동안 일하셔서 세상을 지으신 것처럼, 하나님의 백성들도 엿새 동안 일(세상을 경영하고 필요한 것을 얻어내는)을 해야 했다. 그렇게 함으로써 하나님의 백성들은 그분의 명령에 따라 세상을 다스리게 된다. 그들은 엿새 동안 즐겁게 일한 후 하루를 안식했는데, 이를 통해 자신이 지으신 모든 것이 좋았고 자신의 공급이 완벽했다는 하나님의 선언을 기쁜 마음으로 되새겼다.

따라서 하나님의 백성들은 안식일 준수를 통해 그분이 '안식하시면서' 창조에 관해 친히 하신 말씀, 곧 하나님의 백성들이 받은 소명을 삶 속에서 이루는 데 필요한 모든 것을 그분이 공급하셨다고 선포해야 했다. 하나님과 마찬가지로, 그분의 백성들이 안식한 것은 피곤하거나 쉼이 필요해서가 아니라 하나님과 그분의 섭리가 만족스러웠기 때문이다. 하나님이 "안식"하셨다는 것은 창조 세계에 대한 공급을 흡족히 여기셨다는 의미이며, 이는 하나님의 공급하심을 흡족히 여긴 그분의 백성들이 안식하는 것으로 표시되고 구체화되었다. 이렇듯 안식일 준수는 "하나님의 형상"(창 1:27)으로 지음받는다는 것이 어떤 의미인지를 드러낸다. 거꾸로 말해, 세 번째 계명을 위반한다는 것은 하나님이 예전에 공급해 주신 것이 성에 차지 않아 앞으로도 그분을 신뢰하지 않겠다는 뜻이다. 그렇게 되면 하나님의 자비로우신 주권의 영광은 그늘에 가려지고 만다. 하나님이 주중에 공급해 주신 것으로 일주일을 너끈히 살 수 있었을 텐데도 이스라엘 백성들은 왜 일주일 내내 일만 했을까?

이스라엘 역사에서 이 같은 불평과 불신앙은 다양한 형태로 드러났는데, 가장 흔한 것이 우상 숭배(첫 계명의 위반)와 탐심(마지막 계명의 위반)이었다. 그러나 내용이야 어떻든 하나님의 계명에 불순종하는 온갖 행위는 그분이 못마땅하며 미덥지 않다는 사실을 공개적으로 드러내는 것이다. 그리고 깊이 들어가 보면 온갖 불평은 모두 같은 것이다. 하나님이 안식하신 날 일하는 것은 갖가지 다른 형태의 불순종 행위와 마찬가지로 하나님이 주신 선물을 하찮게 여기는 행위다. 마치 장난감에 정신이 팔려 있는 아이가 마지막 크리스마스 선물을 뜯고 나서 이제 더 이상 개봉할 선물이 없게 되자 짜증을 내는 것과 같다. 어느 가장이 호숫가에 통나무집을 짓거나 차를 하나 더 구입하면 행복해지지 않을까 하는 생각이 들어 야근하느라 가정을 소홀히 여기는 것과도 같다. 하나님이 주신 것보다 많이 갖고 싶은 욕심에 계명을 어기는 것은 그분의 주권적 사랑을 우습게 여기는 우상 숭배다. 이스라엘 백성들의 경우 안식일에 일하는 것은 하나님의 안식일을 거짓이라고 말하는 것과 같았다.

안식일은 믿음의 진술이다

안식일을 지키라는 하나님의 명령은 그것에 대해 세 가지 사항을 덧붙인 출애굽기 31:12-17에서도 그 중요성을 볼 수 있다.

여호와께서 모세에게 말씀하여 이르시되, "너는 이스라엘 자손에게 말하여 이르기를, '너희는 나의 안식일을 지키라. 이는 나와 너희 사이에 너희 대대의 표징이니, 나는 너희를 거룩하게 하는 여호와인 줄 너희가 알게 함이라. 너희는 안식일을 지킬지니, 이는 너희에게 거룩한 날이 됨이니라. 그 날을 더럽히는 자는 모두 죽일지며, 그 날에 일하는 자는 모두 그 백성 중에서 그 생명이 끊어지리라. 엿새 동안은 일할 것이나 일곱째 날은 큰 안식일이니 여호와께 거룩한 것이라. 안식일에 일하는 자는 누구든지 반드시 죽일지니라. 이같이 이스라엘 자손이 안식일을 지켜서 그것으로 대대로 영원한 언약을 삼을 것이니, 이는 나와 이스라엘 자손 사이에 영원한 표징이며 나 여호와가 엿새 동안에 천지를 창조하고 일곱째 날에 일을 마치고 쉬었음이니라' 하라."

첫째, 율법을 주는 과정에서 이 명령이 차지하는 위치를 보면 그것이 으뜸가는 것임을 알 수 있다. 안식일은 이스라엘 백성들에게 주어진 **첫** 계명으로, 그들이 시내 산에 이르기 **전에** 공표된다(출 16:22-30). 그리고 위의 인용문에서 보듯이, 안식일은 모세가 시내 산에서 내려와 백성들에게 준 **마지막** 계명이다(출 31:12-17). 북엔드처럼 안식일 준수 명령은 출애굽 사건에서 확립되고 시내 산 언약과 더불어 시행된, 하나님과 이스라엘 백성의 관계를 공고히 해준다. 이렇듯, 출애굽 사건에서 자신의 백성을 '새롭게 창조하신'(하나님이 이스라엘을 애굽의 종살이에서 구원하신 것을 하나의 창조 행위로 묘사하는 사 43:1-2과 비교하라) 하나님에 대한 응답으로 확립된 안식일 준수 명령은 시내 산 언약을 이해하는 틀을 형성한다.

첫 창조에서처럼, 하나님은 출애굽 사건에서 이스라엘의 필요를 채우시고, 그들이 하나님의 인도하심을 따라 광야를 떠나 약속의 땅으로 들어갈 때까지 지속적으로 보살피심으로써 이스라엘 백성들을 '창조하신다.' 약속의 땅은 에덴 동산과 마찬가지로 세계의 축소판이며, 여기서부터 제사장 나라(출 19:6) 이스라엘은 하나님의 영광을 땅 끝까지 알려야 했다. 하나님이 텅 빈 세상을 예비하셔서 아담과 하와의 필요를 채워 주신 것처럼(창 1:2-2:3), 이스라엘 백성들을 애굽의 종살이에서 구원하시고 광야에서 인도하셔서 가나안 땅으로 들어가게 하신 것은, 그들이 하나님의 명령을 이행할 수 있도록 필요를 채우시는 능력과 그렇게 하시겠다는 약속의 증거가 된다(신 32:10).[5]

그렇다면 하나님이 이같이 공급하신다는 표지가 또다시 안식일이라는 사실은 놀랄 일이 아니다. 아담의 경우와 마찬가지로 하나님이 출애굽 사건을 통해 이스라엘을 언약 백성으로 삼으셨기에, 안식일은 시내산 언약의 표지가 된다(출 31:13). 따라서 하나님의 백성이 된 이스라엘의 새로운 삶은 안식일과 더불어 **시작했으며**, 이 안식일은 하나님이 이스라엘을 구원하시기 위해 대신해서 싸우실 각오가 되어 있음을 재확인하는 표지였다(비교. 출 14:13-14; 16:22-30). 이어 이스라엘 백성들의 성막 제사와 관련한 하나님의 지시는 그분의 공급하심을 이스라엘 백성들이 찬양으로 응답하는 안식일과 더불어 **절정을 이루었다**(출 25:1-31:11). 그리고 광야에서의 금송아지 사건에 뒤이어 언약 갱신이 이루어지고 나서 실제로 성막이 세워졌을 때, 최우선으로 내려진 지시는 안식일을 재확인하라는 것이었다(출 35:1-3). 성막에서의 일은 이스라엘이 안식일을 지키는 상황에서만 가능한 것이었다.

이스라엘 역사에서 안식일의 중요성은 아무리 강조해도 지나치지 않다. 안식일은 이스라엘이 하나님 사랑의 독특한 수혜자로서 택함받은 언약 백성이며, 하나님이 인도하시고 이끄시고 필요를 채워 주시며, 또한 그들을 악에서 구원하시겠다는 그분의 선언이다. 동시에 안식일은 하나님에 대한 이스라엘의 선언이다. 그분이 이스라엘의 언약의 하나님이시라는, 즉 자신들은 그분의 뜻대로 안식하며, 그분이 한결같이 인도하심을 믿으며, 어떤 상황에서도 그분을 찬양하고 순종하며, 또한 곤궁할 때 그분을 의지함으로써 말과 행동으로 하나님만을 경배하겠다는 선언이다. 그리고 출애굽기 34:21은 삶 자체가 기로에 놓이는 밭갈이 철이나 수확 철과 같이, 일 년 중에 손이 가장 많이 가는 때에도 안식일 규정이 적용된다는 것을 분명히 한다.

"너는 엿새 동안 일하고 일곱째 날에는 쉴지니, 밭 갈 때에나 거둘 때에도 쉴지며."

둘째, 출애굽기 31:16-17은 안식일을 지키는 관행이 **영원히** 지속되어야 하며, 안식하신 하나님이 이스라엘을 택하시고 따로 불러내셔서 자신의 백성으로 삼으셨다는 사실을 후손에게 전해야 한다고 선언한다. 그러므로 이스라엘 백성들은 하나님의 택하심에 대한 응답으로써, 하나님의 **한결 같은** 돌보심을 신뢰한다는 표시로 안식일을 **계속해서** 지켜야 할 의무가 있다. 이와 다르게 행동하는 것은 창조주가 또한 유지자 되심을 부인하는 일이 될 것이다. 여호와는 에스겔을 통해 이렇게 선언하셨다.

"사람이 준행하면 그로 말미암아 삶을 얻을 내 율례를 주며 내 규례를 알게 하였고, 또 내가 그들을 거룩하게 하는 여호와인 줄 알게 하려고 내 안식일을 주어 그들과 나 사이에 표징을 삼았노라"(겔 20:11-12; 참고. 출 31:13).

따라서 이스라엘의 안식일 준수는, 하나님이 택하신 백성, 곧 이 세상을 지으신 창조주를 알며 그분의 주권적 섭리를 향유할 수 있는 유일무이한 특권을 얻은 백성으로서의 정체성과 되돌릴 수 없는 소명을 드러낸다.

"우리 하나님 여호와께서 우리가 그에게 기도할 때마다 우리에게 가까이 하심과 같이 그 신이 가까이 함을 얻은 큰 나라가 어디 있느냐?"(신 4:7)

이런 까닭에 하나님은 안식일을 "나와 이스라엘 자손 사이의 영원한 표징"(출 31:17)으로 삼으라고 명령하셨다. 안식일은 하나님이 자신의 백성과 맺으신 관계에 뭔가 근본적인 것이 있음을 나타낸다. 그것은 이스라엘이 선택되었기에, 창조주 하나님께 그들의 필요를 충족시킬 수 있는 **능력**뿐 아니라 **의지**도 있다는 사실을 알리는 주보(weekly bulletin)다. 하나님은 모든 민족 가운데 오직 이스라엘을 택하셨기에 그들에게 안식일을 지키라고 촉구하신다. 따라서 안식일은 하나님이 택함받은 백성들과 체결하신 언약에 충실하다는 것을 그들에게 일깨우기 위해 제정하신 기념비로 우뚝 서 있다. 이스라엘은 기꺼이 그들의 공급자가 되신 창조주와 관련해서 그들이 **날마다** 해야 할 일이 무엇인지를 상기시켜 주는 '안식일에 쉬어야' 했다. 그들이 할 일은 필요를 채워 달라고 '하나님께 아뢰는 것'이었다. 하나님은 택함받은 백성들을 위해 일하심으로써 '안식일을 지키시며', 이스라엘 백성들은 그분이 필요를 채우실 것이라고 믿음으로써 '안식일을 지킨다.'[6] 일곱째 날 일하지 않는 것은 이스라엘이 하나님의 돌보심 가운데 일주일 내내 안식한다는 표지가 될 터였다.

마지막으로, 출애굽기 31:14-15은 이스라엘에게 "[안식일을] 더럽히는 자는 모두 죽여야 한다"고 경고한다. 이스라엘의 안식일 준수 의무가 창조에서의 하나님의 안식과 짝을 이루듯, 안식일 위반에 따른 사형은 에덴 동산에서 제정된 사형(비교. 창 2:17)과 짝을 이룬다. 에덴 동산에서 하나님과 아담 및 하와 사이에 이루어진, 하나님의 창조, 돌봄 그리고 명령에 기초한 관계가 이제는 시내 산에서 하나님과 이스라엘 사이에 확립된다.

그러므로 에덴 동산에서와 마찬가지로, 시내 산 언약의 테두리 안에서도 안식일을 위반한 자들에게 내리는 가혹한 형벌을 보면 안식일이 얼마나 중요한지를 알 수 있다. 따라서 민수기 15:32-36은 이렇게 말한다.

"이스라엘 자손이 광야에 거류할 때에 안식일에 어떤 사람이 나무하는 것을 발견한지라. 그 나무하는 자를 발견한 자들이 그를 모세와 아론과 온 회중 앞으로 끌어왔으나 어떻게 처치할는지 지시하심을 받지 못한 고로 가두었더니, 여호와께서 모세에게 이르시되 '그 사람을 반드시 죽일지니 온 회중이 진영 밖에서 돌로 그를 칠지니라.' 온 회중이 곧 그를 진영 밖으로 끌어내고 돌로 그를 쳐죽여서 여호와께서 모세에게 명령하신 대로 하니라."

안식일에 일하는 것은 하나님이 필요를 채워 주실 것임을 믿지 않는 명백한 표지다. 그리고 하나님을 불신하는 것은 창조주, 공급자 그리고 유지자이신 그분의 영광을 욕되게 하는 일이다. 그리고 하나님의 영광을 더럽히면 심판이 따른다.

창조 시 이루어진 언약 관계

시내 산 언약을 통해 재확립된 안식일을 에덴 동산에서의 안식일이 지닌 원래 의미와 비교해 보면, 창조의 맨 처음부터 하나님과 그분의 백성들 사이에 언약 관계가 이루어져 있음을 알 수 있다. 조약이나 결혼과 마찬가지로, "언약"은 두 당사자 간에 이미 이루어진 관계를 확인하거나 공식화하는 특별한 형태의 정치적 혹은 법적 합의다. 따라서 창세기 15:12-19에 나타난 언약 의식은 하나님과 아브라함의 관계를 실증해 주는데, 이는 하나님이 아브라함을 우상 숭배에서 구원하시기 위해 자신을 계시하심으로써(창 15:7; 수 24:2-3; 행 7:2) 관계가 시작되었던 우르로 거슬러 올라간다. 마찬가지로 시내 산 언약은 광야에서 새로 시작된 안식일 관계를 공식화하는데(출 16:22-30), 이 관계는 족장들에게 하신 언약의 약속으로 거슬러 올라간다(출 2:24). 그리고 언약은 그 관계를 확증하기 위해 과거에 그 토대를 두고 있다고 선언하며, 현재 준수해야 할 규정을 약술하며, 또한 미래에 기대하는 바를 공표한다.

언약 관계의 형태가 다양한 만큼 합의 형태 또한 다양하다. 우리는 합의를 통해 다양한 관계를 승인하기 때문에, 정치적 조약의 체결 방식은 결혼 계약의 체결 방식과 다르다. 적어도 오늘날에는 그렇다. 사업상의 거래를 할 때 당사자들이 정하는 규정이나 상대방에게 거는 기대 역시 우리가 교회 구성원이 될 때와는 다를 수밖에 없다. 또한 하나님이 자신의 백성들과 체결하시는 계약도 나름대로 독특성을 지닌다. 따라서 이 같은 '계약'의 얼개를 정확히 이해하려면 우리가 하나님과 맺는 관계의 토대가 되는, "하나님의 형상"**대로** 지음받았다는 것이 어떤 뜻인지 되짚어야 한다.

창세기 1:26-27; 5:3 및 9:6 외에도(제1장을 보라) 하나님의 형상대로 창조되었다는 것이 어떤 의미인지를 반추하는 네 번째 성경 본문이 있다. 시편 8:3-6은 "하나님의 형상"을 명시적으로 언급하지 않지만, 하나님의 형상대로 지음받았다는 것이 어떤 의미인지를 약술하고 있다.

> 주의 손가락으로 만드신 주의 하늘과
>   주께서 베풀어 두신 달과 별들을 내가 보오니,
> 사람이 무엇이기에 주께서 그를 생각하시며
>   인자가 무엇이기에 주께서 그를 돌보시나이까?
>
> 그를 하나님보다 조금 못하게 하시고
>   영화와 존귀로 관을 씌우셨나이다.
> 주의 손으로 만드신 것을 다스리게 하시고
>   만물을 그의 발 아래 두셨으니…

시편에서 분명히 드러나듯이, 피조물인 인간은 필요한 것을 스스로 채울 수 없는 존재다. 우리는 본래 죽음을 초월하거나 스스로 생명을 유지해 갈 수 있는 존재가 아니다. 우리는 다른 이들의 도움 없이는 살아갈 수 없다. 남녀를 막론하고 모든 사람은 하나님의 지음을 받았으며, 이 우주 안에서 인간은 겉으로 보기에도 왜소하며 하찮은 존재일 뿐이다. 우리가 사는 곳은 말할 것도 없거니와, 이 우주의 별자리 지도에서 지구라는 행성을 찾는 일도 만만치 않다. 인간은 우주에서 왜소하기 그지없는 존재다.

하지만 시편 기자는 하나님이 인간을 창조하시되, 다른 피조물 어디에서도 볼 수 없을 만큼 "그를 하나님보다 조금 못하게 하시고, 영화와 존귀로 관을 씌우셨다"는 사실에 경탄한다. 여느 피조물과 달리 인간만이 하나님이 주신 이 세상을 지배하고 통치함으로써, **하나님의** 영광과 존귀를 온 천하에 드러내라는 소명을 받았다. 여호와께서 인간에게 '주의 손으로 만드신 것을 다스리게' 하셨다는 점에서 인간은 **여느 피조물**보다 '더 소중한' 존재다. (인간이 아니라) 여호와께서 이 세상을 다스리라고 하셨다(인간은 그렇게 할 수 없다)는 점에서 인간은 **하나님**보다는 '덜 소중한' 존재다. 세상을 다스리는 일은 인간의 천부적 권리나 자신의 지혜와 의지력으로 쟁취한 그 무엇이 아니다. 하나님의 선물이다. 하나님의 형상대로 존재한다는 말은 인간의 **공로로 얻은** 그 무엇이 아니라, 우리가 **지음받은** 방식을 일컫는 말이다.

따라서 우리는 세상을 다스릴 만한 자격이 없다. 우리에게 "영화와 존귀의 관"을 주신 것은 '**주의** 손으로 만드신 것'을 우리가 다스리기 때문이다. 우리에게 씌워 주신 "관"(시 8:5)은 왕의 왕이시며 유일하신 **하나님**의 영광을 드러낸다. 하나님은 부통치자인 인간을 자신의 발 아래, 또한 만물을 우리 발 아래 두셨다. 이런 까닭에 우리는 "하나님의 형상"이 **기능적** 용어로서 우리가 하나님과 다른 피조물들과 맺는 관계를 일컫는다는 점을 강조한다. 폴 하우스(Paul House)의 말을 들어 보자. "단순히 말해 인간은 이 땅에서 하나님을 대리한다.…인간은 창조주와 관계를 맺고 주님의 명령에 따라 동물과 땅을 다스림으로써, 그들이 '마음속에 그리는' 하나님을 구체화한다."⁷⁾ 그러므로 인간의 영화와 존귀를 말하는 시편 8편이 하나님의 위엄을 널리 찬양하는 것으로 시작하고 끝내는(시 8:1, 9) 것은 놀라우면서도 필연적이라는 생각이 든다. 버나드 앤더슨(Bernhard Anderson)은 이렇게 쓰고 있다.

> 뭇별들과 비교하면 인간(adam)은 하루살이 같은 존재임에도, 이 땅에서 하나님을 대리하는 존재 곧 하나님이 친히 관계를 맺으시며 그를 통해 모든 피조물이 찬양의 목소리를 내는 존재로 승격되었다. "하나님이 세상에서 자신의 존재를 밝히 드러내시는 적법한 이미지 하나가 바로 인간이다.…" 이 같은 사실에 힘입어 시편 기자는 하나님을 찬양하기에 이른다. 잠시 있다가 사라질 인간에게 창조주가 유독 마음을 두신다고 말한다면, 그건 올바른 평가가 아니다. 그 훨씬 이상이다. 말하자면 창조주의 은혜는 인간을 창조 세계에서 최고의 존재로 격상시켜 그에게 왕과 여왕의 관을 씌우고 세상 전부를 창조주의 뜻대로 다스리게 하는 것으로 드러난다.⁸⁾

이 같은 사실에 부합하기라도 하듯, 아담과 하와가 '눈을 떠' 주위를 둘러보았을 때 그들은 자신에게 필요한 모든 것이 **이미** 주어졌음을 알게 된다(창 1:27-31). 여기서 우리는 창조의 순서에 특히 주목할 필요가 있다. 하나님은 아담과 하와를 먼저 지으시고 그들의 눈을 뜨게 하신 후, "만일 너희가 생육하고 번성하여 땅을 정복하라는 내 명령을 따른다면, 나는 너희가 이 땅에서 살아가는 데 필요한 모든 것을 주겠다"라고 말씀하지 않으셨다. 창조의 순서는 특이나 중요하다. 하나님은 인간에게 황폐하기 이를 데 없는 땅을 주셔서 잘 개간하라고 하시기보다, 낙원을 주셔서 그 안에 살게 하신다. 창세기 1:27-31에서 하나님은 "생육하고 번성하면 그 때서야 모든 식물을 양식으로 주겠다"라고 말씀하지 않으신다. 그 대신 이렇게 말씀하신다. "내가 너희에게 필요한 모든 것을 **이미** 주었으니(창 1:1-25, 29-31) '생육하고 번성하여 땅에 충만하라. 땅을 정복하라. 땅을 다스리라'(창 1:28)." 창세기 1:28에서, 하나님은 아담과 하와에게 필요한 것을 공급하셨기에 그들에게 명령을 내리실 수 있었다. 인간이 하나님의 형상대로 지음받아 창조의 절정이 되었기 때문에(창 1:26), 세상을 다스리라는 명령은 아담과 하와에게 부족한 것을 스스로 확보하라는 촉구가 아니다. 창세기 1:28의 명령은 인간이 하나님을 대신해 세상을 지배하고 통치할 때 필요한 것은 하나님이 **언제나** 채워 주신다고 믿음으로 고백하라는 촉구다. 하나님이 내리신 (다가올 세대에서도 세상을 정복하라는) 명령의 본질을 생각할 때, **과거**에 필요한 것을 공급해 주셨던 하나님은 **미래**에도 아담과 하와에게 계속해서 그렇게 하실 것이며, 이는 하나님이 **현재** 안식하시는 사실에서 알 수 있다. 하나님의 명령을 지킨다는 것(창 1:28)은 창세기 1:28 하반절; 1:29 및 1:30에서 다시 언급되듯이 하나님의 **공급하심**에 대한 믿음의 표현이다(창 1:1-25). 하나님은 아담과 하와에게 **먼저** 통치권을 주시고 그것을 사용하라고 하신다. 하나님의 형상대로 존재하는 일이 하나님의 대리자로서 활동하는 일보다 선행한다. 인간이 하나님과 맺는 관계에 대해 어떤 **반응을 보일 때** 하나님은 언제나 명령을 내리신다.

그러므로 아담과 하와에게 내려진, 생육하고 번성하여 땅에 충만하고 땅을 다스리라는 명령(창 1:28)은 그들에게 아직 성취되지 않은 **잠재적** 축복을 쟁취하라는 촉구가 아니다. 하나님이 그들에게 이미 부여하신 축복의 삶을 살아내라는 촉구다. 창세기 2:9, 16-17에 의하면, 아담과 하와는 "생명 나무"를 비롯해 동산에 있는 **각종** 나무의 열매는 임의로 먹되 선악을 알게 하는 나무의 열매는 먹어서는 안 되었다. 이 말은 아담과 하와가 죄를 짓기 전에 하나님이 엄청난 은혜를 부어 주셔서 그들이 이미 영생을 맛보고 있었다는 뜻이다. 그들은 생명 나무의 열매를 먹을 수 있는 권한을 얻기 위해 시험을 치르는 중(probation period)에 있음을 입증하며, 그로 인해 지금보다 높은 차원의 경건과 영적 상태에 이르려 한 것이 아니었다. 아담과 하와가 죄를 짓고 난 **후에야** 비로소 하나님은 그들이 죄를 지은 상태로 생명 나무까지 따먹고 영생할까 봐 그 나무에 접근하지 못하게 하신다(창 3:22-23).

바꿔 말해, 안식일의 의미는 하나님이 아담과 하와에게 필요한 것을 모두 공급하셨고 앞으로도 그렇게 하시겠다는 **약속**이다. 이미 약속되어 있는 것을 얻기 위해 앞으로 무엇인가를 해야 할 필요는 없다. 그러한 약속이 없이 인간이 통치권을 행사한다면, 인간은 제멋대로 하면서 **자신의** 영광과 명예만 드높이려 할 것이다. 하나님이 원래 아담과 하와로 하여금 자신의 힘과 지혜를 통해 세상을 다스리도록 공급해 주신 것을 무시하면서 말이다. 하나님이 창조의 일곱째 날 안식하신 것은 인간이 하나님의 은혜가 없이도 잘 해 나갈 것이라는 전망을 함축하는 것이 아니었다. 우리는 하나님이 앞으로 나아가신 만큼만 나아갈 수 있을 뿐이다. 우리가 어디를 가든 거기에는 반드시 하나님의 공급하심이 있다. 하나님은 우리가 그분의 이름으로 세상을 다스릴 때 조금도 부족하지 않게 공급하셨다. 따라서 하나님이 창세기 1:31에서 지으신 모든 것이 "매우 좋았다"고 선언하시는 것은, 부분적으로 그분의 백성들이 순종할 때 하나님의 영광이 나타날 것이기 때문이다. 즉 하나님의 백성들이 순종한다는 사실이 '널리 알려질' 때 세상 사람들은 하나님의 공급하심을 의지하는 것이 과연 무엇인지를 알게 된다.

따라서 창세기 2:1-3에 나타난 하나님의 안식일 휴식이 일련의 새로운 사건들의 시작이 아니라[우리가 갖고 있는 성경의 창 2:1의 장(章) 구분은 오해의 소지가 있다], 창조 내러티브의 결론이라는 점을 강조하는 것은 매우 중요하다. 창조의 일곱째 날은 아담과 하와가 지음받은 날이 아니라, 그들이 하나님의 명령을 이행하는 데 필요한 모든 것을 그분이 빠짐없이 주신 후 사역에서 물러나 안식하신 날이다. 그렇다면 아담과 하와가 에덴 동산에서, 이스라엘이 광야에서 안식일을 지키는 것은 어떤 의미를 지니는가? 그것은 **하나님이 과거에 공급하신 것에서 확인되듯이, 미래에도 그렇게 하시겠다는 하나님의 약속을 믿는 것이며, 그로 인해 현재에도 그분의 명령에 기꺼이 순종할 수 있다**는 의미다. 바꿔 말해, 현재의 '안식일 준수'는 하나님이 과거에 안식일 휴식을 취하셨다는 사실에 기초한다. 하나님이 미래에도 넉넉히 채워 주시겠다는 선언이 바로 창조의 결론이라 할 수 있는 그분의 "안식"이기 때문이다.

따라서 창세기 1-3장에 "언약"이 체결되었다는 뚜렷한 표시는 없지만(언약에 대한 이스라엘의 불순종을 에덴 동산에서의 아담의 불순종에 비유하는 호 6:7과 비교하라), 구속사가 펼쳐지는 내내 하나님과 그분의 백성들 사이에 존속하게 될 동일한 언약 관계가 창조 시 이미 자리잡고 있었다. 첫째, 하나님은 인간의 필요를 채우는 일에 지속적으로 관심을 보이신다는 표시로, 그들에게 공급하기 위해 일하신다. **그런 다음에**, 오직 **그런 다음에** 하나님은 이 같은 공급하심과 약속에서 비롯되고 가능하게 된 명령을 준수하여 자신에 대한 **반응을 나타내라고** 부르신다. 따라서 하나님은 창조의 시작 때부터 인간에게 이미 베푸셨기 때문에 당연히 요구하실 수 있는 것을 요구하신다. 하나님은 택함받은 백성들과 맺는 언약 관계를 통해 그들의 하나님이 되시는데, 여기에는 하나님의 능력으로 그 백성들이 생명을 이어갈 수 있도록 지속적으로 돌보시는 일이 뒤따른다.

이어서 이스라엘은 하나님의 백성이 되는데, 여기에는 하나님의 약속과 공급하심만을 신뢰하겠다는 그들의 다짐이 수반된다. 그 결과 "나는 저들의 하나님이 되고, 저들은 나의 백성이 되리라"라는 말씀은 성경에서 언약의 기본 공식이 된다."

따라서 언약 관계는 애초부터 하나님이 공급자가 되신다는 사실에 토대를 두고 있는 셈이다. 창조 시 확립된 안식일은 하나님의 사랑의 표시로서, 자신의 백성들에게 필요한 것을 공급하심으로써 자신의 위대한 통치를 드러내신다는 사실을 분명히 한다. 거꾸로 말해, 하나님의 백성들은 이에 대한 반응으로, 그분을 신뢰함으로써 하나님의 탁월한 자기 충만함, 완전함 그리고 흘러넘치는 사랑을 찬양한다. 창세기 1:26-28에서 보듯이 이 같은 신뢰는 그 자체로 하나님의 명령에 대한 순종이며, 하나님 명령의 이행은 그분과 언약 관계를 맺는 것에 담긴 의미의 중심에 있다. 하나님의 선물을 받는 자들은 하나님의 한량없는 은혜를 신뢰한다는 외적인 표지로서 그분의 명령에 순종하며, 이를 통해 그분을 영화롭게 한다. 그렇다면 존 파이퍼의 탁월한 설명대로, "우리가 하나님 안에서 더없는 만족을 누릴 때 그분은 더없는 영광을 누리신다"[10]는 결론은 당연하다. 안식일에서 구체적으로 드러난 이러한 원칙은 하나님이 세상을 창조하실 때 확립하신 언약 관계의 중심에 서 있다.

성경의 언약 구조

에덴 동산에서 이루어진 언약 관계는 역사가 펼쳐지는 내내 하나님과 그분의 백성들 사이에 지속되는 관계의 토대와 윤곽을 제공한다. 성경에 나타난 모든 언약은 창조 시 이루어진 기본적인 공급, 약속 및 목적을 이행한다. 성경을 펼치면 이처럼 하나로 통합된 언약 관계가 처음부터 끝까지 이어져 내려옴을 알게 된다.

여기서 우리는 그러한 관계가 인간에게서 시작된 것도, 인간의 힘이나 의지력으로 유지되는 것도 아니라는 점을 명심해야 한다. 하나님이 아담과 하와에게 **첫 번째로** 하신 말씀은 명령이 아니라 축복이었다(창 1:28상, 29). 하나님이 인간의 필요를 채우시는 행위는 주권적이며 거리낌없는 은혜의 행위다. 하나님께 인간을 창조하시고, 필요한 것을 공급하시고, 구하시고 혹은 구원하시라고 강요하는 사람은 아무도 없다. 하나님이 **두 번째로** 하신 말씀은 이 같은 은혜의 선물에서 비롯된 **명령**이다(창 1:28하). 그리고 창세기 2:17에 분명히 나타나 있듯이, 하나님이 **세 번째로** 하신 말씀은 그분의 명령을 지키느냐 그렇지 않느냐에 따라 **축복이나 저주**가 내려짐을 보여 준다. 나아가 위에 언급된 '세 말씀'은 따로 떨어진 것이 아니라 실타래처럼 얽혀 있다. 언약 관계의 이 같은 삼중 구조는 다음과 같이 요약할 수 있다.

하나님이 언약 관계를 확립하시는
하나님의 무조건적 공급 행위
(**과거**에 은혜의 행위로 주어진, 언약에 따른 축복)

그 위에 토대를 두고 언약 관계가 유지되는
언약 규정 혹은 '조건'
(**현재** 준수해야 하는, 언약에 따른 명령)

언약을 지키느냐 마느냐에 달려 있는
언약에 따른 축복 혹은 저주
(**미래**에 성취될, 언약의 결과)

위에 언급된 언약의 세 요소가 떼려야 뗄 수 없는 관계에 놓여 있다는 사실은, 하나님의 뜻에 대한 순종(언약 규정의 준수)이 하나님의 약속—그분이 예전에 백성들에게 공급해 주신 것에서 알 수 있는—에 대한 신뢰를 직접적이고 가시적으로 드러내는 것임을 가리킨다. 한편으로 하나님은 필요한 것을 미리 공급하시고, 다른 한편으로 인간은 그분의 명령을 따름으로써 이에 반응한다. 하나님의 모든 명령은 미래에도 그분만을 철저하게 신뢰하라는 근원적인 부르심으로, 이는 다양한 방식으로 표출된다. 실제로 하나님이 택함받은 백성 중 누군가에게 다가오셔서, "나는 너에게 나를 아는 축복과 내가 은혜로 공급하는 것을 확실히 받을 수 있는 기회를 주었다. 하지만 의사 표시를 먼저 해야 하는 것은 너의 몫이다. 내 명령을 준행하여 축복을 받고, 내 뜻대로 행하여 축복을 얻도록 하여라"라고 말씀하시는 대목은 성경 어디에도 없다. 하나님은 그렇게 하지 않으신다. 그분은 언제나 주도권을 쥐고 당당하게 다가오셔서, 무조건적인 은혜로 우리의 모든 필요를 채워 주신다. 뿐만 아니라, 앞으로 살펴보게 되겠지만, 하나님은 그분께 순종하라는 부르심에 응답하는 데 필요한 능력까지도 공급하신다.

이처럼 필요한 모든 것을 공급하시는 위대한 하나님의 행위—그분이 택함받은 백성들의 마음과 뜻 가운데서 끊임없이 역사하시는 것과 더불어, 천지 창조에서 출애굽 사건에 이르기까지, 그리고 예수님의 십자가 죽음에서 부활과 세상을 의로 심판하시기 위한 재림에 이르기까지—는 하나님이 우리를 '택함받은 백성'으로 삼으시고 우리와 관계를 맺으시는 수단이다. 하지만 하나님의 공급하심은 그 자체로 끝나는 법이 결코 없다. 하나님이 과거에 공급해 주신 모든 행위가 현재에는 돌봄으로 그리고 미래에는 약속으로 나타나기 때문이다. 이어 하나님의 공급하심과 약속은 우리가 그분께 보여야 할 반응을 규정하는 명령으로 필히 귀착된다.

따라서 이 명령은 하나님이 실제로 과거에 우리를 위해 무엇을 베푸셨고, 현재에 무엇을 베푸시며, 그리고 미래에 무엇을 베푸실 것인가에 의존되어 있으며 그 실상을 표현한다. 하나님의 요구는 그분이 과거와 현재와 미래에 걸쳐 주시는 선물과 상응한다.

앞으로 보게 되겠지만, 하나님의 선물과 약속 그리고 명령이 실타래처럼 얽혀 있다는 사실은, 인간의 모든 불순종 행위가 하나님이 과거에 공급해 주셨고 미래에도 그렇게 하시겠다는 약속에 대한 불신의 표시임을 뜻한다. 거꾸로 말해서, 하나님의 공급하심을 신뢰하기(믿음) 때문에 그분의 약속을 확신하는(소망) 것은 그분의 명령에 순종하는(사랑) 것을 나타낸다. 따라서 하나님의 명령은 일상의 삶 속에서 그분의 탁월한 가치와 능력과 사랑을 확대하는 길잡이가 된다.

따라서 우리가 이웃 사랑으로 요약된 순종의 삶을 살아낼 때, 온 천하에 자신의 탁월한 성품을 드러내시려는 하나님의 뜻이 이루어진다. 예수님이 제자들에게 가르치셨듯이, 우리는 자신의 "빛을 사람에게 비추어서, 그들이 [원수까지도 사랑하는(!) 우리의] 착한 행실을 보고, 하늘에 계신 [우리] 아버지께 영광을 돌리게" 해야 한다(마 5:16). 더욱이 우리는 하나님을 의지해 세상을 다스리며, "착한 행실"을 통해 그분의 영광을 드러내도록 지음받았다. 따라서 믿음, 소망, 사랑의 삶을 통해 하나님을 영화롭게 할 때, 우리가 추구하는 참된 만족과 안전을 찾게 될 것이다. 하나님의 영광은 곧 그분이 지으신 백성들의 선이기 때문이다.[1]

하나님의 영광과 그로 인해 우리가 그분의 백성으로서 누리는 행복이 자칫 위태로울 수 있기에, 우리는 여기서 조심하지 않으면 안 된다. 하나님과의 언약 관계의 구조와 논리를 감안할 때, 언약 규정을 준수해 하나님의 축복이나 약속을 얻어내더라도 그것을 인간의 공로나 업적으로 돌려서는 결코 안 된다. 하나님이 **미래**를 두고 하신 약속을 받기 위해 **현재**

그분을 신뢰하고 순종하라는 부르심은, 그분이 **과거**에 행하신 일에만 토대를 둔다. 그리고 그 약속에는 하나님이 지금 여기에서 우리를 위해 한결 같이 베푸시는 은혜가 포함된다. 우리가 믿음, 소망, 사랑의 삶을 살아낼 때, 하나님의 넘치는 은혜, 더없는 신뢰 그리고 한결 같은 자비가 세상에 드러난다.

따라서 성경은 하나님과 우리의 언약 관계를 묘사할 때면 언제나 '역사적 서언'(historical prologue)으로 시작한다. 이 서언은 하나님이 **과거**에 공급해 주신 행위를 성문화한 것인데, 그분의 신실하심과 사랑이 지금도 **계속되고** 있음을 암시하고 있다. 그렇기에 하나님은 출애굽 사건 이후 "내가 애굽 사람에게 어떻게 행하였음과 내가 어떻게 독수리 날개로 너희를 업어 내게로 인도하였음을 너희가 보았느니라.…나는 너희를 애굽 땅, 종 되었던 집에서 인도하여 낸 네 하나님 여호와니라"(출 19:4; 20:2; 참고. 수 24:1-13; 렘 31:31; 롬 4:25-5:2; 고전 11:23-26; 고후 6:16-18; 벧후 1:3-11)라고 선언하시면서 시내 산 계약을 주도하신다. 구약학자 존 레벤슨(Jon D. Levenson)의 말대로, "서언의 기능은 여호와가 이스라엘에게 은혜를 베푸신 역사를 통해 여호와에 대한 이스라엘의 의무가 어떤 것인지를 가르치는 데 있다."[12] 레벤슨은 이렇게 지적하기도 한다.

> 하지만 언약 신학에 의하면, 역사를 통해 드러난 하나님의 계시는 그 자체가 목표가 아니라 새로운 형태의 관계, 곧 과거에 영주가 자신에게 베푼 은혜에 감사하면서 미래에 봉신이 영주에게 충성을 다하게 되는 그런 관계에 대한 서언이다.…역사적 서언은 그냥 서언일 뿐이다. 언약이 효력을 나타내기 시작하면 그것은 뒷전으로 밀린다. 그 순간부터 과거는 하찮은 것으로 여겨지며 현새 언약 규정을 준수하는 일과 그로 인해 전개되는 새로운 형태의 삶이 전면

에 부상하게 된다.[13]

이런 의미에서 구원에 관한 하나님의 모든 약속은 조건적이다(엡 2:8하: 우리는 **믿음으로 말미암아** 구원받는다). 성경에 '무조건적 약속'이라는 것은 없다. 예외가 하나 있다면 하나님이 노아와 언약을 세우시면서 방주에서 나온 '모든 생물'―짐승과 인간 공히―에게 자신의 섭리를 펼치시겠다고 하신 약속뿐이다(창 9:8-17; 마 5:45과 비교하라). 홍수 이전이나 이후나 인간이 악하기는 매일반이지만(창 8:21을 6:5와 비교하라!), 하나님은 구원의 역사를 펼치실 발판을 마련하시기 위해 최후 심판이 있기 전에는 세상을 멸하지 않겠다고 약속하신다(창 8:22). 하지만 언약에 따른 축복이나 저주는 모두 구원 혹은 심판과 연관되는데, 이는 전적으로 언약 규정의 준수 여부에 달려 있다. 그리고 그것은 한마디로 믿음으로의 부르심이라고 할 수 있다.

하나님의 약속에는 조건이 따르지만 **공로를 통해** 약속을 받는다는 말은 성경 어디에도 없음을 명심하자. 인간의 능력이나 노력, 인종이나 개인적 특질, 업적, 감정, 혹은 신념 등을 내세워 자격이나 공로를 운운하는 것은 성경의 약속이 아니다. 에베소서 2:8 상반절에 의하면 우리는 "은혜로" 구원을 받는다. 하나님의 모든 약속은 우리의 신뢰와 순종을 전제로 하지만, 하나님을 신뢰하고 그분의 약속을 받을 수 있게 해주는 하나님의 공급하심은 조건 없이 주어진다. 에베소서 2:8하-10에 의하면 "이것[믿음으로 말미암아 은혜로 구원을 얻는 전 과정]은 **하나님의 선물이라.**…우리는 **그가** 만드신 바라. 그리스도 예수 안에서 선한 일을 위하여 지으심을 받은 자니, 이 일은 **하나님이** 전에 예비하사 우리로 그 가운데서 행하게 하심이니라"(강조는 저자의 것). 그러므로 순종의 삶은 의지력의 소산이 아니라 "성령의 선물"이다(갈 5:22-23. 21절의 조건을 주목하라). 하나님의 명령에 불순종하면 약속을 받을 수 없지만, 그분의 명령에 순종하게 되는 것은 우리의 노력 때문이 아니다. 어떤 형태의 순종이든, 그것은 하나님의 공급 행위와 미래의 구원 약속을 통해 그분이 과거에 가능하게 하신 일에 대한 현재의 반응이다.

과거, 현재, 미래가 이처럼 연관되어 있다는 사실은 성경 신학의 핵심을 이루며, 그 토대는 에덴 동산으로 거슬러 올라간다. 창조를 통한 하나님의 공급하심은 안식일로 입증되었고, 이는 아담과 하와가 그분께 **현재** 순종해야 하는 토대가 되었으며, 순종의 결과는 **미래**에 주시는 하나님의 축복이 될 터였다. 하나님이 과거에 아담과 하와의 필요를 이미 채우셨기에, 그들이 미래를 하나님께 맡긴다면 에덴 동산을 떠나 어디를 가더라도 통치권을 행사할 수 있을 것이다. 하나님의 명령을 따른다면, 일상의 삶에서 하나님을 신뢰하는 일이 어떤 모습일지 알게 될 것이다.

성경의 통일성

성경의 다양한 언약을 관통하는 **하나의 통일된** 언약 관계가 있음을 간파하게 되면, 성경을 두 개의 대립되는 메시지인 '율법 대 복음'[14] 혹은 '행위 언약 대 은혜 언약'으로 양분하는 일은 더 이상 없을 것이다. 구속사에는 수많은 언약, 예를 들어 아브라함, 시내 산의 이스라엘, 아론, 비느하스, 다윗 및 ('새 언약'이라 할 수 있는) 교회와 맺은 언약들이 나타난다. 이 언약들은 하나같이 창조 시 처음 확립된, 하나님과 그분의 백성들 사이의 삼중 관계—(1) 하나님의 공급하심, (2) 그에 상응하는 언약 규정, (3) 그 규정의 준수 여부에 따르는 축복 혹은 저주—를 구체적으로 드러낸다. 따라서 성경의 계명들은 하나님과의 더욱 원대하며 선재(先在)하는 관계에 묻히기 마련이다. 그리고 그러한 관계 속에서 우리는 하나님이 과거에 은혜로 공급해 주셨고, 그로 인해 미래에도 분명 그렇게 해

주실 것이라 믿기에, 현재 언약 규정을 지키게 된다. 그러므로 하나님의 은혜에 따른 무조건적인 선택 행위로서 언약 관계가 확립되고, 유지되고, 완성된다. 하나님은 소명을 받은 자들이 그 소명을 이루게 하시며, 우리에게 요구하시는 것을 주시는 동시에 우리에게 주시는 것을 또한 요구하신다(참고. 롬 8:28-30).

앞서 말했듯이, 이 말은 통상적으로 성경을 두 개의 메시지, 곧 하나님이 우리**에게** 무언가를 요구하시는 '율법의 메시지'와 하나님이 우리**에게** 무언가를 주시는 '복음의 메시지'로 양분하는 것을 반대한다는 의미다.[15] 성경의 약속을 '조건을 내세우는' 것과 '조건을 내세우지 않는' 것으로 양분하는 것도 나는 반대한다. 우리와 하나님의 관계가 축복을 받기 위한 전조가 되는 하나님의 명령으로 **시작되는** 법은 결코 없다. 하나님과의 관계는 언제나 하나님이 **먼저** 축복을 내리시고 뒤이어 우리가 그에 대한 **반응**으로 그분의 요구 사항을 따르는 것으로 시작된다고 성경은 분명히 밝힌다. 성경은 우리와 하나님의 관계를 묘사할 때 언제나 하나님이 과거에 보여 주신 놀라운 일들로 시작한다. 그로 인해 미래에 대한 약속이 구체적으로 모습을 드러내게 된다. 이런 의미에서, 하나님의 모든 약속은 우리에게 **조건 없이** 주어진다. 그 때서야 비로소, 우리는 하나님이 현재 내리시는 명령이 그분이 과거에 베푸신 은혜와 그분이 미래에도 베푸시겠다는 약속을 잇는 매우 중요한 연결 고리가 됨을 알게 된다. 따라서 하나님의 약속은 **무조건적으로** 주어지지만, 동시에 그 약속은 받는 것은 하나님의 은혜로 믿음·소망·사랑의 언약 규정을 지키는 자들에게만 주어진다는 점에서 **조건적**이다.

이것은 하나님이 에덴 동산의 아담, 광야의 이스라엘, 약속의 땅에서의 예수 혹은 전 세계 모든 교회와 세우신 관계에서도 마찬가지다.

3. 무엇이 잘못되었으며, 하나님은 어떤 조치를 취하셨나?

| 자기 의존 그리고 안식으로의 부르심 |

> "여호와를 찬송할지로다. 그가 말씀하신 대로 그의 백성 이스라엘에게 태평을 주셨으니, 그 종 모세를 통하여 무릇 말씀하신 그 모든 좋은 약속이 하나도 이루어지지 아니함이 없도다."
>
> 열왕기상 8:56

맨 처음부터, 하나님과 택하신 백성들 사이에 세워진 언약 관계는 하나님만이 그들의 필요를 채우실 수 있다는 사실에 기반을 두고 있었다. 단순하지만 모든 것을 포괄하는 이 같은 실재를 나타내는 표지가 바로 하나님이 창조 사역을 마치신 후 취하신 안식이었다. 이러한 관점에서, 안식일에 일하는 것은 온갖 죄악의 밑바탕에 깔려 있는 근원적인 죄, 곧 하나님을 하나님으로 영화롭게 하지 않는 죄(롬 1:21)를 달리 일컫는 게 된다. 그처럼 '진리를 가로막는' 행위는 언제나 하나님의 진노를 산다. 창조 세계와 하나님의 형상대로 지음받은 인간을 향한 하나님의 뜻을 왜곡시키기 때문이다(참고. 롬 1:18, 24-25).

안식일을 어기다

언약 체계가 창조 시 확립되었음을 고려한다면, 에덴 동산에서 아담과 하와가 불순종하여 하나님과 불화하게 된 이유는 분명하다. 한마디로,

'안식일을 어겼기' 때문이다. 아담이 "동산 각종 나무의 열매는 임의로 먹을"(창 2:16) 수 있다는 말을 들었을 때, 그는 말 그대로 하나님의 수고의 결실인 그 열매를 맛본 것이다. 안식일에서 입증되듯이, 하나님이 아담과 하와에게 필요한 모든 것을 공급하시기 위해 이미 일을 끝내셨기 때문에 그들은 일할 필요가 없었다.

창세기 2:5과 2:15에 나타난 동산에서의 아담과 하와의 행동을 우리가 어떤 식으로 이해하든, 그들은 스스로의 힘으로 필요를 채워 나간 것이 아니다.[1] 하나님이 지으신 아담과 하와는 그분이 창조의 일곱째 날 시작하신 안식을 만끽했다. 아담과 하와가 죄 가운데 스스로 감당해야 할 일이 생겼을 때, 타락 **이후의** 저주의 일환으로 '노동'이 전면에 등장했다. 그것은 필요한 것을 그들 스스로 힘겹게 조달해야 하는 일이었다. 그들이 죄를 짓기 전에는 하나님의 공급하심의 은혜와 약속을 신뢰했고, 그것에 기초해 하나님의 형상대로 지음받은 사람으로서 하나님의 피조물들을 다스렸다. 하나님은 "생명 나무"를 비롯해 아담과 하와가 하나님의 뜻을 이루는 데 필요한 모든 것을 주셨다(창 2:9). 하나님은 그들에게 필요한 것을 일찍이 모두 채우셨다.

하지만 그들이 "안식일" 휴식 가운데 **거하기** 위해서는 하나의 조건을 충족시켜야 했다. 그것은 아담과 하와가 자신의 필요를 채우기 위해 하나님**만을** 의지하고 창조주이자 공급자이신 하나님께 합당한 영광을 돌리는 것이었다. 그러니까 그들이 동산에서 하나님을 하나님으로 영화롭게 하는 길은 그분의 **공급하심**에 관한 계명을 준수하는 것이다. 하나님의 정체와 그분이 택하신 백성들에게 행하신 일을 고려한다면, 불순종으로 인한 결과는 가혹하기 그지없다.

"동산 각종 나무의 열매는 네가 임의로 먹되, 선악을 알게 하는 나무의 열매는 먹지 말라. 네가 먹는 날에는 반드시 죽으리라 하시니라"(창 2:16하-17).

하나님이 아담과 하와에게 계명을 어기면 죽게 되리라고 경고하신 것은, 그분이 지으신 '선한'(창 1:31) 모든 것의 운명이 이 규정 하나에 달려 있기 때문이다. 이를 귀담아 듣지 않는 것은 하나님의 공급하심을 못마땅하게 여기며 그분의 말씀을 신뢰하지 않는다는 뜻이다. 금단의 열매를 먹는 것은 하나님이 제정하신 안식일을 부인하는 것이며, 하나님의 선물이 마음에 들지 않는다고 투덜거리는 것이고, 세상을 향한 그분의 소원을 묵살하는 것이며, 그분의 경고를 무시하는 것이다. 하나님의 계명을 지키지 않는 것은 그분을 거짓말쟁이라고 부르는 것과 같다. 불순종은 불신을 '공개하는' 것이기 때문이다. 폴 하우스의 말을 들어 보자.

> 아담이 자기 좋을 대로 행할 수 있고 여전히 하나님의 축복을 누릴 수 있는 것을 보면, 하나님은 무조건 호의를 베푸시는 게 아님이 분명해진다. 오히려 아담은 이같이 단순한 금령을 지켜 예전의 관계를 지속하지 않으면 안 된다. 그렇게 하려면 하나님의 말씀을 신뢰하고 그분의 경고를 그대로 받아들여야 한다. 한마디로 믿음이 요구된다.[2]

그러니까 창세기 3:1-7의 '타락'은 하나님을 거짓말쟁이라고 부르도록 유혹을 받음으로 시작된다. 4절에서, 뱀은 하와를 꼬드겨 불순종의 결과에 대한 하나님의 경고에 이의를 제기하게 만든다. 거짓말쟁이요 "거짓의 아비"(요 8:44)는 슬슬 본색을 드러내면서, "너희가 죽지 아니하리라"라고 부추긴다. 그렇다면 누구를 신뢰해야 할 것인가? 하나님이 나무 열매 중 제일 좋은 것은 **감추시고** 두 번째로 좋은 것을 주신 것은 아닐까? 하나님이 아담과 하와에게 꼭 필요한 것을 금하신 것은 아닐까? 어째서 하나님은 먹지 말라고 하신 '진짜' 이유를 숨기셨을까? 그것이 탄로날 경우 아담과 하와와 한판 승부를 벌이는 게("너희 눈이 밝아져 하나님과 같이 되어"—창 3:5) 버겁게 느껴져 그랬을 것이라는 사탄의 말이 맞는 것은 아닐까? 하나님이 아담과 하와가 자신을 계속 의지하도록(창 3:6에서 하와가 나무를 어떻게 인식했는지 주목하라) 그들을 허기지고, 욕구 불만에 사로잡히고, 우둔한 상태에 있도록 만드시는 것은 아닐까?

하와와 아담은 누구를 믿을지 결정해야 했다. 안식일에 쉬면 조금도 부족함 없이 공급해 주시겠다고 선언하신 하나님인가? 아니면 '더 많은 것'을 주겠다고 꼬드기면서 필요한 것을 스스로 찾으라고 도전한 유혹자인가? 급기야 그들은 '더 많은 것'과 '자유'를 택하여 옳고 그름에 대한 결정을 스스로 내리고 말았다. 따라서 죄에 빠지는 것은 불신과도 같은 불순종에 빠지는 것이었다. 하나님의 공급하심(그들은 이것으로는 성에 차지 않는다는 결론을 내렸다)에 대해 더 이상 감사하지 않게 된 그들은 그분의 약속(그들은 하나님이 자신들을 속였다고 생각했다)을 더 이상 신뢰하지 않았다. 그 결과 아담과 하와가 하나님과 맺은 관계는 파괴되었다.

하나님은 필요를 채워 주겠다는 약속을 하셨고, 하와에게 하나님보다 못한 권위자로 아담을 주셨지만, 하와는 하나님이 베풀어 주신 것으로는 성에 차지 않는다고 생각했다(창 3:6 상). 하나님은 하와를 아담의 돕는 배필로 주신 것(창 2:18)을 비롯해 자신이 공급한 모든 것이 "심히 좋았다"(창 1:31)고 선언하셨지만, 아담은 하나님을 무시하고 하와의 말에 귀를 기울였다(창 3:6 하). 그들은 결국 주권자 하나님이 은혜와 자비 가운데 금하신 것을 기어이 움켜쥐고 말았다. "선악을 알게 하는 나무"(창 2:17)는 적절하다고 판단하시는 대로 우리를 인도하시고 이끄시며 공급하시는 하나님의 지혜를 의지하기보다 인간 스스로 가장 좋은 것을 결정한다는 뜻이다. "여호와를 경외하는 것이 지식의 근본이거늘 미련한 자는 지혜와 훈계를 멸시하느니라"(잠 1:7). 하나님의 경고가 더 이상 두렵지 않게 된 아담과 하와는 그분의 지혜 또한 더 이상 마음에 두지 않았다. 스스로 지혜를 구하려다 오히려 우둔해졌다.

하나님이 아담과 하와를 지으시고 역할을 다하라고 하셨지만, 그들이 홀로서기를 한 결과 본래의 뜻이 훼손되고 말았다. 하나님의 선물을 마땅치 않게 여기고 그분의 권위를 불신한 대가로, 아담의 "돕는 배필"인 하와는 이제 아담과의 경쟁으로 고통에 시달리게 되었다(창 3:16). 하나님을 대신해 '공급자' 역할을 했던 아담은 하나님 대신 하와를 택했다. 따라서 그는 하나님에 대한 반역으로 더럽혀진 땅을 일궈야만 했다. 버려진 땅은 이제 가시와 엉겅퀴만 낼 터였다. 아담은 입에 풀칠을 하기 위해 **땀을 흘리지** 않으면 안 되었다. 이는 일하지 않아도 필요를 채울 수 있는 원래의 창조 계획에 **반하는** 것이었다. 아담이 하나님께 반기를 들었듯이, 세상 또한 아담에게 반기를 들었다. 더욱이 아담과 하와는, 하나님의 경고대로, 이제 에덴 동산에서 추방당할 처지에 놓였다. 더 이상 생명 나무에 참예할 수 없게 된 그들에게 죽음의 그림자가 드리웠다(창 3:17-24).

그러므로 홀로서기를 갈망한 인간의 반역 죄에 대해 하나님이 내리신 처벌은 그들이 바라던 그대로였다(참고. 롬 1:24-31). 아담과 하와는 이제 자신만을 의지해 필요한 모든 것을 채워야 했다. 아담과 하와는 이제 서로 맞설 뿐 아니라 적대적인 창조 세계와도 경쟁을 벌어야 하는 처지가 되었다. 인간이 하나님 안에서 누리던 "안식"은 끝났다.

인간이 쟁취한 독립은 '아메리칸 드림'도, 성숙함의 표지도 아니었다. 아담과 하와는 십대 반항아들처럼 부모의 축복에 콧방귀 뀐 채 세상에 뛰어들었다. 하나님이 자신들을 속였다고 믿었기에 그분의 보살핌을 거절했다. 그 결과, 그들은 자신들의 영혼을 만족시키며 세상을 나스리라는 명령을 수행하는 데 필요한 모든 것을 제공해 주시는 유일한 분의 임재로부터 추방당하게 되었다. 그들은 하나님의 축복(창 1:26-28) 대신 저주를 받아 쫓겨나고 말았다(창 3:15-19).

하나님만을 의지할 때 세상을 통치할 수 있다(창 1:26-28). 홀로서기는 자유인이 아니라 세상의 노예가 되게 한다(창 3:17-19). 하나님이 아담과 하와에게 생명을 주셨건만, 그들은 타락과 죽음을 자초했다. 하나님의 곁을 떠난다고 해서 자아 성취가 이루어지는 것은 아니다. 오히려 하나님을 거짓말쟁이라고 부른 것에 대해 벌을 자초한다. 하나님은 자신의 영광과 선하심을 우습게 여기는 자들과 함께 거하실 수 없기 때문이다. 그렇기에 하나님의 면전에서 쫓겨나 이 땅에서 자신의 죄악된 욕망에 무릎 꿇는 것이야말로 '지상의 지옥'(hell on earth)이다.

타락에서 홍수까지

주권자 하나님을 떠나 홀로 행복을 추구해야 할 처지가 되었기에, 인간의 반역은 결국 상대방을 향하게 된다. 인간이 하나님으로부터 분리되면서 죽음이 꼬리를 문다. 하나님의 공급하심에 불만을 느끼고 그분의 약속을 불신한 가인은 질투 때문에 아벨을 살해한다(창 4:5-7; 히 11:4). 이어 하나님의 처벌은 가중된다. 아담과 하와가 자신들을 위해 애쓰신 하나님으로부터 분리되었지만 여전히 땅에 얽혀 살 수 있었던 반면(비록 뼈아픈 고생을 하기는 했지만), 가인은 땅 그 자체에서 분리되는 신세가 된다. 창세기 4:11-12에서 하나님은 이렇게 선언하신다.

"땅이 그 입을 벌려 네 손에서부터 네 아우의 피를 받았은즉 네가 땅에서 저주를 받으리니, 네가 밭을 갈아도 땅이 다시는 그 효력을 네게 주지 아니할 것이요 너는 땅에서 피하며 유리하는 자가 되리라."

이 구절의 의미는 창세기 4:16에 나타나 있다.

가인이 여호와 앞을 떠나서 에덴 동쪽 놋 땅에 거주하더니.

더 이상 밭을 경작할 수 없게 되자 가인은 어쩔 수 없이 **여호와의 임재**로부터 점점 멀어져 간다(하나님의 자비로, 자신을 죽이려는 자로부터 보호를 받기는 하지만 말이다—참고. 창 4:13-15). 하나님의 임재가 주는 영광은 그분의 공급하심을 통해 맛볼 수 있다. 한쪽에서 분리되면 다른 쪽에서도 분리된다. 가인은 이렇게 선포한다. "주께서 오늘 **이 지면에서** 나를 쫓아내시온즉 내가 **주의 낯을** 뵈옵지 못하리니"(창 4:14, 강조는 저자의 것).

하나님의 임재와 그분의 공급하심이 이처럼 연관되어 있다는 사실을 통해, 우리는 인간의 반역이 극에 달해 하나님이 그들을 쓸어 버리기로 작정하실 때 하나님이 주신 바로 그 거주지를 홍수로 파멸하겠다고 하시는 까닭을 이해하게 된다(창 6:5-7). 인간이 자신의 창조주를 끊임없이 무시하자 하나님은 창조 자체의 목적—인간이 하나님의 공급하심에 의지해 세상을 다스리고 이를 통해 하나님의 영광을 드러내는 것—을 계속 반전시켜 그에 대한 심판을 내리신다. 하나님으로부터 점차 소외되면서 하나님의 다른 공급하심으로부터도 소외되기 시작한다. 인간의 악이 마침내 극에 달하자 하나님은 자신의 형상대로 지음받은 인간과 그가 다스려야 할 세상을 궁극적으로 맞서게 하신다. 그로 인해, 땅에서 올라와 동산을 적셨던 안개(창 2:6)가 위에서 내려온 홍수로 대체된다(창 7:10-12; 벧후 3:5-6). 죄로 뒤틀린 세상에서, 삶을 지탱해 주는 도구가 이제는 죽음의 수단으로 전락했다.

홍수 사건이 주는 교훈은 무엇인가? 하나님의 공급하심을 무시하고 그분의 말씀을 불신하여 하나님을 욕되게 하면, 생명의 근원뿐 아니라 삶을 지탱해 주는 원천들로부터도 소외된다는 것이다. 성경은 에덴 동산에서 흘러나오는 강과 하나님 그분으로부터 비롯되는 생명을 연관시키기 때문이다. 그러니까 하나님이 그분의 백성과 함께 거하시는 최초의 '성전'인 에덴 동산에서 강이 흘러나오듯, '생명의 강'은 성전에 계시는 하나님의 보좌에서 흘러나온다고 말할 수 있다(창 2:10; 계 22:1; 참고. 겔 47:1-2; 시 36:8-9; 슥 14:8; 욜 3:18). 이 같은 사실을 배경으로 할 때, 하나님의 홍수 심판은 그분의 정의를 나타낼 뿐 아니라 죄의 결과가 어떤 것인지를 가르치시려는 것이기도 하다. 이렇듯 역사의 한가운데서 일어난 홍수 사건은, 인간이 불신으로 인해 생명의 근원이신 하나님의 임재에서 분리될 종말의 심판에 대한 전조가 된다.

안식일로 돌아가자: 첫 번째 단계 – 심판 후에 내려진 자비

그런데 놀랍게도, 하나님은 심판의 와중에도 자비를 베푸신다. 타락 이후 아담과 하와가 하나님의 진노를 샀지만, 하나님은 그들을 동산에서 내쫓으시기 전에 옷을 입혀 주셨다. 그렇게 하심으로써, 하나님은 그들이 스스로 채우려 했지만 헛수고로 끝난 그 필요를 공급해 주신다(창 3:21을 3:7과 비교하라). 하나님은 그들의 수치를 덮어 주셔서 그들을 진노로부터 지키시고, 죄를 용서하시며, 그들이 여전히 자신의 백성임을 다시 드러내신다.[9] 게다가 하나님은 자비를 베푸시더라도 정의는 잊지 않으신다. 하나님이 자비를 베푸셔서 아담과 하와를 구원하시는 행위는 뱀에게 내리는 저주와 맞물려 있다. 하나님은 뱀에게 저주를 내려 평생토록 고생하게 하시며(창 3:14; 원수에게 저주를 내려 "흙을 먹게" 하시는 것은 뱀의 완전한 패배를 상징한다), 언젠가는 하와의 후손을 통해 파멸시키겠다고 약속하신다(창 3:15). 최초로 꾀임에 넘어간 인간을 통해 뱀은 파멸에 이를 것이다. 따라서 창세기 3:15은 복음, 곧 **원 복음**(*protoevangelium*)에 대한 최초의 선언으로 종종 간주된다. 신약 성경은 원 복음이 그리스도와 그분의 백성에게서 성취된다고 말한다(롬 16:20; 갈 3:16; 히 2:14; 요일 3:8). 이 약속에 대한 반응으로 아담은 세상에 죽음의 저주를 불러들인 장본인 하와를 "모든 산 자의 어머니"(창 3:20)라고 일컫는다!

하나님의 자비는 악한 자까지도 섭리적으로 보살피시는 것으로 확대되며, 이는 그분의 온전한 사랑을 드러내고, 구속의 역사를 펼칠 수 있게 한다(마 5:43-48; 롬 9:22-24). 가인이 아벨을 살해하자 하나님은 땅에서 가인을 쫓아내시기 전에 그에게 표를 주어 "만나는 모든 사람에게서 죽임을 면하게" 하신다(창 4:15). 홍수 후에도 하나님은 비록 "사람의 마음이 계획하는 바가 어려서부터 악하기"는 하지만, "다시는 사람으로 말미암아 땅을 저주하지 아니하며…또한 전에 행한 것같이 모든 생물을 다시 멸하지 아니하시겠다"라고 노아에게 약속하신다(창 8:21). 인간의 부패한 마음은 그대로지만, 하나님은 지구가 도는 한 사계절이 어김없이 운행될 것임을 약속하신다(창 8:22).

여기서도 하나님은 세상을 향한 자신의 뜻을 담아 교훈집을 주신다. 홍수가 다가올 심판을 예표하듯, 홍수 이후 하나님이 베푸시는 은혜—하나님이 다시 한 번 혼돈에서 질서를 창조해, 인간들의 필요를 공급하시는—는 새로운 창조를 예표한다. 따라서 하나님이 노아와 그 아들들에게 복을 주시며 이르시는 "생육하고 번성하여 땅에 충만하라"(창 9:1)는 명령은, 창세기 9:3의 식량 공급에 기반을 둔 것으로, 이 명령은 창세기 1:26-31에서 아담에게 내려진 최초의 축복과 약속을 생각나게 한다. 더욱이 노아를 심판에서 구원하시고 이 세상이 지속되는 동안 만물을 '새롭게 창조'해 그의 필요를 채워 주심으로써, 죄에 대한 하나님의 심판은 그분의 자비—택하신 백성을 보존하시며 세상을 향한 진노를 가라앉히시는—를 드러내시는 표징이 된다.

안식일로 돌아가자: 두 번째 단계—아브라함을 택하심

앞에서 살펴보았듯이, 택함받은 백성에 대한 구원은 창세기 3:15에서 시작된다. 하나님은 뱀에게 저주를 내리시면서 두 후손—"뱀의 후손"과 "여자의 후손"—다시 말해, 두 혈통이나 민족이 나타날 것이라고 천명하신다. 나아기 두 후손은 서로 원수지간이 되겠지만, 여자의 후손이 결국은 사탄을 쓰러뜨릴 것이다. 성경의 이야기가 펼쳐지면서 뱀의 후손은 가인에서 시작되어 함과 야벳과 욕단에 이르는 불신자들의 계보에 나타난다(창 4:5, 17-24; 10:2-20). 그에 반해 여자의 후손은 아벨에서 시작되어 셋과 노아와 셈과 데라와 그의 아들 아브람(훗날 아브라함으로 불리는)에 이르는 하나님의 백성들의 계보에 나타난다(창 4:4; 5:1-32; 10:21-31; 11:10-26).

이 두 민족의 부모가 같다는 사실을 아는 것이 중요하다(예를 들어, 가인, 아벨, 셋은 아담과 하와에게서 나온 반면, 셈, 함, 야벳은 노아에게서 나왔다. 그리고 데라는 아브람 외에도 나홀과 하란이라는 아들이 더 있었다). 그러니까 여자의 후손과 사탄의 후손을 가르는 기준은, 그들의 인간적인 능력이나 속성이나 업적이 아니라 오로지 하나님이 주권적으로 베푸시는 자비를 받느냐의 여부다. 하나님 백성의 일원이 되는 것은 전적으로 하나님의 은혜에 관한 문제다. 구속의 역사는 따라서 선택의 역사라 불러 마땅하다(롬 9:6-13을 보라).

그러므로 창세기 12:1에서 하나님이 아브라함에게 하란을 떠나 가나안으로 가라고 재차 말씀하신(창 11:31-32; 행 7:2) 것은 주권적 선택으로 인한 하나님의 한량없는 자비를 다시 드러낸다. 아브람이 아직 메소포타미아의 갈대아 우르에 있을 때 하나님이 일찍이 나타나셔서 그에게 가나안으로 가라고 하셨지만, 아브람은 약속의 땅으로 가는 도중에 하란에서 잠시 멈추었기 때문이다(창 11:31-32; 15:7; 행 7:2). 따라서 하나님이 다시 개입해 아브람을 약속의 땅으로 내내 인도하신 것은 그분의 자비다. 바울이 훗날 말했듯이, 하나님의 백성들은 "너희 안에서 착한 일을 시작하신 이가 그리스도 예수의 날까지 이루실 줄을 확신"할 수 있다(빌 1:6, 신 31:6; 히 13:5을 보라).

하나님은 왜 아브라함에게 이 같은 자비를 베푸실까? 성경은 하나님이 다른 사람은 제쳐두고 유독 아브라함만을 택하신 까닭이 그의 삶과 어떤 관계가 있는지에 대해서는 아무런 암시도 주지 않는다. 바로 그 점이 중요하다! 아직도 메소포타미아에 있는 아브라함에 대해 우리가 아는 것이라고는 그가 이방 신을 섬겼던 이교도였다는 사실이다(수 24:2). 그러한 정황에서 그리고 그가 하란을 향해 떠나기 **전에** "영광의 하나님"이 그에게 나타나셨다(행 7:2). 하나님은 아브라함의 인간 됨됨이 **때문이** 아니라 그 됨됨이에도 **불구하고** 자신을 드러내셨다! 하나님은 아브라함 속에 있는 어떤 특별한 영적 자질이나 지적 자질을 보시고 그에게 나타나신 게 아니었다. 아브라함이 하나님에게 먼저 다가간 것이 아니라 하나님이 먼저 다가오셨다. 아브라함이 진리를 찾아 떠난 영적 순례 도중에 그를 부르신 게 아니었다. 하나님은 아브라함의 삶에 개입해 그를 메소포타미아에서 이끌어내시고, 거듭 그에게 나타나 여정을 계속하게 하셨다.

요컨대 하나님이 아브라함을 부르시고 그에게 정성을 쏟으신 것은 주권자 하나님의 자유로운 선택으로 말미암은 것이었다. 하나님은 오로지 **자신이** 뜻한 바를 이루기 위해 아브라함을 택하셨다. 아브라함이 선택된 것은 그럴 만한 자격이나 공로나 있었기 때문도 아니고, 그가 하나님의 마음을 움직였기 때문도 아니다. 그것은 순전히 하나님의 은혜에서 비롯된, 그분의 한량없는 자비 때문이었다. 하나님을 주권자라고 부르는 까닭이 여기에 있다. 그분은 자신이 지은 피조물이나 그들의 행동에 의해 강요당하거나, 유혹을 받거나, 매수당하지 않고 원하는 모든 일을 행하신다. "우리 하나님은 하늘에 계셔서 원하시는 모든 것을 행하셨나이다"(시 115:3).

그러니까 아브라함이 하란을 향해 길을 떠나고 거기에서 약속의 땅으로 간 것은 그를 추적했던 하나님을 추적한 셈이다. 우리가 하나님과 언약 관계를 맺고 그것을 유지할 때(제2장을 보라), 우리는 언제나 그분께 응답하게 된다. 세상을 창조해 자신을 계시하신 분은 또한 우리의 삶 속에 자신을 계시해 믿음을 갖게 하시는 분이다. 아브라함은 신앙의 영웅이 아니었다. 하나님이 그의 삶에 개입하지 않으셨던들 아브라함은 천상 메소포타미아에서 우상 숭배나 하다가 죽을 인생이었을 것이다. 따라서 바울의 말을 빌리면, 아브라함의 삶은 하나님이 "경건치 아니한 자들"을 구원하시는 예증이 된다(롬 4:5).

게다가, 넘치는 사랑을 주체할 수가 없어 한없이 자비를 베푸시는 하나님은 자신의 백성을 결코 포기하지 않으신다. 아브라함이 약속의 땅을 향해 가는 도중에 멈춘 것은 십중팔구 자신의 아버지에 대한 책임감 때문이었을 테지만(창 11:32과 비교하라), 하나님은 아브라함을 두 번째로 부르시고 가나안으로 가게 하심으로써 그의 삶에 개입했던 이전과 마찬가지로 신실함을 보이셨다. 아브라함이 약속의 땅에 이르게 된 것은 그가 하나님께 온갖 정성을 다했기 때문이 아니다. 오히려 그 반대다. 사실상 400년 동안의 노예 생활로도 하나님의 약속을 무효화할 수는 없을 것이다. 하나님의 약속은 그분의 임재를 통해 보장되기 때문이다(창 15:13-16).

하나님은 오랜 시간이 지나서야 아브라함과 정식으로 언약을 체결하시지만(창 15:7-12), 그 언약 **관계**는 사실상 하나님이 메소포타미아에서 아브라함에게 처음으로 나타나셨을 때 시작되었다는 사실을 기억할 필요가 있다(다시 행 7:2을 보라). 그렇기에 창세기 12:1에서 하란의 아브라함에게 명하신, 고향과 친척을 떠나 약속의 땅으로 가라는 명령(당시로서는 언약 규정이다)은, 결과적으로 예전에 하나님이 아무런 조건 없이 임재하신(창 15:7에 분명히 언급된 역사적 서언) 것에 그 토대를 두고 있다. 이어 창세기 12:2-3의 언급처럼 땅을 얻고, 큰 민족을 이루며, 또한 열방이 복을 받게 되리라는 언약적 약속은 아브람의 전 생애에 걸쳐 반복된다(예를 들어, 창 13:14-17; 15:5-21; 17:5-8; 22:15-18). 그리고 이 약속은 하나님의 부르심에 대한 한결 같은 순종의 표현인 믿음을 조건으로 한다. 그러나 아브람의 삶의 이야기가 밝히 보여 주듯이, 하나님은 계속해서 아브람에게 모습을 드러내시고 자신의 약속을 아브람이 계속 신뢰하도록 필요한 조치를 내리심으로써 그의 요구에 부응하신다. 하나님이 스스로 하신 약속을 이루시지 않는다면 자신의 영광을 더럽히는 셈이 되며, 이런 일은 불가능하기 때문이다.

따라서 하나님은 아브람에게 특출한 면이 있어서 그와 그의 자손들과 언약을 맺기로 작정하신 게 아니었다. 그렇다고 해서 무턱대고 그러한 결정을 내리신 것도 아니었다. 하나님은 택하신 백성들이 그분을 의지할 때 영광을 받으시기 때문이다. 하나님의 선택은 자유로운 것이지만, 종잡을 수 없는 것은 아니다. 하나님은 어떤 일을 하시든지 목적을 가지고 하신다. 세상 모든 민족 가운데 유독 아브람의 민족만이 하나님이 친히 주신 땅에서 그분의 백성이 되어 그분의 주권을 드러낼 것이다(창 12:4-8; 13:14-18). 하나님의 택하신 백성인, 아브람과 그의 자손들은 하나님의 임재를 독특하게 경험함으로써 하나님의 사랑을 드러낼 것이다. 여느 민족과 달리 그분은 **이스라엘의** 하나님이 되셔서, 온 정성을 다해 그들을 악에서 구하시고 이스라엘만을 위해 구원의 약속을 성취하실 것이다(창 12:10-14:24에 나타난 하나님의 활동을 보라).

이런 까닭에 하나님은 환상 중에 나타나 아브람에게 엄숙히 선언하신다. "아브람아, 두려워 말라(언약 규정). 내가 너를 보호하며(역사적 서언) 너로 심히 번성케 하리라(언약 약속)." 하나님은 자신의 공급하심과 약속을 구체화하시기 위해 훗날 아브람의 이름을 아브라함으로 바꾸신다. 아브라함의 삶을 주관하시며 하나님이 자신의 약속을 신실하게 지키시는 분임을 그에게 상기시키기 위해서다(창 17:1-8). 존 세일해머(John Sailhamer)는 창세기 17:3-8에 나타난 언약에 관해 이렇게 쓴다.

> 언약에서 하나님의 역할(3하-8절)은 두 가지 약속으로 이루어져 있다. 하나는 아브라함을 여러 민족의 아버지가 되게 하는 것이며(4-6절), 다른 하나는 영원히 신실함을 지키는 것이다(7-8절). 본문이 이미 강조했듯이, 이 언약에 속하는 아브라함의 자손들은 오직 하나님만 의지해 살아가게 될 것이다. "내가 너를 여러 민족의 아버지가 되게 하리라." 그들은 "혈통으로나 육정으로나 사람의 뜻으로 나지 아니하고, 오직 하나님께로부터 난 자들"(요 1:13)이 될 것이다. 자손을 번성케 하시겠다는 약속은 아브람의 이름을 '여러 민족의 아버지'(창 17:4하-5)를 뜻하는 아브라함으로 바꾸시는 것에서 기억될 것이다. 6절의 **번성하는**(fruitful)이라는 단어와 2절의 **번성하게 하다**(multiply)라는 단어를 선택한 것에서 [창세기] 1:28의 모든 인간에게 내리시는 복을 상기시키려는 의도가 엿보인다. [원문은 이렇다] "생육하고 번성하여 땅에 충만하라." 그리고 9:1에서 되풀이된다. "생육하고 번성하여 땅에 충만하라." 따라서 아브라함과 세우신 언약은 하나님이 처음 내리시는 축복이 모든 민족에게 흘러들어가는 통로였다.[4]

이런 까닭에 하나님은 주권자(하나님이 아브라함과 그의 자손을 택하신 것이지 그들이 하나님을 택한 것이 아니다)뿐 아니라, 자비와 사랑의 하나님으로도 불린다. 하나님은 세상을 무질서와 혼란 가운데 내버려두지 않으신다(창 11장에 나타난 바벨 탑의 최후를 보라). 다시 주도권을 잡으시고 타락 이전의 에덴 동산에서처럼 의존 관계를 세우신다. 세일해머가 말했듯이, 언약에 따른 하나님의 약속과 명령의 계보는 아담(창 1:28-29)에서 노아(창 9:1-7)를 거쳐 아브라함(창 17:3-8)으로 이어진다. 노아의 경우처럼, 하나님이 아브라함을 택하신 것은 창세기 1장에서 아담과 하와를 지으시고 그들에게 필요한 모든 것을 공급하시겠다는 약속과 짝을 이룬다.

그러므로 약속의 땅에서 아브라함과 세우신 언약이 이 땅에 인간을 지으신 것을 상기시키는 주권자의 창조 행위라고 결론내려도 지나치지 않을 것이다(말 2:10을 보라). 구속의 목표가 하나님이 택하신 백성들 가운데 다시 거하시는 새로운 창조이기 때문에(계 21:1-4), '약속의 땅'은 에덴 동산을 재구성하는 단초가 된다. 이런 의미에서 마지막은 시작과 같다. 창조주가 곧 구속주가 되신다.

아브라함을 부르신 것은 하나님의 이 구속 계획의 두 번째 단계다. 타락한 세상 가운데서 이제 막 '재창조된' 한 사람을 통해, 하나님은 마침내 세상 모든 민족에게 실제로 모습을 드러내시고 그들에게 가까이 다가가실 것이다(다시 창 12:2-3을 보라). 이런 취지로 하나님은 아브라함을 택하시고, 그에게 임재하시고, 또한 그의 자손으로 큰 민족을 이루게 하시겠다고 약속하신다. 타락 이전의 아담과 하와처럼 자신의 필요를 채우기 위해 오로지 하나님만을 의지하는 사람을 창조하셔서 자신의 주권적 능력과 사랑이 장대한 것임을 드러내시려는 의도에서다. 이러한 언약 관계 안에서, 미래에 대한 하나님의 약속은 과거에 보여 주신 하나님의 공급하심에 기반을 둔(다시 창 15:1을 보라) 것으로 이 같은 약속에 대해 아브라함이 보인 반응은, 노년에 상속자를 주실 것을 비롯해 약속을 성취하기 위해서라면 여호와께서 어떤 일이든 하실 것이라고 믿은 것이다. 따라서 창세기 15:6의 저 유명한 말을 빌리면, "아브라함이 여호와를 믿으니 여호와께서 이를 그의 의로 여기셨다."

하나님을 하나님으로 영화롭게 하는 믿음으로 인해 아브라함은 의인(즉, 언약을 충실하게 이행하는 자)이 된다. 하나님에 대한 신뢰가 죄의 중심에 놓인 자기 의존을 뒤집기 때문이다. 이 같은 믿음의 반응을 표시하기 위해 아브라함의 자손들에게 할례 명령이 떨어지는데, 이는 언약에 순종한다는 상징적 표현이다(창 17:9-14; 롬 4:11). 세일해머의 말을 다시 들어 보자.

> 언약에서 아브라함의 역할은 언약에 순종하는 것이었다. "너는 내 언약을 지키고"(9절). 하나님은 이 말씀의 뜻을 즉시 풀이하신다. "너희 중 남자는 다 할례를 받으라. 이것이 나와 너희와 너희 후손 사이에 지킬 내 언약이니라"(10절). 언약 이행은 할례를 충실하게 행하는 것이다. 언약 파기(14절 하)는 할례를 행하지 않는 것이다(14절 상). 언약의 모든 것이 단순히 할례 의식을 치르는 데 있지 않다는 것을 주지시키기 위해, 창세기 저자는 "그리고 이것이 언약의 표징이니라"(11절)라는 말씀을 덧붙인다.[5]

할례 행위는 하나님이 택하신 백성과 세우신 언약의 상징이다. 그것은 하나님의 공급하심과 약속에 대해 그들이 처음으로 믿음으로 충만한 순종을 보였기 때문이다. 언약 공동체의 입회 의식인 할례를 통해 이스라엘 백성들은 하나님이 '그들의 하나님'(정성을 다해 그들을 위해 애쓰시는 주권자)이 되시며, 자신들은 '그분의 백성'(하나님이 그렇게 하실 것을 진심으로 믿는 사람들—창 17:8)이 될 것이라고 공표한다. 할례의 정확한 의미에 대해서는 논란의 여지가 있지만, 이스라엘에게 할례 행위 그 자체는 하나님 앞에서 정결케 된 삶, 곧 그분의 뜻대로 살려는 삶을 뜻하는 것이 아니었을까(레 26:41; 신 10:16; 30:6; 사 52:1; 렘 4:4; 9:25-26; 롬 2:28-29을 보라).

할례에 대한 순종으로 나타난 아브라함의 믿음(창 15-17)은, 결과적으로 순종으로 일관된 그의 삶—메소포타미아에서 싹튼 믿음을 시작으로 창세기 22장의 산에서 이삭을 번제물로 드리는 데서 절정을 이루는—의 한 부분이었다. 처음부터 아브라함은 하나님이 과거에 부족함 없이 채워주셨기에 미래에도 그렇게 하시겠다는 그분의 약속을 변함없이 신뢰한 까닭에 하나님 앞에서 "의롭다"고 여겨졌다(롬 4:3, 9-12; 히 11:8-9; 약 2:21). 하나님이 은혜로 택하셨기에, 아브라함은 하나님의 약속을 받게 되리라는 소망을 품은 가운데 언약을 세우고 그것을 지켰다. 그로 인해 하나님께 합당한 영광을 돌릴 수 있었다. 언약적 약속이 아브라함의 아들 이삭에게 전수되었을 때, 하나님은 이렇게 선언하신다.

"네 자손을 하늘의 별과 같이 번성하게 하며 이 모든 땅을 네 자손에게 주리니, 네 자손으로 말미암아 천하 만민이 복을 받으리라. **이는 아브라함이 내 말을 순종하고 내 명령과 내 계명과 내 율례와 내 법도를 지켰음이라**"(창 26:4-5, 강조는 저자의 것).

아브라함이 할례를 받으라는 명령에 순종했다는 이전의 진술(창 17:23)과 마찬가지로, 그의 생애를 이처럼 최종적으로 요약한 것을 보면 그가 언약에 따른 약속을 물려받게 될 것이 확실시된다. 이는 하나님의 임재로 말미암아 아브라함이 언약 규정을 지킬 수 있었기 때문이다. 한

마디로, 아브라함은 창세기 17:1-2(강조는 저자의 것)에 요약된 바와 같이 언약에 따른 계명을 지켰다.

"나는 전능한 하나님이라 [언약 서언]

너는 내 앞에서 행하여 완전하라 [언약 규정]

내가 내 언약을 나와 너 사이에 두어,

너를 크게 번성하게 하리라 [언약 약속]."

우리는 "하나님과 동행했고" 또한 "완전했던" 노아(창 6:9)를 다시 떠올리게 된다. 여기서도 노아를 통한 구속과 아브라함을 통한 구속 사이에 연결 고리가 형성되는데, 두 사람 모두 하나님의 구속받은 백성의 일원으로 그분의 언약을 준수했다. 세일해머의 말을 다시 들어 보자.

창세기에서 이러한 용어("하나님과 동행했고"와 "완전했던")가 드물게 사용되는 것에 비추어 볼 때, 창세기 저자는 두 용어가 여러 차례 밀접하게 나타나는 것을 근거로 독자들이 믿음의 두 거장 사이에 어떤 연관성이 있을 것으로 생각하기를 기대하는 것 같다. "완전한"(blameless)이라는 용어는 창세기 6:9과 17:1에만 나타나는 반면, "내 앞에서 행하라"(walk before God)는 이보다 빈번하게 나타나지만 조심스럽게 선택된 본문[에녹, 5:22; 노아, 6:9; 아브라함, 17:1; 24:40; 48:15(이삭과 더불어)]에서만 나타난다. 따라서 아브라함과 노아는 언약에 순종하는 삶을 살았고, 그로 인해 하나님 앞에서 "완전한" 사람들의 전형으로 제시된다. 두 사람 모두 "하나님이 말씀하신 대로" 순종했기 때문이다(17:23; 참고. 6:22; 7:5, 9, 16).[6]

하나님의 성품이 주는 교훈 배우기

그러나 아브라함이 살아온 내력을 익히 알고 있는 사람이라면 누구나 그의 믿음이 '하늘에서 뚝 떨어진' 것이 아님을 알고 있다. 그는 상황이 악화될수록 하나님을 철저하게 신뢰하는 법을 **배워야** 했다. 하나님은 끊임없이 자신의 약속들이 깨질 것 같은 상황에 아브라함을 두시는 한편, 그 때마다 약속들을 회복시킴으로써 아브라함이 언약을 이행하도록 지혜로 가르치셨다. 약속이 깨질듯 하다가 회복되기까지 처음에는 두려움과 불순종이 따랐지만, 아브라함은 특유의 강인함과 독창력을 발휘해 하나님의 약속을 견고히 붙잡았다. 아브라함은 하나님이 남겨 주신 신실함의 발자취로부터 배워서, 마침내 그분의 말씀에 의문이 생길 때에도 하나님을 불신하지 않게 되었다. 결국 아브라함은 죽음을 눈앞에 둔 상황에서도 하나님의 약속이 성취될 것이라고 믿었다. 여기 아브라함의 생애가 주는 교훈집이 있다.

이 같은 믿음의 책에서 배울 수 있는 첫 번째 교훈은 아브라함이 가나안에 도착한 직후에 주어진다. 그 땅에는 이미 가나안 사람이 거주하고 있었지만, 아브라함은 그 곳에 경계선을 설정하여 하나님의 약속에 대한 신뢰를 감사와 더불어 나타낸다. 얼마 지나지 않아 아브라함은 그 땅에서 **기근**을 만나게 된다(창 12:10). 아브라함을 가나안으로 인도하신 하나님이 극심한 가뭄이 든 그 땅에서 아브라함을 지키실 수 있을까? 가나안 사람은 가나안 사람이고, 기근이 든 상태에서 지내는 것은 이와 별개가 아니던가! 당시의 아브라함이 이렇게 말하지 않았을까 싶다. "내가 그토록 기대했던 약속의 땅이 겨우 이것이란 말인가? 나를 여기까지 인도하신 하나님은 과연 어떤 분인가? 하나님이 나를 골탕 먹이려고 지키지도 못할 약속을 하신 게 아닐까?" 하나님의 약속에 회의가 들고 말씀을 액면 그대로 받아들일 수 없게 된 아브라함은, 자신의 욕구를 채우기 위해 여기저기 기웃거리다가 그만 유혹에 넘어가고 만다. 나일 강(고대에는 나일 강의 가뭄과 범람을 통해 시간을 측정하곤 했다!)에서 필요한 것을 정기적으로 공급받을 수 있던 풍요의 땅, 그리고 이스라엘이 끊임없이 하나님 대신 의존했던(창 26:2; 사 30:1-2; 렘 43:7 등) 애굽(창 12:10하)으로 떠나게 된 것이다. 그러나 아브라함은 애굽에서 필요한 것, 즉 물질적 안전을 확보하기 위해 자신의 온전한 믿음과 아내를 버려야만 했다(창 12:11-16). 죄는, 저지되지 않으면 더 커지는 법이다.

하나님이 개입하시지 않았다면 아브라함의 불신앙이 어디까지 치달았을지는 알 수 없는 노릇이다. 하나님은 택하신 백성들이 '믿음의 학교'에 다닐 때는 인내하시며, 나아가 그들의 실패조차도 사용하셔서 어떤 상황에서도 하나님을 신뢰할 수 있도록 가르치신다. 따라서 아브라함이 하나님의 말씀을 믿지 못해 쓰디쓴 체험을 하고 나서야, 하나님은 그에게 긍휼을 베푸시고 그를 불신앙의 수렁에서 건져내신다. 하나님은 이를 통해 아브라함의 죄를 변모시켜 축복의 대리인으로 삼으신다. 하나님이 아브라함의 아내를 취한 바로를 괴롭히시자, 그는 상황을 회복시키기 위해 안간힘을 쓴다. 실제로 바로는 자신을 속인 아브라함을 벌하는 대신 모든 소유와 더불어 그를 약속의 땅으로 돌려보낸다(창 12:17-13:2).

하나님은 자비롭고 주권적 능력이 있으신 분이기에, 그분의 약속은 성취 불가능한 것으로 드러난 적이 한 번도 없었다. 아브라함을 애굽에서 구출하신 하나님은 자신의 영광을 보존하시기 위해 약속을 지키는 일이라면 어떤 수고도 마다하지 않으신다. 무엇보다도 아브라함은 약속의 땅에 그대로 머물러야 했지만, 그 곳을 떠나면서 귀중한 교훈을 배웠다. 하나님이 역경에 처한 자신을 구해 주시자, 아브라함은 그분을 더욱 신뢰하게 되었다. 이 일이 있고 나서 기존의 관습을 떨쳐 버리고 조카 롯의 사정이 더욱 시급하다고 판단한 아브라함은 그에게 원하는 목초지를 **먼저**

선택하라고 제안할 정도였다(창 13장). 하나님에 대한 **믿음**이 회복되면서 그분의 약속에 대한 **소망** 또한 새로워졌으며, 이 같은 소망은 다른 사람들에 대한 **사랑**으로 드러났다.

하나님의 약속을 신뢰하고, 위기에 처하고, 불신에 이르고, 구원받으며, 이로 인해 하나님의 약속을 더욱 신뢰하게 되는 이러한 패턴은 아브라함의 전 생애에 걸쳐 반복된다(창 14-21장). 하나님 **자신이** 약속을 깨뜨리시는 게 아닌가 하는 의심이 들 때에도 그분을 신뢰할 만큼, 아브라함은 하나님이 약속을 지키실 것이라고 굳게 확신했다. 이에 하나님은 아브라함이 자신의 약속을 더욱 확고히 신뢰하는지 본격적으로 시험하시기 위해, 아브라함에게 (기적적으로 태어나 약속을 상속받게 된) 이삭을 제물로 바치라고 명령하신다(창 22:2). 제물로 바칠 양이 어디 있느냐고 묻는 이삭에게 다음과 같이 응답함으로써 아브라함은 시험을 통과한다.

> 아브라함이 이르되, "내 아들아 번제할 어린 양은 하나님이 자기를 위하여 친히 준비하시리라"(창 22:8).

아브라함은 자신의 외아들이 곧 죽게 되리라는 걸 뻔히 알면서 어떻게 그런 말을 할 수 있었을까? 기적이 일어나 이삭을 대신할 제물이 생기기를 바란 것은 아니었을까? 하나님의 약속과 하나님의 명령 사이의 괴리를 그는 어떻게 해결할 수 있었을까? 아브라함은 이삭을 통해 자손을 별과 같이 많게 하시겠다는 하나님의 약속(창 17:16-19; 21:12)을 익히 알고 있었다. 하지만 아들을 제물로 바치라는 명령에 맞닥뜨리자, 아브라함은 하나님의 말씀이 신실하다는 관점에서만 가능한 결론을 내린다. 그것은 설령 하나님이 아브라함에게 이삭을 죽이라고 하시더라도 그를 죽은 자 가운데서 다시 살리실 것이라는 결론이다!(히 11:19을 보라) 따라서 아브라함은 하인에게 자신과 이삭이 산에 올라가 제사를 드리고 **두 사람이** 다시 돌아올 것이라고 이른다!(창 22:5)

'파란만장한'(roller coaster) 삶을 살아오면서, 아브라함은 어떤 상황에서도 하나님을 신뢰하는 법을 터득했다. 따라서 아브라함이 이삭을 바치겠다고 선뜻 나선 것은 분별없는 짓이 아니라, 자신이 알게 된 하나님에 대한 이성적인 반응이었다. 아브라함이 보인 믿음의 행위는 터무니없는 것이 아니었다. "믿음"이란 믿을 수 없는 것을 믿는 것(believing)이 아니라, 하나님이 어떤 분인지 알기에 그분의 말씀을 신뢰하는 것(trusting)이다. 그리고 믿음은 순종의 행위를 통해 '겉으로 드러나기' 마련이다. 순종하지 않는 "믿음"은 의롭다 함을 얻는 참된 믿음(약 2:21-26; 참고. 롬 1:5; 갈 5:6; 살전 1:3; 히 11:17)이 결코 아니기 때문이다. 따라서 아브라함의 믿음은 장작과 칼을 손에 쥐고 길을 떠나는 것에서 드러난다. 뒤이어 이삭을 결박하고 제단 나무 위에 놓음으로써, 아브라함은 이삭에게 어떤 일이 일어나더라도 하나님의 말씀을 신뢰하고 순종하겠다는 각오를 보인다. 이삭이 자신의 아버지로부터 살해되려는 찰나에 여호와께서 개입하신다.

"아브라함아, 아브라함아!…그 아이에게 네 손을 대지 말라. 그에게 아무 일도 하지 말라. 네가 네 아들 네 독자까지도 내게 아끼지 아니하였으니, 내가 이제야 네가 하나님을 경외하는 줄을 아노라"(창 22:11-12).

아브라함은 이제 믿음의 순례를 마치고 타락 이전의 아담과 하와처럼 하나님을 의지하는 친밀한 관계를 누리게 되었다. 아브라함이 이삭을 아끼지 않았기에, 하나님은 그가 마침내 귀중한 교훈을 터득했음을(시공간 속에서 그런 일이 실제로 일어났음을 친히 체험하셨다는 의미에서) 비로소 '아신다.' 말하자면, 아브라함이 다른 그 무엇—심지어 자신의 외아들을 잃게 되는 일—보다 하나님과의 관계가 단절되는 것을 더욱 두려워했다는 사실을 아신 것이다. 그렇기에 아브라함은 다른 어떤 사람이나 대상보다, 심지어 자기 자신보다도 하나님을 신뢰하기에 이른다. 두려움이란 믿음의 또 다른 면이다. 아브라함의 삶을 통해 역사하신 하나님은 그를 인도하셔서 자신의 안전을 위해 세상을 의지했던 삶(세상을 두려워하는 것)을 떨쳐 버리고 하나님의 약속을 의지하는 삶(하나님을 경외하는 것)을 살게 하셨다. 화를 면하기 위해 아내를 볼모로 잡았던(그것도 두 번씩이나!) 바로 그 사람이 하나님과의 관계가 끊어지는 게 두려워 자신이 가장 아끼는 '소유물'을 선뜻 제물로 바친다. 우상 숭배를 했던 아브라함이 하나님만을 섬기게 된 것은 전적으로 그분의 은혜다.

이것이 바로 죄에서 구원받거나 해방되어 하나님과 언약 관계를 맺고 또 그 관계를 유지하게 된다는 의미다. 하나님 편에서는, 우리 죄를 용서하시고, 자신의 영광을 드러내시고, 불순종하는 삶을 살았던 우리를 불신앙에서 구해 주시고, 거듭 우리를 이끄셔서 자신의 약속을 믿는 삶을 배우게 하신다. 우리 편에서는, 믿는 자들의 "조상"(롬 4:16-17) 아브라함이 자신의 필요를 채우기 위해 평생 하나님만을 의지하고 사는 법을 배움으로써 반응하는 백성들의 시초가 된다. 이삭을 제물로 바치려 했던 곳을 아브라함이 "여호와께서 준비하심"(창 22:14)이라고 명명할 때, 그는 하나님의 뭇 백성들이 알게 되는 것이 사실임을 선언하는 것이다.

안식일로 돌아가자: 세 번째 단계—창조의 완성으로서의 출애굽

이후에 전개되는 이스라엘의 400년 역사는 아브라함의 삶의 패턴이 개인적인 차원뿐 아니라 공동체적인 차원에서 반복되면서 그가 하나님에 대해 터득한 교훈을 강조한다. 사람들이 제멋대로 세우는 노무지 송

잡을 수 없는 악한 계획조차도 실은 교훈을 주시려는 하나님의 훌륭한 계획의 일환이다. 어떤 상황에서든 능력의 하나님은 약속을 지키시기 위해(예를 들어, 창 27장에서 리브가와 야곱이 꾸미는 음모와 창 37-50장의 요셉의 일대기를 보라) 악을 선으로 변모시키신다. 하나님이 뜻하신 바를 이루는 데 걸림돌이 되는 것은 없다. 형들이 자신을 없애려 했던 지난날을 회상하며 요셉은 이렇게 말한다.

"당신들은 나를 해하려 하였으나 하나님은 그것을 선으로 바꾸사, 오늘과 같이 많은 백성의 생명을 구원하게 하시려 하셨나니"(창 50:20).

출애굽 사건은 이와 동일한 교훈을 보여 준다. 하나님은 역사를 주관하시며, 악조차도 자신의 백성을 지키고 그로 인해 능력과 영광을 드러내는 도구로 삼으신다. 예를 들어, 바로의 강퍅해진 마음이 다음 날 애굽을 떠나기로 되어 있던 이스라엘 백성들을 번성케 하는 데 기여했듯이, 갓 태어난 이스라엘의 사내아이를 모두 죽이라는 바로의 지시가 도리어 모세를 번성케 하고 훈련시키는 데 기여했다(출 2:10; 11:2-3; 12:33-36).

그럼에도, 하나님의 계획이 수포로 돌아가는 게 아닌가 하는 생각이 종종 든다. 바로가 모세에게 보인 첫 반응은 이스라엘 백성들의 해방이 아니라 노역의 강도를 높이는 것이었다(출 5:1-21). 모세는 하나님이 자신의 약속을 더디 이루시는 까닭을 알 리가 없었다(참고. 출 5:22-23).

그러나 이야기가 전개되면서 하나님이 뜻하신 바가 무엇인지 분명히 드러난다. 400년 훨씬 이전에 하나님은 뱀의 후손과 여자의 후손이 벌이는 전투의 다음 단계로서 아브라함의 자손들이 노예 생활을 하게 되고 훗날 구출될 것이라고 예언하신 바 있다(창 15:13). 따라서 애굽에서의 이스라엘의 노예 생활은 하나님의 실수가 아니라, (이스라엘의 노예 생활과 구원을 통해) 애굽 사람들을 그리고 (이스라엘의 본토 귀환을 통해) 아모리 사람을 심판하시려는 그분의 정교한 계획이었던 것이다(창 15:14-16). 모세와 바로 사이의 밀고 당기는 싸움은 하나님이 자신의 백성들을 해방시키려다 일어난 시행 착오가 아니었다. 오히려 그 반대다! 하나님은 자신이 여호와이며, 이스라엘은 택함받은 백성이고, 또한 자신만이 그들을 해방시킬 수 있음을 애굽 사람들을 비롯해(출 14:25) 온 천하에 밝히 드러내기 위해 출애굽을 계획하셨다. 출애굽 사건뿐 아니라 열 가지 재앙 또한 이 같은 사실을 단단히 주입시키려는 의도에서 나왔다(출 6:2-8; 7:2-6, 17; 8:10, 22-23; 9:14-16, 29-30; 10:1-2; 11:7, 9; 12:12; 14:17-18). 노련한 교사처럼 하나님은 수업 계획을 세밀하게 작성하신 후, 모세를 통해 바로에게 이것을 설명하셨다.

여호와께서 모세에게 이르시되, "아침에 일찍이 일어나 바로 앞에 서서 그에게 이르기를, 히브리 사람의 하나님 여호와의 말씀에 '내 백성을 보내라, 그들이 나를 섬길 것이니라. 내가 이번에는 모든 재앙을 너와 네 신하와 네 백성에게 내려 온 천하에 나와 같은 자가 없음을 네가 알게 하리라. 내가 손을 펴서 돌림병으로 너와 네 백성을 쳤더라면 네가 세상에서 끊어졌을 것이나, 내가 너를 세웠음은 나의 능력을 네게 보이고 내 이름이 온 천하에 전파되게 하려 하였음이니라'"(출 9:13-16).

이 구절은 출애굽 사건이 하나님의 주권적 능력과 사랑을 보이기 위한 것임을 분명히 하고 있다. 하나님은 만유의 주요 만왕의 왕으로서 이스라엘 백성들을 택하시며 그들을 위해 일하시는 분으로, 비할 데 없는 능력을 드러내신다. 열 가지 재앙과 유월절은 이스라엘을 애굽 사람들로부터 구별하며, 그들이 섬기는 신들과 그들에게 안전과 자부심을 주는 원천을 우스꽝스러운 것으로 만든다(출 7:3-5; 8:23; 9:3-4; 10:1-2; 11:4-7). 그로 인해 하나님은 이스라엘을 노예 생활에서 해방시키심으로써 영광을 받으신다. 노예 생활은 구원을 이루는 통로가 된다. 바로의 마음이 강퍅해지고, 애굽 사람들이 징벌을 받으며, 이스라엘이 구원받는 것은 하나님의 '이름'을 선포함으로써, 다시 말해 하나님의 본성을 밝히 드러냄으로써 땅 끝까지 그분의 영광을 나타내기 위해서다(출 9:16; 롬 9:17).

출애굽의 복음은 하나님이 자신을 신뢰할 백성들을 회복시키기 위해 역사 속에서 일하심으로써 영광을 드러내신다는 기쁜 소식이다. 하나님이 그렇게 하신 것은 이 특이한 민족이 여느 민족들보다 조금이라도 뛰어났기 때문이 아니었다. 그들이 고난당하고 있었기 때문도 아니었다(고대 세계에서는 많은 민족이 노예 생활을 하고 있었다). 아브라함과 그의 자손들을 일찍이 은혜로 택하셨기 때문이다(출 2:24-25; 신 7:6-11; 롬 9:14-18). 바꿔 말해, 출애굽은 아브라함을 부르신 것과 마찬가지로, 구출되는('구원받는') 것이 우리의 공로가 아니라 하나님의 긍휼 때문임을 보여 준다(이에 상응하는 신약 성경의 말씀은 딛 3:5-7을 보라). "모세에게 이르시되, '내가 긍휼히 여길 자를 긍휼히 여기고 불쌍히 여길 자를 불쌍히 여기리라' 하셨으니, 그런즉 원하는 자로 말미암음도 아니요 달음박질하는 자로 말미암음도 아니요 오직 긍휼히 여기시는 하나님으로 말미암음이니라"(롬 9:15-16, 출 33:19에서 인용).

앞에서 살펴보았듯이, 심판의 와중에 있는 백성들에게 하나님이 먼저 긍휼을 널리 베푸시는 주권적 은혜에 대해 우리는 믿음―경외의 또 다른 면―으로 반응해야 한다.

이스라엘이 여호와께서 애굽 사람들에게 행하신 그 큰 능력을 보았으므로 백성이 여호와를 **경외하며** 여호와와 그의 종 모세를 **믿었더라**(출 14:31, 강조는 저자의 것).

나아가 모세와 백성들이 홍해 저 건너편에서 부른 찬양은, 하나님이 유일한 공급자이심을 인식할 때 믿음이 굳건해진다는 점을 다시 보여 준다. 아브라함이 이삭을 제물로 바쳤던 산을 "여호와께서 준비하실 것이다"(창 22:14)라고 일컬었듯이, 모세는 찬양대를 이끌며 이렇게 외친다.

"이 때에 모세와 이스라엘 자손이 이 노래로 여호와께 노래하니, 일렀으되 '내가 여호와를 찬송하리니 그는 높고 영화로우심이요 말과 그 탄 자를 바다에 던지셨음이로다. 여호와는 나의 힘이요, 노래시며, 나의 구원이시로다. 그는 나의 하나님이시니 내가 그를 찬송할 것이요, 내 아버지의 하나님이시니 내가 그를 높이리로다'"(출 15:1-2).

모세의 찬양이 계속되면서 하나님의 가장 커다란 공급하심은 주권자이신 여호와, 곧 원수를 쳐부수는 '용사'로서 애굽 사람들을 격퇴시키는 것이 아니라(출 15:3-12), 하나님이 주권을 행사해 이스라엘을 자신에게 돌아오게 하신다는 사실임이 명백해진다.

"주의 인자하심으로 주께서 구속하신 백성을 인도하시되,
　주의 힘으로 그들을 주의 거룩한 처소에 들어가게 하시나이다.…
주께서 백성을 인도하사 그들을 주의 기업의 산에 심으시리이다.
　여호와여, 이는 주의 처소를 삼으시려고 예비하신 것이라,
　주여, 이것이 주의 손으로 세우신 성소로소이다.

여호와께서 영원무궁 하도록 다스리시도다"(출 15:13, 17-18).

출애굽 사건이 주는 궁극적 교훈은, 바다를 가르시고 택하신 백성들을 종살이에서 구원하신 하나님이 가나안 사람을 '격파해' 이스라엘을 자신의 임재 안으로 들어오게 하신다는 사실이다. 아브라함의 하나님, 출애굽의 하나님은 택하신 백성들의 필요를 채우시는 안식일의 하나님이실 뿐만 아니라 자신을 가장 커다란 선물로 공급하시는 하나님이다. 그렇기에 모세는 창조 시 아담과 하와와 더불어 최초로 세워진 '하나님의 나라'를 찬란한 영광 가운데 다시 볼 수 있다고 선언한다. 출애굽 사건은 여호와께서 자신의 백성들을 다스리신다는 명백한 표징이었다.

안식일로 돌아가자: 네 번째 단계 – 안식의 재정립

이렇듯, 안식일로 되돌아가기 위해서는 결정적으로 중요한 세 가지 예비 단계가 요구되었다. 첫 번째 단계는 언약에 따른 하나님의 약속으로, 다시는 땅을 저주하지 않겠다는 것이었다(창 8:21). 하나님이 노아와 세우신 언약은 구원이 땅 끝까지 확산되는 데 필요한 기반을 제공한다. 세상을 돌보시는 하나님의 섭리는 그분이 아브라함과 그의 자손들에게 하신 약속—세상 모든 나라가 아브라함으로 인해 복을 받게 되리라는 약속을 비롯한—의 토대가 된다. 이같이 세계 선교의 발판으로 하나님은 아브라함을 부르셔서(두 번째 단계), 하나님을 자신들의 공급자로 의지하며 죄에 빠지지 않을 백성들을 일으키셨다(창 12-23장). 세 번째 단계는 출애굽에서 그 절정을 이룬, 400년 동안 일어난 사건들을 통해 이스라엘 백성들이 존재할 수 있게 된 것이 오직 하나님의 은혜로운 선택임을 명확히 함으로써, 그들로 선교적 사명을 다하도록 준비시키는 일이었다. 사랑의 하나님은 악한 자들을 심판하실 뿐 아니라 아담과 하와에게 처음

내린 명령을 이행할 백성들을 택하시고 구속하셔서, 주권자로서의 영광을 드러내기로 작정하셨다(창 24:1-출 15:26).

따라서 네 번째이자 마지막 단계로서, 하나님은 이스라엘이 자신의 긍휼로 존재케 되었음을 영원히 상기시키기 위해 이스라엘과 더불어 안식일을 재정립하신다. 이어 안식일 준수는 이스라엘이 하나님의 약속을 신뢰하면서 그분의 공급하심을 믿고 안식하겠다는 다짐을 나타낸다(출 16; 20:8-11; 31:13).

이제 우리는 출발 지점으로 되돌아온 셈이다. 하나님이 이스라엘을 애굽에서 구하신 것은 그분이 창조 시 처음으로 공급하신 행위와 짝을 이룬다. 따라서 하나님은 자신을 이스라엘의 '구속자'로 밝히시는 동시에 "이스라엘의 창조자"(사 43:15; 참고. 14-17절)라고도 선언하신다. 에스겔은 예루살렘에 있는 '하나님의 거룩한 산'을 "하나님의 동산"으로 묘사해 시온 산이 신학적으로 에덴 동산과 동일하다고 말한다(겔 28:12-14).⁷ 이는 에덴 동산과 마찬가지로 시온 산이 하나님이 주신 땅에서 그분이 임재하시는 곳이기 때문이다. 이 같은 배경을 토대로 출애굽 사건 이후 재정립된 안식일은 창조의 여섯째 날 이후 제정된 최초의 안식일과 짝을 이룬다. 앞에서 살펴보았듯이, 이스라엘과 더불어 재정립된 안식일이 창조의 일곱째 날과 이처럼 연관된다는 사실은 십계명에 잘 나타나 있다(출 20:8-11). 출애굽 사건 이후 안식일을 제정하시면서, 하나님은 이스라엘의 필요를 공급하기 위해 정성을 다하셨다. 그로 말미암아 에덴 동산의 아담과 하와와 더불어 맺은 것과 동일한 안식일 관계를 이스라엘과 더불어 회복시켰다고 선언하신다.

하나님은 정말 자비로우시며, 그분의 말씀은 과연 신뢰할 만할까? 지금은 비록 타락한 세상에 있지만 자신에게 속한 사람들을 위해 하나님이 에덴 동산과 같은 여건을 재창조하셨을까? 하나님은 실로 주권자 되시는

'안식일의 하나님'이실까? 하나님의 백성들은 그분의 약속 안에서 참된 안식을 누릴 수 있을까? 안식일로 돌아가는 데 필요한 세 단계의 공급하심에서 입증되듯이, 이들 질문에 대한 답은 "그렇다"이다.

4. 우리는 왜 상황을 초월해 하나님을 신뢰할 수 있는가?

| 믿음의 초점과 토대 |

> 내 사랑하는 형제들아 속지 말라.
> 온갖 좋은 은사와 온전한 선물이 다 위로부터,
> 빛들의 아버지께로부터 내려오나니
> 그는 변함도 없으시고 회전하는 그림자도 없으시니라
> 야고보서 1:16-17

창조 세계가 하나님의 능력과 신성을 선포한다면(롬 1:20), 구속사는 하나님이 택하신 백성들을 인도하시고, 이끄시고 또한 필요한 것을 공급하실 의지와 능력과 마음이 있다는 것을 확연히 드러낸다. 이스라엘 백성들은 하나님을 창조주이자 공급자로 인식하게 되면서, 에덴 동산의 아담처럼, 창조주가 '안식일의 하나님'(출 20:8-11을 보라)이라는 사실도 깨달았다. 하나님의 안식일 휴식은 무에서 세상을 창조하시고 열방 가운데 이스라엘을 택하신, 창조의 제1막과 제2막의 중요성을 공표하기 위해 그분이 사용하시는 광고다(제3장을 보라).

그렇기에 하나님은 예언자 에스겔을 통해 **"내가 그들을 거룩하게 하는 여호와인 줄 알게 하려고** 내 안식일을 주어 그들과 나 사이에 표징을 삼았노라"라고 선언하셨다(겔 20:12, 강조는 저자의 것). '거룩해지거나' (sanctified) '신성해지는'(made holy) 것은 어떤 목적이 있어서 구별된다는 뜻이다. 나의 할머니는 추수 감사절이나 성탄절에 쓰려고 어떤 음식들을 '성별'하시곤 했다. 식구들은 그런 음식이 나머지 음식과는 다른 것임을, 할머니가 어떤 '신성한' 용도로 쓰기 위해 따로 떼어 놓고 정결하게 보관하신다는 것을 알고 있었다. 마찬가지로, 하나님이 이스라엘과 더불어 안식일을 재정립하신 것은 그분이 언약 관계를 맺은 이스라엘을 여느 민족들과 구별하여 그들에게 정성을 다하시겠다는 표지다. 이어서 하나님은 자신과 안식일 관계를 맺는 이스라엘에게 '거룩해'질 것을 요구하셨다. 하나님은 이스라엘의 필요를 채우실 것이다. 하지만 이스라엘은 주변 국가와 달리 하나님만이 그렇게 해주실 것으로 믿어야 한다. 하나님은 이스라엘의 필요를 충족시키기 위해 안식일을 제정하셨고, 이스라엘은 믿음으로 그것을 지켜야 했다.

그렇다면 "믿음"이란 무엇일까? 아브라함의 생애와 자손들의 역사를 통해 우리가 배운 바는 이것이다. **믿음이란, 하나님이 약속을 지키실 의지와 능력을 갖고 계시다는 것을 그분의 공급하심을 통해 우리가 확신하기에, 그분이 자신의 약속을 이행하실 것으로 신뢰하는 것**이다. 따라서 믿음은 세상의 창조주(하나님은 우리를 도울 **능력**이 있으시다)이시며 안식일의 하나님(하나님은 우리를 도울 **의지**가 있으시다)이신 유일하신 분에 대해 우리가 보이는 합당한 반응이다. 이렇듯, 아브라함은 하나님의 약속을 믿었기에 언약을 이행하시는 그분 앞에서 의롭다는 인정을 받았다. 왜냐하면 어떤 상황 속에서도 하나님의 말씀에 의지함으로써 그분을 하나님으로 영화롭게 하는 것이 믿음이기 때문이다.

[아브라함이] 백세나 되어 자기 몸이 죽은 것 같고 사라의 태가 죽은 것 같음을 알고도 믿음이 약하여지지 아니하고, 믿음이 없어 하나님의 약속을 의심하지 않고, 믿음으로 견고하여져서 하나님께 영광을 돌리며, 약속하신 그것을 또한 능히 이루실 줄을 확신하였으니, 그러므로 그것이 그에게 '의로 여겨졌

느니라"(롬 4:19-21, 창 15:6을 인용).

구체적인 예를 통해 믿음의 의미를 좀더 파악하려면, 우리는 이스라엘의 광야 생활을 다룬 제3장을 통해 하나님의 안식일 공약을 그들이 처음으로 체험하게 된 것에 대해 살펴보아야 한다. 그렇게 할 때, 이스라엘이 하나님을 지속적으로 신뢰하는 일에 참담할 정도로 실패했다는 사실을 배경으로 믿음의 본질, 토대 및 초점이 밝히 드러난다.

하늘에서 내린 만나와 믿음으로의 부르심

출애굽기 16장에는 이스라엘이 애굽을 떠나 전진하는 이야기가 펼쳐지는데, 이 때쯤 이스라엘은 애굽에서 나온 지 두 달 반 정도 되었으며 엘림과 시내 산 사이 어딘가를 지나고 있었다. 이 무렵, 애굽의 속박에서 풀려난 이스라엘을 둘러싸고 일어난 극적인 사건들은 하나님이 광야에서도 이스라엘의 필요를 공급하실 수 있는 능력과 의지와 마음이 있음을 여실히 보여 주었다. 하지만 이스라엘은 지금 굶주리고 있으며, 주위를 둘러봐도 먹을 것이라곤 없다. 그러자 건망증이 재발하면서(출 14:31) 이스라엘은 또 신세를 한탄한다.

> 이스라엘 자손 온 회중이 그 광야에서 모세와 아론을 원망하여 이스라엘 자손이 그들에게 이르되, "우리가 애굽 땅에서 고기 가마 곁에 앉아 있던 때와 떡을 배불리 먹던 때에 여호와의 손에 죽었더라면 좋았을 것을, 너희가 이 광야로 우리를 인도해 내어 이 온 회중이 주려 죽게 하는도다"(출 16:2-3).

이스라엘이 푸념하는 것을 보면, 그들이 처음에는 믿음이 있었을지 모르지만 완악한 마음을 보건대 근본적으로는 아무것도 바뀌지 않았음을 알 수 있다. 역경에 처한 백성들이 불평을 늘어놓기는 홍해를 건너기 전이나 건넌 후나 마찬가지다(출 16:2-3을 14:10-12과 비교하라). 이 같은 행태는 이스라엘이 출애굽의 진정한 의미—하나님이 그들을 위대한 나라로 세우겠다고 **약속하셨기에** 그 약속을 **지키실** 것이라는—에 대해 무지하다는 것을 보여 준다. 하나님은 그들을 약속의 땅으로 인도하겠다는 약속을 이루시기 위해 분명 어떤 일이든 하실 것이다. 그럼에도 백성들은 출애굽 사건이 자신들을 골탕 먹이려는 하나님의 작전이거나(말하자면, 하나님은 궁극적으로 이스라엘을 구원할 생각이 없으셨다), 하나님이 그들의 필요를 채우시기에 역부족이거나 둘 중의 하나라고 결론내린다. 어느 경우든 모세는 그들을 광야로 이끌어내 굶어 죽게 만든 셈이었다(출 16:3).

이 시점에서 하나님의 인내가 얼마나 한없는 것인지 밝히 드러난다. 이스라엘의 불평에도 하나님은 믿음이 부족한 그들을 멸하는 대신 양식으로 만나를 **하루에 한 번** 내리겠다고 약속하신다(출 16:4-5, 12).

하나님은 왜 이스라엘의 소원대로 한꺼번에 만나를 다 내리시지 않고 하루에 한 번이라고 못박으셨을까? 출애굽기 16:4에 따르면, 그 까닭은 "그들이 하나님의 율법을 준행하나 아니하나 시험하시기" 위해서다. 창세기 12장의 아브라함처럼, 이스라엘도 처음에는 믿음이 있었지만 굶어 죽을지도 모른다는 두려움에 그만 믿음을 내팽개쳤다. 아브라함의 경우처럼, 하나님은 이번에도 그들을 구해 주신다. 여기서, 이스라엘이 아브라함처럼 하나님을 더욱 신뢰해 그분께 영광을 돌릴(롬 4:20) 것인가, 아니면 불신의 길을 계속 걸을 것인가 하는 문제가 대두된다. 이 시점에서, 답은 안식일을 통해 필요를 채워 주시는 하나님의 율법에 대해 이스라엘이 어떤 반응을 보이느냐에 따라 결정될 것이다. 시내 산 언약이 아직 체결되지 않은 터라 여기서 말하는 '율법'은 십계명이나 언약을 새긴 다른 돌판을 가리키지 않는다. 여기서의 '율법'은 하나님이 만나 그 자체에 관해 모세에게 주신 규정을 일컫는다. 이 규정에 따르면, 이스라엘은 만나를 일주일에 닷새 거두되 하루에 거둘 수 있는 양은 그 날 필요한 만큼만 거둘 수 있으며(그 이상 거두면 썩게 될 것이다), 여섯째 날에는 일하는 게 금지된 안식일을 고려해 평소의 두 배는 거두어야 한다(출 16:5, 16-19, 21-23, 26). 하나님이 일주일 내내 필요를 채워 주실 것임을 믿게 된 이스라엘은, 전날 거둬들인 여분의 만나가 하나님 말씀대로 썩지 않을 것임을 알기에 일곱째 날에는 안식하게 된다.

따라서 하나님은 이스라엘의 요구를 한 번에 다 들어주시지 않는데, 이는 계명을 통해 그들이 과연 참된 믿음을 소유하고 있는지를 드러내시기 위해서다. 때문에 시험은 간단하다. 가령 이스라엘이 주중에 만나를 대량으로 비축한다면 이는 하나님이 다음 날에도 풍성하게 내리실 것을 믿지 못하기 때문이며, 또한 만나를 더 많이 거두기 위해 안식일에 밖에 나간다면 이는 하나님의 말씀을 신뢰하지 못하기 때문이다. 그런데 이런 일이 현실로 드러났다. 모세가 백성들에게 만나를 다음 날 아침까지 남겨 두지 말라는 지시를 내렸음에도, "그들은 모세에게 순종하지 아니하고 더러는 아침까지 두어 벌레가 생기고 냄새가 난지라. 모세가 그들에게 노하니라"(출 16:20). 거꾸로 말해, 주중에 만나가 썩는 것을 목격했기에, 그들은 하나님의 지시대로 주말에 이틀 분의 만나를 거두지 않고 오히려 안식일에 더 많은 만나를 거두러 나갔던 것이다(출 16:27).

만나와 관련해 이스라엘이 하나님의 계명을 지키지 않은 것은 그들이 하나님의 공급하심과 약속을 신뢰하지 않았기 때문이다. 하나님은 이스라엘이 믿음의 삶을 살도록 촉구하는 뜻으로 이스라엘의 필요를 하루에 한 번만 채우심으로써, 그들을 불러 믿음의 삶을 살게 하셨다. 그러나 이스라엘이 보인 반응을 볼 때, 그들은 이브리함과 달리 하나님의 부르심을 하찮게 여겼음이 분명하다.

믿음과 순종, 그 불가분의 관계

이스라엘의 만나 체험은, 언제나 신실한 분으로 입증되는 하나님을 신뢰하는 것이 어떤 의미인지를 대비를 통해 구체적으로 보여 준다. 만나 이야기는, 하나님을 믿는다는 것은 언제나 행동을 통해 나타나는 그분의 말씀에 적극적으로 의존하는 것임을 드러낸다. 우리는 믿음과 순종을 통해 하나님께 반응하는데, 이 둘이 불가분의 관계인 까닭은 하나님의 약속이 언제나 그에 상응하는 명령과 유기적으로 연결되어 있기 때문이다. 하나님의 모든 **명령**은 하나님의 **약속**에 기반을 둔다. 따라서 행동(순종)하라는 하나님의 모든 촉구는 하나님의 약속을 신뢰(믿음)하라는 권고이기도 하다. 하나님의 약속은 명령의 다른 모습이다. 하나님은 반드시 약속을 지키시기 때문에, 언제나 약속에 토대를 두고 명령을 내리신다. 출애굽 사건 이후, 하나님은 이스라엘에게 안식일을 제외한 엿새 동안 하늘에서 양식이 비 오듯 할 것이라고 **약속하셨다**. 따라서 하나님은 이스라엘에게 금요일을 제외하고 하루 할당량 이상은 거두지 말라는 **지시를 내리셨다**. 하나님의 약속은 금지령과 불가분의 관계에 있었다. 거꾸로 말해 하나님의 약속에 대한 신뢰는 그분의 명령에 대한 순종이다.

그 후에 백성들이 안식일에 안식하기를 거부한 것은 결국 믿음의 결핍이며, 이는 앞에서 살펴보았듯이 본질적 죄에 해당한다. 모든 약속에는 명령이 내재되어 있기 때문에, 불신은 언제나 불순종의 행위로 나타난다. 우리가 하나님께 불순종하는 것은 그분을 신뢰하지 않기 때문이다. 따라서 이스라엘이 안식일에 만나와 관련된 하나님의 약속을 어기자, 하나님은 이렇게 탄식하신다. "어느 때까지 너희가 내 계명과 내 율법을 지키지 아니하려느냐"(출 16:28).

하나님의 영광은 구원에 대한 확증이다

이스라엘의 불순종은 믿음의 본질을 예증할 뿐 아니라, 믿음의 토대에 관해서도 중요한 점을 시사한다(출 16:4, 28-29). 하나님은 어째서 이스라엘이 아직도 정신을 차리지 못하고 있다는 듯이 생각하실까? 이에 대한 답을 통해 우리는 믿음의 토대가 되는 확증에 대해 간파하게 된다.

만나 이야기가 나온 것은 이스라엘이 이제 막 광야 생활을 시작했을 때다. 하나님이 기적을 베푸셔서 필요한 것을 공급해 주신 것은 그리 오래 전의 일이 아니었다. 이스라엘의 기억 속에 아직도 생생하게 남아 있는 하나님의 놀라운 역사는 이스라엘을 돌보시는 하나님의 의지가 확고한 것임을 증명했다. 따라서 이 같은 사실을 이스라엘이 까맣게 잊자 하나님이 진노하신 것이다.

하지만 이스라엘에게 기적보다 훨씬 견고한 믿음의 토대는 바로 하나님의 성품이 드러내는 영광이었다. 이스라엘을 향한 하나님의 헌신은, 이스라엘이 광야 생활로 접어들면서 그분 자신의 명성이 기로에 놓이는 것을 감수한다. 하나님이 아브라함 및 그의 자손들과 언약을 맺으셨기 때문에, 하나님의 백성들의 운명은 그분의 성품을 직접 반영하는 것이다. 이제 하나님의 영광은 그분이 택하신 백성들의 손에 달려 있다. 하나님이 에덴 동산에서 아담과 하와를 지으신 것처럼 이스라엘 또한 자신의 주권적 의지로 창조하셨기에, 하나님의 "자녀"(출 4:22; 창 5:3과 비교하라)가 된 이스라엘의 현재와 미래는 하나님을 직접 드러내게 되어 있었다. 만일 하나님이 백성들을 부르셔서 그들에게 위대한 약속을 하시고, 그 약속을 충분히 지킬 수 있음을 입증하시며, 또한 미래를 자신에게 맡기라고 촉구하시지만, 그 약속을 지킬 능력도 의사도 없다면 하나님은 체면을 구기시게 된다. 앞에서 살펴보았듯이 이런 일은 하나님께 일어나지 않는다(사 42:5-9; 48:11). 하나님은 약속을 충실히 이행해 스스로 영광을 구하겠다고 굳게 다짐하는 가운데 자신의 의를 드러내신다. 일단 **약속하시면** 하나님은 반드시 그것을 **지키신다**. 하나님의 신실하심은 그분의 완전하심을 드러내 주는 일면이기 때문이다.

이스라엘이 만나와 관련해 하나님을 불신하고 불순종하자 하나님이 버럭 화를 내신 것도 바로 이런 이유 때문이었다. 하나님이 자신의 영광스러운 주권과 사랑을 지키겠다고 다짐하셨기에, 이스라엘은 하나님이 조금도 부족하지 않게 채워 주시며 반드시 약속을 지키신다는 사실을 깨달았어야 했다. "하나님은 사람이 아니시니 거짓말을 하지 않으시고, 인생이 아니시니 후회가 없으시도다. 어찌 그 말씀하신 바를 행하지 않으시며, 하신 말씀을 실행하지 않으시랴?"(민 23:19)

하나님의 영광은 자비의 토대다

이스라엘의 율법 파기에 대한 하나님의 진노는, 아브라함과 달리 이스라엘은 "목이 굳은" 백성으로 하나님의 약속과 계명에 대해 무감각하다는 사실을 또한 앞서 지적한다(참고. 출 32:9; 33:3, 5; 34:9; 신 29:4; 느 9:16-18; 시 78:21-22, 40-43; 겔 20:13, 21). 만나를 통해 드러난 이스라엘의 불순종은 따라서 앞으로 다가올 금송아지 사건을 알리는 전조일 뿐이며, 이는 곧 애초부터 언약을 파기하는 것이 될 터였다(출 32장; 시 106:19-21). 홍해가 갈라지는 기적이 일어난 후 이스라엘의 믿음은 시련을 이겨내지 못했다. 아담과 하와가 불순종하여 최초의 안식일 명령을 어긴 것처럼, 이스라엘 또한 출애굽 사건 이후 안식일 명령을 어기고 말았다(겔 20:16). 그러니까 출애굽 사건과 그 이후의 안식일이 창조 이후의 안식일과 짝을 이루듯, 에덴 동산에서의 인간의 타락 또한 광야에서의 이스라엘의 타락과도 짝을 이룬다.

그러나 하나님은 에덴 동산의 아담과 하와에게 그러셨듯이, 언약을 파기한 이스라엘 백성에게도 긍휼을 베푸신다. 그들이 잘났기 때문이 아니라(기껏해야 하나님의 심판밖에는 더 받겠는가), 의로우신 하나님이 자신을 영화롭게 하시겠다는 다짐 때문이다. 사실상 수세기를 거쳐 오면서 하나님을 속속들이 알았던 사람들이 그분의 긍휼을 구하게 된 것은, 정확히 말해 하나님이 그처럼 행동하신다는 것을 파악했기 때문이다.[1] 따라서 이스라엘이 금송아지 숭배라는 죄를 범한 후 모세가 그들을 살려 달라고 하나님께 탄원했을 때, 그는 하나님이 자신의 이름을 소중히 여기신다는 사실에 호소한 것이다.

> 모세가 그의 하나님 여호와께 구하여 이르되, "여호와여, 어찌하여 그 큰 권능과 강한 손으로 애굽 땅에서 인도하여 내신 주의 백성에게 진노하시나이까. 어찌하여 애굽 사람들이 이르기를, '여호와가 자기의 백성을 산에서 죽이고 지면에서 진멸하려는 악한 의도로 인도해 내었다'고 말하게 하시려 하나이까? 주의 맹렬한 노를 그치시고 뜻을 돌이키사, 주의 백성에게 이 화를 내리지 마옵소서. 주의 종 아브라함과 이삭과 이스라엘을 기억하소서. 주께서 그들을 위하여 주를 가리켜 맹세하여 이르시기를, '내가 너희의 자손을 하늘의 별처럼 많게 하고, 내가 허락한 이 온 땅을 너희의 자손에게 주어 영원한 기업이 되게 하리라' 하셨나이다"(출 32:11-13).

모세가 이처럼 항변하면서 하나님이 예전에 선조들에게 하신 약속뿐 아니라 이스라엘이 실로 **하나님의** 백성이라는 사실 또한 상기시키고 있음에 주목하자[이스라엘이 모세에게 속했다는 하나님의 이전 진술(7절)과 이것을 비교하라]. 더욱이 출애굽 사건에서 이스라엘을 구원하신 하나님의 능력이 밝히 드러난 이상, 하나님은 이제 자신과 완악한 이스라엘이 공동 운명체라고 생각하실 수밖에 없다. 따라서 모세는 하나님이 이러한 상황에서 이스라엘을 멸하신다면, 애굽 사람들로 하여금 하나님은 약속을 지키기에 역부족이거나 이스라엘을 구원하신 의도가 애초부터 사악했다는 결론을 내리게 할 것이라고 항변한다(또한 신 9:25-29을 보라). 모세는 하나님의 의중을 헤아린다. 하나님이 스스로 영광을 드러내고 싶어하신다는 것도 헤아린다. 그렇기에 모세는 이에 걸맞게 기도하고 응답받는다(출 32:14).

이와 유사한 일이 수세기 후에 벌어진다. "하나님의 마음에 맞는" 사람 다윗(참고. 삼상 13:14; 행 13:22)은 하나님이 스스로 영광을 구하고 싶어하신다는 사실을 내세워 자신의 간통과 살인에 대해 용서를 구한다. 하나님이 기적처럼 자비를 베푸시는 것은 둘째 치고, 그분이 다윗을 용서하시는 까닭은 무엇일까? 살인죄와 간통죄를 저지른 다윗으로서는 하나님께 드릴 것이 아무것도 없었다. 다윗은 기도를 통해 하나님만이 유일한 소망이심을 고백한다.

> **주의** 구원의 즐거움을 내게 회복시켜 주시고, 자원하는 심령을 주사 나를 붙드소서. 그리하면 내가 범죄자에게 **주의** 도를 가르치리니 죄인들이 **주께** 돌아오리이다. 하나님이여, **나의 구원의 하나님이여**, 피 흘린 죄에서 나를 건지소서. 내 혀가 **주의** 의를 높이 노래하리이다(시 51:12-14, 강조는 저자의 것).

다윗은 자신이 철두철미 죄인임을 인식한다. 그가 기댈 것이라곤 오로지 하나님의 도우심과 용서뿐이며, 자신의 '특별한' 자질이나 능력은 내세울 엄두조차 내지 못한다. 왕의 신분조차도 하나님 앞에서는 무용지물이다. 다윗의 기도가 응답받느냐의 여부는 전적으로 하나님이 **하나님 자신을 위해** 그의 죄에 상응하는 자비를 베푸시느냐에 달려 있다. 다윗은 하나님이 자비를 베푸시면 뭇사람들이 하나님께 돌아올 것이며, 자신은 그에 걸맞게 찬양으로 하나님께 영광을 돌리겠노라고 다짐한다.

다윗은 하나님이 어떤 분인지 알기에 이렇게 기도드린다. 그는 하나님이 '한결 같은 사랑'과 '더없는 긍휼'을 베푸시는 분임을 알고 있다(시 51:1). 또한 정의를 요구하시며, 악한 자들을 징계하신다는 것도 알고 있다. 따라서 하나님이 다윗의 기도에 응답하시지 않더라도 "그분의 심판은 순전하실" 것이다(4절). 그럼에도 다윗은 하나님의 긍휼을 구하며, 살려 달라고 애타게 부르짖으면 용서하시겠다는 하나님의 언약의 약속을 신뢰한다. 하나님이 자신의 약속과 성품에 의지하여 자비를 구하는 자들의 외침을 외면하신다면, 그것은 자신을 부인하시는 것임을 다윗은 알기 때문이다.

다윗의 믿음과 기도의 토대는, 자신의 죄를 시인하며 하나님의 긍휼을 구하는 자들에게 하나님이 약속에 따라 용서를 베푸심으로써 영광을 온전히 지켜 내실 것이라는 확신이다. 다윗은 아무리 눈을 씻고 봐도 자신이 하나님의 용서를 **받을 만한 자격**이 없지만, 믿는 자들에게 긍휼을 베푸시겠다는 하나님의 약속을 내세워 그분이 그렇게 하실 것이라고 **확신한다**(출 34:6-7). 악한 자들을 심판하며 회개하는 자들을 구속해 스스로 영광을 드러내시겠다는 하나님의 다짐이야말로 죄인들의 피난처가 된다.

따라서 매사에 스스로 영광을 구하시겠다는 하나님의 다짐은 신실한 자들이 드리는 기도의 토대가 된다. 그렇기에 시편 기자는 시편 143편에서 자신이 하나님을 신뢰하고 있다는 사실을 내세워 원수들에게서 구원해 달라는 탄원을 한다. 자신이 하나님을 의지한다는 표시로 이같이 간청할 때, 관심의 초점이 바야흐로 하나님을 향한다는 것을 알기 때문이다.

> 아침에 나로 하여금 주의 인자한 말씀을 듣게 하소서,
> 내가 **주를** 의뢰함이니이다.

내가 다닐 길을 알게 하소서,

　　내가 내 영혼을 **주께** 드림이니이다(시 143:8, 강조는 저자의 것).

다윗이 이와 똑같은 생각으로 9-10절에서는 어떻게 탄원하는지 주목하라.

　여호와여, 나를 내 원수들에게서 건지소서!
　　내가 주께 피하여 숨었나이다!
　주는 나의 하나님이시니,
　　나를 가르쳐 주의 뜻을 행하게 하소서!

시편 기자는 구원을 얻기 위해 하나님만을 바라보기로 작정하였기에, 하나님의 명성이 기로에 놓이게 되었다는 사실을 명백히 지적하면서 기도는 절정에 이른다.

　여호와여, 주의 이름을 위하여 나를 살리시고,
　　주의 의로 내 영혼을 환난에서 끌어내소서!(시 143:11).

시편 기자가 드리는 기도의 토대는 그의 믿음이므로, 그의 기도의 궁극적인 목적은 하나님의 영광이다. 따라서 시편 기자는 믿음을 나타내기 위해, 자신을 위해서가 아니라(그는 "주의 눈앞에 의로운 인생이 하나도 없다"는 것을 알고 있다—참고. 시 143:2; 비교. 롬 4:4-5) 하나님 **자신의 이름을 위해** 구해 달라고 요청한다. 하나님은 창조·섭리·구속·심판 혹은 그 밖의 모든 일을 통해 자신의 영광을 드러내시며 또한 유지하시고자 한다.

　그러므로 하나님이 자신의 '이름을 위해' 행동에 나서 달라는 시편 기자의 기도는 하나님이 자신의 '의'를 위해 행동에 나서 달라는 기도와 짝을 이룬다. 이 같은 평행은 "하나님의 의가 지니는 본질적인 특징이 하나님이 자신의 이름, 곧 자신의 명예니 영광을 허투루 다루시지 않는 것임"[2]을 보여 준다(예를 들어, 시 31:1-3; 79:9을 보라). 어떤 사람이 시종일관 '올바르게' 행동할 때, 즉 그가 어떤 상황에서든 줄곧 올바른 원칙에 따라 움직여 상황이 바뀌더라도 자신의 행동에 일관성이 있을 때, 그는 '의로운' 사람이라 할 수 있다. 모든 조건이 동일하다고 가정할 때, 어떤 판사가 규정 속도를 약 17km/h 초과한 운전자에게는 이만 오천 원의 벌금을, 똑같이 과속한 다른 운전자에게는 십이만 오천 원의 벌금을 부과한다면 그는 공정하거나 올바르지 않다.

하나님은 언제나 동일한 원칙에 따라 행동하시기 때문에 의로운 분이다. 시편 143:11은 하나님이 스스로 장엄한 성품을 보존하시며 또한 드러내신다는 것을 명백히 보여 준다. 이 같은 사실은 하나님이 어떤 이들은 긍휼히 여기시는 반면 어떤 이들은 정죄하시는데도 어떻게 여전히 의로우실 수 있는지를 설명해 준다. 두 가지 사례에서 하나님은 자신의 성품에 따라 행동하시며 자신의 영광을 지켜 내신다(삼상 12:6-8; 느 9:33; 시 33:4; 69:27; 88:11-12; 145:17; 사 5:16; 10:22; 애 1:18; 호 2:19; 롬 9:14-18).[3] 그렇다면 시편 기자가 원수들을 물리쳐 달라고 도움을 청하는 기도로 마무리하는 것은 당연하다. 두 행위 모두 의로우시며 자비로우신 하나님을 영화롭게 하는 데 기여하기 때문이다.

주의 인자하심으로 나의 원수들을 끊으시고, 내 영혼을 괴롭게 하는 자를 다 멸하소서. 나는 주의 종이니이다(시 143:12).

게다가 하나님이 자신의 이름을 위해 행동에 나서기로 다짐하신 것을 보면, 시편 기자가 자신이 여호와께 속해 있다는 사실을 가리키면서 기도에 박차를 가하는 이유가 무엇인지 알게 된다. 앞에서 살펴보았듯이 하나님의 영광은 택하신 종들의 삶을 통해 드러난다. 그들이 주님의 종이 된 것은 **무엇보다도** 그들에게 내세울 만한 공적이 있어서가 아니라, 하나님의 의 즉 그분 자신에 대한 신실하심 때문이다(시 143:2). 따라서 시편 기자는 하나님이 자신의 신실한 종을 원수에게서 구원하심으로써 그분의 사랑이 확대된다는 것을 알기 때문에 하나님의 구원을 신뢰한다.[4)]

그러므로 인간을 다루시는 하나님의 방식—그것이 반역자들의 마음을 되돌리는 것이든, 악한 자들을 심판하는 것이든, 신실한 자들을 구원하는 것이든—은 모두 하나님이 자신의 '이름'에 쏟으시는 관심에서 비롯된다. 주권자 하나님은 그리스 철학에서 말하는 '무심한 활동가'(unmoved mover)가 아니라, 구속사에서 언급하는 '스스로 마음이 동하시는 활동가'(self-moved mover)이시다. 그렇기에 금송아지 사건 이후의 모세나 간통 사건 이후의 다윗처럼, 구약의 예언자들은 이스라엘이 바벨론 포로 심판에서 귀환한 것은 그들이 하나님을 위해 할 수 있는 어떤 행위가 아니라 오로지 자신의 영광을 보존하시겠다는 하나님의 다짐에 근거한 것임을 깨달았다. 따라서 이스라엘이 열방에서 모여들 것이라는 에스겔의 예언은 하나님이 자신의 영광을 지키기 위해 이스라엘을 벌하셨던 것처럼, 똑같은 이유로 그들을 회복시킬 것임을 명백히 보여 준다.

여호와의 말씀이 또 내게 임하여 이르시되, "인자야 이스라엘 족속이 그들의 고국 땅에 거주할 때에 그들의 행위로 그 땅을 더럽혔나니, 나 보기에 그 행위가 월경 중에 있는 여인의 부정함과 같았느니라. 그들이 땅 위에 피를 쏟았으며 그 우상들로 말미암아 자신들을 더럽혔으므로 내가 분노를 그들 위에 쏟아 그들을 그 행위대로 심판하여 각국에 흩으며 여러 나라에 헤쳤더니, 그들이 이른바 그 여러 나라에서 내 거룩한 이름이 그들로 말미암아 더러워졌나니 곧 사람들이 그들을 가리켜 이르기를 이들은 여호와의 백성이라도 여호와의 땅에서 떠난 자라 하였음이라. 그러나 이스라엘 족속이 들어간 그 여러 나라에서 더럽힌 내 거룩한 이름을 내가 아꼈노라.

그러므로 너는 이스라엘 족속에게 이르기를, '주 여호와께서 이같이 말씀하시기를, 이스라엘 족속아 내가 이렇게 행함은 너희를 위함이 아니요, 너희가 들어간 그 여러 나라에서 더럽힌 나의 거룩한 이름을 위함이라. 여러 나라 가운데에서 더럽혀진 이름, 곧 너희가 그들 가운데에서 더럽힌 나의 큰 이름을 내가 거룩하게 할지라. 내가 그들의 눈앞에서 너희로 말미암아 나의 거룩함을 나타내리니, 내가 여호와인 줄을 여러 나라 사람이 알리라 주 여호와의 말씀이니라.'…내가 이렇게 행함은 너희를 위함이 아닌 줄을 너희가 알리라. 이스라엘 족속아 너희 행위로 말미암아 부끄러워하고 한탄할지어다"(겔 36:16-23, 32).

위의 구절들이 예시하듯, 성경 곳곳에서 하나님의 자비를 구하는 기도는 하나님이 행하시는 모든 일의 이면에 있는 하나의 주도적 동기, 곧 탁월한 창조주, 은혜로운 공급자, 긍휼이 많은 구속자 또한 의로운 통치자이신 하나님이 스스로 영광을 나타내시고 보존하고 싶어하신다는 사실에 초점을 맞춘다(또한 사 43:25; 48:9-11; 49:3; 렘 13:11; 14:7, 9, 20-21; 33:8-9; 단 9:7, 13-19; 요 4:34; 13:31-32; 17:4을 보라).

하나님의 영광과 인간의 기대

게다가 하나님이 이스라엘에 대해 진노하신 것은, 그분이 의로우시기 때문에—그분이 자신의 명성과 영광을 지키기 위해 언제나 행동하실 것이기 때문에—하나님의 백성은 그분으로부터 기대해야 할 바가 무엇인지 알아야 한다는 사실을 나타낸다. 가령 하나님이 약속하시고 그분의 백성들은 하나님이 약속을 지키실 것으로 믿는다면, 하나님은 그렇게 하실 것이다. 실제로 그분은 자신의 의로움 때문에 **틀림없이** 그렇게 하실 것이다. 시편 기자가 하나님의 구원을 기대한 까닭은 정확히 하나님의 주권적 사랑—자신의 종들을 지켜 주시겠다는 약속이 당연히 포함되는—을 신뢰했기 **때문이다**(시 143:8-12).

이 말은 우리가 믿음을 내세워 하나님을 볼모로 잡는다는 뜻이 아니다. 하나님은 인간의 믿음이 아니라 자신의 완전함에 얽매이신다. 믿음에는 하나님을 움직이는 강력한 힘이 있다. 그 까닭은 믿음에 주술적인 힘이 있어 하나님을 조종할 수 있기 때문이 아니라, 하나님의 약속에 대한 믿음이 그분 자신의 신실하심에 시선을 돌리게 하기 때문이다. 믿음의 토대가 되는 확신은 하나님의 성품이 드러내는 영광이지, 우리의 믿음이 가진 능력이 아니다. 하나님이 옮기시겠다고 약속하신 산을 옮기는 데는 "믿음이 겨자씨 한 알만큼" 있으면 된다(마 17:20; 비교. 눅 17:6). 하나님은 언제나 의에 따라 행동하실 것이다. 다시 말해, 자신의 영광을 훼손시키는 일은 결코 하시지 않을 것이다. 따라서 하나님의 약속을 신뢰하는 자들은 하나님이 그들을 지키기 위해 행동하실 것이라고 확신할 수 있다.

우리는 어떤 관계에서든 신실한 사람이 한 약속은 틀림없다고 믿는다. 내 아들 존이 여섯 살 때의 일이다. 존은 우리가 금요일 밤 동네 아이스크림 가게에 데려가겠다는 약속을 하면 우리 몸이 파김치가 되더라도 그날 어김없이 외출할 것이라는 사실을 알고 있었다! 우리가 잠시 머뭇거리기라도 하면 존은 기다렸다는 듯이 이렇게 말하곤 했다. "아빠가 약속했잖아!" 존은 우리가 약속 이행을 매우 소중히 여긴다는 사실을 눈치

챈 것이다(우리가 하나님을 본받기 위해 애쓰고 있음을 아들에게 알려 주고 싶었다—엡 5:1-2). 지키지도 못할 약속은 애초에 하지 않는 게 상책이라는 걸 우리는 뼈저리게 느꼈다.

마찬가지로 하나님을 아는 자들은 하나님이 인간의 바람이 아니라 스스로 하신 약속과 자신의 성실에 구속받는다는 사실을 안다. 게다가 하나님은 인간이 아니시기에, 지키고 싶지 않거나 지킬 능력도 없는 약속을 해서 곤경에 처하거나 느닷없이 함정에 빠지게 되는 일은 결코 없으시다. 하나님은 스스로 세우신 영원한 계획의 일환으로 무한한 지혜 가운데 약속하시며, 비길 데 없는 능력으로 그 약속을 뒷받침하신다. 하나님은 언행 일치를 이루신다. 하나님은 하나님이시기에 약속을 이루신다(왕상 8:56). 하나님이 만나를 주시겠다고 약속하셨는데도 이스라엘이 그것을 믿지 못하자 하나님이 실망하신 것은 놀랄 일이 아니다.

다른 한편, 하나님의 약속은 언제나 언약 관계의 한 부분으로 주어지기 때문에, 그 약속은 언제나 언약 규정과 연관되어 있다. 하나님이 세우신 약속을 그분의 백성들이 믿지 않는다면, 하나님은 이스라엘에게 바벨론 포로 생활이라는 심판을 내리신 것처럼 자신의 의로움을 지키기 위해 결국 그들을 심판하실 수밖에 없을 것이다. 하지만 그럴지라도, 다윗과 시편 기자가 내다보고 예언자들이 지적한 바와 같이, 마침내는 하나님의 긍휼이 빛을 발하게 될 것이다. 회개하는 자에게 하나님이 들려주시는 마지막 말씀은 심판이 아니라 용서와 회복이다. 그러나 에스겔은 이 또한 우리가 가치 있는 존재여서가 아니라 하나님이 의로우신 분이기 때문임을 분명히 한다. 이런 이유 때문에, 오직 이 이유 하나 때문에 이스라엘과 이스라엘 백성들은 그들의 역사가 반역으로 점철되었음에도 언젠가는 새 언약 아래 아브라함의 신실한 자손이 될 것이다(사 2:1-4; 54:7-10; 렘 31:1-37; 32:36-44; 롬 11:11-16, 25-32).

하나님의 심판과 그분의 긍휼이 이같이 상호 작용한다는 사실은 이스라엘의 계속되는 불신에 대한 하나님의 반응에 분명히 나타나는데, 이번에는 "약속의 땅"을 탐지하러 보냄받은 자들의 '사악한 보고' 때문이었다(민 13:32). 가나안의 요새화된 도시들과 키가 장대같이 큰 주민들을 대하자 여호수아와 갈렙을 제외한 나머지 정탐꾼들은 "능히 올라가서 그 백성을 치지 못하리라. 그들은 우리보다 강하니라"라는 결론을 내린다(민 13:31). 하나님의 약속 대신 이 같은 보고를 신뢰한 이스라엘은, 하나님이 불순한 의도에서 자신들을 애굽의 속박에서 풀어 주신 것이라고 판단한 나머지 또다시 모세를 내쫓고 새로운 지도자를 선출해 애굽으로 돌아갈 음모를 꾸민다(민 13:30-33; 14:1-4; 비교. 출 14:11; 16:3; 17:3). 모세, 아론, 여호수아 및 갈렙이 백성들에게 하나님을 거역하지 않는다면 하나님이 함께하실 것이기 때문에 두려워할 까닭이 없다고 설득하자 백성들은 돌을 들어 치려 한다(민 14:4-10). 일이 이렇게 되자 하나님은 우리가 내내 강조해 왔던 원칙들을 정리하면서 이렇게 개입하신다.

[10] 그 때에 여호와의 영광이 회막에서 이스라엘 모든 자손에게 나타나시니라. [11] 여호와께서 모세에게 이르시되, "이 백성이 어느 때까지 나를 멸시하겠느냐? 내가 그들 중에 많은 이적을 행하였으나 어느 때까지 나를 믿지 않겠느냐? [12] 내가 전염병으로 그들을 쳐서 멸하고 네게 그들보다 크고 강한 나라를 이루게 하리라."

[13] 모세가 여호와께 여짜오되, "애굽인 중에서 주의 능력으로 이 백성을 인도하여 내셨거늘 그리하시면 그들이 듣고, [14] 이 땅 거주민에게 전하리이다. 주 여호와께서 이 백성 중에 계심을 그들도 들었으니, 곧 주 여호와께서 대면하여 보이시며 주의 구름이 그들 위에 섰으며 주께서 낮에는 구름 기둥 가운데에서 밤에는 불 기둥 가운데에서 그들 앞에 행하시는 것이니이다. [15] 이제 주께

서 이 백성을 하나같이 죽이시면 주의 명성을 들은 여러 나라가 말하여 이르기를, [16] '여호와가 이 백성에게 주기로 맹세한 땅에 인도할 능력이 없었으므로 광야에서 죽였다' 하리이다. [17] 이제 구하옵나니, 이미 말씀하신 대로 주의 큰 권능을 나타내옵소서, 이르시기를, [18] '여호와는 노하기를 더디하시고, 인자가 많아 죄악과 허물을 사하시나, 형벌 받을 자는 결단코 사하지 아니하시고, 아버지의 죄악을 자식에게 갚아 삼사 대까지 이르게 하리라, 하셨나이다.' [19] 구하옵나니, 주의 인자의 광대하심을 따라 이 백성의 죄악을 사하시되 애굽에서부터 지금까지 이 백성을 사하신 것같이 사하시옵소서."

[20] 여호와께서 이르시되, "내가 네 말대로 사하노라, [21] 그러나 진실로 내가 살아 있는 것과 여호와의 영광이 온 세계에 충만할 것을 두고 맹세하노니, [22] 내 영광과 애굽과 광야에서 행한 내 이적을 보고서도 이같이 열 번이나 나를 시험하고 내 목소리를 청종하지 아니한 그 사람들은, [23] 내가 그들의 조상들에게 맹세한 땅을 결단코 보지 못할 것이요 또 나를 멸시하는 사람은 한 사람도 그것을 보지 못하리라. [24] 그러나 내 종 갈렙은 그 마음이 그들과 달라서 나를 온전히 따랐은즉 그가 갔던 땅으로 내가 그를 인도하여 들이리니 그의 자손이 그 땅을 차지하리라"(민 14:10-24).

이 구절은 이스라엘이 약속의 땅에 들어가려는 확신이 부족한 것 또한 하나님에 대한 반역 행위의 연장임을 분명히 한다(민 14:9, 11). 여호와는 이스라엘 백성들의 금송아지 숭배 때와 마찬가지로 이번에도 그들을 멸하신 후 모세와 더불어 새 출발을 하겠다고 선언하신다. 그러자 모세는 또다시 백성들을 위해 중재에 나선다(민 14:12; 참고. 출 32:10). 하나님이 심판을 천명하시자, 모세는 예전처럼 하나님이 스스로 영광을 지키셔야 하지 않느냐며 긍휼을 베풀어 달라고 호소한다(민 14:13-19; 비교. 출 32:11-13).

모세는 빈틈없는 논리를 내세운다. 이스라엘 백성들이 약속의 땅에 들어가기 전 날 하나님이 그들을 멸하신다면, 애굽 사람들은 필시 이 사실을 가나안 사람들에게 퍼뜨릴 것이다(민 14:13). 하나님이 구름 기둥과 불 기둥으로 이스라엘 가운데 거하신다는 사실을 가나안 사람들이 알고 있었기 때문에, 그 때 하나님의 명성은 널리 퍼져 있었다(민 14:14). 하지만 하나님이 이스라엘 백성을 멸하시기라도 한다면 애굽 사람들은 필시 하나님의 능력을 조롱거리로 삼을 것이고, 약속의 땅에 거하는 족속들은 "여호와가 이 백성에게 주기로 맹세한 땅에 인도할 능력이 없었으므로 광야에서 죽였다"(민 14:16)고 빈정댈 것이다. 그래서 모세는 금송아지 사건 때와 같은 이유를 내세워 용서를 구한다. 그러자 하나님은 예전에 족장들에게 하셨던 약속(출 32:13)을 모세에게 하셨던 약속(출 34:6-7)으로 대체하시면서 모세의 간청(민 14:19)에 또다시 은혜로 답하신다. 모세는 어떤 일이 있어도 하나님이 택하신 이스라엘에게 변함없이 긍휼을 베푸셔야 한다고 끈질기게 주장한다.

따라서 백성들을 살려 달라는 모세의 간청을 여호와께서 여기서도 수락하시는 것은 놀랄 일이 아니다(민 14:20; 비교. 출 32:14). 하지만 하나님의 거룩한 성품 또한 손상을 입어서는 안 된다(민 14:21; 참고. 출 32:33-35). 이스라엘을 노예 생활에서 구원하시고 광야에서 그들을 지켜 주신 데서 밝히 드러난 하나님의 영광을 목격했던 백성들이, "이같이 열 번이나"[5] 여호와를 시험한다면 약속의 땅에 들어가지 못할 것이다(민 14:22-23).

요지는 분명하다. 하나님이 더는 못 참으실 때가 온다는 것이다(롬 2:4-10; 벧후 3:8-10; 유 5절). 끊임없이 불순종하면서 하나님은 자비로우신 분이기에 죄를 눈감아 주신다는 착각에 빠진 사람들은, 하나님의 은혜를 결코 기대해서는 안 된다. 하나님의 용서를 당연시해도 안 된다.

죄를 지으면 긍휼을 베푸시는 하나님이 또다시 영광을 드러내실 수 있을 거라 생각해 고의로 죄를 지으면 안 된다. 수세기가 지나 바울은 이렇게 말했다. "은혜를 더하게 하려고 죄에 거하겠느냐? 그럴 수 없느니라"(롬 6:2). 마음이 완악해져 불순종하면 (출애굽 사건과 그리스도를 통해 밝히 드러난) 하나님의 구원 능력이 실제로 삶 속에서 일어나지 않는다(참고. 롬 6:2하-14). 따라서 히브리서 저자는 이스라엘의 경험으로부터 하나님의 모든 백성이 귀담아 들어야 할 교훈을 이끌어낸다.

형제들아 너희는 삼가 혹 너희 중에 누가 믿지 아니하는 악한 마음을 품고 살아 계신 하나님께서 떨어질까 조심할 것이요. 오직 오늘이라 일컫는 동안에 매일 피차 권면하여 너희 중에 누구든지 죄의 유혹으로 완고하게 되지 않도록 하라. 우리가 시작할 때에 확신한 것을 끝까지 견고히 잡고 있으면 그리스도와 함께 참여한 자가 되리라. 성경에 일렀으되,

"오늘 너희가 그의 음성을 듣거든 격노하시게 하던 것같이 너희 마음을 완고하게 하지 말라" 하였으니

듣고 격노하시게 하던 자가 누구냐? 모세를 따라 애굽에서 나온 모든 사람이 아니냐? 또 하나님이 사십 년 동안 누구에게 노하셨느냐? 그들의 시체가 광야에 엎드러진 범죄한 자들에게가 아니냐? 또 하나님이 누구에게 맹세하사 그의 안식에 들어오지 못하리라 하셨느냐? 곧 순종하지 아니하던 자들에게가 아니냐? 이로 보건대 그들이 믿지 아니하므로 능히 들어가지 못한 것이라(히 3:12-19).

그러므로 광야 세대 가운데서 '남다른 정신'을 지닌 갈렙과 하나님의

'영'을 지닌 여호수아만이 그 땅을 차지하게 될 것이다. 그들이 믿음으로 인내하며 순종했기 때문이다(민 14:24-32; 27:18; 참고. 신 34:9). 이스라엘의 나머지 백성들은 "목이 곧은" 백성으로, '사악한' 본성을 드러냈기에 광야에서 사십 년 동안 떠돌이 생활을 하게 될 것이다(민 14:35; 참고. 32:9, 22; 33:3, 5; 34:9). 이스라엘 백성들은 예전처럼(출 33:4) 하나님의 심판에 크게 슬퍼했지만(민 14:39), 내러티브는 그들의 마음이 여전히 완악하다는 사실을 분명히 한다(민 14:40-45; 16:1-50; 25:1-5). 따라서 삶 속에서 하나님을 신뢰하지 않는 자들에 대한 궁극적 심판의 표시로, 하나님은 이스라엘의 황금 송아지 사건 때와 마찬가지로 자신을 거역하는 일에 앞장선 자들을 그 자리에서 심판하신다(민 14:36-37; 참고. 출 32:27-28).

모세의 중재로 이스라엘 백성은 완전한 파멸만은 면한다. 하나님은 약속에 따라 여전히 긍휼을 베푸신다. 그럼에도 불구하고, 그들의 반역의 결과로 하나님은 광야 세대를 심판하신다. 그들의 마음이 완악하기 때문이다. 하나님이 긍휼을 베푸시는 근거가 되었던, 자신의 영광에 대한 지대한 관심이 이제는 끊임없는 불신을 통해 하나님을 '멸시'하는 자들을 심판하시는 근거가 된다(민 14:11). 하나님은 '열 번씩이나' 불순종한 이스라엘에게 긍휼을 베푸셨다. 하나님의 인내에도 한계가 있다(마 24:43-44; 살전 5:1-6; 벧후 3:10; 계 16:15). 여호와는 에스겔을 통해 이렇게 선언하신다.

"그러므로 내가 그들을 애굽 땅에서 나와서 광야에 이르게 하고, 사람이 준행하면 그로 말미암아 삶을 얻을 내 율례를 주며 내 규례를 알게 하였고, 또 내가 그들을 거룩하게 하는 여호와인 줄 알게 하려고 내 안식일을 주어 그들과 나 사이에 표징을 삼았노라. 그러나 이스라엘 족속이 광야에서 내게 반역하여 사람이 준행하면 그로 말미암아 삶을 얻을 나의 율례를 준행하지 아니하며, 나의 규례를 멸시하였고 나의 안식일을 크게 더럽혔으므로, 내가 이르기를 내가 내 분노를 광야에서 그들에게 쏟아 멸하리라 하였으나 내가 내 이름을 위하여 달리 행하였나니, 내가 그들을 인도하여 내는 것을 본 나라들 앞에서 내 이름을 더럽히지 아니하려 하였음이로라. 또 내가 내 손을 들어 광야에서 그들에게 맹세하기를, '내가 그들에게 허락한 땅 곧 젖과 꿀이 흐르는 땅이요 모든 땅 중의 아름다운 곳으로 그들을 인도하여 들이지 아니하리라' 한 것은 그들이 마음으로 우상을 따라 나의 규례를 업신여기며 나의 율례를 행하지 아니하며 나의 안식일을 더럽혔음이라. 그러나 내가 그들을 아껴서 광야에서 멸하여 아주 없이하지 아니하였었노라"(겔 20:10-17).

믿음의 토대, 초점 및 순종

에덴 동산의 안식일로부터 광야의 안식일에 이르는 여정에서 살펴보았듯이, 하나님은 택하신 백성들에게 필요한 것을 공급하시겠다는 약속을 지키셔서 자신의 영광을 드러내신다. 나아가 하나님의 약속과 성취 **사이에서**, 그 약속을 의심케 만드는 부정적인 상황 속에서도 택함받은 백성들이 변함없이 보이는 신뢰는 하나님의 신실하심을 드높인다. 이런 까닭에 언약을 이행하며 그로 인해 의롭다 함을 받는 것은 우리의 **믿음** 때문이다(창 15:6). 이 믿음은 하나님의 공급하심에서 비롯되며, 그분의 신실하신 약속을 존중하는 언약 규정이고, 이로 말미암아 스스로 영광을 드러내시고자 하는 하나님의 뜻이 성취되기 때문이다. 척박한 광야에 있던 몇몇 이스라엘 백성이 자제하여 하루치 만나만 거두어들인 행위는 하나님의 신실하심을 널리 드러내면서 그분을 영화롭게 했다. 그들의 순종은 자신의 자원이나 의지력이 아니라 하나님의 말씀에 기반을 둔 것이기에, 자신이 아니라 하나님을 영화롭게 했다. 하나님의 약속에 대한 신뢰는 그분의 계명에 순종할 때 드러난다.

따라서 하나님의 명령이 홀로 내려지지 않는다는 사실을 아는 것이 중요하다. 오히려 앞에서 주목했듯이, 언약에 따른 하나님의 명령은 '공급하심과 약속이 변장한 것'이다. 그 명령은 하나님이 과거에 우리에게 베풀어 주셨으며(언약 서언) 미래에도 우리를 위해 그렇게 하겠다고 약속하신(언약 약속) 것에 기반을 두며, 그것을 구체화하기 때문이다. 하나님의 공급하심에 대한 만족, 하나님의 약속에 대한 신뢰, 하나님의 명령에 대한 순종은 어느 하나가 없이 존재하지도 않고 존재할 수도 없다.

따라서 그리스도께서 우리의 삶을 지배한다는 것을 인정하면서도 그분의 말씀에 불순종하는 것은 어불성설이다. 예수님은 말씀하셨다. "너희는 나를 불러 '주여, 주여' 하면서도 어찌하여 내가 말하는 것을 행하지 아니하느냐?"(눅 6:46) 성경은 하나님 혹은 예수님을 '구세주'로 아는 것과 '주'로 아는 것이 다르지 않다고 말한다. 구원에 이르는 믿음은 언제나 순종을 통해 나타난다(약 2:21-24). 성경은 이 점을 명확히 한다.

> 우리가 그의 계명을 지키면 이로써 우리가 그를 아는 줄로 알 것이요, 그를 아노라 하고 그의 계명을 지키지 아니하는 자는 거짓말하는 자요 진리가 그 속에 있지 아니하되(요일 2:3-4).

하나님을 신뢰하는 것과 하나님께 순종하는 것은 우리가 그분과 관계를 맺는 두 가지 **다른** 방식이 아니다. 마치 전자가 하나님이 우리에게 베푸신 일을 수동적으로, 정서적으로 혹은 단순히 지적으로 받아들이는 것인 반면, 후자는 하나님을 위해 뭔가 적극적으로 헌신하는 것인 양 말이다. 오히려, 하나님의 은혜에 대한 반응인 믿음과 순종은 유기체적으로 연결되어 있다. "가장 큰 계명"(마 22:34-40)에서 보듯이, 믿음은 하나님을 지향하고(하나님 사랑) 순종은 이웃을 지향하는(이웃 사랑) 것일 수도 있다. 하지만 하나님의 약속을 신뢰하면서(하나님 사랑) 그에 상응하는 계명(이웃 사랑)을 지키지 않는 것은 성경의 가르침이 아니다.

이런 까닭에, 가장 큰 계명이 무엇이냐는 질문을 받자 예수님은 둘이라고 답하셨다! 예수님이 그렇게 말씀하신 것은, 이웃을 네 몸과 같이 사랑하라는 두 번째 계명이 하나님이 베푸신 사랑을 고려할 때 그분의 선하심과 주권을 삶 속에서 마땅히 신뢰하라는, 곧 우리의 모든 것을 다해 하나님을 사랑하라는 첫 번째 계명과 '같기' 때문이다(마 22:39; 비교. 롬 8:28). 삶의 모든 영역과 **더불어**(with) 하나님을 사랑하는 것은, 곧 삶의 모든 영역**에서**(in) 그분의 사랑을 신뢰한다는 뜻이다. 그런데 아이러니하게도, 우리는 우리를 향한 하나님의 사랑에 의지해 그분을 사랑한다. 따라서 하나님 사랑과 이웃 사랑은 분리될 수 없다. 하나님이 우리의 필요를 채워 주실 것으로 믿을(하나님 사랑) 때 거리낌없이 다른 이들의 필요를 채울(이웃 사랑) 수 있기 때문이다.

이것은 성경 신학의 중요한 사실을 보여 준다. 우리는 하나님이 내리시는 어떤 명령(이 모든 것이 이웃 사랑의 의미를 나타낸다)이든 받아들일 수 있고, 그러한 명령이 어떤 특정한 공급하심과 약속(이 모든 것이 우리를 향한 하나님의 사랑을 나타낸다)을 전제로 삼는지를 물을 수 있다. 예를 들어, 우리는 하나님이 과거에 그분의 백성들의 필요를 채우신 것에서(만나가 하늘에서 떨어졌다!) 어떻게 안식일 계명이 도출되는지 그리고 그분이 미래에도 그들의 필요를 채우시겠다는 약속(더 많은 만나가 떨어질 것이다!)을 어떻게 기대할 수 있는지를 앞에서 살펴보았다. 마찬가지로 "회개하고 세례를 받으라"는 명령은 하나님의 약속을 나타내는 것으로, 그 약속은 그리스도의 죽음과 부활로 가능케 된 용서와 성령을 주시겠다는 것이다(행 2:38).

잠시 생각해 보면, 하나님의 모든 계명은 그에 상응하는 약속—하나님의 공급하심으로 말미암아 가능케 된—을 신뢰하라는 명령으로 볼 수 있다. 다시 말하거니와, 하나님의 공급하심이라는 측면에서 볼 때, 그분은 필요를 공급하시겠다는 약속에 기반을 두고 명령을 내리신다. 예를 들어, "살인하지 말라"(출 20:13)는 계명에서 하나님의 공급하심과 약속은 어떻게 전제되는가? 이렇게 설명해 보자. 하나님은 홍수 사건에서부터 광야에서의 이스라엘 백성들의 죽음 및 그리스도의 십자가에 이르기까지 죄에 대한 징벌을 통해 스스로 의로우신 분임을 이미 나타내셨다. 나아가 하나님은 그리스도께서 다시 오실 때 인간의 모든 행위를 심판하며 잘못된 모든 것을 바로잡겠다고 약속하신다. 그 때까지는 하나님이 자신의 주권을 드러내시기 위한 목적으로 제정하신 규정만이 목숨을 취할 권리를 갖고 있다(창 9:6). 따라서 우리가 하나님의 주권과 정의를 위한 그분의 헌신을 사랑한다는 것은 우리 손으로 직접 일을 처리하지 않고, 화를 내지도 않겠다고 표현하는 것이다(마 5:21-26). 바울이 로마서 12:19에서 펼치는 논지가 바로 이것이다.

> 내 사랑하는 자들아, 너희가 친히 원수를 갚지 말고 하나님의 진노하심에 맡기라. 기록되었으되, "원수 갚는 것이 내게 있으니 내가 갚으리라"고 주께서 말씀하시니라.

바꿔 말해, "살인하지 말라"는 말씀은 우리의 대의(cause)를 옹호하시겠다는 하나님의 약속을 신뢰하라는 명령이다. 이러한 점에서, 하나님의 형상대로 창조된 우리는, 하나님이 자신의 지혜와 시간 조절을 통해 적절하다고 생각하시는 방식으로 정의를 세우시겠다는 약속을 신뢰함으로써 그분의 주권과 사랑을 나타낸다.

또 다른 예를 들어 보자. "무릇 네 이웃의 소유를 탐내지 말라"(출 20:17)는 열 번째 계명, 곧 근원적 죄를 밝히는 계명(롬 7:7-12) 뒤에는 어떤 공급하심과 약속이 자리하고 있는가? 가령 다른 사람이 갖고 있는 것을 우리도 소유할 수만 있다면 행복할 것이라는 생각을 하나님이 **저지하신다면**, 그분은 또한 우리로 하여금 하나님 안에서 커다란 만족을 누리며 안전을 느끼게 하셔서 불만족과 염려에서 비롯되는 질투심을 더 이상 느끼지 않게 하시겠다는 **약속**을 반드시 하시지 않을까? 그리고 그 같은 약속이 믿을 만한 것이 되도록 우리가 현재 하나님과 맺고 있는 관계에서 반드시 만족을 느끼게 하시지 않을까? 바꿔 말해, 탐내지 말라는 하나님의 계명은 그분이 우리 가운데 임재하시고 그에 걸맞게 그분만이 우리의 내적 갈망을 채우실 수 있다는 약속에 기반을 둔다. "탐내지 말라"는 말씀은 '너의 필요를 내가 채워 줄 것이니 나를 믿으라'라는 말씀과 같다. 탐낸다는 것은 이 같은 진리를 불신하는 것으로, 하나님을 그 자체로 사랑하지 않는 것이다. 나아가, 제1장에서 살펴보았듯이, '십계명'은 따라서 동일한 계명으로 시작하고 끝을 맺는다(바울이 우상 숭배와 탐심을 동일시했던 것을 기억하라—엡 5:5; 골 3:5). 탐내지 말라는 계명과 더불어 "내 앞에 다른 신을 두지 말라"(출 20:3)는 계명은 '애굽의 속박에서 건져내신 하나님(출 20:2)이 이스라엘의 공급자, 구속자, 여호와 및 심판주로서 어떤 처지에서든 넉넉히 공급하실 터이니 오로지 그분만을 신뢰하라'는 본질적인 선언이다.

적극적으로 말해, 탐내지 말라는 계명을 지키는 것은 조금도 부족함 없으신 하나님을 영화롭게 하는 일이 된다. 우리의 절실한 필요는 세상에 의해서가 아니라, 현재 우리가 하나님과 맺고 있는 관계와 미래를 향한 그분의 약속을 통해 채워진다. 모세가 이에 대한 적절한 사례가 될 것이다. 그는 모진 시련을 겪으면서도 하나님을 찾고 자신을 이스라엘과 동일시하여, "그리스도를 위하여 받는 모욕을 애굽의 재물보다 더 값진 것으로 여김으로써 자신이 장차 받을 상을 내다보고 있었다"(히 11:26) 는 사실을 보여 주었다. 그리고 이런 까닭에 초대 그리스도인들은 "[자신의] 소유를 빼앗기는 것도 더 낫고 영구한 소유물이 있다는 것을 알고 기쁘게 당하였다"(히 10:34).

믿음의 삶이란 '이것저것 비교하는 쇼핑'을 끊임없이 하는 것과 같다. 우리는 정말 우리를 행복하게 해줄 것이라고 생각되는 태도와 행동에 따라 '구매'한다. "탐내지 말라"는 계명에 순종할 때, 우리는 이 세상 그 무엇보다 소중한 하나님이 우리를 실망시키시지 않을 것이라는 기쁜 소식을 듣게 된다. 그래서 여호와를 경외하는 것—믿음을 통해 나타나며, 그분의 계명에 대한 순종을 통해 밝히 드러나는—이 지식의 근본이 된다(창 22:12; 시 1편; 2:1-22; 119편; 잠 1:7). 하나님이 어떤 분인지 그리고 그분의 약속이 얼마나 장대한지를 감안한다면, 하나님을 먼저 구하고 그분만을 섬기는 것이야말로 우리가 할 수 있는 단 하나의 '현명한' 일이라는 예수님의 말씀은 틀리지 않다(마 6:19-20; 막 10:17-31; 눅 12:32-34).

마찬가지로, 그에 상응하는 하나님의 계명, 곧 "돈을 사랑하지 말고 있는 바를 족한 줄로 알라"는 말씀은, "내가 결코 너희를 버리지 아니하고 너희를 떠나지 아니하리라"는 약속에 굳게 기초하고 있다(히 13:5). 하나님이 말씀하셨기에, 우리는 "주는 나를 돕는 이시니 내가 무서워하지 아니하겠노라. 사람이 내게 어찌하리요?"(히 13:6)라고 말할 수 있게 되었다. 하나님의 이 같은 헌신은 예수님이 산상 수훈에서 내리신 "먼저 그의 나라와 그의 의를 구하라. 그리하면 [물질적으로 필요한] 이 모든 것을 너희에게 더하시리라"라는 명령 뒤에 숨겨진 것과 동일한 전제다. 그렇기에 예수님은 우리에게 내일 일을 위하여 염려하지 말라고 말씀하신다(마 6:33-34). 하나님이 "염려하지 말라"고 말씀하실 때는, 또한 "내가 필요한 것을 공급하겠노라"라고 말씀하고 계신 것이기 때문이다. 한편, 하나님을 사랑한다고 말하는 동시에 염려하는 것은 모순이다. 둘은 서로 배타적이기 때문이다(참고. 마 6:24).

그러므로 믿음과 순종이 본질적으로 하나라는 사실은, 믿음이 우리의 **미래**를 위한 하나님의 약속에 초점을 두는 반면, 그 토대는 하나님이 **과거**에 **공급해 주신 것**에 놓여 있다는 것과 일치한다. 하나님의 공급하심과 약속은 피조물에게 순종의 반응을 보이라고 명령할 수 있을 만큼 창조주와 피조물을 결속시킨다.[6] 그러므로 성경적 관점에서 우리가 "하나님을 믿는다"라고 말하는 것은, 하나님이 과거에 우리에게 베풀어 주신 것으로 말미암아 그분이 미래에도 베풀어 주시겠다고 하신 약속을 신뢰한다는 뜻이다. 칼뱅(Calvin)은 이렇게 말했다.

> 하나님이 자유로이 주신 약속을 우리가 믿음의 토대로 삼는 까닭은 당연히 믿음이 그 약속 위에서 구축되기 때문이다.…믿음이 약속과 더불어 시작되고, 약속 위에 기초하며, 또한 약속 안에서 끝나는 것은 당연하다.[7]

하나님의 영광과 의존의 삶

마지막으로, 믿음과 순종의 불가분의 관계는 하나님의 계명의 윤곽에서 드러나듯이 우리의 삶이 부당하게 느껴질 때, 그러한 불신에 대한 해답이 우리에게 있지 않다는 것을 의미한다. 하나님의 계명에 대한 순종의 또 다른 측면이 그분의 약속에 대한 신뢰이기 때문에, 변화된 삶을 통해 하나님을 영화롭게 하는 길은 우리의 '의지'로 애쓰는 데 있지 않다. 성경의 메시지는 자기계발 프로그램이 아니다. 인간의 잠재력 계발 운동을 지지하거나 '적극적 사고 방식의 위력'을 기독교식으로 변형해서 가르치지도 않는다.

성경이 주는 기쁜 소식은, 우리를 존재케 하시고 삶을 유지케 하시는 **하나님**의 아낌없는 공급하심과 약속에 대해 우리가 믿음-순종으로 반응하기만 하면 된다는 것이다. **그분**은 우리를 부르시고, 임재하셔서 힘을 주시며, 약속에 따라 그분을 신뢰하고 순종하도록 동기를 부여하시는 분이다. 이로 말미암아 "생명과 경건에 속한 모든 것"을 주셔서 우리로 하여금 그분의 신성한 성품에 참예하게 하신다(벧후 1:3-4). **하나님**은 **성령**으로 우리의 삶에 개입하시며, 우리로 그리스도 안에서 그분의 장대한 약속을 보게 하셔서 그분의 영광에 반응하게 하신다(참고. 고후 1:19-22; 3:18; 4:3-6). 우리가 믿음-순종으로 반응할 수 있게 되는 것은 오로지 그 때문이다. **믿음-순종은 하나님이 우리에게 임재하셔서 공급해 주시기 때문에 생겨나고, 우리가 하나님의 도우심으로 그분의 약속에 초점을 맞추기 때문에 유지된다.**

성경은 이에 대해 명확한 입장을 보인다. 성경은 하나님을 떠나서는 우리에게 소망이 없다고 말한다. 성경은 인간의 타고난 선함이란 착각일 뿐이라고 말한다. 성경은 "만물보다 거짓되고 심히 부패한 것은 마음"이라고 정직하게 드러낸다(렘 17:9). 우리는 죄를 짓기 때문이 아니라, 태어날 때부터 반역자요 '죄의 권세 아래' 속박되어 있기 때문에 죄인이다(롬 3:9; 참고. 시 51:5; 엡 2:1-3). 인간은 저 좋을 대로 하게 내버려두면 '어느 누구도 하나님을 찾지 않으며'(롬 3:11; 참고. 시 14:2), '어느 누구도 선을 행하지 않는다'(롬 3:12; 참고. 시 14:3). 우리에게는 하나님의 계명을 지키는 데 필요한 힘도, 잠재력도, 그것을 올바로 생각할 방법도 없다. 마음이 변화되어야 삶의 방식 또한 변화된다(막 7:14-23). '스스로의 힘으로 향상을 꾀하려는' 시도는 모두 실패하기 마련이다. 삶을 살아내는 데 필요한 자원을 얻기 위해 자신에게 기대 봐야 부질없는 짓이다.

우리의 유일한 소망은 시선을 하나님께로 돌리는 일이다.

따라서 하나님이 찾아오셔서 우리를 변화시키지 않는다면, 우리는 여전히 '허물과 죄로 죽은'(엡 2:1) 상태가 될 수밖에 없다. 우리의 삶 속에서 착한 일을 시작하신 하나님이 그것을 이루겠다고 약속하시지 않으면, 우리에게는 삶을 통해 그리스도의 성품을 드러낼 소망이 없다(빌 1:6). 하나님이 우리에게 "두렵고 떨림으로 너희 구원을 이루라"고 명령하시는 **단 하나의** 이유는 "하나님이 자신의 기쁜 뜻을 위하여 우리 안에서 행하시기" 때문이다(빌 2:12-13). 우리의 소망은, 하나님이 죄인들을 있는 모습 그대로 받아들이신 후에 그들을 자신의 형상으로 변화시켜 은혜와 능력의 영광을 드러내기를 기뻐하신다는 사실에 있다(고후 3:18). 따라서 우리의 믿음-순종이 하나님의 약속에 초점을 두더라도 믿음의 궁극적 토대는 하나님 자신이다. 우리의 언약 관계의 기반이 되는 하나님의 아낌없는 공급하심은 하나님을 그분의 속성 그대로 아는 것을 토대로 한다. 하나님이 "그분의 신기한 능력으로 생명과 경건에 속한 모든 것을 우리에게 주신" 것은 "자기의 영광과 덕으로써 우리를 부르신 이를 앎으로 말미암으며, **이로써** 그 보배롭고 지극히 큰 약속을 우리에게 주셨기"(벧후 1:3-4, 강조는 저자의 것) 때문이다. 우리가 하나님을 아는 지식은 "그분의 신기한 능력"을 맛보며 "그 보배롭고 지극히 큰 약속"을 물려받는 방편이 된다. 우리 자신의 통찰력이나 의지력이 아니라 하나님의 임재가 믿음을 불러일으키고 유지시켜 주기 때문이다. 완전한 믿음이 하늘에서나 가능한 까닭은, 우리가 거기서 하나님을 완전히 알게 될 것이기 때문이다(고전 13:12). 하나님은 영원히 계시며 그분의 형상대로 지음받은 인간은 영원히 그분을 의지하기 때문에, '믿음은 항상 있을 것이다'(고전 13:13). 하늘에 있다는 것은 인간이기를 포기하는 것이 아니라 완선한 인간이 되는 것, 말하자면 어떤 상황에서든 철저히 하나님만을 의지하여 그분과 더불어 창조 세계를 다스린다는 뜻이다(창 1:26; 계 21:22-22:5).

따라서 하나님의 임재 가운데 있는 사람은 그 누구도 다른 것을 바라지 않기 때문에, 믿음은 **영원히** 있을 것이다. 하나님을 알고 그분의 임재 가운데 있으면서 그분을 신뢰하지 않는다는 것은 불가능하다. 인간이 믿음으로 영원히 응답하기 때문에 믿음은 영원히 있을 것이다.

> 지존자의 은밀한 곳에 거주하며,
> 전능자의 그늘 아래에 사는 자여,
> 나는 여호와를 향하여 말하기를, "그는 나의 피난처요 나의 요새요,
> 내가 의뢰하는 하나님이라" 하리니(시 91:1-2).

5. 만물의 회복을 위해 하나님은 왜 그토록 오래 기다리시는가?

| '소망으로 구원 받음' – 미래를 바라보는 삶 |

> 만일 그리스도 안에서 우리가 바라는 것이 다만 이 세상의 삶뿐이면,
> 모든 사람 가운데 우리가 더욱 불쌍한 자이리라.
> 고린도전서 15:19

인디애나 주 업랜드에서 개최되는 피위(Pee Wee) '월드 시리즈' 결승전인 메츠(Mets) 대 레인저스(Rangers)의 경기는 사람들이 모두 손꼽아 기다려 온 경기였다. 과연 메츠 팀이 지난 3년 동안 무패를 기록한 팀을 이길 수 있을까? 내 아들과 풋내기 선수들의 기세는 하늘을 찌를 듯했고, 이번 경기도 예외는 아니었다. 메츠 팀은 리그의 최고 선수인 마이크로 하여금 1루를 지키게 했다. 설령 마이크가 기량을 충분히 발휘하지 못하더라도 문제 될 것이 없었다. 리그의 엉성한 규칙으로 인해 다른 선수들이 여섯 살에서 여덟 살 또래인 반면, 마이크만 아홉 살이 넘었기 때문이다. 마이크는 하늘을 찌를 듯한 거인이었다. 레인저스 팀은 물론이고 어느 팀도 나이가 **아홉** 살이나 된 선수는 없었다. 마이크가 있다는 사실만으로도 **희망**이 샘솟았다. 마이크가 능력을 한껏 발휘하고, 의젓하게 행동하며, 우람한 체구(여섯 살배기들에게 마이크는 '거인'이었다!)를 뽐낼 때면 승리는 이미 거머쥔 것이나 다름없었다. 그는 이를테면 걸어 다니

는 승리의 보증 수표였다. 마이크가 메츠에 있는 한 레인저스와의 경기에서 승리는 따 놓은 당상이었다.

따라서 경기가 시작되기도 전에 메츠 팀의 여섯 살배기들이 마이크 주위에 우르르 몰려들어 서로 등을 두드려 주고, 한바탕 크게 웃으며, 그의 침착한 태도에 기대어 위안을 구하고자 한 것은 당연했다. 아무튼 팀을 결승까지 이끈 사람은 마이크가 아니었던가? 레인저스 팀은 '간밤'에 연습을 했던 터라 필드에 들어와서도 자신감이 넘치는 표정이었다. 그런데 혁혁한 공을 세웠고 넘치는 힘을 자랑하는 아홉 살짜리 마이크가 거기에 우뚝 서 있었다. 그는 곧 희망이었다.

하지만 1루에 있던 아홉 살짜리 마이크도 장외로 날아가는 플라이 볼을 어쩌지 못했다. 9회에서 패하지 않았더라면, 메츠 팀이 전승을 기록할 수 있었을 것이다. 메츠 팀의 어린 선수들이 마이크를 대하는 태도를 훗날 곰곰이 생각해 보면서, 그것이 마치 우리가 하나님과 맺는 관계와 흡사하다는 생각이 들었다. 메츠 팀처럼, 하나님이 우리 '팀'에 계시다는 사실, 즉 하나님이 우리의 창조주, 공급자, 구속자라는 사실을 알게 되면 하나님의 임재를 맛보면서 소망을 품지 않을 수 없다는 걸 깨달았다. 큰 차이가 있다면 마이크와는 달리 그 어느 것도 하나님 곁을 지나쳐 갈 수 없다는 사실이다.

소망의 하나님

하나님의 임재가 우리 안에 소망을 불러일으키는 것은, 내 아들이 시합 전에 마이크를 볼 때마다 희망이 샘솟는 것과 본질적으로 같은 이치다. 마이크는 피위에 속한 다른 선수들에 비해 기량이 훨씬 뛰어났고, 신뢰성을 누누이 검증받았기에 그가 곁에 있다는 사실만으로도 승리는 이미 따 놓은 것과 같았다. 아들 녀석은 마이크가 유능하며 신뢰가 간다고

믿었기에 경기에 참가할 때마다 **소망**이 생기곤 했다.

마찬가지로, 하나님을 알면서 믿음이 없는 것이 불가능하듯, 믿음이 있으면서 소망이 없는 것도 불가능하다. 우리는 하나님이 **과거**에 우리를 위해 이미 베풀어 주신 것 때문에 하나님을 **현재** 신뢰하며, 이는 **미래**에도 하나님을 의지하는 것으로 이어진다. 믿음이란 뒤가 아니라 앞을 내다보는 일이다. 하지만 엄밀히 말해 과거의 일로 인해 앞을 내다볼 수 있는 것이다. 믿음의 토대와 초점은 각각 하나님의 **공급하심**과 **약속**이다.

믿음은 하나님의 약속에 초점을 맞추기 때문에, 하나님을 신뢰하면서 **미래에 대한 소망**을 품지 않는 것은 불가능하다. 약속은 아직 이루어지지 않은 일을 성취하겠다는 서약이라고 정의할 수 있다. 그러한 약속은 1루수 마이크가 최선을 다하겠다는 서약이든, 이스라엘을 약속의 땅으로 인도하시겠다는 하나님의 서약이든, 아니면 자신의 백성을 결코 버리시지 않겠다는 그리스도의 서약이든 마찬가지다(출 3:7-10; 마 28:20; 롬 8:23; 딛 2:13; 히 9:28; 13:5). 따라서 어떤 약속이든 변함없이 신뢰할 때마다, 우리는 그 약속이 **미래**에 이루어질 것을 눈여겨보게 된다. 게다가 신뢰할 만한 사람이 약속을 하면 반드시 성취될 것으로 기대하게 되는데, 이 기대는 소망을 단순히 '희망적 관측'(wishful thinking)에서 미래에 대한 확신으로 변모시키는 **확실한 기대**다. 우리는 주말에 비가 내리지 않기를 바랄 수 있다. 하지만 이것은 그리스도의 약속에 따라 우리 또한 죽은 자 가운데서 부활하게 될 것이라는 소망을 동반하는 일종의 확신과는 차원이 다르다.

그러므로 하나님의 약속에 대한 소망은 인간의 바람이 아니라 믿음에 기초한, 미래에 대한 확신이다. 하나님의 약속을 신뢰하면서 그 약속이 성취되리라고 기대하지 않는다는 것은 정말 불가능하다. 하나님을 안다는 것은 그분을 신뢰한다는 것이며, 하나님을 신뢰한다는 것은 그분의 약속을 신뢰한다는 것이며, 하나님의 약속을 신뢰한다는 것은 그 약속이 성취될 것으로 확신한다는 것이다. 하나님의 약속에 닻을 내리며 미래에 대해 이같이 확신하는 것을 성경은 "소망"이라 일컫는다.

아브라함을 예로 들어 보자. 아브라함은 이전의 체험을 통해 하나님이 약속을 이루실 의지와 능력을 가지고 계시다는 것을 알게 되었다(제3장을 보라). 그래서 하나님이 아브라함에게 여러 민족의 아버지가 되게 하겠다는 약속을 하셨을 때(창 12:2, 7; 15:5, 7; 17:3-8), 아브라함은 하나님을 익히 알고 있던 터라 그 약속을 의심하게 만드는 역경 속에서도 그 약속을 신뢰할 수 있었다. 바울의 말을 들어 보자.

> [아브라함이] 백 세나 되어 자기 몸이 죽은 것 같고 사라의 태가 죽은 것 같음을 알고도 믿음이 약하여지지 아니하고, 믿음이 없어 하나님의 약속을 의심하지 않고 믿음으로 견고하여져서 하나님께 영광을 돌리며 약속하신 그것을 또한 능히 이루실 줄을 확신하였으니(롬 4:19-21).

아브라함은 하나님을 신뢰했기에 그분의 약속을 신뢰할 수 있었다. 그로 말미암아 아브라함은 절망적인 상황 가운데서도 그 약속이 이루어질 것이라는 소망을 품었다. 바울의 지적처럼, 아브라함의 육신은 "죽은 것 같고" 사라의 태 역시 죽은 것 같았다(롬 4:19). 그가 처한 상황은 절망을 말하고 있었지만, 신실하신 하나님의 약속은 소망을 말하고 있었다. 바울의 말을 다시 인용한다.

> 아브라함이 바랄 수 없는 중에 바라고 믿었으니, "이는 네 후손이 이 같으리라" 하신 말씀대로 많은 민족의 조상이 되게 하려 하심이라(롬 4:18).

아브라함은 '하나님이 약속하신 것을 능히 이루실 것'을 알았기에 그분의 약속을 믿을 수 있었다(롬 4:20-21). 그리고 아브라함은 하나님의 약속을 믿었기에 절망적인 상황에서도 소망을 품을 수 있었다. 사실상 믿음과 소망은 '바늘과 실' 같아서, 바울의 표현대로 믿음은 '소망 **중에**' 나타난다(롬 4:18). 나아가 아브라함은 소망 중에 믿었을 뿐 아니라, "**바랄 수 없는 중에**"(롬 4:18), 곧 자신의 소망을 의심하게 만드는 상황 가운데서 믿었다.

바울이 보기에 아브라함은 믿음이 있다는 것이 무엇인지를 보여 주는 전형이었다. 아브라함은 하나님을 알았기에 그분의 약속이 신실하다는 것을 확신했다. 이러한 확신은 가장 힘든 상황에서도 소망을 품게 했다. 나아가 바울의 지적대로, 하나님을 영화롭게 하는 것은 바로 이 같은 믿음이었다(롬 4:20). 로마서 4:21에 명백히 드러나듯이, 믿음은 하나님의 신실하심을 확신하는 것에서 비롯되기 때문에 하나님을 영화롭게 한다. 하나님은 택하신 백성들이 그분의 말씀이 진리임을 굳게 확신하여 절망스러워 보이는 상황에서도 소망을 잃지 않을 때 영광을 받으신다.

약속이 성취되지 않는 데는 하나님의 뜻이 있다

앞에서 살펴보았듯이, 하나님이 하시는 모든 일의 궁극적인 목적은 자신의 이름을 영화롭게 하시는 것이다. 믿음과 소망은 하나님이 택하신 백성들의 삶을 통해 영광을 드러내시는 통로다. 하나님은 자신의 능력과 신실하심을 드러내 믿음을 완성하시며, 자신의 **약속**을 믿음의 **대상**으로 삼게 하심으로써 소망을 완성하신다.

이 말은, 믿음의 삶이란 본래 우리의 바람이 즉각적으로 이루어지는 것이 아니라는 뜻이다. 오히려, 그것의 특징은 변함없이 하나님을 신뢰하는 가운데 그분이 **장차** 행하시리라고 기대하는 것이다. "우리는 믿음으로 행하고 보는 것으로 행하지 아니함이로라"(고후 5:7). 우리가 현재 목격하는 것, 그리스도의 재림 때까지 우리가 이 땅에서 어떻게 살 것인지를 결정하는 것은, 장차 다가올 부활의 영광이 완성되리라는 우리의 확신이지 고난이나 싸구려 쾌락이 아니다(참고. 고후 4:18-5:1).¹⁾ 하지만 하나님의 약속이 즉각 이루어진다면 소망은 더 이상 존재하지도 또 그럴 필요도 없게 될 것이다. "보이는 소망이 소망이 아니니, 보는 것을 누가 바라리요?"(롬 8:24)

그러나 세상이 타락했고 우리의 심령이 부패했기 때문에, 하나님의 백성들은 현재 하나님을 신뢰하는 일이 곧 장차 그분의 약속이 성취되리라는 소망을 품는 것이라는 사실과 언제나 씨름해 왔다. 그럼에도 하나님의 약속은 너무나 장엄하여, 이 악한 현 세대에는 그 최종적인 성취가 일어날 수 없다. 그리스도께서 재림하실 때까지는, 그 어느 것도 택하신 백성들을 향한 하나님의 궁극적인 약속과 동일시해서는 안 된다. 이 세상이 주는 일시적인 보상은 하나님이 택하신 백성들에게 주시는 "보배롭고 지극히 큰 약속"(벧후 1:4)에 비할 바가 아니다. 하나님의 약속을 일시적인 건강과 부를 약속하는 우상으로 축소해서는 안 된다. 하나님의 약속은 세상이 제공하는 그 어느 것보다 훨씬 크다. 그 약속을 신뢰하기만 하면, 우리는 아직 성취되지 않았지만 언젠가 틀림없이 이루어질 것이라는 소망으로 가득 차게 될 것이다. 설령 우리가 하나님의 임재를 맛보더라도, 그것은 장차 우리에게 드러날 영광에 대한 계약금(down payment)에 지나지 않는다(롬 8:18; 고전 13:12; 고후 4:17; 요일 3:2).

하나님의 약속이 장엄하다는 것은 그분만이 그런 약속을 하실 수 있다는 뜻이다. 그로 인해 우리는 하나님만이 공급하실 수 있는 것을 우리도 조달할 수 있다는 착각에서 벗어날 수 있다. 때문에 히브리서 기자는 하나님의 남은 백성들처럼 아브라함도 "믿음을 따라 죽었으며, 약속을 받지 못하였으되, 그것들을 멀리서 보고 환영"했다고 기록하고 있다(히 11:13). "믿음은 바라는 것들의 실상이요 보이지 않는 것들의 증거"(히 11:1)이기 때문이다. 실로 소망은 믿음과

> 떨어질 수 없는 동반자다.···소망은 하나님이 참으로 약속하셨다고 믿는 것들에 대한 기대, 바로 그것이다. 그렇기에 믿음은 하나님이 참되다고 믿으며, 소망은 이러한 진리가 밝히 드러날 그 때를 기다린다. 믿음은 소망이 존재하는 근거가 된다.[2]

바벨론 포로 이후 소망을 배우다

주전 538년, 바벨론 포로 생활을 청산하고 처음으로 귀환길에 오르는 저간의 사정을 둘러싸고 이스라엘은 믿음이 주는 교훈, 즉 하나님의 약속이 아직 이루어지지 않았음에도 소망을 품는 법을 배우게 된다. 이 교훈은 이스라엘을 구속하시고 그들의 삶을 변모시키는 하나님의 은혜를 떠나서는 터득할 수 없는 것이다. 이스라엘의 역사는 자신을 기꺼이 신뢰하는 백성을 창조하기 위해 계속해서 일하시는 하나님의 이야기다. 그것은 역경 속에서 자신의 창조주, 공급자 그리고 구속자이신 하나님을 끝까지 믿지 못한 이스라엘 민족의 실패의 이야기이기도 하다(제3장과 제4장을 보라). 이는 출애굽 사건 **전에** 시작된 것인데, 이스라엘의 역사가 펼쳐지면서 분명하게 드러나는 사실은 그 백성 중 남은 자들은 하나님의 약속을 신뢰했지만 전체 민족으로서의 이스라엘은 끝내 완악한 상태에서 벗어나지 못했기 때문이다(시 106:6-43; 렘 7:23-26; 겔 20:5-31).[3] 하나님이 에스겔에게 경고하셨듯이, 이스라엘은 언제나 "패역한 백성"이었다(겔 2:3; 참고. 신 31:24-29). 출애굽 사건에서, 하나님은 이스라엘을 상황적으로는 노예 생활에서 구원하셨지만, 영적으로는 백성

전체를 죄의 노예 상태에서 구원하지 않으셨다(신 29:4; 사 6:9-10; 29:10; 롬 11:7-8; 고후 3:14). 급기야 하나님은 죄를 범한 아담과 하와를 에덴 동산에서 쫓아내셨듯이 불신의 죄에 대한 형벌로 이스라엘을 약속의 땅에서 추방하시고 말았다. 창조 시 체결된 언약 관계처럼 시내 산 언약은 처음부터 깨뜨려졌다(출 16:28; 32:1-20).

하지만 하나님이 아담과 하와에게 옷을 입히고 여자의 후손을 통해 그들의 구속을 약속하신 것처럼(창 3:15, 20), 바벨론 포로 생활 또한 이스라엘 역사에 종지부를 찍는 사건은 아니었다. 이스라엘의 체험을 통해 우리는 이스라엘이 광야에서 언약을 파기한 후 처음으로 선언된 진리(출 34:6), 곧 "여호와는 긍휼이 많으시고, 은혜로우시며, 노하기를 더디 하시고, 인자하심이 풍부하시"(시 103:8)다는 사실을 배우게 된다. 바벨론 포로 생활 중에도 하나님은 심판이 아니라 자비를 베푸셨다. 바벨론 포로 생활은 이스라엘 백성을 멸하려는 계획이 아니었다. 오히려 하나님은 이스라엘이 패역했기에 자신의 거룩한 이름을 보존하시고자 행동하신 것이다. 동시에 하나님은 이스라엘 안에 신실한 소수를 남겨 두셨고 언젠가는 이스라엘을 불신이라는 죄에서 그리고 그러한 불신으로 야기된 자멸에서 구원하시겠다는 약속을 재확인하셨다(렘 31:1-40; 겔 36:22-38). 이사야 42:24-25과 48:17-19에서는, 바벨론 포로 생활이 '이스라엘의 죄에 대한 하나님의 의로운 심판이지만…그 때문에 하나님이 뜻을 접으신 것은 아니었다. 그분이 의도하시는 바는 이스라엘을 깨끗게 하여 그들을 구속하는 것이기 때문이다(48:9-11)'라고 분명히 한다.[4)]

바벨론 포로 사건에 드러난 하나님의 진노는, 사실상 일단의 무리들 즉 "남은 자들"을 불러 그들을 깨끗게 하였고, 또한 창조주이며 공급자이신 하나님에 대한 그들의 믿음을 든든히 세워 주었다(왕하 19:30-31; 스 9:8, 13). 이사야가 예언한 것처럼 말이다.

그 날에 이스라엘의 남은 자와 야곱 족속의 피난한 자들이 다시는 자기를 친 자를 의지하지 아니하고 이스라엘의 거룩하신 이 여호와를 진실하게 의지하리니, 남은 자 곧 야곱의 남은 자가 능하신 하나님께로 돌아올 것이라. 이스라엘이여 네 백성이 바다의 모래 같을지라도 남은 자만 돌아오리니, 넘치는 공의로 파멸이 작정되었음이라. 이미 작정된 파멸을 주 만군의 여호와께서 온 세계 중에 끝까지 행하시리라(사 10:20-23).

분명 하나님은 반역한 무리들이 하나님의 진노에 반응하여 회개하면 회복시키실 것이다(예를 들어, 사 1:19-27; 미 7:18-20을 보라). 하나님은 남은 자들을 약속의 땅으로 인도하시겠다는 약속도 하시는데, 이 말씀은 에덴 동산의 아담과 하와에게 그리고 홍수 이후 노아에게 내리신 창조 명령을 연상시킨다(창 1:28; 9:1).

"내가 내 양 떼의 남은 것을 그 몰려갔던 모든 지방에서 모아 다시 그 우리로 돌아오게 하리니 **그들의 생육이 번성할 것이며**, 내가 그들을 기르는 목자들을 그들 위에 세우리니 그들이 다시는 두려워하거나 놀라거나 잃어버리지 아니하리라" 여호와의 말씀이니라(렘 23:3-4, 강조는 저자의 것).

예레미야 31:7-9의 말씀은 하나님이 이스라엘을 애굽의 속박에서 처음으로 구원하신 사건을 떠오르게 한다.

여호와께서 이와 같이 말씀하시니라. "너희는 여러 민족의 앞에 서서 야곱을 위하여 기뻐 외치라. 너희는 전파하며 찬양하며 말하라. '여호와여 주의 백성 이스라엘의 남은 자를 구원하소서' 하라. 보라, 나는 그들을 북쪽 땅에서 인도하며 땅 끝에서부터 모으리라. 그들 중에는 맹인과 다리 저는 사람과 잉대한 여인과 해산하는 여인이 함께 있으며, 큰 무리를 이루어 이 곳으로 돌아오리라. 그들이 울며 돌아오리니, 나의 인도함을 받고 간구할 때에 내가 그들로 넘어지지 아니하고 물 있는 계곡의 곧은 길로 가게 하리라. 나는 이스라엘의 아버지요, 에브라임은 나의 장자니라."

이와 같이 '제2의 출애굽'이라는 새 창조 행위를 통해, 하나님은 친히 기적을 베푸셔서 택하신 백성을 포로 생활에서 구원하시고 그들을 회복된 땅으로 인도하실 것이다(사 11:11-16; 43:16-21; 52:11-12). 예레미야는 이렇게 말한다.

여호와의 말씀이니라. "그러나 보라 날이 이르리니 다시는 이스라엘 자손을 애굽 땅에서 인도하여 내신 여호와께서 살아 계심을 두고 맹세하지 아니하고, 이스라엘 자손을 북방 땅과 그 쫓겨났던 모든 나라에서 인도하여 내신 여호와께서 살아 계심을 두고 맹세하리라. 내가 그들을 그들의 조상들에게 준 그들의 땅으로 인도하여 들이리라"(렘 16:14-15).

하나님이 포로 생활에서 돌아온 이스라엘을 회복시키셨을 때, 하나님이 출애굽 사건에서 언약을 통해 베푸신 위대한 행위는 하나님의 구속의 은총이라는 더 위대한 행위로 대체되었다. 사실상 이스라엘의 회복은 예언자들이 상상할 수 있는 가장 포괄적인 표상을 사용해 묘사했을 만큼 중요한 비중을 차지했다. 에스겔은 이스라엘의 회복을, 돌연 생기를 되찾은 마른 뼈들로 가득한 골짜기로 비유했다(겔 37:1-14). 다른 예언자들은 이스라엘의 회복을 에덴 동산의 회복처럼 낙원으로의 귀환으로 묘사했다. 그 곳에서는 평화가 다스리며, 수고하지 않아도 곡식을 풍성히 거두며, 맹수들이 상냥하게 대하며, 또한 하나님의 뜻이 세워지고 사람들이

그것에 순종할 때 정의가 넘칠 것이다.[5)]

나아가 바벨론 포로 생활이 끝나면, 하나님은 이스라엘을 유일한 거룩한 나라로 재탄생시키실 것이며, 다윗 계열의 왕이 통치하는 국가로 독립시키실 것이며, 기적적으로 재건된 성전에서 참된 예배를 회복시키실 것이며, 이스라엘을 세계에서 으뜸가는 국가로 세우실 것이다. 이방 민족들까지도 예루살렘으로 몰려와 이스라엘과 더불어 하나님을 예배하고 시온 산―위대한 평화의 왕국으로 하나님을 새롭게 찬미하는 중심지―에서 시작된 그분의 율법을 배울 것이다.[6)] 그 약속에는 적어도 자신의 백성들 가운데 거하시는 하나님 자신이 포함되어 있었다. 따라서 예루살렘의 이름은, 에스겔의 말대로, "그 날 후로는 그 이름이 여호와께서 거기 계신다"(겔 48:35)가 될 것이다. 요컨대, 이스라엘의 소망의 중심에는 "이스라엘의 가장 확실한 믿음―하나님이 우리 가운데 계시다―이 언젠가는 축복의 현실로 나타날 것이라는 약속이 자리잡고 있었다."[7)]

그러나 이스라엘이 바벨론 포로 생활을 마치고 귀환했을 때, 조국의 상황은 하나님이 예언자들을 통해 약속하신 것과 전혀 달랐다! 주전 538년, 하나님은 기적을 통해서가 아니라 고레스―훗날 하나님이 보내신 '메시아'로 밝혀진―의 정치적 책략을 이용해 이스라엘 백성을 약속의 땅으로 불러들이셨다(참고. 스 1:1-4; 6:3-5; 사 44:28-45:1). 그리고 다수의 힘 있는 사람이 하나님이 예비하신 광야를 의기양양하게 통과하는 대신에(참고. 사 40:3-5), 세스바살의 영도 하에 이루어진 제1차 귀환이 너무나 미미했기에 에스라는 꽤 많은 무리―그렇다고 해서 압도적으로 많지는 않은―를 이끌고 제2차 귀환 길에 오른 스룹바벨에게 자신의 권한을 넘기고 만다(참고. 스 1:11-2:2). 하나님이 이스라엘을 찬란히 빛나는 독립국가로 세우셔서 이방 민족들을 다스리게 하실 것이라는 기대는, 주변 세력들과 투쟁을 벌인 끝에 폐허 더미 위에 보잘것없는 도시 국가를 세우는 것으로 대체되었다. 그리고 살아남기 위해서는 바사(Persia) 제국에 여전히 기대지 않으면 안 되었다(예를 들어, 스 4:7; 5:17을 보라). "기대를 최대한 낮추었지만 그것조차 이루어지지 않았으며, 드러난 현실은 장밋빛 약속과는 달라도 한참이나 다른 것이었다.…해가 바뀔수록 상황은 더욱 절망적이었으며, 공동체의 사기는 완전히 땅에 떨어졌다."[8] 예언자 스가랴의 말대로, 하나님이 약속하신 영광 대신 그것은 "작은 일의 날"이었다(슥 4:10).

하나님의 임재의 상징이자 이스라엘 예배의 중심이라 할 수 있는 성전 재건조차 22년 동안의 온갖 고생 끝에 주전 516년에야 가까스로 이루어졌다. 성전 건축이 마침내 결실을 맺게 된 것은 하나님의 직접적이고 초자연적인 개입이 있었기 때문이 아니라, 바사 제국이 사전 명령을 내려 성전 건축을 허락했다고 유대인들이 확신할 수 있었기 때문이다(참고. 스 6:1-12). 게다가 솔로몬의 성전을 익히 알고 있던 사람들은 성전 건축 초기부터 새 성전의 규모가 보잘것없다는 생각에 눈물을 흘렸다(참고. 스 3:1-6:15, 그리고 스 3:1-13을 왕상 5:1-18과 비교하라).

그런데 깜짝 놀랄 만한 사실은, 예루살렘이 아직 어수선하고 새 성전이 예전처럼 찬란하지 않았을 텐데도 예언자 학개와 스가랴가 나타나 하나님이 택하신 백성들을 버리시지 않았다고 계속 선포하고 있다는 것이다. 학개는 "그들이 애굽에서 나올 때에 그들과 언약하신 말에 따라" 하나님이 아직도 그들과 함께하신다고 선포했다(학 2:5). '조금 있으면' 하나님은 땅과 모든 나라를 '진동'시키시며, 모든 나라의 보물을 성전에 들이실 것이며, 그 성전을 솔로몬의 옛 성전보다 더욱더 영광스럽게 하실 것이다(학 2:6-9). 그 시작은 미약했지만, 스가랴는 하나님이 다시 자신의 백성들 가운데 거하실 것이며, 예루살렘은 번성할 것이고, 뭇 나라들이 이스라엘과 합류해 여호와를 예배할 것이라고 약속하기에 이른다(참고. 슥 1:16-17; 2:10-12). 예루살렘으로 귀환한 무리들은 소수였고 보잘 것없었지만 하나님의 백성이었고, 그 땅에는 신실한 남은 자들도 있었다 (학 1:12-14). 현재의 상황이 하나님의 약속을 의심케 하는 것 같았지만, 하나님이 약속을 잊으신 것은 아니었다.

> 만군의 여호와가 이같이 말하노라. "내가 시온을 위하여 크게 질투하며 그를 위하여 크게 분노함으로 질투하노라. 여호와가 이같이 말하노라. 내가 시온에 돌아와 예루살렘 가운데에 거하리니, 예루살렘은 진리의 성읍이라 일컫겠고 만군의 여호와의 산은 성산이라 일컫게 되리라." 만군의 여호와가 이같이 말하노라. "예루살렘 길거리에 늙은 남자들과 늙은 여자들이 다시 앉을 것이라. 다 나이가 많으므로 저마다 손에 지팡이를 잡을 것이요, 그 성읍 거리에 소년과 소녀들이 가득하여 거기에서 뛰놀리라." 만군의 여호와가 이같이 말하노라. "이 일이 그 날에 남은 백성의 눈에는 기이하려니와, 내 눈에야 어찌 기이하겠느냐." 만군의 여호와의 말이니라. 만군의 여호와가 이같이 말하노라. "보라, 내가 내 백성을 해가 뜨는 땅과 해가 지는 땅에서부터 구원하여 내고 인도하여다가 예루살렘 가운데에 거주하게 하리니, 그들은 내 백성이 되고 나는 진리와 공의로 그들의 하나님이 되리라"(슥 8:2-8).

이런 이유로 바벨론 포로 생활 이후의 하나님의 백성들의 이야기는, 그들보다 앞선 아브라함과 마찬가지로 역경의 와중에서 하나님의 약속을 신뢰하려는 처절한 투쟁을 기록한 이야기라고 할 수 있다(학 1:1-2:9; 슥 1:16; 4:6-10; 6:15). 한쪽에는 하나님의 약속의 말씀이 있고, 다른 쪽에는 이러한 약속을 의심케 하는 상황이 펼쳐져 있다. 하지만 하나님은 이미 약속을 지키기 시작하셨다. 백성들이 약속의 땅으로 돌아오기 시작했으며, 성전이 건축되었고, 예루살렘은 차차 안정을 되찾고 있었다. 이 모든 것은 하나님이 자신의 백성들을 위해 일하고 계시다는 증거였다. 실제로, 하나님이 이스라엘의 적들을 이용해 이 같은 일을 이루셨다는 사실은 그분에게 약속을 지킬 능력이 있음을 보여 주는 또 다른 증거였다(참고. 스 4:1-6:12). 그럼에도 불구하고 구약에 나타난 이스라엘의 역사는 바벨론 포로 생활 이후 이스라엘을 회복시키겠다는 약속의 상당 부분이 아직 이루어지지 않은 채 그 막을 내린다.

구약에 나타난 소망의 패턴

아브라함의 경우처럼, 하나님은 이스라엘에게 하신 약속을 부분적으로 성취하셨다. 하지만 아브라함의 경우와 마찬가지로, 하나님은 자신의 약속을 지키기 위해 끊임없이 헌신하고 계시다는 것을 이스라엘이 확신할 수 있도록 능력을 펼치셨다. 그래서 이스라엘 백성 중에 있는 신실한 남은 자들은 약속이 이루어지지 않았다고 해서 믿음을 저버리기보다 기대의 방향을 미래로 바꾸었다. 하나님의 약속은 지금 불완전하게 성취되더라도 훗날 완전히 성취될 것이다. 그러니까 아브라함과 마찬가지로, 그들도 "믿음을 따라 죽었으며 약속을 받지 못하였으되 그것들을 멀리서 보고 환영했다"(히 11:13). 믿음의 삶이란, 하나님이 미래에도 은혜를 베푸실 것으로 확신하면서 기대를 품고 사는 삶이다.

아브라함에서부터 바벨론 포로 생활 이후 첫 번째 귀환에 이르기까지의 일들을 살펴보면 어떤 패턴을 엿볼 수 있다. 하나님이 자신의 임재를 드러내시며, 능력을 펼쳐 신실함을 드러내시고, 약속을 하시지만, 그 약속은 **부분적으로만** 성취된다는 사실이다. 하나님의 **공급하심**이 보장되어 있기 때문에 믿음이 세워지고 유지되지만, 믿음의 대상 즉 하나님의 **약속**은 여전히 성취되지 않고 있다. 요컨대 하나님의 약속은 이제 첫 발을 디뎠지만 아직 완성된 것이 아니다. 구속의 역사가 펼쳐지는 내내 하나님이 함께하시겠다는 약속은, 이 땅에서 시작되었지만 아직 완전히 이루어진 것이 아니다.

하나님은 자신의 주권으로, 믿음뿐 아니라 소망도 키워 주길 원하셔서 약속의 성취를 의도적으로 앞당기신다. 약속을 주시지만 부분적으로 성취하시는 것은, 미래에 대해 변함없는 확신을 품는 가운데 믿음이 풍성해질 것이기 때문이다. 하나님은 택하신 백성들이 믿음을 지키기에 충분할 만큼 자신을 계시하셔서 그들의 마음속에 소망을 심어 주시지만, 미래에 믿음의 초점을 두는 데 필요한 만큼만 심어 주신다. 그러므로 하나님이 약속을 더디 이루시는 것은 그분을 믿고 그분에게 소망을 두는 백성을 창조하시려는 원대한 계획의 일부인 것이다. 하나님의 약속이 아직 완전히 이루어진 것은 아니기에, "믿는 자는 본질적으로 소망을 품는 자가 된다." 시편 기자의 선언대로, "주 여호와여, 주는 나의 소망이시요, 내가 어릴 때부터 신뢰한 이시라"(시 71:5).

소망은 하나님의 약속이 아직 이루어지지 않은 것에서 싹트지만, 그것을 인간의 바람과 혼동해서는 안 된다. 하나님의 약속에 대한 소망은 그분의 신실하심을 믿는 것에 기초한다. 따라서 믿는 자는 **현재** 성취되지 **않은 약속들이 미래에는 틀림없이 이루어질 것**이라는 확신을 새롭게 가져야 한다. 하나님은 거짓말쟁이가 아니시다. 약속은 성취될 것이다. 오늘 아니면 내일 이루어질 것이다.

그렇기에, 역경을 당할 때 소망은 "영혼의 닻"이 된다. 하나님이 미래에 하실 일에 대한 확신이 서면, 우리는 현재의 고난을 인내할 수 있다. 따라서 히브리서 11:1의 믿음에 대한 저 유명한 정의—"믿음은 바라는 것들의 실상이요, 보이지 않는 것들의 증거니"—는 소망의 관점에서 내려진다. 믿음을 아직 일어나지 않은 일에 대한 확신 및 신념과 동일시하는 것은, 하나님의 신실하심에 기반을 둔, 하나님의 약속에 대한 믿음이 언제나 소망을 불러일으키기 때문이다. 하나님의 백성들이 이 소망을 갖는 것은 순진해서가 아니라 "[그들이] 믿는 자를 알기" 때문이다(딤후 1:12). 그런 까닭에 구약의 이스라엘 역사는 우리에게 상황이 어찌되든 "이스라엘의 소망"(렘 17:13) 되시는 여호와를 변함없이 믿으라고 촉구한다. 시편 78:5-7상반절을 읽어 보자.

> [여호와께서] 증거를 야곱에게 세우시며,
> 　법도를 이스라엘에게 정하시고,
> 우리 조상들에게 명령하사,
> 　그들의 자손에게 알리라 하셨으니,
> 이는 그들로 후대
> 　곧 태어날 자손에게 이를 알게 하고,
> 그들은 일어나 그들의 자손에게 일러서,
> 　그들로 그들의 소망을 하나님께 두며,
> 하나님께서 행하신 일을 잊지 아니하고.

예수님의 부활과 그리스도인의 소망

오늘날 그리스도인들은 히브리서 저자와 더불어 예수 그리스도께서 "믿음의 창시자요 온전케 하시는 이"(initiator and perfecter of our faith, 히 12:2, 저자의 사역)시며 바울의 표현대로 "하나님의 약속은 얼마든지 그리스도 안에서 예가 된다"(고후 1:20)라고 말한다. 그러므로 우리의 믿음의 초점을 가능하게 하는 토대는 하나님이 이스라엘을 위해 행하신 일뿐만이 아니라 더 중요하게는 예수님 자신이다. 그리스도인은 책의 사람들이며, "말씀이 육신이 되어"(요 1:14)라는 구절을 따르는 사람들이다. 아브라함에 대한 바울의 고찰은 또다시 우리가 이 말씀의 뜻을 깨닫도록 도와준다.

로마서 4장에서, 우리는 하나님이 아브라함과 그의 후손들에게 하신 약속―그들이 세상의 상속자가 되리라는(13절)―이 "아브라함이 우리 모두의 조상이기에 그의 믿음을 따르는"(16절) 자들에게도 그대로 적용됨을 보게 된다. 하지만 아브라함과 같은 방식으로 하나님을 믿으려면 우리도 아브라함처럼 하나님께 자신의 약속을 이루실 **의지**와 **능력**이 있다고 확신해야 한다(롬 4:20-21). 믿음의 토대는 하나님은 말씀하신 바를 행하시기에 충분한 능력이 있으시며 또한 그것을 행하기 위해 정말로 헌신하신다는 확신이다.

아브라함의 경우, 이 말은 사라의 태가 닫혔지만 하나님이 **이미** 그를 "여러 민족의 아버지"(창 17:5; 롬 4:17)가 되게 하셨다는 자신의 말씀을 이행하실 능력과 의지가 있다고 확신하게 되었음을 의미한다. 그러므로 아브라함의 경우에 믿음은, 하나님이 죽음에서 생명을 창출하는 기적을 베푸실 능력과 의지를 가지고 계시다는 확신을 요한다. 그리고 로마서 4:17에서, 아브라함은 하나님의 약속을 스스로 일으킨(self-generated) 의지력의 행위로서가 아니라,

> 자신이 신뢰했고, 죽은 자들에게 생명을 주시며 이전에 없던 것을 있게 하시는 하나님의 임재 안에서(NRSV 직역)

신뢰했다. 사라의 닫힌 태와 아브라함의 노쇠한 몸에서 아들이 태어나는 것은 '죽은 자를 살리는' 것과 다를 바 없었지만, 아브라함은 하나님을 알았기에 그 약속을 신뢰할 수 있었다. '**하나님의 임재 안에서**' 아브라함은 신뢰했다(롬 4:17, 강조는 저자의 것). 그러므로 아브라함의 믿음은 하나님의 정당한 요구, 즉 하나님이 지으신 피조물은 그분께 합당한 영

광을 드려야 한다는 요구를 충족시켰기에, "그에게 의로 여겨졌다"(롬 4:22; 참고. 창 15:6). 하나님의 성품은 행위를 통해 드러나며 그것은 의의 척도가 된다. 따라서 하나님의 형상대로 지음받은 우리가 하나님이 하시는 일을 드러낼 때, 우리는 '의로운' 존재가 된다. 하나님은 약속을 이행하심으로써 스스로 영화롭게 하시며, 우리는 그분의 약속을 신뢰함으로써 영광을 돌린다. 그렇기에 하나님의 약속을 신뢰한 아브라함은 "하나님이 약속하신 그것을 또한 능히 이루실 줄을 확신"(롬 4:21)했기에, "하나님을 영화롭게 했다"(롬 1:21).

그러면 우리는 어떤가? 하나님의 약속을 신뢰하기 위해 무엇을 확신해야 하는가? 바울의 말처럼 우리는 아브라함의 믿음을 따르는 자들이기에, 이에 대한 답변은 우리 또한 믿음의 '조상'처럼 하나님은 죽은 자를 능력으로 살리신다고 '철저하게 확신'해야 한다는 것이다(롬 4:17). 바울의 말처럼, 아브라함이 누렸던 바로 그 의는 "우리도 위함이니, 곧 예수 우리 주를 죽은 자 가운데서 살리신 이를 믿는 자"(롬 4:24)를 위한 것이다.

택하신 백성에게 하신 하나님의 약속은 너무도 장엄한 것이어서, 그분을 신뢰하기 위해서는 죽은 자로부터 생명을 창조하시기까지 하는 하나님의 능력을 확신해야 한다. 타락 이전의 아담과 하와의 경우처럼 하나님의 창조 능력이 믿음의 토대가 되기 때문에, 구속은 새로운 창조 행위로 간주되어야 한다(사 43:1; 고후 4:4-6; 5:17). 기쁜 소식이란, 그리스도의 부활이 하나님이 죽은 자 가운데서 생명을 일으키는 능력을 갖고 계시다는 믿음을 세우는 **증거**가 된다는 사실이다.

그런데 우리가 하나님의 약속에 소망을 둘 때, 그분이 예수님의 경우처럼 우리에게도 엄청난 능력을 기꺼이 베푸실 거라 확신할 수 있는 근거는 무엇일까? 이 같은 결정적 질문에 대한 해답 또한 예수님이다. 예수님은 "우리가 범죄한 것 때문에 내어줌이 되고 또한 우리를 의롭다 하시기 위하여 살아나셨다"(롬 4:25). 예수님의 죽음으로 죄 용서가 이루어져 하나님과의 관계가 회복된다. 그리고 그분의 부활로 이러한 용서가 사실이며, 부족함이 없으며, 또한 영원한 것임이 입증된다. 예수님을 죽은 사 가운데서 살리신 하나님은 예수님에 대해 그러셨듯이 자신을 믿는 자들에게 하신 약속에 대해서도 '그렇다'라고 말씀하신다(고후 1:20). 예수님이 죽은 자 가운데서 부활하신 것은 그분이 우리의 메시아 되시는 왕으로 사시다가 죽으셨다는 것을 하나님이 인정하신다는 징표다. 이는 십자가에 달리신 예수님이 자신의 죄 때문이 아니라 우리의 죄 때문에 징벌을 받으셨다는 것을 의미한다(행 2:22-36; 갈 3:13). 부활은 자신이 하나님의 아들이라는 예수님의 주장이 진실임을 입증하며, 십자가의 죽음은 그분의 주장대로 그분이 사실상 '많은 사람을 위한 대속물'이었음을 증명한다(마 20:28; 비교. 마 16:21; 20:18-19; 막 10:45; 행 3:14-15; 10:39-43; 13:32-39; 롬 1:4; 벧전 1:18-21). 예수님이 하나님의 심판대 앞에서 '피고 측 변호사'가 되셔서 우리를 변호하신다면, 감히 누가 우리를 기소할 수 있을 것인가?(롬 8:33-34; 요일 2:1)

그러므로 예수님의 부활은 그분이 우리의 주님이시자 구세주가 되심을 확증하는 셈이다. 예수님의 부활은 비길 데 없는 하나님의 능력을 나타낸다. 그리고 십자가의 관점에서 보면, 하나님을 신뢰하는 자들을 위해 하나님이 기꺼이 그러한 능력을 보이기로 작정하셨다는 것을 의미한다. 이렇듯 그리스도의 부활에 나타난 창조주 하나님의 자유하게 하시는 능력은 그리스도인의 소망의 토대가 된다. 베드로는 그것을 이렇게 설명한다.

우리 주 예수 그리스도의 아버지 하나님을 찬송하리로다. 그의 많으신 긍휼대로 예수 그리스도를 죽은 자 가운데서 부활하게 하심으로 말미암아 우리를 거듬나게 하사 산 소망이 있게 하시며, 썩지 않고 더럽지 않고 쇠하지 아니하는 유업을 잇게 하시나니, 곧 너희를 위하여 하늘에 간직하신 것이라. 너희는 말세에 나타내기로 예비하신 구원을 얻기 위하여 믿음으로 말미암아 하나님의 능력으로 보호하심을 받았느니라(벧전 1:3-5).

우리는 하나님이 과거에 행하신 일, 즉 예수님을 죽은 자 가운데서 다시 살리신 일 때문에 그분이 미래에 행하시겠다고 하신 약속을 신뢰할 수 있다. 인간의 바람과 대비되는 이 같은 소망이야말로 그리스도인의 삶의 원동력이다. 그리스도에 대한 확신 때문에 나치 수용소에서 죽음을 눈앞에 둔 디트리히 본회퍼는 이렇게 말했다.

> 인간의 삶에서 환상(illusion)의 중요성을 분명 과소평가해서는 안 되지만, 그리스도인은 확고한 토대에 기반을 둔 소망을 지녀야 한다. 설령 환상이 인간에게 막강한 영향력을 행사해 삶을 이어갈 수 있도록 하며, 확실성에 기반을 둔 소망이 대단한 위력을 발휘하고, 또한 그러한 소망의 삶이 그 어느 것과도 비길 데 없는 것이라 할지라도, 바울이 내세우는 신조 곧 "우리의 소망이신 그리스도"야말로 우리의 삶을 지탱하는 힘이다.[10]

소망의 삶에서 고난이 역할을 담당하다

그리스도의 부활은, 가장 극심한 고난일지라도 하나님께서는 그것을 빛나는 승리로 변모시킬 수 있는 능력과 의지가 있음을 보여 준다. 그리스도의 부활을 통해 우리 또한 "죽은 자를 살리시는" 하나님을 신뢰하게 된다(롬 4:17, 24). 하지만 우리는 아브라함과 바벨론 포로 생활 이후의 남은 자들처럼, 우리를 도우시고자 하는 하나님의 능력과 의지 및 헌신을 의심하게 만드는 **현재**의 상황에서도 믿음을 지켜내야 한다. 이 세상에 침투하는 가차 없는 악과 고통은 물론이려니와, 우리의 삶을 얼룩지게 하는 고난과 좌절이 끊임없이 소망을 저버리라고 말하기 때문이다.

따라서 사도 바울이 로마서 4장에서 그리스도인의 믿음과 소망의 기반을 다진 후 5장에서 그리스도인이 당하는 고난으로 화제를 돌리는 것은 당연하다. 여기서 그는 두 가지 요점을 말한다. 한편으로는, 얼핏 보면 고난은 하나님이 그리스도인들을 버리셨다고 속삭이는 것 같지만, 그것이 용서받아 의롭게 된 사람들로 하여금 하나님의 **사랑**을 저버리게 하지는 못한다. 다른 한편으로, 설령 고난에 직면해 하나님이 선하시지만 능력의 한계로 자신의 뜻을 펼치실 수 없다는 생각이 들더라도, 그 고난이 믿는 자들로 하여금 하나님의 **능력**을 의심케 하지는 못한다.

그리스도인이 이 같은 확신을 가질 수 있는 것은, 믿음의 관점에서 고난을 체험할 때 그것이 연쇄 반응을 일으켜, "환난은 인내를, 인내는 연단을, 연단은 소망을 이루"(롬 5:3-4)기 때문이라고 바울은 주장한다. 고난과 좌절은 그리스도인들로 하나님의 사랑에 실망하거나 그분의 능력에 좌절하게 만드는 것이 아니라, 오히려 하나님의 영광을 바라보게 한다(롬 5:2; 8:18; 고후 4:16-18). 그렇기에 고난 가운데서도 하나님의 주권과 사랑을 확신했던 바울은, 하나님의 백성에게 환난을 하나님의 손에 들린 선을 이루기 위한 도구로 여겨 그 가운데서 **기뻐하라고** 권면한다(롬 5:3).

부활은 하나님께 약속을 이행하실 능력과 의지가 있다는 뚜렷한 증거이기에, 우리는 시련을 당해도 절망하지 않고 그것을 믿음의 발판으로 삼아 연단을 이루고 소망을 굳게 다진다(롬 5:1-4). 우리는 하나님이 **모든 일**—그것이 아무리 모질더라도—을 합력해 선을 이루어 우리로 그리스도를 닮게 하신다는 것을 알기에, 그분을 더욱 신뢰하며 그로 인해 인생의 고난에 당당히 맞설 용기가 생긴다. 따라서 그리스도의 형상을 본받으라는 권면을 받는 우리는 "아들이시면서도 받으신 고난으로 순종함을 배운"(히 5:8) 그리스도처럼 순종을 배우게 된다.

우리의 성품이 그리스도를 닮으면 닮을수록 우리의 소망은 더욱 굳건해진다. 우리가 하나님의 주권과 사랑을 확신할 때 우리를 둘러싼 그리고 우리 안에 있는 악이 우리로 하여금 장차 다가올 하나님의 구속을 더욱 열망하게 만드는 까닭은, "그의 약속대로 의가 있는 곳인 새 하늘과 새 땅을 바라보기"(벧후 3:13) 때문이다. 그러므로 우리가 현세에서 고난을 겪을 때마다 믿음으로 포용한다면, 하나님이 부활의 능력으로 "모든 눈물을 그 눈에서 닦아 주시니 다시는 사망이 없고, 애통하는 것이나 곡하는 것이나 아픈 것이 다시 있지 아니하리니 처음 것들이 다 지나간"(계 21:4) 그 날에는 더 큰 소망을 갖게 될 것이다. 우리가 현세에서 악과 죽음을 겪으면, 장차 의와 부활을 더욱더 사모하게 된다. 그렇기에 로마서 5:2에서 바울이 말한 것처럼, 그리스도로 말미암아 하나님의 은혜의 자리에 나오게 된(언약 공급) 우리는 장차 하나님의 영광에 이르게 되리라 확신하며(언약 약속), 그로 인해 소망을 품게 된 우리는 지금 고난 가운데서도 기뻐한다(언약 규정).

하지만 고난 중에 그처럼 기뻐하는 것이 뭇 사람들에게는 믿음을 가장한 희망적 관측으로 비칠지 모른다. 부활을 가리킴으로써 십자가의 타당성을 역사적으로 옹호하는 일은 더없이 중요하다. 하지만 바울은 자신의 믿음과 소망이 단지 근거 없는 낙관주의가 아니라는 사실을 개인적으로 어떻게 확신할까? 그렇다 하더라도 십자가에서의 하나님의 용서와 부활에 나타난 그분의 능력이 자신에게도 해당된다는 사실을 바울은 어떻게 확신할 수 있을까? 바울의 소망이 한낱 긍정적 사고가 지니는 힘의 또 다른 버전이 되지 않게 만드는 요인은 무엇일까? 로마서 5장에서 바울은 이 같은 질문에 대한 두 가지 설득력 있는 답변을 제시한다.

성령과 소망

바울의 첫 번째 답변은 성령이다. 그리스도인으로서 품는 소망이

> 우리를 부끄럽게 하지 아니함은, 우리에게 주신 성령으로 말미암아 하나님의 사랑이 우리 마음에 부은 바 됨이니(롬 5:5).

하나님이 우리의 고난을 자신의 영광을 드러내는 기반으로, 우리를 행복으로 이끄시는 통로로 변모시키실 것이라는 소망이 있기에 우리는 실망하지 않는다. 하나님이 이러한 과정의 첫 단계, 즉 사랑을 베푸시는 징표로서 우리에게 성령을 부어 주셨기 때문이다. 우리의 삶에서 드러나는 하나님의 능력과 임재라는 선물은 우리를 자신에게 속하게 하시겠다는 하나님의 **개인적인** 서약이다(또한 롬 8:9을 보라). 나의 성령 체험에 비추어 볼 때, 그리스도의 부활에서 극치를 이룬, 죽은 자를 살리시는 능력을 하나님이 객관적으로 나타내신 것은 궁극적으로 **나를** 향한 것임에 틀림없다. 따라서 우리의 삶에 부어진 하나님의 사랑은 그분의 아들을 보내신 일차 목적이다. 예수님이 십자가에 달리시고, 죽은 자 가운데서 부활하시고, 또한 승천하셔서 아버지 우편에 앉아 계심은, 아들 예수를 죽은 자 가운데서 일으키신 바로 그 성령을 하나님이 그분의 백성의 삶에 부어 주시기 **위해서였다**(행 2:33).

하지만 여기서 끝나지 않는다! 하나님이 성령으로 친히 우리 가운데 거하신다는 사실은 우리의 소망에 두 가지를 더 함의한다. 첫째, 우리가 하나님의 성령을 받은 것은 하나님이 우리를 자신의 '양자로 입양'하셨다는 뜻이다. 이는 우리 죄를 씻기시고 그로 인해 우리가 하나님의 '가족'의 일원으로서 새 삶을 살 수 있도록 권능을 주셨기 때문이다(롬 8:14; 참고. 겔 36:25-27; 행 2:38; 요일 3:24). 그렇기에 바울은 "누구

든지 그리스도의 영이 없으면 그리스도의 사람이 아니라"(롬 8:9; 참고. 고전 12:3)고 말한다. 게다가 우리가 하나님의 양자로서(언약 공급) 성령의 인도하심에 따라 '하늘에 계신 아버지'께 새로운 마음으로 순종한다면(언약 규정), 우리는 '입양'이 완성되는(언약 약속—롬 8:23; 갈 5:5) 바로 그 날 하나님이 약속하신 모든 것을 상속받게 되리라고 확신할 수 있다. 우리가 '구속의 날을 위하여' 성령 안에서 '인치심'을 받았다고 바울이 말하는 것은 바로 이런 의미에서였다. 로마서 8:11-17에서는 이렇게 말하기도 한다.

> 예수를 죽은 자 가운데서 살리신 이의 영이 너희 안에 거하시면[언약 공급], 그리스도 예수를 죽은 자 가운데서 살리신 이가 너희 안에 거하시는 그의 영으로 말미암아 너희 죽을 몸도 살리시리라[언약 약속]. 그러므로 형제들아 우리가 빚진 자로되 육신에게 져서 육신대로 살 것이 아니니라[언약 규정]. 너희가 육신대로 살면 반드시 죽을 것이로되[언약 저주] 영으로써 몸의 행실을 죽이면[언약 규정] 살리니[언약 약속], 무릇 하나님의 영으로 인도함을 받는 사람은 곧 하나님의 아들이라. 너희는 다시 무서워하는 종의 영을 받지 아니하고 양자의 영을 받았으므로[언약 공급], 우리가 아빠 아버지라고 부르짖느니라. 성령이 친히 우리의 영과 더불어 우리가 하나님의 자녀인 것을 증언하시나니[언약 공급], 자녀이면 또한 상속자 곧 하나님의 상속자요 그리스도와 함께 한 상속자니[언약 공급] 우리가 그와 함께 영광을 받기 위하여[언약 약속] 고난도 함께 받아야 할 것이니라[언약 규정].

성령을 받았다는 말은 하나님이 우리를 합법적 상속자로 삼으셔서 언약의 '가정'으로 입양하셨다는 뜻이다(갈 4:5-7). 우리는 하나님의 자녀이기에, 현재 그분의 사랑을 체험할 뿐 아니라 미래에 그분의 영광에 참예하게 될 것이다. 하나님의 자녀들은 상속받기를 소망한다.

> 보라, 아버지께서 어떠한 사랑을 우리에게 베푸사 하나님의 자녀라 일컬음을 받게 하셨는가. 우리가 그러하도다.…사랑하는 자들아, 우리가 지금은 하나님의 자녀라[언약 공급]. 장래에 어떻게 될지는 아직 나타나지 아니하였으나 그가 나타나시면 우리가 그와 같을 줄을 아는 것은 그의 참모습 그대로 볼 것이기 때문이니, 주를 향하여 이 소망을 가진 자마다 그의 깨끗하심과 같이 자기를 깨끗하게 하느니라[언약 약속](요일 3:1-3).

하나님의 영을 받았다는 것이 함의하는 두 번째는, 하나님이 자녀 된 우리를 결코 버리지 않을 것이라는 점이다. 성령은 하나님이 자신의 약속에 대해 지불하시는 '계약금'이다. 그리고 그 약속은 미래에도 보장된다(고후 1:22; 5:5; 엡 1:14). 주택 구매자가 상당한 액수의 계약금을 지불해 계약을 성사시킬 의사가 있음을 밝히듯이, 하나님도 죄에서 우리를 완전히 다시 사기 위해 헌신하시겠다는 보증으로 성령을 우리에게 부어 주신다.

거꾸로, 일단 주택 구매자가 은행 잔고를 다 털어 계약금을 지불한 후 융자를 받고자 할 경우, 은행에서는 그가 거래를 성사시켜 원래의 투자 금액이 손실을 입지 않도록 어떤 일이든 할 것이다. 우리도 하나님이 우리에게 성령을 아낌없이 부어 주셔서 우리를 확실히 구속하시기 위해 어떤 일이든 하실 것이라고 확신할 수 있다.

로마서 8:11-17에 요약된 언약 관계를 살펴보면, 하나님의 이 같은 헌신에는 우리가 그리스도의 공동 상속자로 살고 영광을 받기 위해 영으로써 능히 "몸의 행실을 죽이"며 "그리스도와 함께 고난도 받을" 수 있게 하는 일이 포함되어야 한다. 자신의 능력이나 공적으로 하나님 앞에서 의롭다고 여겨질 인생이 하나도 없을 것이기 때문이다(시 143:2; 갈 2:16). 따라서 성령이라는 '계약금'은 우리가 **지금** 하나님의 자녀일 뿐 아니라, 하나님이 **장래**에 틀림없이 상속해 주실 것이라고 확신하는 토대가 된다(빌 1:6, 10-11). 하나님의 모든 계명은 그분의 공급하심 그리고 약속과 떼려야 뗄 수 없는 관계에 있기 때문에, 그분은 언약에 따른 약속을 이루시기 위해 성령의 임재와 능력을 통해(언약 서언) 우리에게 순종하라 하신다(언약 규정). 그러므로 소망의 삶이란 처음부터 끝까지 성령의 힘으로 가동되는 믿음의 삶이다.

그리스도의 십자가와 그리스도인의 소망

부활에 대한 그리고 장래에 만물이 회복될 것이라는 바울의 확신의 두 번째 근거는, 말씀을 지키려는 하나님의 헌신 그 이상의 증거인 십자가의 **타이밍**이다. 이스라엘이 아직 애굽에 속박되어 있을 때 하나님이 그들을 구원하셨다는 사실은, 이스라엘 백성들을 이끄시고, 인도하시고, 필요를 공급하시겠다는 그분의 변함없는 헌신을 나타내는 푯말이다.[19] 마찬가지로, 우리도 하나님의 약속이 우리를 실망시키지 않을 것이라 확신할 수 있는 것은 "우리가 아직 죄인 되었을 때에 그리스도께서 우리를 위하여 죽으셨기" 때문이다(롬 5:8). 로마서 5:6의 말씀에 의하면, "우리가 아직 연약할 때에 기약대로 그리스도께서 경건하지 않은 자를 위하여 죽으셨다." 출애굽 사건으로 이스라엘이 소망을 굳게 다질 수 있었다면, 하나님의 독생자가 죄인들을 위해 목숨을 버리신 것은 말해 무엇 하랴! 그리스도의 십자가는 하나님의 한결 같은 사랑을 드러내 주는 것으로, 그 사랑이 이루 형언할 수 없는 것임을 보여 준다. 경험상 우리처럼 부패하고 패역한 자들은 말할 필요도 없으려니와, "의인을 위해서라도 죽을 사람은 거의 없기"(롬 5:7) 때문이다.

요지는 분명하다. 하나님은 우리가 먼저 헌신해야 **비로소** 그리스도께서 우리 대신 죽을 수 있다고 말씀하지 않으신다. 우리가 하나님의 자녀라는 신분을 되찾기 위해 어떻게든 용서받을 만한 자격이 있음을 보이라고 요구하셨다면, 우리로서는 속수무책이었을 것이다. 불경건하며 패역한 죄인들이 어찌 우주를 창조하신 거룩한 분의 마음을 움직여 그분의 독생자로 하여금 우리를 위해 희생하게 만들 수 있단 말인가? 그렇기에 자신의 주권적 사랑으로 마음이 움직이신 하나님이 자신의 백성들에게 먼저 은혜의 궁극적 표현이라 할 수 있는 긍휼을 보이신 것이다(출 33:19; 사 63:7; 롬 9:15-18; 엡 2:4; 딛 3:5; 벧전 1:3). 그리스도는 우리가 죄인**이기 때문이** 아니라 죄인임에도 **불구하고** 우리를 위해 죽으셨다(엡 2:4-6, 8). 성부와 성자가 사랑받을 자격 없는 우리를 사랑하셨기 때문에 그리스도께서 대신 죽으셨다.

하나님이 **불경건한** 자들을 사랑하셔서 그리스도께서 죄인들을 위해 죽으셨다는 사실에 비추어, 바울은 단순하지만 매우 뜻깊은 결론을 내린다.

> [9]그러면 이제 우리가 그의 피로 말미암아 의롭다 하심을 받았으니 더욱 그로 말미암아 진노하심에서 구원을 받을 것이니. [10]곧 우리가 원수 되었을 때에 그의 아들의 죽으심으로 말미암아 하나님과 화목하게 되었은즉, 화목하게 된 자로서는 더욱 그의 살아나심으로 말미암아 구원을 받을 것이니(롬 5:9-10).

바울의 논증에 설득력이 있는 것은 그가 "더욱"(much more)이라는 비교급을 사용해 더 난해한 경우에서 좀더 용이한 경우로 논지를 전개하기 때문이다. 그는 '좀더 유력한 것에서 시작하는', 소위 **점강법** 논증(fortiori argument)을 펼친다. 따라서 결론의 확실성은 더 힘든 일이 이미 성취되었다는 사실에 기반을 둔다. 가령 하나님이 독생자의 죽음에 의거해 우리가 의롭다거나 무죄하다는 선언을 이미 하셨다면(더 어려운 일), 그 독생자가 마지막 심판 때 우리를 하나님의 진노에서 구원하시는(더 쉬운 일) 것은 더욱 확실한 일 아닌가. 이에 대한 근거는 10절에 있다[10절을 시작하는 "곧…은즉"(For)이라는 단어에 주목하라]. 우리가 아직 하나님의 **원수**였을 때 그리스도께서 우리를 그분과 화목하게 하려고 죽으셨다면(더 어려운 일), 이제 우리가 하나님과 **화목을 누리게 된** 이상 그리스도의 생명(말하자면, 그리스도가 부활하신 후 이루신 사역)이 하나님의 심판에서 **우리를 구원**하시는 일(더 쉬운 일)은 더욱 확실한 일 아닌가.

바꿔 말해, 구원의 난제라 할 수 있는, 원수들을 위한 그리스도의 십자가 희생은 이미 성취되었다! (그분의 생명으로 우리를 구원하는) 심판 날에 하나님의 백성에게 죄 없다는 선언을 하는 데 필요한 사랑과 능력은 "우리가 아직 죄인 되었을 때에" 우리를 위해 자신을 희생하는 데 필요했던 사랑과 능력과 견줄 수 없다. 따라서 바울은 우리가 그리스도의 죽으심으로 말미암아 이미 의롭게 되었다면, 마지막 날 그리스도의 생명이 우리를 넉넉히 구원할 것이라는 확신을 가져도 좋다고 결론짓는다.[12] 그리스도께서 우리를 하나님의 자녀로 **삼으시기** 위해 하신 일에 비추어 보면, 그분은 우리가 하나님의 자녀**로서** 상속받도록 하기 위해서도 어떤 일이든 마다하지 않으실 것이다.

"자기 아들을 아끼지 아니하시고 우리 모든 사람을 위하여 내어주신 이가 어찌 그 아들과 함께 모든 것을 우리에게 주시지 아니하겠느냐?"(롬 8:32) 당연히 답은 '예'이다! 하나님이 다가올 심판에서 구원할 의사가 전혀 없는 사람들을 위해 독생자를 이 땅에 보내 죽게 하신다는 것은 어불성설이다. 제4장에서 살펴보았듯이, 하나님이 사람들에게 일단 약속을 하시면, 그분의 영광은 그들의 운명을 감싼다. 그리고 하나님이 어떤 일을 행하시든 그 의도는 자신을 영화롭게 하시는 것이기에, 그분이 그리스도를 믿는 자들을 구하겠다고 약속하시고 그렇게 하시지 않는 것은 있을 수 없다!¹³⁾

그러므로 그리스도인의 소망은 십자가와 성령이 실재이듯 더없이 확실하며 든든한 것이다. 십자가와 성령, 이 둘은 어떤 상황이나 비극도 우리를 그리스도의 사랑에서 끊을 수 없음을 확증한다(롬 8:35-39). 하나님의 약속에 소망을 두는 자들은 실망할 수 없다. 우리 믿음의 토대는 하나님을 향한 우리의 사랑이 아니라, 무엇보다도 우리를 향한 하나님의 사랑 즉 역사적으로 십자가에서 입증되었으며(롬 5:8), 개인적으로 우리의 삶 가운데 계시는 성령을 통해 입증된(롬 5:5) 사랑이다.

성령은 우리가 하나님의 자녀인 것을 확증한다. 십자가는 하나님이 우리를 자녀로 삼으시기 위해 어떤 대가를 치르셨는지를 깨닫게 한다. 하나님의 백성이 되었기에, 우리는 삶을 회복시키시겠다는 하나님의 약속이 그리스도의 부활만큼이나 신뢰할 만한 것임을 확신할 수 있다(롬 6:4; 고전 6:14; 고후 4:14). 이것이 사실인 까닭은, 성령의 부활하게 하시는 능력이 우리 몸의 죄악 된 행실을 죽이실 뿐 아니라 하나님의 은혜의 영광이 성령을 받은 사람들의 운명과 관련 있기 때문이다(고후 1:22). 따라서 "예수를 죽은 자 가운데서 살리신 이의 영이 우리 안에 거하시면, 그리스도 예수를 죽은 자 가운데서 살리신 이가 우리 안에 거하시는 그분의 영으로 말미암아 우리 죽을 몸도 살리실 것이다"(롬 8:11). 이에 대한 응답으로 우리는 바울처럼 "만일 하나님이 우리를 위하시면 누가 우리를 대적하리요?…의롭다 하신 이는 하나님이시니 누가 정죄하리요?"(롬 8:31, 33하-34상)라고 선언한다.

하나님의 백성이 품는 확실한 소망

하나님의 목적은 바뀌지 않는다. 하나님은 이스라엘 역사 속에서 일하셔서 백성들에게 믿음과 소망을 가르치셨듯이, 지금도 미래에 대한 그분의 약속을 신뢰하는 자를 창조하는 일을 계속 하신다. 십자가 이후의 그리스도인들은 바벨론 포로 생활 이후의 남은 자들처럼 자신들이 "소망으로 구원을 얻었음"을 깨닫게 된다(참고. 롬 8:24). 하나님의 백성들은 하나님이 그리스도 안에서 약속하신 모든 것을 그 즉시 받는 것이 아니라, 약속이 최종적으로 성취될 미래를 잠잠히 바라보아야 한다. 그리스도인들은 불신자들과 마찬가지로 병들고, 실직하고, 학교에서 땀 흘려 가며 공부하고, 이혼하고, 난처한 상황에 빠지고, 외로움을 느끼고, 의기소침하고, 실망을 맛보기도 한다. 또한 자연 재해, 부패한 정치 관행 혹은 잘못된 경제 제도로 인해 고통을 겪기도 한다. 뿐만 아니라 자신의 신앙 때문에 박해를 당하기도 한다. 그렇기에 그리스도인들은 경험을 통해 "피조물이 다 이제까지 함께 탄식하며 함께 고통을 겪고 있는 것을" 알며, "그뿐 아니라…성령의 처음 익은 열매를 받은" 자신들도 "속으로 탄식하여 양자 될 것 곧 몸의 속량을 기다린다"(롬 8:22-23).

하지만 "성령의 처음 익은 열매"를 받은 사람들은 그러한 고난을 불신자들과는 다르게 받아들인다. 소망이 아직 이루어지지 않았지만 틀림없는 것이기에, 하나님의 약속을 상속받게 되리라 기대하지 않는 자들과는 다른 시각에서 고난을 해석한다. 그들은 현재의 고난을 미래의 관점에서 바라본다. 그리스도인들은 체념하기보다는 산모가 해산의 고통을 겪듯 속으로 '신음하면서' 상황을 받아들인다. 자신들의 고통이 언젠가는 하나님의 영광으로 승화되리라는 것을 알기 때문이다(또한 고후 6:1-5을 보라). 죄와 병이 마지막 단어는 아니다! 세상이 무의미한 고난으로 가득 차 있다고 불신자들이 투덜거릴 때, 그리스도인들은 그 고난을 하나님이 자신의 백성들의 선을 위해 영광을 더 크게 하시려고 명하신 구속 과정의 한 부분으로 해석한다(제6장 및 제7장을 보라).

우리가 당하는 고난에는 해산의 고통처럼 어떤 뜻이 있음을 우리는 안다. 설령 우리가 최후의 적인 죽음과 맞닥뜨려 고통에 신음할지라도 "소망 없는 다른 이와 같이"(살전 4:13) 행하지는 않는다. 바울처럼 우리 또한 "현재의 고난이 장차 우리에게 나타날 영광과 비교할 수 없다"고 생각하기 때문이다(롬 8:18; 또한 고후 4:16-18을 보라). 그리스도인들은 목적지가 어딘지 알고 있다.

그리스도인들은 그 곳에 이르는 길도 알고 있다. 십자가에 달리셨다가 부활하신 그리스도는 고난이 영광스러운 미래로 들어가는 것을 가로막는 우회로가 아니라고 우리에게 끊임없이 일깨우신다. 야고보는 우리가 온갖 시험을 당하더라도 기쁘게 여기라고 권면한다. 믿음의 시련이 인내를 만들어 내 우리로 "온전하고 구비하여 조금도 부족함이 없게 하려 함"(약 1:2-4; 또한 벧전 1:3-7을 보라)이기 때문이다.

하나님의 임재 가운데 겪는 시련은 장차 다가올 하나님의 구속을 더욱 사모하게 만든다. 고난은 이 세상에 대한 미련을 떨쳐 버리고 저 세상으로 시선을 향하게 한다. 어떤 상황에서든 하나님 신뢰하는 법을 배우며 우리 앞에 놓인 것을 점차 굳게 확신할 때, 고난은 "하나님을 사랑하는 자 곧 그의 뜻대로 부르심을 입은 자들에게는 모든 것이 합력하여 선을 이룬"(롬 8:28)다는 약속을 더없이 신뢰할 수 있는 발판이 된다. 사실상, "소망으로 구원을 얻은"(참고. 롬 8:24) 우리가 하나님이 부르신 뜻을 이루기 원한다면, 이 약속을 신뢰하여 하나님에 대한 사랑을 나타내야 한다. 이것은 우리를 다음 장의 주제로 인도한다.

6. 이 세상은 왜 고통과 악으로 가득 차 있는가?

| 고난과 하나님의 주권 |

> 세상 여기저기를 둘러봐도 온통 문제투성이로구나.
> 어떤 열등한 하나님이 세상을 만드셨기에,
> 힘이 달려 자신의 뜻대로 할 수 없으셨던 것일까?
> ─알프레드 테니슨(Alfred, Lord Tennyson)

우리는 테니슨의 질문에 답해야 한다. 내 아들 에릭은 겨우 네 살이었을 적에 고통이 무엇인지 알아챘다. 어느 날 형이 세게 던진 야구공에 에릭은 이마를 다치고 말았다. 나는 즉시 에릭을 달랬다. "애야, 눈에 맞지 않은 것만으로도 하나님께 감사드려야 하지 않겠니? 하나님이 너를 어떻게 돌보시는지 한번 생각해 보렴! 그분은 진짜 너를 사랑하신단다." 에릭은 훌쩍거리며 이렇게 말했다. "아빠, 공이 이마에 부딪치기 **전에** 하나님이 멈추게 하실 수는 없었나요?"

정곡을 찌르는 또 하나의 질문이었다. 동서고금을 막론하고 사람들은 이 같은 질문을 제기해 왔다. 제5장에서 우리는 하나님이 약속을 선포하시고 그 약속을 이루시기까지의 시간이 "소망으로 구원을 얻은"(롬 8:24) 사람들의 고난으로 점철되어 있음을 살펴보았다. 또한 우리는 하나님의 백성이 고난을 당하는 것은, 하나님이 그들을 지키시고 필요를 공급하시겠다는 약속을 지키실 능력이나 의지가 없기 때문이 아니라 **어**

떤 목적이 있어서 더디 이루시기 때문이라는 사실도 살펴보았다.

그러니까 테니슨과 에릭이 던진 질문은 적절한 것이었다. 하나님이 우리를 모든 악에서 건지실 수 **있는데도** 그렇게 하지 않기로 선택하신다는 데 이의를 제기할 사람은 없을 것이다. 무엇보다도 하나님은 우리가 죄를 짓지 않게 하실 수 **있지만**, 그렇게 하지 않기로 선택하신다. 하나님은 악한 자들이 그 자리에서 벌을 받고 선한 자들은 형통한 삶을 사는 식으로 세상을 다스리실 수 있지만, 그렇게 하지 않기로 선택하신다. 실제로 하나님은 다른 무엇보다도 죄와 고난이 세상에 들어오는 것을 막으실 수도 있었지만, 그렇게 하지 않기로 선택하셨다.

그렇다면 하나님은 어째서 피조물이 '고통으로 탄식해' 구속을 바라지 않으면 안 되는(참고. 롬 8:22-23) 세상을 만드셨을까? 어째서 마지막 때 자기 자신으로부터 구원받지 않으면 안 되는 인간을 지으셨을까? 만일 만물을 창조하신 목적이 피조물로 하여금 하나님의 영광을 드러내 그분을 찬양케 하는(엡 1:3-14) 것이라면, 어째서 '어떤 열등한 하나님이 세상을 만드시기라도 한 것처럼' 그분을 멀리하고 그분의 뜻을 저버리는 세상을 만드셨을까?

고난과 하나님의 주권: 세 가지 보편적인 접근 방식

고난과 악, 궁극적으로는 죽음의 문제에 답하는 것이야말로 인생에 닥친 도전이다. 에릭의 질문은 옳다. 이 세상에 파고드는 끔찍한 악과 맞닥뜨릴 때, 하나님의 절대 주권과 모든 것을 포용하시는 그분의 사랑을 조화시키는 문제처럼 우리를 당혹케 하며 고통스럽게 하는 것은 없다. 악의 존재는 어쩔 수 없이 하나님의 주권과 사랑 중 하나를 유한한 것으로 생각하게 만든다. 가령 하나님이 전능하신 분이라면 그분의 사랑은 완전할 리가 없다. 하나님의 사랑이 완전하다면 그분은 전능하신 분일 수가 없다. 종교철학자 존 힉(John Hick)의 말처럼, "만일 하나님이 완벽하게 사랑하시는 분이라면 그분은 악을 제거하고 싶어야 한다. 그리고 하나님이 전능한 존재라면 악을 제거할 수 있어야 한다. 그런데 악이 엄연히 존재하는 것을 보면, 하나님이 전능하신 분이면서 동시에 완벽하게 사랑하시는 분일 수는 없다는 생각이 든다."[1]

이것이 이른바 '악의 문제'이다. 하나님이 주권자이자 사랑하시는 이시라면, 세상의 모든 악은 하나님이 세우신 궁극적이며, 선하며, 완벽한 계획과 어떻게든 조화를 이루어야 한다. 그렇다면 우리 주변에서 목격하게 되는 악들, 예를 들어, 인종 학살에서 아동 학대에 이르기까지, 암에서 굶주림에 이르기까지의 악들이 창조 세계를 향한 주권자 하나님의 자비로운 뜻 안에 포함된다고 자신 있게 말할 수 있을까? 우리는 과연 그 같은 하나님을 **예배할** 수 있을까? 따라서 '악의 문제'는 하나님을 자비롭고 전능하신 분으로 예배하는 사람들의 성품에 문제가 있는 게 아닐까 의심하게 만든다. 저명한 무신론자 버트런드 러셀(Bertrand Russell)의 말을 들어 보자.

> 논리의 일관성은 별개로 하자. 전능하시고 전지하시고 자비로우신 하나님이 생명 없는 성운의 수백만 년 동안 지구의 기초 작업을 다지고 나서, 히틀러, 스탈린 그리고 수소 폭탄의 출현을 적절한 보상으로 여기셨다고 생각하는 사람들이 있다면 그들의 윤리 의식이 조금은 별스럽다는 생각이 든다.[2]

불신의 세상에서 그리스도인들은 "조금은 별스러운" 사람으로 비치는 것 같다. 그러한 도전에 맞닥뜨리게 된 오늘날의 보통 사람들은 대부분 그리스도인들 가운데 존재하는 악의 문제에 대해 다음과 같이 대응한다. 하나님의 우주적 통치가 지니는 의미를 새롭게 정의하여 하나님의 사랑과 조화시키는 것이다. 이 같은 견해에 따르면, 하나님은 전능하시지만 인간을 자유롭고 스스로 결정하는 독립적인 존재로 만들기 위해 자신의 능력 행사를 **제한**하셨다. 하나님께 반역한 인간이 자유롭게 죄를 선택한 결과, 이 세상에 고난이 생긴 것이다. 결국 이 세상에 악이 출현하게 된 것은 하나님의 뜻이 아닌 인간의 자유 의지 때문이다. 그레그 보이드(Greg Boyd)가 이 점을 요약하고 있다.

> …악이 출현할 잠재적 가능성은 자유 의지의 본성에 놓여 있다.…그러나 하나님이 일단 인간에게 자유 의지를 주셨기 때문에 인간이 어떤 행동을 하든 그 행동의 의도는 하나님이 아닌 **인간**에게 있다. 하나님이 주신 자유 의지를 인간이 어떤 식으로 사용할 것인지는 창조 이전에 결정된 것이 아니기에, 인간이 자유 의지를 어떻게 사용하든 그에 대한 책임을 하나님께 물을 수는 없다.[3]

보이드처럼 인간의 자유 의지를 악의 근원으로 가정하는 사람들은 한 걸음 더 나아가 "죄와 저주가 현존한다는 사실은, 바꿔 말해 하나님의 뜻이 언제나 실현되지는 않는다는 것을 드러낸다"라고 결론 내린다.[4] 하나님이 미래를 주관하실 뿐 아니라 설계하시는 능력까지도 이처럼 제한하셨기에, "우리는 모든 악이 궁극적으로 하나님이 아니라 자유 행위자(free agent)의 의지에서 유래한다고 명쾌하면서도 일관되게 말할 수 있게 되었다."[5] 더구나 '열린 신론'을 내세우는 입장(이른바 '자유 의지 유신론')에 따르면, 인간은 정말로 스스로 결정을 내리기 때문에 하나님은 자유 의지를 지닌 그분의 피조물이 선택을 하기까지는 앞으로 어떤 선택을 할지 확실히 모르신다. 하나님이 자신의 지혜로 우리의 행동을 한 치의 오차도 없이 정확하게 예측하실 수 있다 하더라도, 우리는 아무 때나 다르게 행동함으로써 그분을 난처하게 만들 수도 있다. 따라서 하나님은 실제로 인간이 어떤 선택을 한 후에야 비로소 반응을 보이시며, 종종 자신의 생각과 행동 노선을 바꾸시기도 한다. 이와 대조적으로 고전적 '자유 의지론'[최초의 주창자인 조직 신학자 야콥 아르미니우스(1560-1609)의 이름을 따서 '아르미니우스 신학'이라 흔히 불린다]은, 인간에게 자유 의지가 있지만 하나님은 시간을 초월하시는 '영원한 존재'로서 예지(foreknowledge)를 가지고 계시기에 모든 일에 '미리' 응답하실 수 있다고 본다.

그러나 두 입장 모두 인간이 그릇된 선택을 하여 악과 고난이 생기는 것을 하나님이 막으실 수 **있지만**, 그렇게 되면 인간은 그분의 원래 의도와는 달리 더 이상 자유로운 존재가 될 수 없다는 데 의견을 같이한다. 따라서 인간의 그릇된 선택으로 악이 출현하더라도 하나님의 **자기 제한**은 또한 **사랑**의 표현이 된다. 왜냐하면 그것은 개인들 사이의 의미 있는 관계를 가능하게 하는 자유를 보존해 주기 때문이다. 루이스(C. S. Lewis)는 하나님이 인간에게 자유라는 선물을 주기 위해 자신의 주권을 제한하신 이유를 다음과 같이 주장한다.

자유 의지 때문에 악이 생기더라도, 자유 의지는 사랑이나 선함이나 기쁨을 누릴 만한 가치가 있는 것으로 만들어 주기 때문이다. **자동 장치**로 작동되는 세상, 곧 피조물이 기계처럼 움직이는 세상이라면 창조할 만한 가치가 별로 없을 것이다. 하나님이 더 고상한 피조물을 위해 설계하신 행복이란 자유로우면서도 자발적으로 그분과 연합할 때 맛보게 되는 행복이다. 그것은 또한 인간이 사랑과 환희의 황홀경 속에서 상대방과 연합할 때 맛볼 수 있는 행복이다. 이것은 이 땅에서 남녀가 가장 정열적인 사랑을 나누더라도 한낱 감상에 지나지 않는 그런 행복에 비할 바 아니다. 그렇기에 인간은 자유로운 존재가 되어야 한다.[6]

따라서 이러한 자유 의지 입장을 받아들이는 대다수 사람들에게는, 하나님은 여전히 전능하지만 인간에게 주신 자유 의지에 대해서는 간섭하지 않기로 선택하시는 분이 된다. 하나님이 세상에서 행사하시는 주권은 이미 실현된 주권이 아니라 아직 실현되지 않은 주권이다. 악이 존재하는 것은 하나님의 능력이 유한하기 때문이 아니라 하나님이 주권 행사를 **스스로** 제한하셨기 때문이다.

주권에 관해서는 하나님이 이렇게 자기 제한을 하셨지만, (하나님이 자신의 영광을 위해 만물을 다스리는 것으로 언급되기보다 관계에서의 감정 이입과 감성으로 정의되는) 하나님의 사랑에 관한 한 그 같은 자기 제한은 찾아보기 어렵다. 이러한 견해에 따르면, 하나님의 사랑은 하나님이 자신의 능력을 최대한 발휘하지 않으실 것을 요구한다. 하나님의 사랑은 하나님의 주권보다 강하다. 하나님이 인간에게 악을 선택할 자유를 주실 때, 비로소 그분의 사랑이 얼마나 참된 것인지 드러난다.

자유 의지의 관점에서는, 인간이 자신의 선택에 따라 스스로 운명을 결정하는, 독립적이며 자유로운 존재가 될 때 비로소 사랑이 생겨난다고 가정한다. 따라서 하나님이 베푸시는 가장 큰 사랑은, 인간의 자유를 보장하는 일이라면 설령 히틀러와 스탈린이 출현하고, 핵 전쟁의 위협과 모든 악 중 가장 끔찍한 형태인 지옥이 연출되는 대가를 치르더라도, 자신의 주권을 제한적으로 사용하시는 것이다. 이런 관점에서 "여호와께서 다스리신다"(시 99:1). 그렇지만 그분이 인간의 운명을 쥐락펴락하시는 것은 아니다. 사랑은 바로 이런 것이다.

마지막으로, 자유 의지와 '열린 신론'이라는 입장에서 한걸음 더 나아가 하나님의 주권 **그 자체**를 부정하면서 악의 문제에 대응하는 사람들이 더러 있다.⁷ 이같이 극단적인 견해에 따르면, 하나님은 본래 유한한 존재이시기에 창조 세계와 마찬가지로 성장과 변화의 **과정**을 겪으신다. 따라서 인간과 **함께** 힘을 모으고 고통을 겪지 않으면 안 된다. 이른바 '과정 신학'(process theology)에서 말하는 하나님은 역사를 주관하시는 것이 아니라 인간과 마찬가지로 역사의 영향을 받으신다. 반면 아르미니우스주의와 '자유 의지 신론'의 하나님은 인간 창조로 인해 자신의 주권이 엄청난 제약을 받았음에도 불구하고 여전히 세계를 궁극적으로 통치하신다. 과정 신학의 하나님은 "인류의 앞날에 대해 놀라운 계획을 가지고 계시지만, 인간의 협조가 없으면 그 계획은 수포로 돌아갈 수밖에 없다."[8] 과정 신학에서는, 인간이 자신의 앞날을 하나님께 맡기듯 하나님 또한 자신의 앞날을 인간에게 위탁하신다고 본다. 과정 신학의 창시자인 알프레드 화이트헤드(Alfred North Whitehead)의 말대로, "하나님이 세상을 창조하시는 것과 마찬가지로 세상 또한 하나님을 창조한다고 말해도 무방하다."[9] 하나님에 대한 인간의 반응이 인간에 대한 하나님의 반응을 결정하며, 거꾸로 말해도 사실이다.

그러므로 과정 신학에서는 인간의 자유와 하나님의 유한하면서도 일시적인 본성이 결합될 때 비로소 악의 문제가 '해결'된다고 본다. 랍비 해롤드 쿠쉬너(Harold Kushner)는 20년 전에 펴내 베스트 셀러가 되었던 「왜 착한 사람에게 나쁜 일이 일어날까?」(*When Bad Things Happen to Good People*—창 역간)에서 이 같은 사실을 다음과 같이 표현했다. "하나님은 모든 걸 다 하실 수는 없지만 중요한 일 몇 가지는 하실 수 있다."[10] 쿠쉬너가 보기에, 고난의 한가운데에 있는 인간에게 위안을 주는 것은 하나님의 절대 주권이 아니라, "정의의 하나님이 무능하기는 해도 불행이 닥칠 때 여전히 우리 편이라는 사실"[11]을 깨닫는 것이다.

악의 문제에 답하고자 할 때, 아르미니우스 자유 의지론(하나님은 인간의 행동을 결정하시지 않지만 그것을 예지하신다), 열린 신론(하나님은 인간의 행동을 결정하시지 않기 때문에 그것을 예지하실 수 없다), 과정 신학(하나님은 인간의 행동을 결정하실 수 없거나 예측하실 수 없다)은 온갖 행동, 사건, 정황 및 결정 뒤에는 하나님이라는 궁극적이며 전능한 원인(cause)이 있다는 생각을 하나같이 배격한다. 하나님은 우리가 고난당할 때 '곁에 오셔서' 공감이야 하시겠지만 고통을 다스리시지는 않는다.

보이드가 어느 여성에게 조언한 것이 적절한 사례가 될 것이다. 그녀는 선교사를 배우자로 만나게 해 달라고 금식 기도를 하는 가운데 마침내 응답을 받았다. 그녀는 여러 정황을 놓고 볼 때 선교사와 결혼하게 된 것이 하나님의 응답이라고 확신했지만, 남편은 결혼 후에 그녀를 학대하고 내팽개쳤다.

> 하나님은 사울을 이스라엘의 왕으로 세운 것을 크게 후회하셨듯이(삼상 15:11, 35; 또한 창 6:5-6을 보라), 수잔에게 그 같은 확신을 불어넣은 것에 대해서도 크게 후회하셨다. 그것이 잘못된 결정이어서가 아니다. **그 당시만 해도** 그녀의 남편은 경건하며 선한 사람이었으니까 말이다. 수잔과 남편이 행복한 결혼 생활을 꾸려 나갈 것이라는 **전망**은 무척 밝았으며, 선교 사역도 그 당시엔 매우 활발했다. 솔직히 나는 하나님이 결혼을 염두에 두고 두 사람이 대학에서 만나도록 하신 게 아닌가 하는 생각이 강하게 들었다.
>
> 하지만 수잔의 전 남편은 자유 행위자이기에, 최상의 결정이 오히려 비참한 결과를 가져올 수도 있다.···그는 하나님이 수잔에게 더없이 좋은 배우자감이 될 거라는 확신을 심어 주었던 사람과는 영 딴판으로 변해 있었다. 나는 수잔에게 그녀가 이 일로 인해 마음에 큰 상처를 받았듯이 하나님 또한 깊은 상처를 받으셨을 거라고 위로해 주었다.[12]

보이드의 조언을 통해 분명히 드러나는 사실은, 만일 자유 의지가 고통의 주범이라면 하나님의 역할은 기껏해야 '장래를 내다보는 일' 정도가 될 것이라는 사실이다. 하나님은 우리가 올바른 결정을 내리도록 힘쓰시겠지만, 우리는 그분의 은혜를 뿌리칠 수 있다. 게다가 최초의 올바른 결정이 종종 어그러지기도 한다. 그렇다면 우리 중에 어떤 사람이 특정한 목적을 위해 특정한 시간에 하나님의 뜻을 저버리게 될지 누가 결정할 수 있을까? 설령 하나님이 시간에 앞서서 미래를 아신다 하더라도, 우리의 자유를 제한하지 않고는 우리가 선택하는 것에 개입하실 수 없다. 인간의 자율이 하나님이 미래를 알 수 없다는 것을 뜻한다는 개방성과 과정의 견해를 좀더 극단적으로 내세우다 보면, 하나님은 인간의 기도가 '그 당시' 그분에게 올바르다고 생각될 때만 응답하신다. 우리가 **참으로** 자유로운 존재라면 미래는 **사실상** 열려 있는 것이다.[13] 더욱이 과정 신학자들이 하나님에 대한 '열린' 입장을 확대 해석해 거기에 그분의 성품까지 포함시킨다면, 다음과 같은 결론을 피할 수 없다. "하나님은 의인들이 평탄하고 행복한 삶을 살기 원하시지만, 그것을 현실로 변모시키기에는 역부족일 때가 더러 있다. 하나님으로서는 잔학과 혼란으로 인해 무고한 희생자가 나오지 않도록 예방하시기가 여간 어려운 게 아니다."[14] 그렇기에 쿠쉬너에 따르면, 욥기의 저자는 "선하지만 전능하지 않은 하나님과 전능하지만 선하지 않은 하나님 중 어느 한 분을 어쩔 수 없이 택해야 할 때, [그는] 하나님의 선하심 쪽으로 마음이 기울어진다."[15] 과정 신학의 관점과 유사한 쿠쉬너의 관점에서 보면, 하나님은 사랑을 베풀고 싶지만 역부족이다.

악의 문제를 둘러싸고 자유 의지, 열린 신론 및 과정 신학의 입장에 따르면, 하나님은 앞서 자기 제한을 가하시거나 그분의 속성 자체가 본래 제한적이거나 둘 중 하나이기 때문에 그분의 주권 행사는 제한적일 수밖에 없다. 하나님이 태초에 악이 생기도록 조장하거나 허용하시지는 않았더라도, 그분은 악을 억제할 **의지**가 없으시거나 그렇게 할 **능력**이 없으신 것이다. 어느 경우든 악은 존재하기 마련이다. 자신의 영광스러운 목적을 위해, 하나님이 법령이나 의도 혹은 본성에 의해서 악을 정하시거나 그것을 섭리적으로 사용하실 수는 없기 때문이다.

그러나 나는 성경이 그 같은 결론을 지지하지 않는다고 확신한다. 성경의 하나님은 그분이 행하시는 모든 일에서 사랑을 베푸실 뿐 아니라 매사에 전능하시며 전지하시다는 것이 나의 확신이다. 이것은 내 견해를 비판하는 자들이 깨닫듯이, 다음과 같은 사실을 의미한다.

> 가령 하나님이 절대적으로 선한 분이며 언제나 가장 선한 일을 하신다면, 그리고 히틀러를 지으셨을 때 그가 앞으로 무엇을 하게 될지 정확히 내다보셨다면, 우리는 히틀러가 유대인들(그리고 다른 민족들)을 대량 학살하도록 내버려두는 것이 그렇게 하지 못하게 막는 것보다 더 나은 일이라고 하나님이 생각하셨음에 틀림없다는 결론을 내리게 된다. 하나님은 전적으로 선하시며 전능한 분이고 한 치의 오차도 없이 앞을 내다보신다는 명제를 당신이 받아들인다면, 그 같은 결론은 불가피하다.…하나님이 고난을 허용하시는 이유에 대해 전통적으로 신학자들은 다양한 해석을 내놓았지만, 특정한 악을 비롯한 어떤 특정한 사건이 일어날 때마다 거기에 하나님의 특정한 의도가 있었다는 데는 의견을 같이했다.[16]

나는 이러한 결론을 뿌리칠 생각이 없다. 성경이 그렇게 가르친다고 믿기 때문이다. 게다가 나는 내 희망의 모든 닻을 거기에 내린다. 그렇다고 내가 여기서 자유 의지, 열린 신론, 혹은 과정 신학(나는, 두 번째 입장과 세 번째 입장은 하나님의 성품에 어떤 한계가 있다고 주장하기에 정통 기독교 교리와는 다르다고 말할 수밖에 없다)에 대해 조목조목 반박

할 의도는 없다. 또한 지면상 자유 의지와 예정론에 대해서도 상세하게 논의하지 않을 것이다.[17] 고난의 문제를 다룰 때 위의 세 가지 입장을 상호 비교하면서 내 입장을 최대한 명확히 밝혔기 때문이다.

고난과 하나님의 주권: 네 번째 접근 방식

내가 보기에, 성경은 하나님이 인간과 자연 둘 다의 일을 인도하실 때 **적극적으로** 주권을 행사하시며 **친히** 개입하신다고 가르친다. 성경에서, 하나님은 만물을 주관적으로 통치하시기에 그분의 예지(하나님은 만물을 창조하셨기에 그 모든 것을 미리 아신다)는 나라의 흥망, 통치자들의 탄생과 결정 및 특정한 행위, 전투 결과, (예수의 십자가 처형을 비롯한ㅡ참고. 행 2:23; 3:18; 4:28) 사람들의 불신과 악한 계획에서부터 풍작과 흉작, 곤충들의 이동, 바다의 폭풍, 비와 가뭄, 그리고 어김없이 찾아오는 새로운 날과 계절에 이르기까지 모든 것을 망라한다.[18]

더 중요한 사실은, 모든 인간의 궁극적 운명이 자신의 주권적 섭리에 따라 예정하시는 하나님의 손에 달려 있다는 것이다(롬 9:6-24; 엡 1:3-6; 계 13:8). 하나님이 자신의 백성을 미리 아시는 것은 그분이 시간을 초월하시기 때문이 아니라, 예정된 그들을 부르시고, 의롭게 하시며, 또한 영화롭게 하시기 때문이다(롬 8:29-30). 따라서 구원을 가능케 하는 하나님의 은혜와 더불어 우리의 믿음은 그분이 주시는 선물이다. 이 선물은 그분의 사랑에서 비롯되었고 그분의 주권적 자비로 말미암은 것이다(엡 2:4, 8). 그러므로 우리가 그리스도인으로 추후에 순종케 되는 것도 우리의 삶을 통해 역사하시는 하나님의 뜻과 권능으로 인한 것이다(겔 36:27; 렘 31:33; 엡 2:10). 그러한 순종은 따라서 "성령의 열매"(갈 5:22-23) 혹은 "그리스도로 말미암은 의의 열매"(빌 1:11)라고 적절히 묘사할 수 있다. 우리는 그리스도인으로서 "예수 그리스도에게 순종하기 위해 성부 **하나님에 의해** 택함을 받아 미리 아신 바 되었으며, **성령에 의해** 거룩하게 되었다"(벧전 1:2과 4:11을 비교하라).

하나님은 또한 악을 통치하신다. 이렇게 말할 때, 하나님은 악을 일으키시는 **장본인**이 결코 아니라는 사실을 명심해야 한다. 이 시대에 악이 창궐하게 된 것은 사탄, 악령 그리고 인간 모두가 불순한 의도를 품었기 때문이며, 따라서 이에 대한 책임은 그들에게 있다(약 1:13-14). 타고난 악이라 하더라도 그것은 에덴 동산에서 사탄의 유혹에 넘어가 타락과 저주를 자초한 인간과 궁극적으로 연관되어 있다(창 3:17-19; 롬 8:19-22).

그럼에도 불구하고 세상에 악이 만연한 까닭은, 하나님이 이 세상을 향한 원대한 계획의 필수 요소로서 악을 포함시키셨기 때문이다. 그렇기에 하나님은 악의 규모와 목적을 적극적으로 통제하실 수 있다. 이 같은 사실을 받아들이기는 쉽지 않을 것이다. 그러나 하나님이 악을 주권적으로 다스리신다는 사실은 명확하다. 예를 들어, 사탄이 욥을 직접 괴롭히는 것 같지만, 하나님의 허락과 제한에 따라서만 그렇게 하는 것이다(욥 1:11-12; 2:5-6). 사탄이 욥을 친 장본인인데도, 하나님은 "사탄이 나를 격동하여 까닭 없이 욥을 치게 하였다"(욥 2:3)라고 대답하시면서 그 상황의 주도권은 자신에게 있음을 보이신다. 욥의 아내가 남편의 고통을 더는 참을 수 없어 "하나님을 욕하고 죽으라"(욥 2:9)고 다그치지만, 그의 대답은 한결 같다.

"그대의 말이 한 어리석은 여자의 말 같도다. 우리가 하나님께 복을 받았은즉 화도 받지 아니하겠느뇨?"(욥 2:10상)

욥의 아내는 남편이 고통당하게 된 직접적인 원인이 하나님께 있다고 철석같이 믿고 있다. 반면에 욥이 아내에게 하는 말을 보면 그가 지혜로운 사람임이 드러난다. 우리가 앞에서 아브라함이 이삭을 제물로 바치는 것(창 22:12)에 대해 살펴보았듯이, 여호와를 두려워하는 것이 지혜의 근본(잠 1:7)이기 때문이다. 그렇기에 하나님이 악을 다스리신다는 사실을 인식하고 이에 반응하면서 "이 모든 일에 욥이 입술로 범죄하지 아니하였다"(욥 2:10하). 아브라함과 마찬가지로, 욥 또한 하나님의 공급하심을 믿었다. 그 공급하심에 악과 죽음이 수반될 때에라도 말이다.

비슷한 사례가 열왕기상 22:23에 나타난다. 사람들은 하나님이 예언자들의 입에 "거짓말하는 영"을 넣으신 것에 책임을 져야 한다고 말한다. 예언자 이사야는 이에 응수하면서 욥처럼, 하나님이 악까지도 다스리신다고 당당하게 선언한다.

"나는 여호와라. 나 외에 다른 이가 없나니,
　나 밖에 신이 없느니라.
　너는 나를 알지 못하였을지라도, 나는 네 띠를 동일 것이요,
해 뜨는 곳에서든지 지는 곳에서든지
　나 밖에 다른 이가 없는 줄을 알게 하리라.
　나는 여호와라. 다른 이가 없느니라.
나는 빛도 짓고 어두움도 창조하며,
　나는 평안도 짓고 환난도 창조하나니,[19]
　나는 여호와라. 이 모든 일을 행하는 자니라"(사 45:5-7)

이 구절이 이방 왕 고레스를 겨냥하고 있다는 사실을 알게 되면 말씀의 중요성은 훨씬 더 커진다. 하나님이 주 여호와를 알지 못하는 고레스를 사용하여 뜻하신 바를 성취하시기 때문이다. 따라서 인간의 권세가 어떤 것이든 예레미야기 3:37-38은 이렇게 선포한다.

주의 명령이 아니면

누가 이것을 능히 말하여 이루게 할 수 있으랴?

화와 복이

지존자의 입으로부터 나오지 아니하느냐?

아모스 또한 "하나님이 허락하지 않으시면 도시에 악이 생기겠느냐?"라고 반문한다(암 3:15). 마지막으로, 하나님이 궁극적으로 악을 다스리신다는 사실은 누가복음 22:31-32에서 예수님이 베드로에게 하신 말씀을 통해서도 알 수 있다.

"시몬아, 시몬아, 보라 사탄이 너희를 밀 까부르듯 하려고 요구하였으나, 그러나 내가 너를 위하여 네 믿음이 떨어지지 않기를 기도하였노니, 너는 돌이킨 후에 네 형제를 굳게 하라."

사탄은 예수님의 기도에 대한 응답과 관련하여 베드로를 넘어뜨리려 안간힘을 쓰지만, 그의 시도는 악을 다스리시는 하나님의 주권적 능력에 의해 좌절되고 만다. 베드로가 예수님을 세 번씩이나 부인하도록 사탄이 부추기는 것을 하나님이 허락하시기는 했지만 말이다. 욥의 경우처럼, 여기서도 하나님은 사탄의 전략과 범위를 다스리시는 분으로 나타난다. 이런 까닭에 예수님은 제자들에게, 시험에 들지 말게 하시며 다만 악에서 구해 달라고 **하나님께** 기도하라고 하신다(마 6:13; 눅 11:4). 하나님은 악을 일으키시는 **장본인**이 아니라, 오히려 악의 존재, 범위 및 강도(强度)를 다스리시는 분이다. "[하나님]은 친히 아무도 시험하지 않으시며"(약 1:13), 하나님의 뜻과 무관하게 시험 받는 사람은 아무도 없다. 이런 까닭에 그리고 '하나님은 신실하시기 때문에', 사도 바울은 하나님이 "믿는 자들이 감당하기 어려운 시험은 허락하지 않으시며, 시험당할 즈음에 또한 피할 길을 내셔서 믿는 자들로 하여금 능히 감당케 하신다"는 확신을 갖는다(고전 10:13). 하나님은 사탄의 계획까지도 통제하시기 때문에, 사탄이 믿는 자들의 믿음을 파멸시키는 것을 허락하지 않으신다.

하나님은 어떤 사건이나 어떤 상황에서든 그 모든 것을 다스리시기에, '운명'이 들어설 자리는 없다. '운'이란 환상에 지나지 않으며, '우연' 또한 허구일 뿐이다. 존 파이퍼의 말처럼, "하나님이 하늘에 계시다면 일상사가 아무리 하찮은 것이라도 '순전한 우연'으로 돌릴 수 없다는 사실을 우리는 마지막에 가서 깨닫게 된다. '사람이 제비는 뽑으나 일을 작정하기는 여호와께 있느니라'(잠 16:33). 참새 한 마리라도 '아버지가 허락하지 않으시면 땅에 떨어지지 않을 것이다'(마 10:29)."[20]

일련의 성경 구절들을 인용한다고 해서 악과 질병으로 인한 고통이 사라진다는 뜻은 아니다. 나는 고난으로 인한 상처가 얼마나 가슴 아픈 것인지 잘 알고 있다. 지금 이 순간 세계 곳곳에서 그리스도인이 박해를 당하고 있다는 사실도 모르는 바 아니다. 나는 여러 나라에서 극심한 가난으로 고통 받고 있는 사람들을 직접 목격했으며, 비탄에 잠겨 있는 그들에게 목회자로서 위로의 말을 전하기도 했다. 그래서 나는 하나님이 악을 다스리신다는 사실을 지나가는 말처럼 하지 않는다. 또한 이 세상이 얼마나 어둡고 악마적이 될 수 있는지 알지도 못하면서 막연히 하나님이 악을 다스리신다고 단언하지도 않는다.

대답하지 못한 질문들이 많이 있지만, 깊은 경외감과 신비감에 압도되어 나는 이렇게 확언한다. 이 세상에 악이 만연하더라도 그 뒤에는 악을 다스리시는 하나님의 손길이 있다고. 출애굽기 4:11과 같은 구절을 읽을 때마다 나는 경탄해 마지않는다. 여기서 모세가 말이 능치 못하다는 핑계로 물러서자, 하나님은 단호히 꾸짖으신다. "누가 사람의 입을 지었느냐? 누가 말 못하는 자나 못 듣는 자나 눈 밝은 자나 맹인이 되게 하였느냐? 나 여호와가 아니냐?" 하나님이 오직 **한** 분뿐이라는 성경의 가장 근본적인 진술은 하나님께 머무를 수밖에 없음을 뜻한다.

주권자 하나님은 사랑의 하나님이다

성경은 주권자 하나님의 성품과 관련해서 일관되게 명백하다. "하나님은 사랑이시다." 그래서 다른 이들을 사랑으로 대하지 않는 사람들은 하나님을 알지 못한다고 말할 수 있다(요일 4:8). 세상을 완벽하게 통치하시는 하나님은 우리를 극진히 사랑하시는 분이다. 따라서 하나님이 뜻한 바를 이루기 위해 주권적으로 악을 사용하신다는 주장은, 선과 악의 측면을 하나님의 성품으로 돌리지 않는다는 뜻이다. 하나님은 기분에 따라 선한 분이 되거나 악한 분이 되지 않는다. 하나님은 사탄이 "그분을 격동하여…까닭 없이 [욥을] 치게 하였을 때에도"(욥 2:3) **한결같이** 사랑으로 행하신다.

하나님은 악을 다스리실 때도 온전히 사랑으로 행하신다. 하나님이 인간을 사랑하시며 선을 베푸시고자 하는 영원한 목적—악을 능가하고도 남음이 있지만, 악이 없다면 이룰 수 없는—을 이루기 위해 악을 허용하시고, 이끄시고, 변모시키시고 또한 그것을 염두에 두시기 때문이다. 바로 여기에 창조와 구속의 신비가 있다. 하나님이 이 땅에 악이 뿌리내리지 못하게 막을 수도 있었지만 그렇게 하지 않으셨다는 사실을 통해, 우리는 악이 하나님의 전반적인 창조 계획을 이루는 필수 요소라고 결론지어야 한다. 바울은 하나님의 진노를 그분의 자비와 연결시키면서 이렇게 말한다.

만일 하나님이 그의 진노를 보이시고 그의 능력을 알게 하고자 하사, 멸하기로 준비된 진노의 그릇을 오래 참으심으로 관용하시고, 또한 영광 받기로 예비하신 바 긍휼의 그릇에 대하여 그 영광의 풍성함을 알게 **하고자** 하셨을지라도, 무슨 말을 하리요. 이 그릇은 우리니, 곧 유대인 중에서뿐 아니라 이방인 중에서도 부르신 자니라(롬 9:22-24, 강조는 저자의 것).

이 구절은 심장을 멈추게 할 만큼 난해하다. 구속사를 살펴보면, 하나님은 토기장이가 용도에 따라 진흙을 다양하게 빚듯이 자신의 뜻에 따라 인간의 마음을 강퍅하게도 유순하게도 하신다는 사실을 알 수 있다(롬 9:17-21). 그리고 하나님은 기다리셨다는 듯이 진노의 능력을 펼치시기보다는, 파멸이 예정된 "진노의 그릇"을 오래 참으심으로 관용하신다(롬 9:22). 왜 그렇게 하실까? 자비를 베푸셔서 하나님의 영광의 부요함을 유대인과 이방인 모두에게 알리고자 하시기 때문이다. 그러므로 하나님은 정확하게 완전한 사랑이시다. 악에 대한 그분 자신의 진노를 비롯해 모든 것이 자비를 베푸시고자 하는 그분의 의도와 맞아 떨어지기 때문이다.

따라서 성경의 증언을 통해서 볼 때, 하나님이 어떤 의도를 가지고 적극적으로 우리의 삶에 개입하신다는 사실을 축소한다고 해서 악의 문제가 좀더 쉽게 해결되는 것은 아니다. 악이 일어나기 **전에** 악의 영역을 다스리시는 하나님의 주권을 무시한다 치자. 그러면, 우리는 하나님을 우리가 악을 저지른 후에야 비로소 그 악에서 우리를 구속하여 뒤늦게 '만회'하시는(이 같은 관점에서 하나님이 너무 일찍 개입하시면 우리의 자유의지가 손상을 입는다) 분이거나, 팔짱을 끼고 바라보시면서 우리가 발버둥치는 모습에 동정을 표하지만 정작 도와줄 능력은 없는 분으로밖에 볼 수 없다. 하나님의 주권은 제쳐두고 고통의 한가운데서 하나님이 사랑을 베푸신다고 말하는 것은 그분의 사랑을 '돌봄'이라는 감성적 차원으로 축소시키는 것과 같다.

하나님의 사랑을 감정 이입의 차원으로 격하시키는 일은, 세상의 악을 저지하지 않고 외면하며, 하나님을 속수무책으로 만들고, 고통의 궁극적 목적을 상실케 하는 것이다. 사건이 터진 후에 하나님이 역사에 개입하시거나 멀찌감치 떨어져서 단지 감정 이입만 하신다면, 악 그 자체는 무의미한 것이 되고 만다. 이 같은 관점에서 악이 엄습할 때 우리가 할 수 있는 말은, 어쩌다가 우리가 잘못된 상황에 처해 잘못된 시간에 잘못된 장소에 있다가 재수 없게 당하게 되었다는 것이다. 그렇게 되면 이 모든 것이 하나님의 뜻과는 무관한 일이 되고 만다. 나아가 악은 어쩌다가 생기는 사건일 뿐 아니라 인간의 마음 상태를 잘 드러내기에, 이 말은 하나님의 의도와 목적이 어떻든 인간의 전체 삶과는 거리를 둔다는 뜻이다.

하지만 "소망으로 구원을 얻는다"라는 말은 고통이야말로 하나님이 자신의 성품을 드러내도록 명하신 과정의 한 부분으로서 어떤 목적을 지니는 것으로 해석할 수 있다(제5장을 보라). 따라서 '하나님을 사랑하는 것'은 "하나님을 사랑하는 자 곧 그 뜻대로 부르심을 입은 자들에게는 모든 것이 합력하여 선을 이룬다"(롬 8:28)는 확신을 가지면서 **어떤** 상황에서든 그분을 신뢰한다는 뜻이다.

고난에 나타난 하나님의 주권의 특성

고린도후서 1:3-11에서 사도 바울은 하나님이 온갖 환난을 당하는 고린도 교인들을 위로해 주시리라 확신하면서 그분을 찬양한다(고후 1:6-7, 11).[20] 바울의 이 같은 확신은 자신이 하나님의 위로를 몸소 체험한 것에서 비롯된다. 바울은 고난에서 건짐을 받았을 뿐 아니라 하나님이 고난을 제거해 주시지 않았을 때에도 굳건해져 역경을 참아냄으로써, 그분의 위로를 체험했다(고후 1:6, 8-10; 4:7-12; 6:3-10; 11:23-12:10). 요컨대 바울의 논지는 하나님의 주권이 모든 상황에 미친다는 깊은 확신에 토대를 두고 있었다. 바울에게, **하나님**은 자신을 고통으로 이끄시며, 고통 받는 중에도 지켜 주시며, 고통에서 구원해 주시는 분이다. 모든 것이 그분 자신의 영광으로 귀착되며, 이것은 동시에 그분의 백성들의 영원한 선이 된다(고후 1:9; 2:14; 4:13-18; 12:9-10).

여기서 분명히 드러나는 사실이 있다. 이 세상에서 하나님의 능력이나 목적을 어떻게든 깎아 내린다면, 온갖 환난을 당할 때 그분의 위로를 받을 가능성이 그만큼 줄어든다는 것이다. 고린도후서에 나타난 하나님의 위로는, 우리가 겪는 고통에는 공감하지만 손을 쓸 수 없는 어떤 사람처럼 하나님이 그저 감정 이입만을 하신다는 뜻이 아니다. 하나님의 위로는 경기 종료를 알리는 호각이 울리기 직전인 마지막 네 번째 쿼터에 부랴부랴 투입되어 사태를 만회하려는 미식 축구 쿼터백의 행동과 같은 것도 아니다. 하나님이 고통을 다스리시는 분이 아니라면, 고통 가운데 위로 또한 있을 수 없다.

바울은, '악의 문제'를 해결한다는 명분을 내세워 하나님의 주권을 '축소하려는' 시도에 반대하면서, 고통에 숨겨진 하나님의 궁극적 목적은 그리스도인들의 성화(고후 1:4-10)를 **통해** 자신의 영광을 드러내는(고후 1:3, 11) 것이라고 고백한다. 따라서 삶의 비극적인 사건이 일어날 때마다 그리스도인들이 하나님의 뜻을 온전히 알 수는 없다. 하지만, 만물을 향한 하나님의 목적의 본질적 부분은, 그리스도처럼 어떤 상황에서든 하나님을 신뢰하는 백성을 만들어 그분 스스로를 영화롭게 하려는 것이라고는 말할 수 있다(고후 1:9-10; 롬 8:28-30과 빌 3:10을 히 5:8과 비교하라). 그렇기에 고통의 한가운데서 생기는 믿음은, 하나님이 그분의 백성들을 위로하기 위해 애쓰시는 것이 실은 스스로 영광을 구하는 것임을 아는 데서 비롯된다.

하지만 그런 사실을 확신한다고 해서 악의 강도가 약해지거나 악에 대한 이미지가 개선되는 것은 아니다. 악은 악일뿐, 변장한 선이 아니다. 대신, 우리가 하나님의 주권에 대해 고도의 견해를 가진다면 이 세상이 고삐 풀린 망아지처럼 제멋대로 돌아가는 것은 아니라고 단언할 수 있다 (행 2:23-24; 3:18; 4:28). 세상은 또한 인간의 변덕, 무지, 혹은 정치적 의도에 따라 좌우되는 것도 아니다(행 17:26). 스펄전(C. H. Spurgeon)이 한 세기 전에 언급했듯이, 이것은 복음이라는 기쁜 소식의 핵심을 이룬다(참고. 사 52:7).

하나님의 속성 중 하나님의 주권이라는 교리만큼 그리스도인들에게 위로가 되는 것은 없다. 극심한 역경에 처하거나 가혹한 시련을 당하더라도, 그리스도인들은 그것이 하나님의 주권적 통치에 의한 것이며, 하나님의 주권적 통치가 승리하며, 또한 하나님의 주권적 통치가 그리스도인들을 성화에 이르게 한다고 믿는다.[22]

존 웬함(John W. Wenham)은 다음과 같이 올바로 지적했다.

하나밖에 없는 자식이 살해당했거나 남편이 끔찍한 부상을 입어 비탄에 잠긴 사람에게 말을 붙여봐야 별 위안이 안 된다. "이 같은 비극은 하나님이 하신 일도 그분의 뜻도 아니다. 우리가 사는 세상은 모든 게 뒤죽박죽이어서 악은 고삐 풀린 망아지처럼 길길이 날뛴다. 죄가 다스리는 곳에는 이런 일이 비일비재하지 않던가? 그렇더라도 하나님을 계속 신뢰하자."…아모스와 더불어 악에 굴하지 않는 믿음으로 "여호와의 시키심이 아니고야 재앙이 어찌…임하겠느냐?"(암 3:6)라고 선포한다면, 더없이 큰 위로가 되며, 더없이 성경에 충실한 것이며, 더욱이 하나님께 큰 영광을 돌리는 일이 아닌가?[23]

그렇기에 성경과 일관되게 행동하려면, 우리 시대에 악이 창궐하더라도 하나님은 전능하실 뿐 아니라 언제나 우리를 사랑하신다는 사실을 믿어야 할 것이다. 게다가 지혜로 우주를 다스리시는 하나님을 경배하는 일은 우리가 감당해야 할 최고의 도덕적 의무이자 더 없는 기쁨이기도 하다(시 99:1-3; 100:3-5).

그리스도인이 당하는 고난

성경은 어떤 형태의 고난이든 고난 자체를 결코 미화하지 않는다. 고난은 죄의 결과이기 때문이다. 로마서 8:15-17은 성령께서 우리를 도와 고난당하지 않게 해주실 것이라는 기대는 버리라고 말한다. 고난은 타락한 세상에서 장차 우리가 누릴 영광의 필수 요소이기 때문이다. 바울의 지적대로, "우리가 하나님 나라에 들어가려면 많은 환난을 겪어야 할 것이다"(행 14:22).

그리스도인은 어떤 '시련'을 당하는가? 그리스도인들은 분명 자신의 죄 때문이기도 하지만 죄악 된 세상에서 살기에 시련을 겪는다. 하지만 그리스도인들은 성령의 능력이 그들의 삶에 역사하기 때문에 이와는 다른 세 가지 형태의 고난을 겪기도 한다.

첫째, 로마서 8:18-25에 따르면, 그리스도인들은 무언가를 기대하기 때문에 고난을 겪는다. 그리스도인들은 성령의 임재 안에서 살아가는데, 성령은 그리스도인들의 영광스러운 미래를 보장하는 계약금이 되신다(고후 1:22; 엡 1:13). 따라서 그리스도인들은 하나님과의 교제가 없는 사람들은 알지 못하는 어떤 바람과 기대를 갖게 된다. 그리스도인들은 장차 그리스도를 대면하게 될 때 어떤 삶이 펼쳐질지 어렴풋이 짐작하기 때문에, 현재로서는 경건치 못한 세력이 그들을 무겁게 짓누른다. 그리스도인들은 그리스도 안에 계시된 하나님의 의를 보았기 때문에(롬 1:16-

17), "의가 있는 곳인 새 하늘과 새 땅"(벧후 3:13)을 고대한다.

성령 충만한 사람에게는 일상적으로 겪게 되는 사소한 일이나 자랑 따위가 사뭇 고통스러운 것이 될 수 있다. 그리스도인들은 더 고상한 차원이 있음을 알기 때문이다. 사실상 그리스도인들은 그것을 이미 경험하지 않았던가. 따라서 산모가 해산의 고통을 겪듯, 일상의 삶은 우리로 하여금 "자녀로 삼아 주실 것을, 곧 우리 몸을 속량하여 주실 것을 고대하면서, 속으로 탄식하게"(롬 8:23) 만든다.

둘째, 성령이 그리스도인들의 삶 속에서 역사하시기 때문에, 그들은 악한 세상에서 의를 위해 고난을 받기도 한다(벧전 3:14-17). 그리스도인들은 "성령의 열매"(갈 5:22-23)를 맺으면서 그리스도를 닮아갈수록 주변 세상을 점점 덜 닮아간다. 그렇게 되면, 주님이 경건치 않은 세상에서 경건한 삶을 사시다가 배척받으신 것처럼, 그리스도인들 또한 어느 정도는 그 같은 배척을 당할 수밖에 없다. "무릇 그리스도 예수 안에서 경건하게 살고자 하는 자는 박해를 받으리라"(딤후 3:12). 예수님은 이렇게 가르치셨다.

> "종이 주인보다 더 크지 못하다. 사람들이 나를 박해하였은즉 너희도 박해할 것이요.…그러나 사람들이 내 이름으로 말미암아 이 모든 일을 너희에게 하리니, 이는 나를 보내신 이를 알지 못함이라"(요 15:20-21).

이 구절은 그리스도인들이 자기 의(self-righteousness)에 사로잡혀 문제나 일으키는 사람, 곧 남에게 폐를 끼치기 때문에 사람들이 꺼리는 인물이 되어야 한다는 뜻이 아니다. 바울은 그리스도인으로 개종한 사람들에게 "조용히 자기 일을 하고…외인에 대하여 단정히 행하"(살전 4:11-12)라고 가르쳤다. 그는 또한, "아무에게도 악을 악으로 갚지 말고, 모든 사람 앞에서 선한 일을 도모하라. 할 수 있거든 너희로서는 모든 사람과 더불어 화목하라"(롬 12:17-18)라고 가르쳤다. 기피 대상이 되는 것은 성령의 열매가 아니다. 예수님의 가르침대로, 그리스도인이 이 땅에서 이루어야 할 으뜸가는 목적은 "우리 빛이 사람 앞에 비치게 하여 그들로 우리 착한 행실을 보고 하늘에 계신 우리 아버지께 영광을 돌리게 하는"(마 5:16) 것이다.

이 같은 부르심으로 말미암아 성령은 우리의 삶 속에서 역사하시는데, 여기에는 의를 위해 고난받는 일이 포함된다. "세상의 빛"(마 5:14)이 되는 것은 우리의 삶 구석구석에 찾아드는 악의 세력에 맞서 싸우는 것을 뜻하기 때문이다. 하나님의 임재라는 '빛' 가운데 살고자 하는 자들은 "어두움의 무익한 일에 참여하기보다, **오히려** 대조적인 삶의 방식과 진리를 수호하려는 의지를 갖고 살아가면서 **어두움의 일을 드러내라**"(엡 5:8-11, 강조는 저자의 것; 또한 참고. 고전 16:13; 갈 2:4-5; 빌 3:16-4:1; 유 3-4; 계 2:2)는 명령을 받는다. 우리는 또한 힘이 없는 자들과 권리를 빼앗긴 자들을 보호해야 한다(신 10:19; 24:14, 17; 시 68:5; 146:9; 사 1:23; 약 1:27). 빛과 어둠 사이의 갈등은 필요할 뿐 아니라 불가피할 때도 더러 있다(참고. 고후 6:14-7:1). 이 같은 갈등이 일어날 때 고난당하는 사람은 대체로 불신자들이 아니라 그리스도인들이다.

그럼에도 불구하고 그리스도인들이 의를 행하다 핍박을 받게 될 때, 그들은 대응하지 **않음으로써** 그 같은 고난에 **믿음으로** 응답하셨던 그리스도를 본받아야 한다. 베드로전서 2:22-23의 말씀을 보자.

그는 죄를 범하지 아니하시고, 그 입에 거짓도 없으시며, 욕을 당하시되 맞대어 욕하지 아니하시고, 고난을 당하시되 위협하지 아니하시고, 오직 공의로 심판하시는 이에게 부탁하시며.

따라서 바울은 하나님의 백성들에게 다음과 같이 권면한다. "친히 원수를 갚지 말고 하나님의 진노하심에 맡기라. 기록되었으되, '원수 갚는 것이 내게 있으니 내가 갚으리라'고 주께서 말씀하시니라"(롬 12:19, 레 19:18을 인용). 하나님의 백성들이 앙갚음하지 않는 것은, 그들이 진리에 무관심하기 때문이 아니라 모든 악을 바로잡으시겠다는 하나님의 약속을 믿기 때문이다(제4장을 보라). 그 약속이 이루어질 때까지, 우리는 원수들에게 앙갚음할 것이 아니라 선을 베풀고 그들을 위해 기도해야 한다. 그렇게 하는 것이 악을 선으로 갚는 것이다(마 5:44; 롬 12:14, 20-21). **자기** 숭배에 빠져 '자신의 권리를 지키는 일이라면 물불을 안 가리는' 오늘날의 풍토에서, 그러한 처신은 생경한 것으로 비칠지 모른다. 하지만 그리스도를 따르는 자들은 진리를 행하다 고난을 받게 되더라도 자신보다는 다른 이들의 행복에 관심을 기울이며 길이 인내해야 한다(레 19:18; 막 12:31; 롬 13:9; 갈 5:14; 약 2:8). 우리 자신보다는 다른 이들의 권리를 위해 투쟁할 때, 우리는 사랑과 공의로 다스리시는 하나님의 성품을 생생하게 그려낸다!

셋째, "세상의 빛"이 되라는 부르심을 받았다는 점에서, 그리스도인들이 그리스도께 헌신하느라 괴롭힘을 당하고, 배척당하고, 심지어 감옥에 갇히거나 죽게 될 수도 있다는 것은 당연하다. 이 같은 고난이 아주 미묘할 때가 간혹 있다. 많은 그리스도인이 학교나 직장이나 동네에서 불신자들로부터 '유별나다'거나 '종교적'이어서 '이 땅'에 발붙이고 사는 사람들이 아닌 것 같다는 비아냥거림을 받더라도 이를 참아낸다. 하지만 이 같은 고난이 그리 미묘하지 않을 때도 더러 있다. 초창기부터 그리스도인들은 믿음 때문에 사회에서 매장되었을 뿐 아니라 육체적으로도 모진 시련을 겪었다. 순교는 그리 낯선 단어가 아니었다. 예로부터 전해 내려온 '교회는 순교자들이 흘린 피로 세워졌다'는 금언은 사실일 때가 많다.[20]

인권 운동가이자 허드슨 연구소의 연구원인 유대인 마이클 호로비츠(Michael Horowitz)의 관찰에 의하면, "유럽의 역사를 살펴볼 때…박해를 받는 그리스도인들의 숫자가 섬뜩할 정도로 늘어나고 있는데, 이는 박해를 받았던 유대인들의 숫자에 버금가는 것이다."[25] 해마다 전 세계적으로 15만 9천 명의 그리스도인들이 예수를 믿는다는 이유만으로 순교하며, 2억에서 2억 5천만 명에 이르는 그리스도인들이 육체적·정치적 박해를 받으며, 4억 명에 이르는 사람들이 마음 놓고 예배를 드리지 못하는 실정이다.[26] 그리스도인들에 대한 박해가 전 세계적으로 자행되는 마당에 이를 쉬쉬한다는 것은 참으로 부끄러운 일이다.[27] 호로비츠의 말은 계속된다. "기독교 공동체가 점차 그 힘이 약해지면서 구타당하고, 약탈당하고, 고문당하고, 감옥에 갇히고, 노예 상태가 되고, 살해당하고, 심지어 십자가 형에 처해지는 일이 비일비재한 현실에서, 서구의 엘리트 계층은 침묵과 무관심으로 일관한다는 생각이 유대인인 내 뼛속 깊이 사무친다. 나의 조부모님 그리고 폴란드의 유대인 강제 거주 지구(ghetto)에서 그분들과 함께 살았던 사람들이었다면, 그 같은 박해 행위를 두둔하고 모르는 체하는 것이 어떤 의미를 지니며 어떤 결과를 가져오는지 손바닥 보듯 알고 있었을 것이다."[28]

우리는 이 같은 박해에 대해 가슴 아파하고 강하게 저항해야 하지만, 동시에 그러한 고난이 하나님의 뜻을 저버렸기 때문이 아니라 성령께서 하나님의 백성들의 삶 속에 직접적으로 역사하시는 결과라는 사실을 인식하는 것이 무엇보다 중요하다. 그렇기에 결국 순교자로 생을 마감한 사도 베드로는 이렇게 말할 수 있었다.

사랑하는 자들아 너희를 연단하려고 오는 불 시험을 이상한 일 당하는 것같이 이상히 여기지 말고, 오히려 너희가 그리스도의 고난에 참여하는 것으로 즐거

위하라. 이는 그의 영광을 나타내실 때에 너희로 즐거워하고 기뻐하게 하려 함이라. 너희가 그리스도의 이름으로 치욕을 당하면 복 있는 자로다. 영광의 영, 곧 하나님의 영이 너희 위에 계심이라. 너희 중에 누구든지 살인이나 도적질이나 악행이나 남의 일을 간섭하는 자로 고난을 받지 말려니와, 만일 그리스도인으로 고난을 받으면 부끄러워하지 말고 도리어 그 이름으로 하나님께 영광을 돌리라(벧전 4:12-16).

예수를 좇는 삶에는 고난이 따른다

구속 받은 백성들을 향한 하나님의 뜻은 그들이 그리스도를 닮아가는 것이다. 이 같은 목적을 이루기 위해 성령은 그리스도인들을 고난의 상황으로 인도하시거나 고난의 상황을 통해 인도하신다. 그러니까 우리는 스스로 지은 죄와 타락한 세상 때문에 죄 값을 치르게 될 뿐만 아니라, 하나님이 "우리의 유익을 위해 그분의 거룩하심에 참여"(히 12:10)할 수 있도록 [연단하는] 그분이 주시는 고난에도 참여하게 된다. "주께서 그 사랑하시는 자를 징계하시기" 때문이다(히 12:6, 잠 3:11-12을 인용; 또한 참고. 수 8:5; 고전 11:32; 계 3:19). 이 같은 일들을 통해 하나님은 우리로 "그 아들의 형상을 본받게 하기 위하여"(롬 8:29) 역사하신다.

그렇다고 해서 우리가 이 때문에 또다시 놀라서는 안 된다. 하나님이 뜻하신 바가 우리 안에 그리스도의 성품을 재창조하시는 것이라면, 그리스도께서 "지혜와 키가 자라가며 하나님과 사람에게 더욱 사랑스러워 가시는"(눅 2:52) 방식이 또한 우리의 방식이 되어야 함은 조금도 이상하지 않다. 그 방식은 곧 "그가 아들이시면서도 받으신 고난으로 순종함을 배우신"(히 5:8) 것이다. 위에서 언급했듯이, 예수님은 "성령의 인도하심을 받아" 온갖 고난을 받으셨다. 또한 예수님은 앞으로 닥칠 일로도 고난을 겪으셨다. 그분은 이 땅에 하나님의 나라를 세우시기를 간절히 바랐지만,

인간이 반역하고 죄짓는 현실 앞에 눈물을 흘리셨다(눅 19:41). 그분은 나사로의 죽음이 "하나님의 영광을 위한" 것임을 아셨지만, 그의 무덤에서 눈물을 보이셨다(요 11:35). 예수님은 또한 광야의 유혹에서부터 겟세마네 동산의 유혹과 죽음 그 자체를 껴안기까지, 타락한 세상의 영향을 받으셨다. 그런가 하면 의를 위해 무수히 고난을 받기도 하셨다. 실로 예수님의 십자가 고난은 옳은 일을 하다가 부당하게 박해를 받았지만 묵묵히 인내한 것에 대한 완벽한 사례다. 마지막으로 예수님은 자신을 하나님과 동일시했다는 이유로 사람들로부터 매도당하고 마침내 죽임을 당하셨다. 예수님이 배척당하시고 십자가에 달리시게 된 궁극적 원인은, 자신이 하나님의 아들로 기름부음 받았다고 주장하셨기 때문이다(참고. 막 14:61-65; 요 10:29-39; 19:7). 정확히 말해 예수님은 성령에 의해 하나님의 아들로 기름부음을 받으셨기 때문에 평생 고난의 삶을 사셨는데, 그 정점이 바로 십자가 사건이었다(마 4:1; 26:39-42; 막 1:12; 행 2:22-23; 4:27-29).

성경은 예수님이 **고난**을 통해 순종함을 배우셨다고 말하는데, 이는 지나친 표현이 아니다. 나아가, 히브리서 2:10에서 지적하듯이, "만물이 그를 위하고 또한 그로 말미암은 이가 많은 아들들을 이끌어 영광에 들어가게 하시는 일에 그들의 구원의 창시자를 고난을 통하여 온전하게 하심이 **합당한**" 일이었다(강조는 저자의 것). 예수님은 하나님의 주권적 뜻이 있었음에도 **불구하고** 고난받으신 것이 아니라 바로 그 뜻 **때문에** 고난받으셨다. '만물을 지으신' 유일하신 하나님은 고난을 통해 예수님을 완전케 하셨다. 히브리서 2:14-18은 예수님이 고난받으신 배경에 하나님의 뜻이 있다고 설명한다.

자녀들은 혈과 육에 속하였으매 그도 또한 같은 모양으로 혈과 육을 함께 지니심은, 죽음을 통하여 죽음의 세력을 잡은 자 곧 마귀를 멸하시며 또 죽기를 무서워하므로 한평생 매여 종노릇 하는 모든 자들을 놓아 주려 하심이니, 이는 확실히 천사들을 붙들어 주려 하심이 아니요 오직 아브라함의 자손을 붙들어 주려 하심이라. 그러므로 그가 범사에 형제들과 같이 되심이 마땅하도다. 이는 하나님의 일에 자비하고 신실한 대제사장이 되어 백성의 죄를 속량하려 하심이라. 자기가 시험을 받아 고난을 당하셨은즉 시험을 받는 자들을 능히 도우실 수 있느니라.

하나님이 자신의 주권을 제한하셔서 예수님이 자유롭고 독립적인 존재가 될 수 있었기 때문에 고난받으신 것은 분명 아니었다. 하나님은 예수님의 고난에 마음 아파하셨지만, 그분의 삶과 죽음의 여정에 개입하지 않으셨기 때문에 그런 것은 아니었다. 예수님이 공생애를 처음 시작하실 때부터 성령께서는 유혹을 받고 약해지는 상황으로 예수님을 내몰아가셨다(마 4:1). 그리고 예수님이 죽게 되었을 때, 그분은 "모든 선지자의 입을 통하여…미리 알게 하신"(행 3:18) 대로, "하나님께서 정하신 뜻과 미리 아신 대로 내어준 바 되었다"(행 3:18). 예수님을 십자가에 못 박을 때 "헤롯과 본디오 빌라도는 이방인과 이스라엘 백성과 합세하여…하나님의 권능과 뜻대로 이루려고 예정하신 그것을 행하려고"(행 4:27-28) 특정한 시간에 특정한 곳에 모였다.

그렇기에 예수님이 받으신 고난은 그를 따르는 이들이 받는 고난을 무익한 것으로 만들지 않았다. 오히려 그분이 고난 가운데 보여 주신 믿음의 자세는 우리가 하나님의 백성으로서 본받아야 할 전형이다. 예수님은 "제자가 그 선생보다 또는 종이 그 상전보다 높지 못하나니, 제자가 그 선생 같고 종이 그 상전 같으면 족하도다"(마 10:24-25)라고 가르치셨다. 예수님이 자신이 받으신 고난을 통해 순종을 배우셨기 때문에, 우리 또한 그분의 제자로서 고난을 통해 순종을 배우게 된다.

하지만 하나님이 어떤 의도에서 처음부터 '고난의 학교'를 세우고자 하셨는지는 우리로서 알 도리가 없다. 그리스도께서 우리를 대신해 고난을 받으셨음에도, 우리가 악에서 즉각 구원받지 못하고 그분의 뒤를 따라 고난의 길을 가야 하는 세상을 하나님이 만드신 까닭은 무엇일까? 예수님은 자신에게 순종을 가르친 고난을 통해 무엇을 배우셨을까? 우리도 "새 생명 가운데서 행하도록"(롬 6:4) 성령의 인도하심을 따라 고난을 받게 될 때, 그 고난을 통해 무엇을 배워야 할까? 다음 장에서 이 같은 질문에 대해 살펴보기로 하자.

7. 하나님의 백성이 왜 고난을 당하는가?

| 고난의 학교 |

> 그리스도를 위하여 너희에게 은혜를 주신 것은
> 다만 그를 믿을 뿐 아니라
> 또한 그를 위하여 고난도 받게 하심이라.
>
> 빌립보서 1:29

대다수의 사람들은 곁에 가족이나 친구나 동료들이 있지만 혼자서 산다. 다시 말해, 그들의 세상에는 하나님이 계시지 않다는 말이다. 그리고 하나님이 계시지 않는 세상은 소망이 없다(엡 2:11-12). 그래서 극심한 고난이 엄습해 절망으로 내몰리면 사람들은 이렇게 울부짖는다. "왜 하필이면 나를?" 하지만 그들의 절규는 빈 메아리가 된다. 고통은 하나님에 대한 환멸과 다른 이들에 대한 분노로 이어지며, 급기야는 자기 연민과 방종으로 치닫곤 한다. 삶 속에 하나님이 계시지 않는다면, 사람들은 이 세상에서 일어나는 고통이 무의미하다고 생각한 나머지 다음과 같이 결론내린다. '내가 손을 쓴다고 해서 달라지는 게 있을까?'

고난은 교사다

하지만 그리스도 안에서 하나님을 발견한 사람들에게, 고통은 하나님이 그들을 믿음과 소망으로 세우시고 그들이 구원을 얻는 데 필요한 인내를 만들어 내기 위해 활용하시는 교사다(딤후 2:12; 히 10:36; 약 1:12). 예수님은 복음이 온 세상에 전파될 때, 제자들은 온갖 시험과 시련, 증오와 사악, 그리고 죽음에 직면하게 되며, "많은 사람의 사랑이 식어지리라"(마 24:12)라고 예언하셨기 때문이다. 하지만 "끝까지 견디는 자는 구원을 얻을" 것이다(마 24:9-14; 참고. 눅 21:10-19; 계 2:9-11).

이것이 바로 씨 뿌리는 사람의 비유를 통해 예수님이 말씀하시는 핵심이다(막 4:1-20). 씨 뿌리는 사람은 하나님의 말씀, 곧 복음의 씨를 뿌린다. 하지만 씨를 뿌리자마자 사탄은 기다렸다는 듯이 길가에 뿌려진 씨를 냉큼 낚아챈다. 길가에 뿌려진 씨는 말씀을 듣기는 하지만 받아들이지 않는 사람을 가리킨다. 돌밭에 떨어진 씨는 흙이 깊지 않으므로 곧 말라 버린다. 돌밭에 뿌려진 씨는 말씀을 들으면 **잠시** 기쁘게 받아들이다가도 시련이 닥치면 곧 걸려 넘어지는 사람을 일컫는다(막 4:16-17). 가시떨기에 뿌려지는 씨도 있는데, 결국에는 죽고 만다. 가시떨기에 뿌려지는 씨는 말씀을 듣기는 하지만 "세상의 염려와 재물의 유혹과 기타 욕심이 들어와 말씀을 막아 결실하지 못하게 되는" 사람을 가리킨다(막 4:18-19). 이와 달리, 좋은 땅에 뿌려지는 씨는 말씀을 받았을 때 고난이 닥치더라도 인내하는 사람을 말한다. 어쨌든 그 고난이 시련이나 염려와 같은 '소극적인' 것이든 물질주의와 같은 '적극적인' 것이든, 둘 다 하나님의 약속을 의심케 한다. 주변 환경이야 어떻든 좋은 땅에 씨가 뿌려지면, 그 사람은 말씀을 듣고 받아들이며 열매를 맺는다(막 4:20).

이 비유의 의도는 그리스도인들의 영적 성장의 수준이 세 가지라는 것을 보여 주려는 것이 아니다. 마치 믿음이 복음의 진리에 대해 단순히 마음속으로만 동의하는 것일 뿐, 믿음의 삶을 살아내면서 인내하고 열매를 맺을 수 있을지 없을지는 모르는 것처럼 말이다. 이 비유의 핵심은 믿는 사람들과 믿지 않는 사람들의 차이가 무엇인지를 드러내는 데 있다.

"돌밭"이나 "가시떨기"로 가득한 땅 모두 잠시나마 '말씀을 받아들'이고, 그것도 기쁨으로 그렇게 하지만 진정한 그리스도인임을 판별하는 기준은 인내다. 아브라함의 삶이 보여 주듯이(제4장을 보라), 구원에 이르는 믿음의 표지는 완벽함이 아니라 인내다(히 6:4-8, 15; 벧후 2:20-22; 계 2:4-5). 그러므로 인내의 정도에 따라 어떤 그리스도인은 "삼십 배"의 열매를, 또 어떤 그리스도인은 "육십 배와 백 배"의 열매를 맺게 되는데, 이것은 그들 모두가 인내했기에 가능한 것이다(막 4:8). 이와 대조적으로, 출애굽 이후 기적을 목격한 이스라엘 백성들은 믿음이 굳건했지만(출 14:31) 고난에 처하자 이내 약해지고 말았다(출 32:7-10; 민 14:20-22).

예수님의 비유는 고난이야말로 참 믿음과 거짓 믿음을 판별하는 시금석이 된다는 사실을 분명히 보여 준다. 누구든 산타클로스를 신으로 믿을 수는 있겠지만, 그리스도와 더불어 고난을 당하게 되면 그 같은 신념은 하루 아침에 무너져 내린다. 설령 우리가 그리스도의 주권에 충성하고 그분의 선하심을 신뢰하더라도 그것이 모든 것 위에 뛰어난 그분의 영광을 맛본 심령에 단단히 뿌리내리지 않는다면, 고난을 인내하는 일은 너무도 버거워 감당할 수 없을 것이다. 반면 자신의 삶에 성령이 임재하실 때 하나님의 사랑과 능력을 참으로 신뢰하는 사람들은, 고난을 통해 결의를 굳게 다지며 그리스도가 얼마나 소중한 분이신지를 깨닫는다(제5장을 보라). 고난은 믿음으로 말미암는 소망을 무너뜨리기는커녕 그것을 굳게 세워 준다. 고난은 믿음을 강화하는 불이며, 이 세상이 물질적인 풍요와 세속적인 매력을 제공해 주는 곳이라는 환상을 여지없이 깨트리며, 또한 우리 힘으로는 문제를 해결하지 못할 뿐 아니라 안전을 보장할 수도 없다는 사실을 드러내기도 한다(눅 12:16-21). 따라서 고난은 하나님의 약속만이 유일한 소망이 된다는 사실을 우리에게 가르쳐 준다.

나아가 그리스도인이 당하는 고난은 하나님이 우리의 삶 속에서 강력하게 역사하신다는 하나의 표지이기도 하다. 최종적인 구속을 바라며, 의를 위해 고난당하며, 또한 믿음을 지키기 위해 박해를 받는다면, 이는 하나님이 우리로 하여금 그리스도를 닮게 하시려고 선한 일을 시작하셨다는 징표다. 따라서 우리의 고난이 믿음을 굳게 세울 수 있는 더없이 좋은 계기가 되는 까닭은, 그리스도와 함께 고난받으면 그리스도와 함께 부활하게 되리라는 것을 우리가 알기 때문이다(롬 8:17; 빌 3:10). 예수님은 이렇게 말씀하신다.

"나로 말미암아 너희를 욕하고 박해하고 거짓으로 너희를 거슬러 모든 악한 말을 할 때에는 너희에게 복이 있나니 기뻐하고 즐거워하라. 하늘에서 너희의 상이 큼이라. 너희 전에 있던 선지자들도 이같이 박해하였느니라"(마 5:11-12).

그래서 베드로는 "오히려 너희가 그리스도의 고난에 참여하는 것으로 즐거워하라. 이는 그의 영광을 나타내실 때에 너희로 즐거워하고 기뻐하게 하려 함이라"(벧전 4:13)라고 권면한다. 이는 "영광의 영, 곧 하나님의 영이 우리 위에 계심"을 보여 주기 때문이다(벧전 4:14).

그리스도를 따르는 우리들이 종종 고난받는 것은 우리가 하나님의 뜻에서 벗어나 있기 때문이 아니라 그 안에 있기 때문이며, 믿음이 없기 때문이 아니라 믿음이 있기 때문이다. 우리가 고난당하는 것은 성령 충만을 받아야 하기 때문이 아니라 이미 받았기 때문이다. 믿음이 더 굳건해진다고 해서 고난을 덜 받는 것은 아니다. 오히려 고난을 받으면 받을수록 믿음이 더 굳건해진다. 고난당할 때, 우리는 믿음에 회의가 드는 것이 아니라 오히려 그리스도를 더욱 닮게 된다.[1]

고난은 공사 감독이다

실수하지 말라. 고난 그 자체가 하나님의 능력을 드러내지는 않는다. 고난 그 자체가 영광은 아니며, 죽음 그 자체가 삶이 아니고, 또한 약함이 능력도 아니다. 성경은 고난을 미화하지 않는다. 사도 바울은 고린도후서 4:8-18에서 고난에서 건짐 받으며, 고난을 이겨 낼 힘을 얻으며, 고난을 통해 새롭게 태어남은 **하나님의 은혜와 성령에 의한** 것임을 분명히 밝힌다. 사도 바울이 받은 고난이 그리스도의 영광이 아니라, 그리스도의 **영광**이 바울의 고난을 **통해** 드러난 것이다(고후 1:8-11; 2:14-16; 4:7-11; 6:3-10; 11:23-12:10). 자칫 여기서 걸려 넘어지기 쉽다. 예를 들어 보자. 몇몇 초대 교부는 순교에 대한 적극적인 자세야말로 그리스도를 증거하는 최고의 형태라는 생각에 젖어 있었다. 하지만 이 같은 자세는 성경에서 말하는 고난을 오해한 것으로, 위험천만하기 짝이 없다.[2] 성경에서는 고난이 본래 선하다거나 그리스도인의 미덕 그 자체라고 말하지 않는다. 우리에게 믿음을 가르쳐 주는 것은 고난 **그 자체**가 아니다. 그렇다면 고난을 추구하는 일이 거룩함에 이르는 한 방편이 될 것이다. 오히려, 고난은 하나님이 세우신 믿음의 학교에서 **그분이** 적합하다고 판단하셔서 개설하시는 강좌다. 하나님의 백성이 어떤 방식으로, 어느 곳에서, 어느 정도로, 그리고 얼마나 오랫동안 고난을 받게 될지는 전적으로 하나님께 달려 있다.

더욱이 고난 그 자체가 목적이 아니기에, 하나님의 백성은 고난이 닥칠 때 둘 중 하나를 확신할 수 있다. 즉, 하나님이 고난에서 건져 주시거나 고난 가운데서 "끝까지 인내"하도록 위로해 주실 것이라는 사실이다(고후 1:6; 참고. 고후 4:7-12; 12:7-10). 어느 경우든 하나님은 그들이 감당할 시험밖에는 허락하지 않으실 것이다(참고. 빌 2:27).

우리는 여기서 또다시 짚고 넘어가야 할 것이 있다. 하나님이 아시아에서 바울을 죽음의 고비로부터 건져 주시고(고후 1:8-11) 죽을 뻔한 에바브로디도를 살려 주신 것(빌 2:27)은, 다른 그리스도인들로 하여금 고난 가운데 하나님의 기적적인 구원을 구하라고 권면하기 위함이 아니었다. 하나님이 이같이 구원해 주신 것은 바울과 다른 그리스도인들로 하여금 그들의 삶에 고난이 밀려올 때 **그것을 인내하여** 하나님의 자족하심을 크게 드러내라고 권고하시기 위해서였다(고후 1:6; 4:7-12; 빌 4:6). 그리스도가 재림하실 때까지 하나님이 우리의 삶 속에 권능과 사랑을 드러내시는 주된 방식은, 기적을 베푸시는 것이 아니라 우리가 그분을 신뢰하여 시련의 한가운데서도 인내하도록 힘을 주시는 것이다. 하나님이 **과거**에 바울을 건져 주신 것은 **현재** 당하고 있는 고난 가운데 인내하며 자신의 **미래**를 하나님께 맡기라는 가르침을 주시기 위해서였다(고후 1:10; 4:7-12). "내게 능력 주시는 자[주] 안에서 내가 모든 것을 할 수 있느니라"(빌 4:13)라는 바울의 고백은, 인간의 의지력이 얼마나 강한가를 드러내거나 기적과도 같은 하나님의 구원에 대해 말하려는 것이 아니다. 하나님이 주시는 능력으로 "어떤 형편에든지" 자족하며 기뻐할 수 있다는 것을 말하기 위함이었다(빌 4:11-12). 바울을 살 소망까지 끊어질 상황에 두셨을 때(고후 1:8), 하나님이 유일하게 하신 일은 바울의 자기 확신을 무너뜨리는 것이었다(고후 1:9). 그 대신에 바울은 하나님 자신을 받게 되었다. 이에 반응하여 바울은 하나님을 찬양하며 다른 이들도 자신을 따르도록 권면했다(고후 1:3, 11).[3]

그러나 여기서 말하는 인내의 유형은 우리가 고난을 받아들이거나 죽음을 기꺼이 맞이할 때 그것을 정상적인 삶의 일부로 생각해서는 안 된다는 점을 암시한다.[4] 인내는 묵인이 아니며 믿음은 수동적인 행위가 아니다. 고난에 대해 불평하지 않는 것이, 고난은 어차피 일어날 수밖에 없는 어떤 일로 받아들인다는 뜻은 아니다. 고난과 죽음은 창조의 한 부분이 아니라 저주의 한 부분이다(창 2:17; 롬 5:12). 죽음은 그리스도가 다시 오실 때 쓰러뜨려야 할 **적**이다(고전 15:26). 복음은 고난을 이겨내는 데 도움을 주는 심리적 기제가 아니라, 주님이 재림하실 때 부활의 삶을 살게 될 것이라는 약속이다. 고난이 닥칠 때 우리는 시선을 다른 곳으로 돌리지 않는다. 오히려 우리는 하나님이 **과거에** 구원의 길을 예비해 주셨기에 **미래에도** 우리를 구속하실 것이라는 약속을 신뢰하면서 고난에 정면 승부를 건다. 그렇기에 우리의 삶이 순종의 삶으로 바뀌면서, 우리는 현재의 고난 가운데서도 인내할 수 있게 된다(롬 8:1-39).

그렇다고 해서 순진한 낙관주의자가 되라는 말은 아니다. 내 말은 세상의 비극과 고통에 대해 피상적이고 감상적으로 반응하면서 "오, 주님을 찬양하세!"라고 외치자는 게 아니다. 믿음의 싸움은 느긋하게 싸울 수 있는 게 아니며, 단시간에 승리를 거머쥘 수 있는 것도 아니다. 천국의 여명이 밝아 온다는 것은, 우리가 영적 전투에 돌입해 어떤 상황에서든 긴장을 늦추지 않고 그리스도와 더불어 용기 있게 일어선다는 뜻이다(수 1:9, 18; 시 27:14; 고전 16:13; 고후 5:6-8; 빌 1:20 등). 고난은 우리의 죄와 사탄의 궤계에 맞서 하나님의 선하심과 약속을 드러내라는 그분의 전투 명령이다(벧전 5:8, 10). 바야흐로 하나님의 말씀에 대한 확신을 굳게 하며, 그분의 능력에 대한 믿음을 확고히 다질 때가 왔다(벧전 5:9). 고난은 그 어느 때보다 하나님을 더욱 가까이 하라는 부르심이다. "너희 염려를 다 주께 맡기라. 이는 그가 너희를 돌보심이라"(벧전 5:7). 이 말씀은 고난 가운데서 믿음과 소망으로 전투에 임하라는 하나님의 명령이다. 시편 기자는 "나의 영혼이 눌림으로 말미암아 녹사오니"라고 탄식하는 한편, "주의 말씀대로 나를 세우소서"라고 간구한다(시 119:28). 의인은 고난을 당하자 이렇게 탄식한다.

> …내가 근심 때문에
> 눈과 영혼과 몸이 쇠하였나이다.
> 내 일생을 슬픔으로 보내며,
> 나의 연수를 탄식으로 보냄이여,
> 내 기력이 나의 죄악 때문에 약하여지며,
> 나의 뼈가 쇠하도소이다(시 31:9-10)

하지만 이런 고백도 흘러나온다.

> 여호와여 그러하여도 나는 주께 의지하고,
> 말하기를 "주는 내 하나님이시라" 하였나이다(시 31:14).

그렇다면 우리는 상투적인 경건으로 고난을 보기 좋게 꾸며서는 안 되고, 고난 가운데서도 고통과 씨름하고 그것을 하나님의 주권과 사랑에 대한 깊은 찬양으로 승화시켜야 할 것이다. 시련의 한가운데서 누리는 참된 기쁨이야말로 성령으로 말미암는 참된 믿음의 표지다(살전 1:5-6). 우리가 시련을 당하더라도 하나님이 우리를 도우셔서 믿음과 소망과 기쁨을 잃지 않게 해주시기 때문이다.

고난은 하나님과의 '뜻밖의 만남'이다: 욥의 교훈

그렇다면 고난은 아주 실제적인 의미에서 우상 숭배를 타파하는 셈이다. 고난에 처할 때 십자가와 성령은 우리를 인도해 하나님만을 신뢰하며 그분을 향해 소망을 품게 한다(롬 5:1-11; 8:31-39). 시편 기자의 말처럼, "하나님은 우리의 피난처시요 힘이시니, 환난 중에 만날 큰 [또는 잘 입증된] 도움이시다"(시 46:1, 강조는 저자의 것; 참고. 18:30; 121:1-2).

따라서 시편 기자가 절망의 수렁에 빠져 "내 눈물이 주야로 내 음식이 되었도다"(시 42:3)라고 내놓고 토로할 때, 그의 심령은 하나님을 갈망하고 있는 것이다.

> 하나님이여, 사슴이
>   시냇물을 찾기에 갈급함같이,
> 내 영혼이
>   주를 찾기에 갈급하니이다.
> 내 영혼이
>   하나님 곧 살아 계시는 하나님을 갈망하나니,
> 내가 어느 때에 나아가서
>   하나님의 얼굴을 뵈올까?(시 42:1-2)

고난은 천국의 이 편에서 그 무엇보다도 하나님만을 찾도록 우리를 거세게 내몬다. 극심한 고난과 가난에 시달렸던 조지 맥도날드(George MacDonald)의 말을 빌리면, "즐거움은 감사를 잊게 하지만, 고난은 기도하게 만든다."[5] 우리가 고난을 통해 소망이 무엇인가를 배울 수 있는 것은, 고난이 우리로 하여금 하나님을 찾도록 만들기 때문이다.

이것이 바로 욥이 주는 가장 위대한 교훈이다. 욥기의 서두에서 볼 수 있듯이, 욥에게 닥친 '극심한' 고난, 즉 재산과 일꾼들과 자녀들, 나아가 건강까지 잃게 된 것은 그의 죄 때문이 아니었다. 그것은 욥의 믿음이 진짜인지 시험하려는 사탄의 소원을 하나님이 들어 주셨기 때문이다(욥 1:1-2:13, 특히 1:8-12; 2:3-6). 사탄은 욥이 여러모로 축복을 받았기에 하나님을 신뢰하는 게 아닐까 의심하면서 "욥기의 신학적 질문—'욥이 어찌 까닭 없이 하나님을 경외하리이까?'(욥 1:9)—을 던진다."[6] 이에 하나님은, 욥의 고난은 하나님만이 섬길 가치가 있는 분임을 발견했기에 욥이 하나님을 섬긴다는 사실을 드러낼 것이라고 응수하신다. 하지만 "하나님이 과연 섬길 만한 분인지에 대한 답은 오로지 고난과 상실을 통해서만 얻을 수 있다."[7]

욥이 보인 최초의 반응은 하나님이 옳았음을 입증한다. 욥은 재산과 가족을 잃고도 사탄의 장담(욥 1:11)과는 달리 하나님을 대놓고 저주하기보다 오히려 그분의 주권을 다시 찬양하며 그분을 여호와로 경배한다.

> 욥이 일어나 겉옷을 찢고 머리털을 밀고 땅에 엎드려 예배하며 이르되, "내가 모태에서 알몸으로 나왔사온즉 또한 알몸이 그리로 돌아가 올지라. 주신 이도 여호와시오, 거두신 이도 여호와시오니, 여호와의 이름이 찬송을 받으실지니이다"(욥 1:20-21).

앞에서 살펴본 대로, 욥의 몸이 만신창이가 되면서 고난이 가중되자 그의 아내는 "하나님을 욕하고 죽으라"라고 부추긴다. 그러자 욥은 이렇게 되받아친다.

> 그가 이르되, "그대의 말이 한 어리석은 여자의 말 같도다. 우리가 하나님께 복을 받았은즉 화도 받지 아니하겠느냐?"(욥 2:10상)

그렇기에 욥기의 저자는 "이 모든 일에 욥이 입술로 범죄하지 아니하니라"(욥 2:10하)라고 말한다.

하나님의 주권에 절대 복종하는 놀라운 간증 아닌가! 욥이 하나님을 경외한 까닭은 그분이 욥을 번성케 하셨기 때문이 아니라, 그가 하나님이 최고의 존재임을 확신했기 때문이다. 나아가 욥은 하나님이 악을 다스리는 것까지도 감사하기에 이른다. 시련의 한가운데서 욥은 하나님을 '찬양한다'(욥 1:21). 그러므로 욥기 2:3에서, 하나님은 사탄에게 욥처럼 "온전하고 정직하여 하나님을 경외하며 악에서 떠난 자가 세상에 없느니라"라고 말씀하신다. "사탄이 하나님을 부추겨 공연히 그를 해치려 했지만, 욥은 여전히 자신의 온전함을 굳게 지키고 있기" 때문이다.

욥기의 서두를 보면, 믿는 자가 고난당할 때 제기하는 **주된** 질문은 악의 문제와 하나님의 선하심을 어떻게 양립시키느냐가 아니다. 이 같은 질문을 놓고 욥과 그의 친구들이 논쟁을 벌이지만, "고난의 문제는…이보다 훨씬 심오한 질문, 곧 하나님과 인간의 본질적 관계에 대해 되짚어 볼 수 있는 기회를 제공한다!"[8] 욥의 고난은 악의 문제에서 시선을 돌려 **모든** 상황에서 주권자 되시는 여호와를 어떻게 만나야 하는지를 보게 해준다. 이런 의미에서 고난은 마치 하나님과의 '뜻밖의 만남'(blind date)이라 할 수 있다.

하나님과의 '만남'은 하나님의 주권을 바라보는 욥의 시각에 대해 심오한 암시를 띠게 될 것이다. 여기서 욥의 친구들이 고난은 하나님이 내리시는 징벌이라는 그 시대의 지배적 견해를 지지했다는 사실을 명심하자. 그들의 견해에 따르면, 신실한 자들은 범사가 잘되는 복을 받는 반면, 죄인들은 가난과 질병과 역경이라는 벌을 받는다(참고. 욥 4:7-11; 8:1-22; 11:1-6, 13-20; 20:29; 22:1-11 등). 그리고 시편 기자의 탄식대로 악인이 번성하고 의인이 고난당할 때가 있다(참고. 시 10편; 73:3-12). 욥 또한 낙담한 나머지 이 같은 사실을 지적한다(참고. 욥 21:1-26). 욥이 고난당하는 까닭은 필경 고백하지 않은 몇 가지 죄가 있기 때문이라고 친구들이 대놓고 비난하지만, 그는 이에 개의치 않고 자신의 결백을 의연하게 지킨다. 욥은 악한 사람이기 때문이 아니라, 의인임에도 **불구하고** 고난당한다(참고. 욥 9:15, 20, 21; 27:1 6; 31:5 40).

욥의 순전함은 친구들의 논쟁을 잠재운다. 그러나 욥은 결국 자신의 순전함을 내세워 하나님의 방식에 이의를 제기하기에 이른다. 욥이 고난당하고 있는데, 하나님은 뒷짐만 지신 채 방관하시는 것 같다. 욥은 답변을 달라고 줄기차게 탄원한다. 그러나 대답이 없다. 유일한 대답이라고는 친구들이 쏟아내는 엉뚱한 답변들뿐이다. 시간이 흐르고 욥이 눈앞에서 고난당하고 있는데도 하나님의 침묵이 계속되자, 욥도 더는 견딜 수 없게 된다(욥 13:22-24; 19:1-7; 23:3). "하나님의 전지(全知)하심은 욥에게 잔인한 것이 되었고, 그분의 능력은 욥을 골탕 먹이기 위한 구실이 되었다"(욥 7:17-20).[9]

욥에게 하나님은 변덕이 죽 끓듯 하는 폭군(9:18-19), 사나운 맹수(16:7-9), 위험한 공격자(16:12-14), 공포의 근원(6:4), 그리고 인간에게 해코지를 하는 가운데 쾌감을 느끼는 것 같은 정체불명의 불가항력이 되었다(7:17; 9:5-13; 12:13-25). 고통이 조금도 수그러들지 않자, 욥은 사는 게 무의미하다는 생각이 들었다. 욥과 하나님 사이에 의미 있는 관계가 사라진 것 같기 때문이다.[10] 그는 자신이 태어난 날을 저주하기에 이른다(3:1-10).

이제 상황은 새로운 국면에 접어든다. 욥은 처음에 자신의 순전함을 **지키며** 겸손하게 하나님을 경외했지만, 이제 순전함을 **빌미로** 방자하게 행동하고 반항하기에 이른다. 처음에는 욥이 하나님의 주권에 대해 깊이 통찰했지만, 이제는 그것이 몰락을 재촉한다. 고난의 기세가 수그러들지 않자, 하나님의 주권을 확신했던 욥은 그분의 선하심에 회의를 품는다. 하지만 그는 결국 의인이었다! 욥의 친구들은 욥이 죄를 지었다고 비난하지만, 자신의 고난이 죄 때문이 아님을 확신한 욥은 하나님이 부당하다고 비난한다. 소송에 대한 은유를 사용하면서, 욥은 재판장이신 하나님을 계약 불이행으로 법정에 세우겠다고 으름장을 놓는다(욥 9-10장;

13:13-18, 20-24; 19:26-27; 23:2-4; 29-31장; 42:5).[1]) 시편 기자와 마찬가지로, 욥이 자신의 고난으로 인해 하나님과의 대면을 학수고대하는 것은 그분의 임재를 통해 힘을 얻기 위해서가 아니다. '언약 소송'(covenant lawsuit)을 제기하기 위해서다. 언약 불이행으로 이스라엘을 '고발'했던 예언자들과 달리, 욥은 이제 하나님을 피고석에 앉히기에 이른다. 욥도 고난으로 인해 더는 어쩔 도리가 없다고 판단한 모양이다. 만약 욥이 신실하다면 하나님은 신실하실 리가 없을 것이고, 욥이 의롭다면 하나님은 의로우실 리가 없을 것이다. 하나님이 이 같은 비난에 스스로 변호하시지 못한다면 그분은 섬길 만한 가치가 없으며, 욥은 차라리 죽는 편이 나을 것이다(9:1-13; 10:18-22).

욥이 하나님을 법정에 세우려고 갈망한 것을 보면, 그가 이제 막다른 골목에 이르렀음을 알 수 있다. 욥은 이제 하나님에 대해 자포자기를 넘어 정신이 혼미해지기까지 했지만, 결국 하나님만이 자신을 구원하실 수 있는 유일한 소망임을 알게 된다(19:25-27). **이제 그가 할 일은 하나님을 더 이상 신뢰하지 않는 것이 아니라, 어떤 하나님을 신뢰해야 할 것인가를 되짚는 일이다.** 따라서 욥의 고난은 그를 하나님으로부터 멀어지게 하는 것이 아니라, 해답을 찾기 위해 하나님께 다가가도록 거세게 내몰고 있다.

하지만 하나님이 마침내 주신 대답은 욥의 기대와는 사뭇 다른 것이었다(욥 38:1-42:6). "폭풍우 가운데에서"(욥 38:1) 하나님은 욥의 고난에 대해 미안하다는 말도, 고난의 시간이 길어진 이유도, 그리고 고난의 여정에 대한 해명도 일절 하지 않으신다. 욥으로서는 천상에서 하나님과 사탄 사이에 어떤 말이 오갔는지 알 턱이 없다. 분명 이것은 욥이 상관할 바가 아니다. 그는 그저 하나님의 뜻을 신뢰하기만 하면 되는 것이었다. 욥이 자신의 결백을 입이 닳도록 변호했지만, 하나님은 침묵하신다. 욥의 무죄가 의심받은 적은 단 한 번도 없었다. 하나님이 보시기에 중요한 것은 욥이 "까닭 없이"(욥 2:3) 고난당했다는 사실이 아니다. 문제는 정작 하나님의 하나님 되심이 어떤 의미를 지니는지 욥이 깨닫지 못했다는 데 있었다. 욥으로서는 하나님의 의도를 간파하거나 그분의 방식에 이의를 제기할 처지가 못 되었다. '법정에서' 옳고 그름을 가려야 할 진짜 문제는, 하나님이 자신의 언약에 충실하셨는가의 여부가 아니라 욥이 주권자 하나님께 계속 반기를 들었다는 사실이다.[12]

따라서 하나님을 대면하게 된 욥은 성경을 통틀어 그분의 주권, 지혜 및 능력에 대한 가장 일관된 설명을 듣게 된다(욥 38:4-41:34). 하나님은 연이어 질문을 퍼부으시며 욥의 비판적인 자세를 나무라신다.

"내가 땅의 기초를 놓을 때에 네가 어디 있었느냐?
네가 깨달아 알았거든 말할지니라"(욥 38:4).

"네가 너의 날에 아침에게 명령하였느냐?
새벽에게 그 자리를 일러 주었느냐?"(욥 38:12)

"사망의 문이 네게 나타났느냐?
사망의 그늘진 문을 네가 보았느냐?"(욥 38:17)

"네가 하늘의 궤도를 아느냐?
하늘로 하여금 그 법칙을 땅에 베풀게 하겠느냐?"(욥 38:33)

"매가 떠올라서 날개를 펼쳐…어찌 네 지혜로 말미암음이냐?
독수리가 공중에 떠서…어찌 네 명령을 따름이냐?"(욥 39:26-27)

"네가 하나님처럼 능력이 있느냐?"(욥 40:9)

욥이 하나님의 질문 앞에 쩔쩔매는 것은 당연하다. 그리고 하나님은 질문을 던지실 때마다 권능과 위엄을 선포하신다. 하나님은 이를 통해 자신이 세상을 지으시고 유지하시는 최고의 주권자일 뿐 아니라 범사에 어떤 목적―피조물이 그것을 헤아리지 못할 때가 종종 있기는 하지만―을 가지고 일하신다는 사실을 천명하신다. 욥이 마침내 하나님을 대면하게 되자, 그는 입이 열 개라도 할 말이 없었다(욥 31:35을 38:2-3 및 40:3-5과 비교하라). 정신이 번쩍 든 욥은 자신이 모든 것을 창조주께 전적으로 의존하는 피조물임을 깨닫는다. 하나님의 임재를 목격한 욥은 어안이 벙벙해지면서 전능하신 하나님을 상대로 걸었던 '소송'을 취하하기에 이른다.

욥의 죄는 자신의 결백을 주장한 데 있지 않다. 그는 누가 뭐래도 결백한 사람이었다. 그의 죄는 자신의 결백을 내세워 불평하고 그것을 구속의 소망에 대한 기반으로 삼았다는 데 있었다. 거룩한 성품조차도 그것을 하나님께 어떤 '권리'를 주장할 수 있는 토대로 삼을 때는 우상이 될 수 있다. 인간의 성품을 빚으신 하나님은 그것에 얽매이지 않으신다. 버나드 앤더슨의 통찰력 있는 지적에 귀를 열자.

욥은 하나님이 이 세상을 어떤 식으로 운영하셔야 하는지를 훤히 꿰뚫고 있다는 듯이 말했다. 그는 주제넘게도 자신의 순전함을 내세워 하나님이 **자신**을 후대하셨어야 한다는 주장을 한다. 자신의 결백을 지금의 처지와 일치시킬 수 없다는 데 격분한 욥은 창조주에게 도전장을 내밀며 그분을 심판대에 세우는 대범함을 보인다.…[따라서] 여호와 하나님의 대답은 꾸지람의 형태로 다가왔다. 그것은 피조물의 첫째가는 거룩한 임무가 창조주를 인정하고 그분께 영

광을 돌리는 일임을 섬뜩할 정도로 상기시킨다.[13]

욥은 교훈을 얻는다(참고. 40:3-5). 사탄은 욥기의 신학적인 질문을 던진 반면(욥 1:9), 욥의 저 유명한 뉘우침의 말은 사탄의 질문에 대한 답이 된다.

"주께서는 못 하실 일이 없사오며 무슨 계획이든지 못 이루실 것이 없는 줄 아오니, 무지한 말로 이치를 가리는 자가 누구니이까? 나는 깨닫지도 못한 일을 말하였고, 스스로 알 수도 없고 헤아리기도 어려운 일을 말하였나이다. 내가 말하겠사오니 주는 들으시고, 내가 주께 묻겠사오니 주여 내게 알게 하옵소서. 내가 주께 대하여 귀로 듣기만 하였사오나, 이제는 눈으로 주를 뵈옵나이다. 그러므로 내가 스스로 거두어들이고 티끌과 재 가운데에서 회개하나이다"(욥 42:2-6).

겸허하면서도 힘 있는 고백이다. 욥의 회개는 하나님이 지으신 우주의 어느 한 구석도 그분의 뜻에서 벗어날 수 없다는 사실을 명백히 보여 준다. 더욱 놀라운 것은 여전히 극심한 고난 가운데 있는 욥의 입에서 그 같은 고백이 나왔다는 사실이다. 이야기가 여기까지 왔지만 욥의 암울한 상황은 달라진 게 없다. 그러나 달리 생각해 보면 모든 것이 바뀌었다고 할 수 있다. 욥이 **하나님**을 만났기 때문이다. 이것이 바로 욥의 고난에 대한 궁극적 '해답'이다. 욥은 고난의 '이유'에 대한 해답은 얻지 못했다. 하지만 고난의 목적은 이제 분명해졌다. 그것은 우주의 설계자이시며 주권자이신 주 여호와 하나님을 만나는 것이다. 앤더슨의 말을 다시 들어 보자.

이스라엘의 신앙에 따르면 인간 문제의 핵심은 고난 그 자체가 아니라 인간이 하나님과 맺는 관계의 본질에 있다. 인간이 하나님에 의해 지음받았을 때 이루어진 관계를 고려하지 않는다면, 고난이 닥칠 때 인간은 절망에 빠지거나 대중 종교가 주는 손쉬운 해법만을 찾게 된다. 믿음의 관계 안에 있을 때, 인간은 자신의 운명이 하나님에게 달려 있으며 "하나님을 사랑하는 자, 곧 그의 뜻대로 부르심을 입은 자들에게는 모든 것이 합력하여 선을 이룬"(롬 8:28)다는 확신을 가지고 고난에 당당히 맞설 수 있다.[14]

따라서 욥이 하나님을 만나고 회개한 후에야 그분은 욥의 재산을 회복시켜 "이전 모든 소유보다 갑절이나"(욥 42:10) 주신다. 어디 그뿐이랴. 하나님은 욥이 친구들을 위해 드린 기도에도 응답해 주신다(하나님을 만나면 이전에 자신을 고소한 사람들까지도 사랑할 수 있다!). 그런데 욥이 받은 축복은 이제 질적으로 차원이 달라진다. 우주 만물을 다스리시는 하나님을 체험한 욥은 자신이 받은 축복이야말로 순전히 하나님이 거저 주시는 은혜와 긍휼임을 깨닫게 된다. 욥기를 읽는 독자라면, 욥의 '소유'의 진정한 회복은 그가 받은 물질의 축복이 아니라 하나님 자신을 그 어느 때보다 더 잘 알게 되었다는 사실임을 눈치 챌 것이다. 욥이 고난당하고 회복되는 과정에서 하나님은 모든 것이 합력하여 선을 이루도록 하셨다(롬 8:28). 욥의 소유가 회복된 것은 하나님의 백성들이 하나같이 고대하는 최종적인 구속에 대한 구약적인 표상이다.

그럼에도 욥기는 욥의 처지가 회복되었다는 데 초점을 맞추기보다는 하나님의 주권의 본질에 초점을 맞춘다. 바울과 마찬가지로 욥 또한 하나님을 경외하는 데서 오는 만족과 더불어 "배부름과 배고픔과 풍부와 궁핍에도 처할 줄 아는 일체의 비결"(빌 4:12)을 터득했다. 그 비결은 조금도 부족함이 없는 하나님 자신을 신뢰하는 데 있다. 따라서 악의 '문제'와 그 해결책의 원천은 서로 다르지 않다. 성경은 그 유일신론

(monotheism)에 관해서는 한 치의 양보도 없다.

이 같은 사실은 여호와가 자신의 뜻대로 인간의 안녕과 고통을 다스리신다는 것을 의미한다. 인간에게 일어나는 일은 어느 것이든 하나님의 명령과 허락 없이는 일어나지 않기 때문이다. 이 같은 사실은 인간이 고통당할 때 하나님 외에는 고통을 치유하거나 제거할 수 있는 신이 달리 없다는 뜻이기도 하다. 욥은 자신의 고난에 대한 해답을 찾기 위해 여호와께 다가가지 않으면 안 되었다. 욥의 친구들과 가족들도 마찬가지다. 따라서 유일신론은 인간의 고난에 관한 한 해결책인 동시에 걸림돌이 된다.[15]

따라서 욥기가 주는 근본적인 가르침은 성경 전체의 가르침과 마찬가지로 단순하기 그지없다. 그것은 우리가 고난의 한가운데 있을 때, 이 세상을 다스리시는 은혜의 하나님을 만나는 것이 유일한 소망이자 의지가 된다는 사실이다. 나아가 욥기는 고난 그 자체가 이처럼 더없이 중요한 교훈을 배울 수 있는 기반이 된다고 가르친다. 우리가 이 땅에서 어떤 체험을 하든지 고난만이 우리로 하나님을 '대면하여' 볼 수 있게 해주기 때문이다. 고난의 주된 목적은 우리로 하나님을 만나게 하는 것이다.

이것은 악의 문제에 대한 손쉬운 '해답'이라고 할 수 없다. 고난이 존재하는 궁극적 이유가 하나님이 자신의 주권과 자비를 드러내셔서 영광을 받으시기 위함이라고 말해 봐야 대부분의 사람들에게 먹혀들지 않을 것이다. 진정한 기쁨은 바로 하나님을 만나는 것이라고 생각하는 사람만이 그러한 결론을 통해 위안을 얻을 것이다. 그러나 욥기가 보여 주듯, 이러한 교훈은 배우기가 여간 힘든 게 아니다.

이에 대한 최근의 사례를 하나 든다면 루이스가 자신의 아내 조이 그레셤(Joy Gresham)과의 사별을 통해 말할 수 없는 고통을 겪게 되면서 하나님을 만난 사건이 될 것이다. 루이스는 20년도 더 전에 「고통의 문제」(The Problem of Pain, 홍성사 역간)라는 책에서 고난은 우리로 하나님을 찾도록 내몰기 때문에 선한 목적을 이루는 데 도움이 된다고 증언한 바 있다.

> 하나님은 자신이 인간의 유일한 선이 되도록 기분 내키는 대로 인간을 지으신 게 아니다. 그분은 오히려 모든 피조물의 유일한 선이시다.…어떤 형태로, 어느 정도로 선이 되느냐 하는 것은 피조물의 본성에 따라 달라질 수 있지만, 하나님이 아닌 다른 선이 존재할 수 있다고 생각한다면 그것은 무신론자의 바람일 뿐이다.[16]

뒤이어 발표한 소설 「우리가 얼굴을 가질 때까지」(Till We Have Faces, 홍성사 역간 예정)에서, 욥과 유사한 인물인 여왕 오루얼(Orual)은 순례를 끝내면서 이렇게 고백한다.

> "주님, 제게 왜 응답하시지 않는지 이제야 알겠습니다. 주님 자신이 바로 응답입니다. 주님을 대면하면 모든 의심이 눈 녹듯 사라집니다. 다른 응답이 또 필요할까요?"[17]

하지만 사랑해서 결혼했던 아내가 세상을 떠나자 루이스는 하나님의 정체와 그분의 섭리에 회의가 들었다고 털어놓는다. 그럼에도 루이스는 고난을 통해 자신이 글로 써 왔던 하나님을 그 어느 때보다 더욱 깊이 알 수 있게 되었다. 루이스는 이렇게 고백한다.

> 하나님은 내 성전이 카드로 만든 집에 지나지 않음을 언제나 알고 계셨다. 내

가 그런 사실을 깨닫게 하기 위해 하나님이 선택하신 유일한 방식은 그것을 허물어뜨리시는 것이었다.…나의 신관은 하나님의 뜻에 부합한 것이 아니었다. 그것은 몇 번이고 산산조각이 날 터였다. 이제 하나님이 친히 그것을 산산조각 내신다. 우리의 생각이 이같이 무너져 내리는 것이야말로 그분의 임재를 드러내는 하나의 표지가 아닐까?…그리고 고난만이 그렇게 할 수 있다.[18]

고난은 하나님의 영광을 드러내는 산파다: 바울의 경우

따라서 하나님이 그리스도인들과 세상 사람들에게 자신의 영광을 드러내시는 주된 방식은, 택함받은 백성들의 고난을 통해서 자신을 알게 하시는 것이다. 하나님이 사도 바울을 고난의 삶으로 부르신 것은 뭇 사람들로 하여금 그의 삶을 통해 드러난 하나님의 능력을 목도하게 하기 위해서였다. 그리고 바울은 그것을 커다란 영광으로 여겼다(참고. 행 9:15-16; 빌 2:17-18; 3:10; 골 1:24; 딤후 1:11-12). 그래서 바울은 고린도후서 2:14 상반절에서 자신을 고난의 상황으로 인도하신 하나님께 이렇게 **감사드린다**. "항상 우리를 그리스도 안에서 이기게 하시는 하나님께 감사하노라." 바울은 이같이 극적인 이미지를 사용해 자신이 이 세상에서 사도로 부르심을 받아 고난받게 된 것과 고난의 목적이 무엇인지를 분명히 밝히고 있다. 고대 로마 제국에서는 전투에서 승리를 거두었을 때 포로가 된 적군을 로마로 압송해 시가를 가로지르는 '개선 행진'을 하게 했는데, 이는 승전국(바울의 경우는 하나님!)의 위력과 우월함을 과시하기 위해서였다. 그런데 충격적인 사실은 이 행진들이 대개 행진 말미에 포로들을 죽이는 것으로 절정을 이루었다는 것이다. 그러니까 "이기게 하신다"는 것은 승리자의 영광을 과시하기 위한 하나의 수단으로서 어떤 이를 죽음으로 이끈다는 것을 의미했다! 바울이 이 같은 은유를 사용해 사도로서의 삶을 묘사하는 이유는, 그에게는 '죽음'이 자신이 걸어

온 총체적 고난의 삶을 상징하기 때문이다(바울은 고전 15:31에서 자신의 고난을 "날마다 죽노라"라고 묘사한다).

바울을 인도하셔서 '로마 제국의 개선 행진에서 포로로 죽게' 하신 하나님을 찬양하자.[19] 하나님이 이를 통해 "각처에서 그리스도를 아는 냄새를 나타내셨기"(고후 2:14하; 참고. 고후 4:7) 때문이다. 고린도후서 2:14에서 바울은 자신을 '죽음'의 길로 인도하신 하나님을 찬양한다. 그는 자신의 고난을 방편으로 삼아 그분의 능력과 임재가 자신의 삶 속에서 그리고 삶을 통해 드러나게 하신 하나님께 감사드리고 있는 것이다.

우리는 재차 신중을 기해야 한다. 바울은 한껏 우쭐해져 자신을 그리스도와 동등하다고 생각함으로써 고난받은 것으로 인해 하나님을 찬양하는 것이 아니다. 그가 자학적 성향을 가진 사람(masochist)이기 때문도 아니다. 그것은 "예수 그리스도의 얼굴에 나타난 하나님의 영광"(고후 4:6)의 복음을 세상 그 무엇보다 소중히 여긴 바울을 하나님이 '죽음으로' 인도하셨기 때문이다. 그로 인해 바울은 기뻐한다. 그는 자신의 고난을 통해 그리스도의 죽음의 의미를 세상에 알리라는 부르심을 받았다(참고. 고전 4:9; 고후 4:11). 복음의 메시지는 전하는 자의 삶을 통해 구체적으로 드러난다.

이런 이유로 바울은 자신이 **몸소** 받은 고난이 "그리스도의 향기"가 되어 십자가가 초래한 것과 똑같은 이중의 대비 효과를 만들어 낸다고 말한다. 이는 다음의 대비를 통해 분명해진다.

고린도전서 1:17-18	고린도후서 2:14-16상
1. 바울은 그리스도의 십자가에 부합되는 방식으로 복음을 전하라는 부름을 받았다 (1:17; 비교. 2:1, 4).	1. 바울은 '죽음에 이르게' 되는데, 이는 그리스도의 십자가를 드러내는 존재 양식이다(2:14).

2. 왜냐하면   2. 왜냐하면
   (18절 상―우리말 성경에는 빠져 있다)   (15절 상―우리말 성경에는 빠져 있다)

3. 십자가의 말씀이   3. 우리는 하나님께 바치는
                                      그리스도의 향기다(15절 상).

4. 멸망할 자들에게는   4. 멸망을 당하는 자들에게는…
   어리석은 것이지만(18절 상)   죽음에 이르게 하는
                                      죽음의 냄새가 되고(15절 하, 16절 상)

5. 구원을 받는 우리에게는   5. 구원을 얻는 사람들에게는…
   하나님의 능력이다(18절 하)   생명에 이르게 하는
                                      하나님의 능력이다(15절 중, 16절 상).

그리스도의 십자가가 바울의 삶의 양식과 메시지의 내용 둘 다를 결정했다는 사실이 위의 대비에서 분명히 드러난다. 이어서 바울의 삶의 양식이 그의 메시지를 드러냈다. 결과적으로 바울의 삶과 사역은 다른 이들의 삶 속에서 구원(삶)과 심판(죽음)의 과정을 진전시키는 데 기여했다. 바울과 그의 메시지를 "미련한" 것이라고 거절하는 자는 이미 "멸망한" 것과 다를 바 없다. 반면에 바울과 그의 메시지를 받아들이는 자는 능력의 하나님이 구원의 역사를 일으키시고 있음을 보게 된다. 바울의 사역과 메시지는 하나였다. 즉, 바울은 고린도전서 1:17-18에서 그리스도의 십자가에 대해 말할 수 있었고, 고린도후서 2:14-16에서는 사도로서의 삶을 재천명할 수 있었다.

따라서 예수님이 십자가에 달리시고 죽은 자 가운데서 부활하신 것과 마찬가지로, 바울 또한 "항상 예수의 죽음을 [자신의] 몸에 짊어진다." 말하자면 그는 "항상 예수를 위해 죽음에 넘겨진다." 그것은 "예수의 생명"이 [자신의 죽을 몸]에 나타나게 **하기 위해서**다(고후 4:10-11). 바울이 예수님의 죽음과 부활이라는 범주를 사용해 고난 중에도 생명을 이어 갔던

자신의 체험을 어떻게 해석하는지, 그리고 그로 인해 자신의 삶이 그리스도 안에서 구체화된, 하나님에 대한 동일한 지식을 어떻게 세상에 전파하는지 주목하자.

고린도후서 4:8-9에 요약된 대로, 바울이 고난 중에도 하나님의 은혜로 생명을 이어 갔던 체험은 그러므로 예수님의 죽음과 부활 생명이라는 범주로 설명할 수 있다.

예수님의 죽음	예수님의 삶
바울은 사방으로 우겨쌈을 당하여도	싸이지 아니하며
바울은 답답한 일을 당하여도	낙심하지 아니하며
바울은 박해를 받아도	버린 바 되지 아니하며
바울은 거꾸러뜨림을 당하여도	망하지 아니하고

고린도후서 4:8에서 "낙심하지 [아니하며]"로 번역된 동사는 고린도후서 1:8의 동사와 같은 단어인데, 여기서 바울은 자신이 예전에 살 소망까지 **끊어졌었다고** 털어놓는다. 고린도후서 1:8에서 4:8로의 전환은 바울이 뭔가 깨달았음을 보여 준다. 하나님이 **과거에** 바울을 구원하신 사건은 **미래에도** 구원하실 것이라는 확신을 심어 주었으며, 이 같은 소망에 힘입어 바울은 **현재의** 고난을 견딜 수 있었다.

게다가 고린도후서 4:8-9에 나타난 대비는, 오늘날과 같이 악한 시대에, 하나님이 기적을 통해 고난**으로부터** 즉각 구원하시지 않고 고난 **가운데** 인내하게 하시는 것이 그분의 능력을 가장 완전히 드러내시는 것임을 강조한다. 사도 바울은 자신이 "죽음"에 넘겨지듯(고후 4:11) "예수의 죽으심"을 몸에 짊어지고 다니는 삶을 살았다. 그리고 고린도후서 4:10에서 "항상"이라는 단어가 강조되는 것은 이 같은 죽음의 과정이 바울에게 날마다 지속되는 것임을 부각시키기 위한 것이다. 그것이야말로 바울이 사도로 부르심을 받은 목적의 본질적인 부분이기 때문이다.

또한, 고린도후서 4:11에서 바울이 사용하는 '신적 수동태'(divine passive)는 자신의 고난이 "예수의 죽음"과 마찬가지로 하나님의 부활의 능력, 곧 "예수의 생명"을 다른 이들에게 전파하는 수단이 된다는 확신에 대해 신학적 근거를 제공한다. 바울은 '우리가 [하나님에 의해] 항상 죽음에 넘겨진다'는 신적 수동태를 사용해, 자신의 고난이 예수님의 고난에 부합할 뿐 아니라 하나님의 복음 전파 계획의 한 부분임을 주장한다(고후 2:14; 그리고 예수님에 관해서는 막 10:33; 롬 4:25; 8:32을 보라). 고린도후서 4:10에서 바울은 예수님의 죽으신 것을 자신의 몸에 "짊어지며", 11절에서는 바울 **자신은** 살아 있으나 하나님이 죽음에 넘기시는 몸이다. 그러나 자신과 예수님을 이같이 대비하더라도, 바울은 자신이 전파하는 생명이 자신의 것이라고 결론내리지 않는다. 그것은 여전히 "예수의 생명"(고후 4:11하)으로 남는다. 바울은 구세주가 아니라 자신의 삶을 통해 살아 계신 하나님을 드러내는 사람일 뿐이다.

이 같은 사실은 하나님의 백성들이 바울처럼 고난의 상황에 처하게 될 때도 그대로 적용된다. 바울은 자신이 사도로 부르심을 받았기에 "항상" 죽음에 넘겨진다. 그리스도인들도 정도는 다르지만 고난을 통해 예수님을 드러내라는 부르심을 똑같이 받는다. 그리스도인들이 고난당할 때, 그들은 바울과 마찬가지로 하나님의 구원 행위를 통해서든, 더 심오하게는 인내의 증거를 통해서든, 자신의 삶으로 인해 부활의 능력이 뭇 사람들에게 전파된다는 사실에서 용기를 얻는다. 어느 경우든 바울처럼 우리도 극심한 고난을 겪을 때, 하나님이 궁극적으로 구원해 주실 것이라는 확신을 가지고(고후 4:16-18) 그분을 신뢰하라는 명령을 받게 된다(고후 4:8-15). 그렇게 할 때 하나님의 능력이 우리의 약함 가운데서 밝히 드러날 것이다(고후 4:7; 비교. 12:7-10). 따라서 바울은 자신의 서신을 읽는 독자들에게 **모든** 일을 원망과 시비가 없이 하며(빌 2:14), 주 안에서 **항상** 기뻐하고(참고. 빌 3:1; 4:4), 또한 **아무것도** 염려하지 말라고 명령한다(빌 4:6). 터무니없는 요구다. 바울의 명령은 대체로 우스꽝스러워 보인다. 이 명령과 다르게 행동한다면 하나님의 위대한 약속을 의심하게 될 것임을 우리가 깨닫게 될 때까지는 말이다(롬 8:28을 기억하자).

그러므로 그리스도인의 고난은 결국 '기쁨'이라는 예기치 않았던 곳으로 그들을 인도한다. 우리는 하나님이 본래 우리의 "큰 기쁨"(시 43:4)이 되심을 알기 때문에, 이러한 일에 놀라서는 안 된다. 고난은 우리를 하나님께로 이끈다. 좀더 구체적으로, 고난은 우리로 하여금 **하나님만을** 찾게 한다. 성령의 다스림을 받는 고난은 스스로 부족함이 없다는 우리의 생각을 여지없이 무너뜨린다. 도널드 니콜(Donald Nicholl)의 말을 들어보자.

> 변화되기를 원하더라도 우리 마음대로 할 수 있다고 생각한다면, 우리 인생은 정작 버려야 할 것들—돈이든, 집이든, 자긍심이든, 좋은 평판이든, 건강이든, 목숨이든—은 결코 포기하지 않을 것이다. 우리가 성장하고자 한다면, 버리고 싶지 않은 바로 그것을 버려야 한다. 만일 우리가 절대 타자에 의해 포기하라는 강요를 받지 않는다면, 우리는 결코 그렇게 하지 않을 것이다.[20]

그렇기에 바울이 "육체의 가시"를 없애 달라고 하나님께 세 번씩이나 간구했지만(고후 12:8) 하나님은 거절하셨다. 그 대신 하나님은 욥에게 하신 것과 마찬가지로 "내 은혜가 네게 족하도다. 이는 내 능력이 약한 데서 온전하여짐이라"(고후 12:9)라고 말하도록 바울에게 정작 필요한 것, 즉 **하나님 자신**을 주셨다. 그러자 바울은 자신이 주의 환상을 본 것을 자랑하기보다는 오히려 이렇게 선언한다.

크게 기뻐함으로 나의 여러 약한 것들에 대하여 자랑하리니, 이는 그리스도의 능력이 내게 머물게 하려 함이라. 그러므로 내가 그리스도를 위하여 약한 것들과 능욕과 궁핍과 박해와 곤고를 기뻐하노니, 이는 내가 약한 그 때에 강함이라(고후 12:9-10).

8. 하나님의 백성은 왜 하나님께 순종하는가?

| 성결과 소망 |

> 무엇이든지 전에 기록한 바는
> 우리의 교훈을 위하여 기록된 것이니
> 우리로 하여금 인내로 또는 성경의 위로로
> 소망을 가지게 함이니라.
> 로마서 15:4

지금까지 살펴본 것을 통해 우리는 기본적이지만 중요한 몇 가지 결론에 도달했다. 하나님의 임재가 믿음과 소망을 생명으로 이끄는 촉매 역할을 하기 때문에, 하나님이 자신을 드러내실 때에만 믿음과 소망이 생길 수 있음을 알게 되었다. 믿음이 하나님의 성품에 대한 반응이라면, 소망은 하나님의 약속에서 비롯된다. 우리가 하나님의 임재와 약속에 대해 반응할 때, 하나님은 우리에게 그분의 능력과 말씀을 의심케 하는 상황에서도 하나님만을 신뢰하고 소망의 닻을 내리라고 촉구하신다는 것도 알 수 있었다. 하나님의 주권 아래서 택함받은 백성들이 당하는 고난은, 하나님의 은혜로운 섭리의 한 부분이 된다. 이를 통해 그들의 믿음이 정결케 되고, 소망이 커지며, 하나님의 영광이 세상에 드러나게 된다. 이런 까닭에 우리는 성공이나 건강이나 재산이 아니라, 고난의 한가운데서 인내하는 것이 참된 그리스도인으로 살아가는 표지가 된다는 결론을 내린 바 있다. 나아가 그리스도가 다시 오실 때까지, 절망으로 치닫는 세상에서 하나님한 분만으로 결코 부족함이 없다는 사실을 확연하게 드러내는 방식은 고난으로부터의 기적적인 구원이 아니라 고난 중에도 믿음과 소망을 잃지 않는 것이다. 요컨대 신자들은 소망으로 구원을 얻어 하나님의 영광에 이른다.

마지막으로, 믿음으로 말미암아 하나님의 약속에 소망을 두는 삶은 하나님의 명령에 순종할 때 '밝히 드러난다.' 하나님의 명령은 그분의 공급하심과 약속이 변장한 것이기 때문이다. 우리와 세우신 언약 관계의 테두리 안에서 하나님은 우리에게 공급하셨고, 약속하신 것을 토대로 우리에게 무언가를 요구하신다. 하나님에 대한 순종은 그에 걸맞게 그분이 우리에게 공급하셨고 약속하신 것에 기초한다. 하나님이 **과거에** 우리에게 공급하셨기에, 우리는 **미래에도** 그분께 신뢰와 소망을 둘 수 있으며, 이는 **현재에** 그분에 대한 순종으로 이어진다. 우리는 **왜** 이것이 사실인지를 물어야 한다. 어떻게 소망이 불순종의 삶에서 우리를 건져내며 하늘에 계신 아버지께 영광을 돌리게(마 5:16) 하는 "착한 행실"을 우리 안에 낳게 하는지 알기 위해서다.

소망과 바람

우리가 어느 것에 소망을 품든 그것은 삶의 방식을 규정하기 마련이다. 소망의 대상은 행동의 윤곽을 결정한다. 이것은 인간성의 보편적 원리다. 보잘것없는 소망이라 할지라도 그것은 우리에게 동기 의식을 부여한다. 아들 녀석들은 내가 일을 마치고 귀가할 때마다 "아빠, 오늘 소포 온 거 없어요?"라고 묻곤 했다. 그들이 이렇게 묻는 것은 당연하다. 선물을 보내시겠다는 할아버지의 약속을 그들이 철석같이 믿은 데다, 할아버지가 단 한 번도 약속을 어기신 일이 없기 때문이다! 그래서 녀석들은 행여 소포가 오지 않았을까 잔뜩 기대를 걸고 날마다 현관으로 달려가곤

했다. 소망의 대상이 행동 방식을 결정하는 법이다.

성경적으로 말한다면, 소망이란 하나님이 과거에 행하셨고 약속하신 것을 기반으로 미래에도 그렇게 하실 거라 확신하면서 기대를 품는 일이다. 하지만 이것이 이야기의 전부는 아니다. 누군가가 우리를 위해 뭔가 해주겠다는 약속을 하는데 우리가 시큰둥하다면, 소망은 태어나지도 못하고 죽어 버린다. 약속은 우리가 간절히 바라는 대상과 맞아 떨어질 때 비로소 소망을 낳는다. 이것은 할아버지의 약속이든 하나님의 약속이든 사실이다. 소망은, 그것이 바로 **우리의** 소망이 될 때라야 삶을 활기차게 한다. 따라서 '하나님이 거저 주시는 선물이 우리 주 예수 그리스도 안에서 누리는 영원한 생명'(롬 6:23)이 된다는 약속도 그리스도 안에서의 삶을 하찮게 여기는 자에게는 별반 소용이 없다. 하나님과 더불어 영원한 삶을 누리게 된다는 약속 또한 그분의 임재 안으로 들어갈 마음이 없는 사람에게는 공허한 것이 된다. 갈망이야말로 소망의 또 다른 본질적 모습이기 때문이다. 하나님을 신뢰하고 그분께 소망을 두려면 마땅히 그렇게 **하고 싶은** 마음이 들어야 한다.

이런 까닭에, 인간의 갈망이 죄로 물들어 있음을 고려한다면, 하나님의 약속에 소망을 두느냐 안 두느냐는 인간의 '바람'에 변화가 일어나느냐의 여부에 달려 있다. 그래서 예수님은 그분을 따르는 자들에게 자신을 위해 "보물을 땅에 쌓아 두지 말라"라고 엄히 이르셨다(마 6:19). '우리의 보물이 있는 곳에 우리의 마음도 있을 것'(마 6:21)이기 때문이다. 바꿔 말해 우리가 몹시 바라거나 애지중지하는 것(우리의 보물)이 우리가 갈망하는 바(우리 마음이 끌리는 대상)를 결정한다. 예수님은 우리가 찰나적인 만족을 얻기 위해 잘못된 원천에 소망을 둘 때 그로 인해 생기는 고통과 환멸에서 우리를 구하고 싶어하신다.

"너희를 위하여 보물을 땅에 쌓아 두지 말라. 거기는 좀과 동록이 해하며, 도둑이 구멍을 뚫고 도둑질하느니라. 오직 너희를 위하여 보물을 하늘에 쌓아 두라. 거기는 좀이나 동록이 해하지 못하며, 도둑이 구멍을 뚫지도 못하고 도둑질도 못하느니라. 네 보물 있는 그 곳에는 네 마음도 있느니라"(마 6:19-21).

예수님은 우리가 인생을 소비할 때 지혜로운 쇼핑객이 되어 이 세상의 거짓 광고에 현혹되지 않도록 정신을 바짝 차려야 한다고 경고하신다. 우리가 인생에서 가장 소중히 여기는 것이 우리의 "보물"이 되기 때문이다. 그리고 우리의 보물은 우리의 **소망**이 된다. 또 우리의 소망은 우리의 행동 양식을 결정한다. 우리는 행복을 가져다준다고 생각되는 것에 인생을 투자하는 경향이 있기 때문이다. 따라서 인생은 욕구를 채워 줄 것이라 기대되는 것들을 찾아나서는 하나의 기나긴 '보물 사냥'(treasure hunt)이 된다.[1] 어떤 특정한 상황에서 간절히 바라는 것이 그 상황에서의 행동 방식을 결정한다. 이런 까닭에 예수님은 우리에게 이 세상이 아니라 '하늘의 보물'을 간절히 소원하라고, 다시 말해 우리의 마음과 목숨과 뜻과 힘을 다해 하나님을 사랑하라고 호소하신다(막 12:30; 참고. 신 6:5). 그렇게 되면 우리는 이 세상에 속한 것이 아니라 하나님이 약속하신 것에 소원을 두고 행동하게 될 것이다. 그리스도인이 되기 위한 싸움은 마음 대 마음의 싸움이다. 우리는 지금 마음의 소원을 이루어 줄 것이라고 생각되는 두 세력, 곧 세상 문화와 하나님 말씀의 지혜가 치열하게 각축전을 벌이는 전쟁터의 한복판에 서 있다. 우리의 무기는 단순한 질문, 곧 "내게 더없는 행복과 만족을 줄 것이라고 생각되는 것은 하나님의 임재와 약속인가, 아니면 세상의 명예와 권력인가? 그리고 그 이유는?" 이다. 혹은 영적 전쟁에서의 처절한 외침을 달리 표현한다면, "내 삶에 어떤 일이 일어났으면 하는가?"이다.

그러니까 세속적인 차원에서는 집에 있는 차(tea) 상자에 부착된 라벨에도 토마스 아퀴나스(Thomas Aquinas)의 말을 새겨 넣을 수가 있다. 인간성을 훤히 꿰뚫은 그는 "사람은 어느 것이든 자신에게 유익을 주는 것에 마음이 끌리기 마련이다"라고 말한 적이 있다. 물론, 차 제조 회사는 내가 차 맛을 음미한 후, "차 맛이 일품이로군. 앞으로는 이 회사 제품만 사야겠어!"라고 말하길 간절히 바랄 것이다. 인생이란 어차피 '요모조모 따지는 쇼핑'일 수밖에 없다. 그런 쇼핑을 하면서 우리는 꼭 사고 싶은 게 어떤 것인지 그리고 그것이 과연 제값을 할 가치가 있는 것인지 판단하게 된다는 뜻이다. 아침 식사 때 마실 차를 고르듯, 우리는 하나님과 세상 중 하나를 택하지 않으면 안 된다.

물론 문제가 되는 것은 우리의 부패한 마음이다. 우리는 하나님의 지혜는 무시한 채 우리 자신의 욕망에 따라 유익한 것이 과연 무엇인지를 스스로 결정하고 싶어한다. 하와가 동산 가운데 있는 나무를 보니 과연 먹음직하고 보암직하고 탐스럽기도 한 것이 하나님이 주신 것보다 더 낫겠다는 생각이 들어 그녀는 '그것을 구입했다.' 그러니까 하와는 열매를 따 먹기도 **전에** 죄에 빠지고 말았는데, 이는 하와의 마음이 사탄의 유혹에 진작 넘어갔기 때문이다. 그 이후로 인간은 죄의 노예로 팔려 왔고(요 8:34; 롬 6:16, 20), 하나님은 사람들이 마음의 욕정대로 하도록 더러움에 그대로 내버려두셨다(롬 1:24, 26, 28). "이 세상의 신"이 믿지 않는 자들의 마음을 어둡게 하여 "하나님의 형상이신 그리스도의 영광을 선포하는 복음의 빛"을 보지 못하게 하자(고후 4:4), 그들은 허물과 죄로 죽은 자가 되어 사탄과 육신의 정욕에 굴복하고 말았다(엡 2:1-3).

반면 하나님의 영광에 눈을 뜬 그리스도인들은 마음의 소원이 바뀌었다. 그 결과 우리는 지금 영적 전투, 곧 '믿음의 싸움'을 벌이고 있다. 여기서 우리는 세상이 주는 2등급 보물 앞에 무릎 꿇으라는 유혹에 맞서야 한다(롬 6:12-13, 19; 골 3:5; 딤후 2:22; 4:7). 근원으로 거슬러 올라가면, 의와 불의의 싸움은 우리의 상반되는 갈망과 충돌하는 소망 사이의 싸움이다. 예수님의 말씀대로 "마음에서 나오는 것은 악한 생각과 살인과 간음과 음란과 도둑질과 거짓 증언과 비방이다"(마 15:19). 야고보서 1:8의 말씀에 따르면 우리는 "두 마음을 품는" 것과 맞서 싸워야 한다. 우리는 그리스도를 따르고, 그의 나라와 의를 먼저 구하고, 복음을 온 세상에 전하고 싶을 뿐만 아니라, 인기를 끌고, 경제적으로 안정된 삶을 누리며, 걱정 근심과는 거리가 먼 건강한 미래를 맞고 싶기도 하다.

예수님은 이 같은 갈등이 엄연히 존재하며 세상의 권력과 명예를 뿌리치기가 얼마나 힘든 것인지 아신다. 그분은 안전을 추구하려는 본능적 욕구가 광야의 금송아지나 지갑 속의 신용 카드를 숭배하는 결과를 낳게 된다는 사실도 아신다. 그분은 소망의 대상이 삶의 주인이 되면 영원한 삶은 물론이려니와, 시간, 생각 및 재능의 사용 방식까지도 통제하려고 든다는 것을 아신다. 그분은 끈질기게 서로 맞서 온 두 욕망을 오랫동안 유지할 수 있다는 환상을 깨신다. 어느 하나가 다른 하나를 쓰러뜨리기 마련이다. 예수님은 이렇게 말씀하신다.

"한 사람이 두 주인을 섬기지 못할 것이니, 혹 이를 미워하고 저를 사랑하거나, 혹 이를 중히 여기고 저를 경히 여김이라. 너희가 하나님과 재물을 겸하여 섬기지 못하느니라"(마 6:24).

사도 요한은 하와의 죄(창 3:5)가 온갖 죄의 전형이 된다는 것을 간파하고 이렇게 말했다.

이 세상이나 세상에 있는 것들을 사랑하지 말라. 누구든지 세상을 사랑하면 아버지의 사랑이 그 안에 있지 아니하니, 이는 세상에 있는 모든 것이 육신의 정욕과 안목의 정욕과 이생의 자랑이니 다 아버지께로부터 온 것이 아니요 세상으로부터 온 것이라. 이 세상도 그 정욕도 지나가되 오직 하나님의 뜻을 행하는 자는 영원히 거하느니라(요일 2:15-17).

예수님이나 요한은 자기 부인이 당장에는 고통스러울 것임을 뻔히 아시면서도 우리를 궁지에 빠뜨리려고 그러시는 게 아니다. 오히려 그 반대다. 예수님과 요한은 우리가 영원하지 않은 것에 삶의 닻을 내릴 때 거기에서 오는 영원한 고통을 예방하시려는 것이다.

따라서 하나님을 섬기거나 사랑한다는 것은 가장 근본적인 의미에서 우리가 소망의 닻을 내리는 **장소**를 바꾼다는 뜻이다. 보물을 **원하는** 마음까지도 내려놓아야 한다고 예수님이 말씀하시지 않는다는 점을 주목하자. 문제는 그 보물이 무엇이냐이다. 하나님이냐, 세상이냐? 쉽게 말해 하나님은 우리가 세상의 약속이 아니라 그분 안에서 행복을 찾기를 원하신다. 다니엘 풀러의 말은 핵심을 찌른다.

사람들이 행복한 미래를 위해 소망을 품는 대상이 곧 경배의 대상이 되며, 경배의 대상이 필연적으로 섬김의 대상이 될 수밖에 없다는 말은 어제 오늘 나온 게 아니다. 그렇기에 광야에서 사탄의 시험을 받으셨던 예수님은 "사탄아, 물러가라! 기록되었으되 '주 너의 하나님께 경배하고, 다만 그를 섬기라' 하였느니라"(마 4:10)라고 말씀하시면서 사탄을 물리치셨다. 우리는 영원히 행복한 미래를 위해 소망의 닻을 내릴 때 하나님을 경배하게 된다. 하나님이 주신 기쁨을 그분과 함께 누릴 수 있을 것이라는 전망과, 위대하고 고귀한 약속을 온전히 이행하시는 하나님의 성실하심에 소망의 닻을 내릴 때 우리는 하나님을 경배한다.…따라서 하나님에 대한 믿음으로 우리 마음에 기쁨이 넘칠 때, 우리는 그분과 함께 있게 될 것이라는 소망과 동떨어진 생각이나 행동은 멀리하게 된다. 그 때에야 비로소 하나님에 대한 경배는 그분이 주신 계명들을 믿음의 법으로 지킨다는 의미에서 그분에 대한 섬김으로 이어진다. 하나님의 약속을 신뢰할 때 생기는 이 같은 순종이 바로 우리가 하나님을 섬기는 방식이 된다.[2]

하나님을 섬기기 위해서는 그분이 섬길 만한 가치가 있는 분이라는 확신이 서야 한다. "믿음이 없이는 하나님을 기쁘시게 하지 못하나니, 하나님께 나아가는 자는 **반드시** 그가 계신 것과 또한 그가 자기를 찾는 자들에게 상주시는 이심을 믿어야 할지니라"(히 11:6, 강조는 저자의 것). 우리의 필요를 채워 주시는 하나님을 바라보며 그러한 소망에 따라 살아가는 것은 단순히 의지력의 문제가 아니다. 세상의 그럴듯한 광고보다 그분의 약속에 더 큰 소망을 두는 것의 문제다. 풀러의 말을 다시 인용해 보자. "따라서 하나님을 믿는다는 것에는 돈을 사랑하는 것에서 180° 방향을 바꿔(이것이 바로 회개다) 하나님을 알며 그분의 약속을 붙드는 것에만 미래에 대한 만족과 확신을 찾는 것이 들어있어야 한다."[3]

이 세상의 약속이 제아무리 거창해도, 그것은 쇠가 녹슬고 쾌락이 잠시 있다가 사라지는 것과 같다. 그러한 세상의 약속에 소망을 두었던 것을 회개하고 **하나님의** 약속을 신뢰할 때, 우리는 세속의 물결에 휩쓸리지 않고 하나님께 더욱 순종하는 새로운 삶을 살아내게 된다. 그리고 하나님을 소망할수록 그분의 명령에 변함없이 순종하게 된다.

순종은 우리가 하나님께 베푸는 어떤 것이 아니다. 마치 하나님이 우리가 그분께 순종하는 것을 필요로 하시는 것처럼 말이다. 순종은 하나님이 '우리의 행복을 위해'(참고. 신 10:13) 주신, 구속받은 삶의 양식이다. 하나님의 명령은 생명에 이르는 좁은 길이다(시 119편을 통째로 읽으라!).

행동은 우리 눈을 속이지 않는다. 행동은, 열망하는 것이 무엇인지를 들여다볼 수 있는 창이다. 하나님의 명령에 불순종하고 있다면, 그분의 말씀이 미덥지 않기에 그분의 약속에 소망을 두지 않고 있는 것이다. 따라서 믿음에 토대를 둔 하나님 중심의 소망은 그분의 뜻에 순종하는 주된 동기다.

미래의 은혜

오늘날의 성경 학자들 가운데 이 같은 성경의 진리를 더 강력하게 설파한 사람으로는 존 파이퍼가 단연 으뜸이다.[4] 그는 그리스도인의 삶의 목표가 '그 무엇보다도 하나님을 가장 **존귀하게** 여기는 일'임을 우리에게 일깨워 주었다. 파이퍼는 「미래의 은혜」[*Future Grace*, 국내에는 「은혜, 구원을 딛고 삶 속으로」(좋은씨앗 역간)라는 제목으로 출간되었다—편집자 주]에서 이렇게 말한다.

삶의 궁극적 목적은 하나님의 은혜의 영광을 찬양하는 것이다. 하나님을 **존귀하게 여기며** 그분을 **찬양하는 것**이 삶의 궁극적 목적이 되는 까닭은 후자를 통해서만 전자가 참되다는 것이 본질적으로 드러나기 때문이다. 존귀하게 여기지 않으면서 찬양할 수 있을까? 달리 표현하면, **하나님은 우리가 그분으로 인해 더없는 만족을 누릴 때 큰 영광을 받으신다**…죄는, 하나님으로 만족하지 못해 다른 곳을 기웃거리는 행위다. 의무감 때문에 죄를 짓는 사람은 없다. 우리가 죄를 짓는 까닭은 그렇게 하면 우리를 행복하게 해주겠다고 약속하기 때문이다. 하나님이 생명보다 더 소중하다(시 63:3)는 사실을 뼈저리게 느낄 때까지 우리는 그 같은 약속에 종노릇하게 된다. 이 말은 하나님의 약속이 죄의 약속을 무력화할 만큼 강력하다는 뜻이다. 하나님이 예수 안에서 우리를 위해 하시는 모든 약속은 죄가 예수 없이 우리에게 하는 모든 약속에 견줄 바가 아니다. 하나님의 영광이 드러내는 위대한 전망, 그것을 나는 **미래의 은혜**(future grace)라 일컫는다. 그것에 만족하는 것을 나는 믿음이라 일컫는다. 그렇기에 나는 이 책에서 묘사하는 삶을 "미래의 은혜: 믿음으로 말미암아 미래의 은혜 안에서 사는 삶의 정결케 하는 능력"(Future Grace: The Purifying Power of Living by Faith in Future Grace)이라고 말한다.…미래의 은혜에 대한 약속이 야말로 그리스도를 따르는 삶을 살아내는 비결이다. **미래**란 천국의 은혜와 앞으로 다가올 시대만은 아니다. 지금, 바로 이 순간 시작되어 이 문단이 끝날 때까지 당신의 삶을 이어가게 해주는 은혜이기도 하다. 은혜란 우리의 죄를 간과하시는 하나님의 용서뿐 아니라 우리가 죄를 짓지 않도록 지켜주시는 하나님의 능력과 자비다. 믿음이란 예수님이 우리 죄를 대속하기 위해 돌아가셨다는 확신일 뿐 아니라, 하나님이 "그 아들과 함께 모든 것을 우리에게 (선물로 거저) 주실"(롬 8:32) 것이라는 확신이기도 하다. 믿음이란 일차적으로 '바라는 것들에 대한 미래지향적 확신'(히 11:1)이다. 믿음의 본질은 하나님이 그리스도 안에서 우리에게 하신 모든 약속에 우리가 더없이 만족하는 것이다. 그리고 그것은 지금 시작되고 있다!⁵⁾

고린도후서 4:16-18은 파이퍼가 말하는 미래의 은혜에 대한 이러한 기대를 가운데 두고 현세에서 자신의 겉사람이 "낡아지는 것"과 바울이 어떻게 씨름했는지 극명하게 보여 준다.

> 그러므로 우리가 낙심하지 아니하노니, 우리의 겉사람은 낡아지나 우리의 속사람은 날로 새로워지도다. 우리가 잠시 받는 환난의 경한 것이 지극히 크고 영원한 영광의 중한 것을 우리에게 이루게 함이니, 우리가 주목하는 것은 보이는 것이 아니요 보이지 않는 것이니, 보이는 것은 잠깐이요 보이지 않는 것은 영원함이라.

파이퍼는 이렇게 말한다.

[바울의] 마음을 새롭게 하는 원천은 매우 특이하다. 그것은 바울이 보이지(see) 않는 것을 바라보는(look) 데 있다.···바울이 낙심하지 않는 비결은 그가 보이지 않는 것을 바라보는 데 있다. 그에게 보인 것은 무엇이었을까? 뒤이어 나오는 고린도후서 5:7에서 바울은 "이는 우리가 믿음으로 행하고 보는 것(sight)으로 행하지 아니함이로라"라고 고백한다. 이 말은 그가 미지의 세계로 무작정 뛰어든다는 뜻이 아니다. 이 세상에서 가장 고귀하고 소중한 실체는 인간의 오관(五官)으로는 알 수 없다는 뜻이다. 우리는 복음을 통해 이같이 눈에 보이지 않는 것들을 '바라본다.' 하나님의 은혜로 우리는 바울이 "하나님의 형상이신 그리스도의 영광을 선포하는 복음의 빛"(고후 4:4)이라 일컬은 것을 보게 된다. 그리스도를 대면하여 보았던 자들의 증언을 통해 드러나는, 눈에 보이지 않는 객관적 진리를 주시할 때 우리는 담대해지며 용감히 나설 수 있게 된다.[6]

바울이 믿음을 잃지 않도록 지켜 준, 눈에 보이지 않는 실재는 그가 부활하신 그리스도에게서 목격한 하나님의 영광이었다(고후 4:5-6). 그것이 바울이 품었던 소망의 대상이었다. 바울은 언젠가는 이 영원한 영광에 참예하리라는 하나님의 약속을 확신했기에 믿음을 지킬 수 있었다. 하나님은 바울의 눈을 열어 그리스도 안에 나타난 하나님 자신의 영광을 보게 하셨다. 이로 인해 바울은 하나님을 아는 지식이 세상 그 무엇보다 소중한 것임을 깨닫게 되었다. 파이퍼의 말을 들어 보자.

이 말은 바울의 겉사람이 낡아졌지만 그것이 무의미하지 않다는 뜻이다. 그에게 닥친 고통과 압박과 좌절과 시련은 헛되이 일어난 게 아니었다. 그것들은 무의미한 고난이라는 블랙홀 안으로 자취를 감춘 것이 아니었다. 오히려 이 같은 시련은 '[바울]을 위해 어느 것과도 견줄 수 없을 만큼 영원히 지속되는 영광을 창조하고 있었다.' 바울이 자신의 속사람을 새롭게 하기 위해 바라보았던, 눈에 보이지 않는 실재는 영원한 영광의 무게였다. 이는 그의 겉사람이 낡아진 **후에**, 그것을 **통해**, 그리고 그것에 **의해** 그를 위해 예비된 것이었다.… 고난 중에 있는 바울은 고난의 극심함이 아니라 그 같은 고난이 가져다줄 영광이 얼마나 클 것인지에 시선을 집중한다."

바울의 사고 구조는 언약 관계의 전체 구조와 마찬가지로 미래에 어떤 소망을 품든 그것이 지금 여기서의 삶의 방식을 필연적으로 규정한다는 사실을 드러낸다. 미래의 더 위대한 선을 추구한다면, 그것은 현재 자기 부인의 유일하면서도 매우 강력한 동기가 된다. '영원한 영광의 무게' 만이 세상의 역경을 극복하게 한다. 우리가 추구하는 '더 위대한 선'이 현세적인 것이라면, 그것을 '하나님의 축복'으로 합리화하더라도 우리의 삶은 필경 세속적이 될 것이다. 소망은 습관을 결정한다. 바울의 말대로, 만일 우리가 바라는 것이 이 땅에서의 삶이라면 우리는 "내일 죽을 터이니, 먹고 마시자"(고전 15:32)라고 할 것이다. 모더니즘 문화와 포스트모더니즘 문화는 현세 지향적 세계관을 주축으로 움직인다. 우리 시대의 문화가 소망하는 장기적인 '미래'는 오직 은퇴뿐이다. 장수와 건강과 부의 축적에 대한 집착은 서구 교회에 지대한 영향을 끼쳐 왔다. 하나님에 대한 지식은 너무 허약하고, 현세의 쾌락에 대한 갈망은 너무 강하다 보니, 다가 올 세상에서 하나님과 함께하는 삶이 이 땅에서의 삶에 비할 바 아니라는 것을 상상하기 어렵다. 입술로는 천국을 동경하지만 마음으로는 눈곱만큼의 관심도 없다.

그러나 우리 스스로는 이 세상에 대한 소망을 떨쳐 버리기 어려울 것이다. 욕망의 대상이 달라지면 갈망의 대상도 바뀐다. 각 세대마다 하나님이 친히 드러내시는 위엄을 맛보아야 할 필요가 있다. 그렇게 되면 하나님의 백성들은 그리스도와 함께 새롭게 사는 것과 그분과 함께 다스리는 것을 소중하게 여길 수 있다. 이 세상보다 하나님 나라를 더욱 사모할 때 우리는 물질주의라는 우상을 타파할 수 있다. 리처드 스터치(Richard Sturch)의 지적대로, 성경은 이러한 목적을 위해 다양한 이미지로 천국을 묘사한다.

> 천국의 이미지는 강력한 실재의 이미지다. 천국은 마치 글자 그대로의 천국, 곧 하늘과 같다. 그것은 **정원**과도 같고, 도시와도 같고, 정원의 도시와도 같고, 음악과도 같고, 찬양의 장엄한 예전(liturgy)과도 같고, 대 연회와도 같고, 순례의 목적지와도 같으며, 왕권, 제사장직 그리고 승리의 축하와도 같다. 그러한 이미지들을 글자 그대로의, 산문적 차원으로 환원시키려 든다면 예술적으로나 신학적으로나 우스꽝스러운 일이 된다.…개별 이미지의 중심에는 모든 실재의 핵심이자 근원이신 하나님, 그분이 계신다.…하나님이 자신의 백성과 함께하시는 것이야말로 그들이 받는 보상의 핵심이다.…그리고 하나님이 지고선이시기 때문에 그분을 뵙고 아는 것은 분명 우리에게 최고의 기쁨이 된다.[8]

소망과 역사

하나님은 우리가 그분께 소망의 닻을 확실히 내리고 그분의 나라를 사모하도록, 시대를 거쳐 오면서 구속과 심판이라는 강력한 행위를 통해 자신의 영광을 드러내셨고 자신의 신실함을 입증하셨다(벧후 2:4-10). 두 가지 주요 사례를 든다면, 출애굽 사건과 예수님의 십자가와 부활 사건이 될 것이다. 출애굽 사건이 구약 시대 내내 신실한 자들의 소망의 토대가 되었던 까닭은, 하나님이 자신의 백성을 애굽에서 구원해 주셨다면 앞으로도 이방 국가의 압제와 이스라엘 국가의 강퍅함—둘 다 바벨론 포로 사건에서 절정을 이룬—에서도 구원해 주실 것이 틀림없다는 확신 때문이었다.[9] 마찬가지로, 예수님이 우리 죄를 친히 담당하셨기에,[10] 그분의 부활은 하나님을 믿는 사람은 누구나 죽은 자들 가운데서 부활하게 될 것이라는 소망에 대한 전주(前奏)이자 약속이 된다(롬 8:11, 29; 고전 6:14; 15:20; 고후 4:14; 골 1:18). 하나님이 예수님을 십자가에 달리게 하시고 죽은 자들 가운데서 다시 살리셨다면, 그분은 또한 하나님을 믿는 자들도 다시 살리실 것이다(벧전 1:18-21). 베드로의 말대로, "그의 많으신 긍휼대로 예수 그리스도를 죽은 자 가운데서 부활하게 하심으로 말미암아 우리를 거듭나게 하사 산 소망이 있게 하셨다"(벧전 1:3).

따라서 믿음의 삶은 하나님이 과거에 최초로 이루신 구속 행위와 미래에 있을 구속의 완성 그 사이에 전개된다. 오늘날 우리는 출애굽 사건과 이스라엘의 최종 회복 사이에서, 그리스도의 초림과 재림 사이에서, 하나님이 일찍이 역사에 개입하셔서 시작하신 구원 사역과 우리가 아는 대로 역사가 완성되는 날 곧 그리스도께서 자신에게 속한 자들을 부활하게 하셔서 하나님 나라를 완성하실 그 날 사이에 살고 있다(마 24:27-51; 롬 6:5; 고전 6:14; 15:23; 고후 3:18; 4:14-18; 벧후 3:10-12). 그렇다면 미래, 곧 하나님의 나라는 지금과 같은 "이 악한 세대"(갈 1:4; 참고. 막 1:14-15)안으로 이미 침투해 들어온 것이다. 하지만 그 나라가 아직은 이 땅에 완성된 것이 아니기에(계 20-22장), 하나님의 완전하심을 만끽하려면 완성될 그 날까지 기다려야 한다. 오늘 우리의 성령 체험은 앞으로 다가올 영광에 대한 계약금이 된다(고후 1:22; 엡 1:13).

하나님의 나라와 구원을 '이미 그러나 아직'(already-but-not-yet)인 것으로 생각할 때, 비로소 우리는 세상의 유혹을 견딜 수 있게 된다. 구속의 역사가 완성되는 미래에 초점을 맞출 때, 우리는 온갖 형태의 한껏 부풀려진(over-realized) 소망, 즉 하나님의 궁극적 약속이 미래가 아닌 현재에 이루어질 것이라는 기대를 뿌리칠 수 있다. 미래에 초점을 맞추지 않으면 역사는 영원한 나라를 대신하며, 현재는 미래보다 중시되며, 또 하늘의 영광은 이 땅의 쾌락과 보상 앞에서 빛이 바랜다. 그렇게 되면 그리스도의 십자가에 의해 가능케 된, 하나님이 임재하시는 복음은 한낱 건강과 부를 획득하는 수단으로 전락하고 만다. 건강과 부를 약속하는 싸구려 '복음'은 하나님의 영광을 더럽힌다.

그리스도께서 재림하실 때까지 부활의 실재는 물질적인 '축복'이 아니라 전에 "허물과 죄로 죽었던" 자들의 '새로운 창조'로 시작된다(고후 5:17; 엡 2:1). 성자 그리스도의 통치는 이미 그분의 백성들의 삶 속에서 확립되었다. 이는 택함받은 백성들이 이 땅에서 거둔 성공을 통해서가 아니라, 그들이 하나님의 자녀와 성령의 전(殿)으로서 육신과 맞서는 싸움에서 확립된 것이다(고전 15:25; 고후 6:14-7:1; 롬 8:14은 롬 8:9-16과 갈 5:17의 문맥에서 보라).

소망과 율법에의 순종

소망, 역사 및 순종이 이처럼 하나로 이어져 있음은 시편 78:5-8에 분명히 나타나 있다.

⁵ 여호와께서 증거를 야곱에게 세우시며,
    법도를 이스라엘에게 정하시고,
우리 조상들에게 명령하사,
    그들의 자손에게 알리라 하셨으니,
⁶ 이는 그들로 후대
    곧 태어날 자손에게 이를 알게 하고

그들은 일어나 그들의 자손에게 일러서,
⁷그들로 그들의 소망을 하나님께 두며
하나님께서 행하신 일을 잊지 아니하고
　오직 그의 계명을 지켜서,
⁸그들의 조상들
곧 완고하고 패역하여 그들의 마음이 정직하지 못하며
그 심령이 하나님께 충성하지 아니하는 세대와 같이
　되지 아니하게 하려 하심이로다.

7절에 의하면 하나님의 능하신 행위가 모세 율법에 기록된 것은 그분이 과거에 하신 일을 증거 해 다가올 세대가 하나님께 소망을 **두도록** 하기 위해서였다. 따라서 "하나님께서 행하신 일을 잊지 않는 것"은 하나님께 소망을 두는 것과 실타래처럼 뒤엉켜 있다. 하나님이 과거에 하신 일에 초점을 맞추면 그분이 미래에 펼치실 일에 대한 확신이 선다. 그러고 나서 시편 기자는 이 같은 사실이 현재에 뜻하는 바를 설명한다. 그것은 하나님의 백성들이 "그들의 소망을 하나님께 두기" 때문에 "하나님이 행하신 일들을 잊지" 않고 "그의 계명"을 지켜야 한다는 것이다(7절 하).

얼핏 보면, 하나님이 행하신 일을 잊지 않는 것과 '그분의 계명을 지키는 것'을 대비하는 것은 좀 이상해 보인다. 잊지 않는 것의 반대는 순종이 아니라 기억이라고 흔히들 생각한다. 하지만 시편 기자에게 하나님에 대한 순종의 반대는 불순종 그 자체가 아니라 망각이다! 시편 기자의 논리는 분명하다. 하나님이 과거에 행하신 일을 기억해야 미래에 대한 소망을 품을 수 있으며, 이는 곧 현재에 그분에 대한 순종으로 이어진다는 것이다. 그러므로 하나님이 행하신 일을 망각하면 그분께 불순종하게 된다. 따라서 시편 기자는 하나님이 과거에 행하신 일에 대해 이렇게 선포한다.

> 우리가 이를 그들의
> > 자손에게 숨기지 아니하고
>
> 여호와의 영예와 그의 능력과
> > 그가 행하신 기이한 사적을 후대에 전하리로다(시 78:4).

뒤집어 말하면, 시편 78편은 하나님이 과거에 베푸신 기적을 잊어버렸기에 그분께 불순종했던 사람들의 부정적 사례들을 열거한다(참고. 9-11, 17-19, 21-29절). 그러므로 이스라엘이 불순종한 이유는 분명하다.

> 그들이 그의 권능의 손을 기억하지 아니하며
> > 대적에게서 그들을 구원하신 날도 기억하지 아니하였도다.
>
> 그 때에 하나님이 애굽에서 그의 표적들을,
> > 소안 들에서 그의 징조들을 나타내사(시 78:42-43).

따라서 '그 행실을 깨끗케' 하며 '하나님의 율례에서 벗어나지' 않는 자들은 하나님의 말씀에 시선을 고정시킨다.

> 내가 주께 범죄하지 아니하려 하여
> > 주의 말씀을 내 마음에 두었나이다.
>
> 내가 주의 법도들을 작은 소리로 읊조리며
> > 주의 길들에 주의하며,
>
> 주의 율례들을 즐거워하며,
> > 주의 말씀을 잊지 아니하리이다(시 119:11, 15-16).

하나님의 백성은 시편 78편과 119편의 기자처럼 그분의 율법을 기뻐한다. 그 율법이 하나님의 성품을 나타내며, 그분의 막강한 구원 행위를 묘사하며, 그분의 약속을 보증하며, 또한 그에 상응하는 섭리를 선포하기 때문이다(시 119편을 다시 통독하고, 41-48절에 언급된 대로 하나님의 약속에 대한 소망이 그분의 명령을 따르는 것과 연결되어 있음에 특히 주목하자). 게다가 이 같은 요소들이 모두 촘촘히 엮여 하나로 합쳐지면서, 우리가 하나님과 맺는 관계라는 완벽한 천을 만들어 낸다. 바느질 한 땀만 떼어 내도 천 전체가 흐트러진다. 하나님의 성품은 그분이 하신 일을 통해 드러나며, 그분이 하신 일은 그분이 세우신 약속의 토대가 되고, 그분이 세우신 약속은 그분이 내리시는 명령의 토대가 된다. 이어서 그분이 내리시는 명령은 그분의 성품에서 비롯되며, 그분의 성품은 그분이 하시는 일을 통해 드러난다. 그리고 이 같은 순환은 역사와 영원을 통해 되풀이 된다.

그러므로 하나님의 율법은 "하라"와 "하지 마라"의 목록이 아니다. 그것은 하나님이 어떤 분이며, 어떤 일을 하셨으며, 또한 우리가 그분을 신뢰할 때 우리를 위해 앞으로 어떤 일을 하실 지를 나타낸다. 그렇듯 하나님의 명령은 구체적인 상황에서, 즉 우리의 전 존재를 다해 하나님을 사랑하고 이웃을 우리 몸과 같이 사랑한다는 것이 어떤 의미인지를 일상의 삶에서 적용할 때 믿음이 어떤 모습을 띠게 되는지를 보여 준다. 하나님의 명령은 입에 풀칠을 하기 위해 우리가 마땅히 이행해야 하는, 고용주가 쓴 '직무 내용 설명서'(job description)가 아니다. 그분의 명령은 '영적 질병을 치유하려면' 마땅히 따라야 하는 의사(실로, 예수님은 '위대한 의사' 그 자체였다 – 막 2:17)의 '처방'이다.[1] 그렇듯, 율법의 명령은 복된 소식이다! 시편 119:93에 의하면, "내가 주의 법도들을 영원히 잊지 아니하오니, 주께서 이것들 때문에 나를 살게 하심이니이다."

하나님의 성품, 행하신 일, 약속 및 명령이 이같이 결합되어 있다는 사실에서 우리는 시편 119편 전체를 통해 율법이 기쁨과 찬양을 자아내는 까닭을 이해하게 된다. 시편 기자가 율법을 기뻐하는 까닭은, 하나님의 명령에 나타난 대로, 미래의 소망과 현재의 행복이 그분의 정체와 그분의 약속 안에 감싸여 있기 때문이다. 그렇다면 시편 기자가 하나님의 율법으로 인해 크게 기뻐하는 것은 당연한 일 아닌가.

소망, 미래의 은혜 및 순종

그래서 베드로는 예수 그리스도를 따르는 자들을 "[하나님이] 그의 많으신 긍휼대로 예수 그리스도를 죽은 자 가운데서 부활하게 하심으로 말미암아…거듭나게 하사 산 소망이 있게 하신"(벧전 1:3) 자로 묘사할 뿐 아니라, 그리스도인들에게 '예수 그리스도께서 나타나실 때에 자신들에게 가져다주실 은혜를 온전히 바랄' 것을 촉구하기도 한다. 이는 "순종하는 자식처럼" 그들이 "전에 알지 못할 때에 따르던 사욕을 본받지" 않도록 하기 위함이다(벧전 1:13-14). 하나님의 자녀로서 이같이 **순종함**은 하나님이 앞으로도 **은혜**를 베푸시리라는 소망에 기인한다. 그러한 순종은 그들이 아버지라 부르는 이가 "외모로 보시지 않고 각 사람의 **행위**대로 심판하신다"(벧전 1:17상)는 사실에서 비롯되며, 또 그들로 그 같은 사실에 대비하게 만든다. 그 결과 그들은 이 땅에서 "나그네로 있을 때를 두려움으로 지내게" 된다(벧전 1:17하).

유감스럽게도 대다수 그리스도인은 심판 날 하나님의 은혜를 받게 되리라는 소망이 순종의 필연성과는 더 이상 무관하다고 생각한다. 그들은 또한 하나님을 '아버지'로 아는 것과 우리의 행위에 따른 심판이 별개라고 본다. 심지어 오늘날 보통 사람들은 은혜와 주님을 경외하는 것이 서로 무관하다고 생각한다.

다시 말하거니와, 이 같은 관계를 파악하는 열쇠는 하나님이 우리와 맺으신 언약 관계에서 과거와 현재와 미래가 상호 연관되어 있다는 사실을 깨닫는 것이다. 베드로가 지적한 대로, 하나님은 그리스도께서 찬란한 영광 가운데 나타나실 때 궁극적으로 은혜를 베푸실 것이다. 그 때가 되면, 우리는 그리스도의 죽으심으로 용서받고 성령으로 말미암아 순종하는 자녀가 되어, 마침내 그리스도의 임재 안으로 들어가 그분의 참 모습을 보게 되며 그분과 같이 될 것이다(요일 3:2). 그러나 하나님이 **앞으로** 베푸실 은혜를 이처럼 체험하는 것은 그저 미래에 실현될 뿐 아니라 심판 날에 **앞서** 이미 우리 눈앞에 펼쳐지고 있다. 하나님은 이미 그리스도인들을 변화시키기 시작하셨고, 그 일은 심판 날 은혜를 베푸실 때 완성된다.

나아가 하나님을 개인적으로 아버지로 아는 것은 그분을 또한 '심판자'로 안다는 뜻이다. 언약 관계 안에서 하나님의 은혜를 체험하면 그에 상응하는 언약 규정(명령) 준수로 귀결되고, 우리의 반응에 따라 축복이나 저주가 임하기 때문이다(제2장을 보라). 따라서 우리가 하나님의 은혜로 받는 선물은 정확히 말해 우리를 변화시키는 하나님의 임재이기 때문에 그분은 우리의 행위대로 심판하실 것이다.

이제 우리는 소망의 짝이 주님을 경외하는 것, 말하자면 부정적인 미래를 확신 있게 기대하는 것임을 알게 된다. 이런 의미에서 하나님을 경외하는 것은 자신의 의에 따라 세상을 심판하시겠다는 하나님의 약속에 초점을 맞춘다. 그렇듯 하나님을 경외하는 것은 우리에게 주시는 최고의 선물이다. 하나님에 대한 경외가 그분이 하신 다른 약속에 초점을 두는 소망과 마찬가지로 우리로 하여금 죄를 짓지 않도록 해주기 때문이다. 따라서 소망과 경외는 순종에 이르는 길을 밝히는 이정표인 셈이다. 시편 기자의 지적대로, 소망과 경외는 하나님이 기뻐하시는 삶의 두 가지

특징이다.

> 여호와는 자기를 **경외하는** 자들과 그의 인자하심을 **바라는** 자들을 기뻐하시는 도다(시 147:11, 강조는 저자의 것).[12]

하나님이 앞으로 베풀어 주실 은혜, 말하자면 '그분의 한결 같은 사랑'을 소망하는 자는 하나님의 임재에서 분리될까 봐 두려운 마음에 죄를 멀리하게 된다. 하나님이 앞으로 베푸실 은혜(언약 축복)를 상속받기 위해 순종하는 것은 그분이 앞으로 보이실 진노(언약 저주)를 물려받지 않기 위해 순종한다는 뜻이다. 하나님은 자신의 자녀들에게 소망을 주실 뿐 아니라 경외하는 마음도 주심으로써, 심판 날에 대비케 하신다. 그리고 소망과 경외는 순종으로 이어진다(창 15:6의 아브라함의 믿음을 창 22:12의 그의 경외와 비교하라). 그러므로 골로새서 3:5-6에서 바울은 '땅에 속한 지체의 일들 때문에 하나님의 진노가 내린다'고 선언함으로써, 우리의 삶에서 "땅에 있는 지체를 죽이라"는 자신의 명령을 뒷받침한다. 이를 통해 우리는 로마서 2:6-11, 13에서 바울이 한 말을 이해하게 된다(이 구절은 인간이 율법의 기준을 충족시킬 수 없기에 하나님의 용서가 필요하다는 것을 의미한다고 많은 학자가 주장하는데, 그렇게 되면 복음 그 자체의 약속들이 사라지게 된다).

> 하나님께서 각 사람에게 그 행한 대로 보응하시되, 참고 선을 행하여 영광과 존귀와 썩지 아니함을 구하는 자에게는 영생으로 하시고, 오직 당을 지어 진리를 따르지 아니하고 불의를 따르는 자에게는 진노와 분노로 하시리라. 악을 행하는 각 사람의 영에는 환난과 곤고가 있으리니 먼저는 유대인에게요 그리고 헬라인에게며, 선을 행하는 각 사람에게는 영광과 존귀와 평강이 있으리니

먼저는 유대인에게요 그리고 헬라인에게라. 이는 하나님께서 외모로 사람을 취하지 아니하심이라.…하나님 앞에서는 율법을 듣는 자가 의인이 아니요, 오직 율법을 행하는 자라야 의롭다 하심을 얻으리니.

이런 까닭에 바울은 갈라디아서 5:21에서 갈라디아 교인들에게 "이런 일을 하는 자들은 하나님의 나라를 유업으로 받지 못할 것"이라고 재차 경고하며 "육체의 일"로 나열된 것에 대한 자신의 입장을 밝힌다(참고. 고전 6:9-10). 거꾸로 말해 "성령의 열매"를 맺는 사람들은 더 이상 율법의 진노 아래 있지 않게 된다(갈 5:18, 23). 덕이 자라면서 '힘써 하나님의 부르심과 택하심을 굳게 하는' 자들은 "우리 주 곧 구주 예수 그리스도의 영원한 나라에 들어감을 넉넉히 받게" 될 것이다(벧후 1:3, 5-7, 11).

다시 말하지만, 이 구절은 우리의 노력을 통해 구원('행위-의')을 얻으라는 촉구가 아니다. 갈라디아서 5:16-24에서 요구하는 "열매"는 **성령의** 열매. 마찬가지로 로마서 2:7에서 영광을 추구하는 '행위'는 성령으로 말미암아 '마음에 받는 할례'에서 비롯된 행위다(참고. 롬 2:29). 그리고 베드로후서 1:5-7에 나열된 덕목들은 모두 하나님이 우리를 부르셔서 자신의 "영광과 덕"을 알게 하시고 자신의 권능으로 "생명과 경건에 속한 모든 것을 우리에게 주셨다"는 사실에 기초한다(벧후 1:3). 하나님은 자신을 우리에게 드러내심으로써, '그 보배롭고 지극히 큰 약속을 우리에게 주사 이 약속으로 말미암아 우리가 정욕 때문에 세상에서 썩어질 것을 피하여 신성한 성품에 참여하는 자가 되게 하시려는' 것이다(벧후 1:4).[19] 하나님은 우리와 언약 관계를 맺으시면서 자신이 요구하시는 것을 우리에게 주신다. 우리의 선한 행실이 그분을 찬양하도록 하기 위해서다(엡 2:4-10).

그래서 성경은 우리에게 '값싼 은혜'를 전파하는 자들을 조심하라고 경고한다. 값싼 은혜는 신실한 마음에서 우러나온 순종을 하찮게 여기며, 하나님의 용서를 죄 면허증으로 전락시키고, 성령으로 사는 삶과 하나님의 율법을 서로 대적하게 만든다. 값싼 은혜는 우리에게 주님과 같은 형상으로 변화하라(고후 3:18)고 명령하지 않는다. 그 대신 이렇게 말한다. "왜 그렇게 자신을 달달 볶지? 어차피 우리는 인간 아닌가! 걱정 따위는 날려 버리자고! 심판은 비켜 갔다고 십자가와 성령이 선언하지 않던가!" 값싼 은혜는 심판자 하나님의 권위를 하찮게 여기며, 하나님의 백성들이 죄를 지어도 못 본 체 한다. 죄에 빠진 사람들에게 하나님을 두려워하며 회개하라고 촉구하기보다, 오히려 그들에게 거짓 위안을 준다(렘 6:14; 23:9-22; 겔 13:1-23; 미 3:9-12; 딤후 3:1-9; 벧후 2:1-2, 13-15, 17-22; 3:3-4; 유 8-18절).

그러나 미래의 은혜를 소망하는 자들은 심판 대상 일 순위가 하나님의 백성이라는 사실을 잊지 않는다(벧전 4:17). 바울은 우리를 이렇게 일깨운다. "우리가 다 하나님의 심판대 앞에 서리라.…이러므로 우리 각 사람이 자기 일을 하나님께 직고하리라"(롬 14:10, 12; 참고. 고후 5:10). 죄를 보고도 못 본 체 하지 않으시는 예수님은 **제자들**에게 친히 이렇게 이르신다.

"내가 내 친구 너희에게 말하노니, '몸을 죽이고 그 후에는 능히 더 못하는 자들을 두려워하지 말라. 마땅히 두려워할 자를 내가 너희에게 보이리니, 곧 죽인 후에 또한 지옥에 던져 넣는 권세 있는 그를 두려워하라. 내가 참으로 너희에게 이르노니 그를 두려워하라'"(눅 12:4-5).

십자가와 성령은 우리를 심판에서 자유케 하시는 것이 아니라, 심판에

대비해 하나님을 기쁘시게 하는 삶을 살아야 할 근거(하나님의 용서)와 수단(하나님의 능력)을 우리에게 제공하신다(고후 5:9-10; 빌 1:10-11; 벧후 1:3-11).

성결에 이르는 좁은 길

따라서 죄의 사슬에서 벗어나는 길은 자신의 결단력을 이용하거나, 의지력을 더 굳게 하거나, 적극적 사고의 위력을 강화하는 것이 아니다. 거룩함은 자기계발 프로그램의 종교적 버전이 아니다. 그리스도로 말미암아 거듭난 우리는 오히려 하나님이 펼치실 영광스러운 미래에 계속해서 소망을 두어야 한다. 이렇게 하려면 우리는 하나님께 의지해 그분이 자신의 "영광과 덕"에 대한 우리의 시야를 확장하시고, 자신의 "귀중하고 더없이 위대한 약속들"의 가치를 보여 주시고, 또한 우리가 성령의 능력을 확신하도록 해주셔야 한다(벧후 1:3-4; 갈 5:16; 롬 8:1-39). 소망만이 죄의 사슬을 끊을 수 있는 강력한 무기다.

하나님께 소망을 둘 수 있는 경로가 최소한 다섯 가지인데, 모두 중요한 것들이다.

1) 우리는 성경을 읽고, 듣고, 연구하고, 배워야 한다. 성경은 하나님이 택하신 백성들에게 하신 약속을 기술한 책이다. 뿐만 아니라 하나님이 헌신적이며 신뢰할 만한 분임을 친히 입증하신 방식에 대한 기록이기도 하다. 그리하여 우리는 소망의 대상과 소망의 이유를 알 수 있다.

소망을 잃지 않으려면 성경을 진지하면서도 지속적으로 연구해야 한다. 우리는 성경에서 창조와 구속의 역사 그리고 하나님과 맺은 언약 관계의 본질을 배운다. 그리고 이를 통해 창조주, 왕, 구속자, 심판자이신 하나님의 영광을 밖으로 나타낸다. "무엇이든지 전에 기록된 바는 우리의 교훈을 위하여 기록된 것이니, 우리로 하여금 인내로 또는 성경의 위로로 소망을 가지게 함이니라"(롬 15:4). 성경만이 하나님의 말씀이며, 믿음의 유일한 권위이자 토대다. 시편 기자는 이렇게 고백한다. "내가 주께 범죄하지 아니하려 하여 주의 말씀을 내 마음에 두었나이다"(시 119:11).

2) 우리는 하나님이 역사하신 방식을 되새김으로써, 우리 자신의 역사로부터 소망을 구축한다. 하나님은 과거에 베푸신 구원의 연장선상에서, 자신이 하신 약속을 충실히 이행한다는 것을 입증하기 위해 우리의 삶 속에서 역사하셨다. 구속사는 우리의 삶 속에서 지속된다. 구속사를 해석할 때, 성경은 인간의 경험을 뛰어 넘지만 배제하지는 않는다. 하나님의 백성들은 모두 하나님의 능력과 공급하심을 체험한 것에 대한 개인적인 기록을 갖고 있다.

우리는 하나님이 우리의 삶에 개입하신 이후 자신에게 반역한 우리를 구원하시며 우리의 필요를 공급하기 위해 어떻게 역사하셨는지를 정기적으로 되새길 필요가 있다. 우리의 삶을 통해 하나님의 신실하심이 선포된다. 우리는 개인 예배를 드릴 때 지금까지 하나님이 우리에게 어떻게 은혜를 베풀어 오셨는지 묵상해야 한다. 그래야 어떤 상황에서든 그분에게 끊임없이 소망을 두게 된다.

3) 소망은, 우리가 받은 영적 유산을 기억할 때 구축된다. 우리는 소외된 존재, 스스로 알아서 해야 하는 존재가 아니라 장구한 구속사의 일부라는 사실을 잊지 말아야 한다. 이 구속사는 에덴 동산에서 시작되어 이스라엘의 역사를 통해 면면히 흐르며, 예수님의 오심으로 중심점이 형성된다. 또한 교회를 통해 뻗어 나가 우리의 신앙 고백을 둘러싼 특정한 정황으로 확산되며, 그리스도의 재림에서 절정을 이룬다. 그리스도인인 우리는 하나님 **백성**의 일원이다. 우리는 창조 세계를 향한 하나님의 원대한 계획의 일부가 될 때 삶의 궁극적 의미를 발견한다.

애굽을 떠나기 전날, 모세는 백성들에게 그들의 **자손들이** "여호와께서 그 손의 권능으로 그들을 애굽, 곧 종 되었던 집에서 인도해 내셨기 때문에 그 날을 기념해야"(출 13:3)한다고 가르쳤다. 유월절은 이 날을 구체적으로 기억하기 위해 제정된 축하 의식이었다. 유월절은 하나님이 택하신 백성 **이스라엘**을 어떻게 구원하셨는지를 새롭게 되새기도록 할 것이며, 그러한 의식을 통해 이스라엘은 미래에 대해 소망을 품게 된다. 이스라엘과 하나님의 친밀한 관계는 이스라엘이 종노릇 했던 이방 나라에 대해 하나님이 오래 인내하신 역사에 기반을 둔다(참고. 신 26:1-11; 사 6:8-9; 삼상 10:17-19; 왕상 8:51-53 등). 호세아 13:4에 따르면, "그러나 애굽 땅에 있을 때부터 나는 네 하나님 여호와라. 나밖에 네가 다른 신을 알지 말 것이라. 나 외에는 구원자가 없느니라."

'성만찬'도 마찬가지다. 그리스도의 죽으심을 기억할 때, 우리는 미래를 내다보기 위해 과거를 회상한다. 완전한 형태로 "하나님의 나라가 임할 때까지"(눅 22:18), 예수님이 택하신 백성들과 다시는 언약의 식탁에 앉지 않으실 것임을 알기 때문이다.

4) 소망은, 하나님의 신실하심이 다른 이들의 삶을 통해 증거된다는 사실을 알게 될 때 구축된다. 하나님이 그들의 삶을 통해 역사하시면 할수록, 그분이 우리에게도 그렇게 하실 것이라는 확신은 굳어진다. 거꾸로 말해, 우리는 '우리 속에 있는 소망에 관한 이유를 묻는 자에게는 대답할 것을 항상 준비하되 온유함과 두려움으로 해야 한다'(벧전 3:15). 소망을 구축하는 일은 하나님의 백성들 안에서 서로 이루어야 하는 것이다.

5) 기도는 소망에 이르는 가장 중요한, 그리고 다른 모든 것이 궁극적으로 귀착되는 경로다. 기도로 끝맺음하는 것은 위에서 언급한 '실제적' 조언에 단순히 덧붙이는 거룩한 '추가 항목'이 아니다. 어떤 상황에서든 우리는 **마땅히** 기도해야 한다. 우리가 전심으로 하나님 그분께 의존할 때,

그분의 위대한 약속과 그 약속 뒤에 계시는 분의 실재와 대면할 수 있기 때문이다. 소망은 '영적 성장의 3단계'를 적용했을 때 자동적으로 나타나는 결과가 아니라, 하나님이 우리의 삶에 간섭하실 때 일어나는 결과다. 그리고 하나님은 우리의 '영적 훈련'에 갇힌 포로가 아니다. 소망에서 비롯된 순종의 삶에 이르는 경로는 궁극적으로 우리가 따르는 어떤 대상이 아니라 우리가 만나는 어떤 분이다. 말씀을 통해 자신을 계시하신 하나님을 알게 될 때, 그분의 약속에 소망을 품게 된다. 이로 인해 그분의 뜻에 순종하게 된다. 성경을 읽고, 우리가 받은 영적 유산―개인적이든 공동체적이든―을 되새기며, 다른 이들에게 귀를 기울이는 것은, 그 자체가 목적이 아니라 하나님이 자신을 계시하기 위해 사용하시는 수단이다. 우리가 살아 계신 하나님과 대면하지 못한다면 그것들은 무용지물일 뿐이다. 하나님만이 자신을 계시하신다. 그리고 그분은 원하는 시간과 장소에서 그렇게 하신다. 예수님은 성령이 바람과 같아서, "임의로 불매 우리가 그 소리는 들어도 어디서 와서 어디로 가는지 알지 못하나니, 성령으로 난 사람도 다 그러하니라"(요 3:8)라고 우리에게 일깨우신다. 따라서 사도 바울은 "소망의 하나님이 모든 기쁨과 평강을 믿음 안에서 너희에게 충만하게 하사 성령의 능력으로 소망이 넘치게 하시기를 원하노라"(롬 15:13)라고 기도한다.

복음이 주는 기쁜 소식은, 우리가 기도를 통해 하나님께 의존하고 있음을 표현할 때 성부 하나님이 자녀에게 좋은 선물 주기를 꺼리시는 것이 아니라, 오히려 자신의 성령을 주시는 것을 기뻐하신다고 예수님이 약속하신 것이다(눅 11:13). 그래서 바울이 에베소서 1:17-19에서 기도한 것처럼, 우리 또한 "우리 주 예수 그리스도의 하나님, 영광의 아버지"께 성령으로 우리 마음의 눈을 밝히셔서 "그의 부르심의 소망이 무엇이며, 성도 안에서 그 기업의 영광의 풍성함이 무엇이며, 그의 힘의 위력으로 역사하심을 따라 믿는 우리에게 베푸신 능력의 지극히 크심이 어떠한 것을 알게" 해 달라고 간구할 수 있다.

9. 예수님으로 인해 무엇이 달라지는가?

| 믿음, 용서, 거리낌없는 순종 |

> "그러나 무릇 여호와를 의지하며 여호와를 의뢰하는 그 사람은 복을 받을 것이라."
> 예레미야 17:7

> [예수님은] 자기에게 순종하는 모든 자에게 영원한 구원의 근원이 되시고.
> 히브리서 5:9

하루가 다르게 바뀌는 세상에서 믿음의 삶이 하나님의 능력, 공급하심 그리고 약속에 의해 닻을 내린다는 사실은 기쁜 소식이다. 상황은 바뀌겠지만 미래는 하나님 자신의 성품만큼이나 확실하다. 하나님을 신뢰하는 자들은 어떤 상황에서든 그분의 말씀에 소망을 둔다.

성경은 또한 하나님의 약속에 소망을 두는 자는 그분의 명령을 따른다고 분명히 말한다. "주를 향하여 이 소망을 가진 자마다 그의 깨끗하심과 같이 자기를 깨끗하게 하기" 때문이다(요일 3:3). 그러므로 '거룩한 마음을 품는' 자들은 악에서 떠나며, 약한 자들을 보호하며, 정의를 위해 애쓰며, 평화를 추구한다. 또 아낌없이 베풀며, 나아가 원수까지도 사랑한다(시 34:14; 37:3; 사 1:17; 눅 6:27-35; 갈 6:10; 살전 5:15; 딤전 6:18; 히 13:16).

하지만 많은 그리스도인이 하나님의 명령은 우리에게 용서가 필요하다는 사실을 보여 주기 위한 방편에 지나지 않는다고 생각한다. 이러한 관점에서 보면, 율법이 하는 주된 일은 우리를 내몰아 율법을 지킬 능력이 없다는 것 때문에 절망에 빠지게 하는 것이다. 그리하여 우리는 율법에서 복음으로, 순종하라는 요구에서 은혜의 선물로 끊임없이 돌아서게 된다. 이러한 견해를 가진 사람들은 그리스도가 그리스도인들의 삶에서 율법을 무효화시킨다고 본다. 그들에게 믿음의 삶이란 그리스도 안에서 전적으로 하나님의 용서를 받아들이는 삶이다. 왜냐하면 우리가 순종하기 위해 아무리 애를 쓰더라도 그것은 어차피 죄로 오염되어 있기 때문이다. 따라서 믿음은 순종하라는 요구를 대체한다.

일단 어떤 사람이 믿음을 갖게 되면, 성경의 명령이 그리스도인의 삶과 하나님을 섬기는 방식에 관한 건전한 '조언'처럼 들린다고 믿는 사람들이 있다. 그 조언을 따르면 구원이라는 선물뿐 아니라 하나님이라는 보상까지 덤으로 받게 된다는 것이다. 이런 관점에서는, 그리스도께서 순종을 가능하고 바람직한 것이 되게 하시지만 구원의 필수 조건이 되게 하시지는 않는다. 따라서 경건은 하나님의 '최고'를 추구하는 일이며, 그렇게 할 때 우리는 순종을 통해 하나님을 섬기고자 하는 갈망, 성실 그리고 감사를 드러낸다. 순종은 이렇게 해서 믿음에 덧붙여진다.

하나님의 계명에 순종하는 것을, 믿음을 '입증하는' 필요 조건으로 여기는 사람들도 있다. 그들은 누군가의 믿음이 참되다면 다른 어떤 것보다 순종이 믿음을 드러내는 마땅한 표지가 된다고 생각한다. 다시 말해, 실로 믿음이란 우리를 구원하시는 하나님의 은혜에 대한 인간의 반응이다. 그러므로 순종하라는 촉구는 순종을 통해 믿음의 진정성을 드러내라는 촉구가 된다. 참된 믿음은 순종으로 이어지기 마련이다. 따라서 그리스도인이 누리는 행복한 삶의 전제 조건 **두** 가지는 신뢰**와** 순종이다.

요컨대, 순종은 가능하거나 바람직한 것일 수도 있고, 그리스도를 신뢰하기 때문에 필연적으로 생기는 **부산물**일 수도 있다. 하지만 그 자체로는 그리스도를 신뢰하는 것의 참된 의미를 본질적으로 드러내지 못한다. 대다수 그리스도인이 은혜의 복음을 타협의 대상으로 삼지 않으려면, 믿음과 소망을 순종과는 별개로 생각해야 한다. 따라서 "행위에서 난 것이 아닌 하나님의 선물"인 "믿음으로 말미암아…은혜에 의하여" 구원을 얻는다는 것(엡 2:8-9)은, 인간의 모든 행위, 그리스도로 말미암은 "선한 일"(엡 2:10)까지도 하나님을 믿는 것과 무관하며 다르다는 것을 의미하게 된다.[1]

따라서 믿음과 순종이 불가분의 관계에 있다 하더라도 그것들은 하나님과 관계를 맺는 두 가지 **다른** 방식으로 간주된다. 이러한 관점으로 보면, 믿음이란 하나님의 선물을 마지못해 받아들이거나, 감정적 차원에서 수락하거나, 복음의 진리에 단순히 심정적으로 동의하는 것이다. 그에 반해 순종은 하나님의 명령을 자신의 의지로 따르겠다는 행위다. 그렇듯 순종은 흔히 믿음에 대한 **반응** 혹은 믿음의 **소산**으로 장려되거나 요구된다. 순종은 구원을 넘어서 하나님의 보상을 획득하거나 믿음이 참되다는 것을 보여 주는 방식이 되기 때문이다. 그럼에도 불구하고 구원이 "행위"의 문제가 되지 않으려면, 순종을 믿음 자체에 대한 본질적 표현으로 간주해선 안 된다.

게다가 이렇게 생각하는 많은 사람은 하나님이 완전함을 요구하시기에 애초부터 어떻게든 믿음과 행위를 하나로 통합하려는 시도를 할 수밖에 없다는 극단적인 주장까지 할 것이다. 죄인인 우리의 순종은 불완전할 수밖에 없으며, 하나님께 순종하기 위해 아무리 애를 쓰더라도 그 동기가 순수할 리 없다. 그러므로 순종을 믿음의 삶으로 편입시키려는 어떤 시도도 그 자체가 은혜에 대한 우리의 필요를 부인하는 것이다.

하지만 순종을 믿음에 대해 **반응하라는 권고 사항**으로 간주하든 믿음을 **보완하는 필수 사항**으로 간주하든, 두 입장 모두 신뢰할 수 없기는 마찬가지다. 또 두 입장 모두 하나님과의 언약 관계에서 핵심이라 할 수 있는 믿음과 소망과 순종이 불가피하게 합쳐져 있다는 사실이나 우리를 변화시키는 하나님의 은혜의 본질을 제대로 다루지 못한다(제2장을 보라). 성경은 순종—우리의 삶에서 바람직하지만 필수적이라고는 볼 수 없는 믿음의 소산—이 단지 믿는 자들에게 주는 훌륭한 조언일 뿐이라고 말하지 않는다. 또한 순종은 믿음이 그보다 앞선다는 증거로서 혹은 '더 심오한 기독교적 삶'을 영위하기 위한 다음 단계로서 언제든 추가할 수 있는 사항도 아니다. 그리고 하나님이 우리에게 계명을 주신 목적은 단지 우리가 죄인임을 드러내시기 위함이 아니다. 요컨대, 순종이 없다면 믿음과 소망도 없다. 하나님의 계명에 대한 순종이 믿음 그 **자체**를 꽃피우기 때문이다.

예수님의 불가항력적인 요구

하나님의 능력, 공급하심, 약속 및 계명이 불가분의 관계에 놓여 있다는 사실은 구약 성경을 성취하시는 예수님의 설교에서 핵심을 이룬다. 예수님이 전하시는 메시지의 핵심은 이중적 선언이다. 1) 하나님의 나라가 자신의 삶과 사역 안에 그리고 그것을 통해 지금 이루어지고 있기 **때문에**, 2) 사람들은 회개하고 이 복음을 믿어야 한다(마 4:17; 막 1:14-15; 참고. 사 52:7; 61:1. 이들 구절에서 우리는 "복음"이라는 이름을 접하게 되는데, 그 내용은 이 세상에서의 하나님의 지배와 다스림, 곧 하나님의 "나라"다). 하나님이 능력 있는 구원의 통치("하나님의 나라")를 **펼치신다**(provision)는 사실은, 예수님의 **명령** 즉 우리에게 자기 의존의 죄를 떨쳐 버리고 하나님의 약속을 신뢰하라는 명령을 뒷받침한다. 이것이 사실인 까닭은, 택하신 백성들에게는 선을 베푸시고 악한 자들에게는 심판을 내리시는 하나님의 주권적 뜻이 이제 이 세상에서 펼쳐지기 시작하리라는 약속과 함께 하나님 나라의 여명이 밝아오기 때문이다. 예수님이 기적을 베푸시고 귀신을 쫓아내신 것은 모두 자신의 명령("회개하고 복음을 믿으라!")의 타당성을 뒷받침하기 위해 자신의 주장("하나님의 나라가 가까이 왔다!")이 사실임을 입증하시려는 것이었다. 예수님은 자신의 사역에 의혹의 눈길을 보냈던 자들에게 이렇게 말씀하셨다. "내가 만일 하나님의 손을 힘입어 귀신을 쫓아낸다면 하나님의 나라가 이미 너희에게 임하였느니라"(눅 11:20).

바꿔 말해 예수님의 이적 행사와 귀신 축출은 하나님의 나라가 분명히 도래했을 뿐 아니라 신뢰할 만한 것임을 보여 주는 '생생한 비유' 그 자체였다. 그 비유는 하나님의 나라가 우리 곁에 왔으며, 민족·인종·성(性)·사회 계층 혹은 죄와 상관없이, 회개하고 예수님을 믿는 모든 사람에게 열려있음을 입증한다. 실제로 예수님이 선포하신 하나님 나라의 복음은, 믿는 자는 **누구나** 용서하시겠다고 약속한다. 천국에 들어가는 것을 막는 유일한 장애물은 자신이 그렇게 할 필요가 없다고 생각하는 것이다(막 2:1-17; 5:21-34; 7:24-30; 눅 24-47; 행 2:38; 10:43; 13:38; 엡 1:7; 골 1:14).

예수님은 어떻게 이처럼 놀라운 약속을 하실 수 있을까? 그분 자신의 말대로, 왕이신 메시아로서 죄를 용서하시는 것이 중풍병자를 고치시는(막 2:9) 것만큼이나 "쉬운" 일이기 때문이다. 당시 유대교 지도자들은, 치유는 믿음이 있으면 가능하겠지만 죄의 용서는 전적으로 하나님의 소관이라고 생각했다. 그들이 보기에 예수님의 주장은 신성모독이었다. 그들의 주장대로 "하나님 한 분 외에는 능히 죄를 용서할 자가 없기"(막 2:7) 때문이다. 따라서 예수님이 중풍병자를 고치신 것은 자신이 거룩한 인자(Son of Man)이자 메시아로서 이 땅에서 죄를 심판하실 뿐 아니라 용서할 권세도 있으심을 보여 주기 위함이었다(막 2:10; "인자"의 역할은 하나님의 백성들을 일으켜 천국의 권세를 부여받은 그들로 하여금 하나님을 대리해 세상 나라들을 심판하고 통치할 수 있게 하는 것이다. 예수님께 이러한 칭호를 붙인 배경에 대해서는 단 7:13-27을 보라).

하지만 이것이 예수님이 전한 메시지의 전부는 아니다. 예수님은 하나님의 자비를 힘입어 하나님 나라에 받아들여진 **특징적인 결과**로서 순종을 요구하셨다. 이것은 누구도 부인할 수 없는 사실이기에 예수님은 요한복음 15:14에서 제자들에게 이렇게 말씀하신다. "**만일** 너희가 내가 명하는 대로 행하면 곧 나의 친구라"(강조는 저자의 것). 누가복음 6:46에서 예수님은 "너희는 나를 불러 '주여, 주여' 하면서도 어찌하여 내가 말하는 것을 행하지 아니하느냐?"라고 책망하신다. 그리고 부자 청년이 예수님께 "무슨 선한 일을 하여야 영생을 얻으리이까?"라고 묻자마자 예수님은 그의 관심을 계명으로 돌리신다(마 19:16-22; 막 10:17-22; 눅 18:18-23). 나아가 예수님은 제자들에게 "내가 너희에게 분부한 모든 것을 [너희를 따르는 자들에게] 가르쳐 지키게 하라"라고 명하신다. 이는 '지상 명령'의 본질적인 모습이다(마 28:20). 이런 까닭에, 심판 날 예수님은 "주여, 주여" 하는 사람들에게 "내가 너희를 도무지 알지 못하니, **불법을 행하는 자들**아 내게서 떠나가라"(마 7:23)라는 충격적 선언을 하신다. "[예수님께] '주여, 주여' 하는 자마다 다 천국에 들어갈 것이 아니요, 다만 하늘에 계신 내 아버지의 뜻대로 행하는 자라야 들어가"기 때문이다.

우리는 예수님이 하신 말씀을 액면 그대로 받아들여야 한다. 하나님의 명령에 **순종**하는 것은 그리스도를 신뢰한다는 표현이다. 예수님의 심판을 통과하는 기준은 말이 아니라 행실이다. 예수님에 대한 사랑은 그분의 명령에 대한 순종으로 판가름이 난다(요 14:15; 15:14). "**나의 계명을 지키는** 자라야 나를 사랑하는 자니"(요 14:21, 강조는 저자의 것). 기적을 베푼다고 해서 하나님의 명령 이행을 면제 받을 수 있는 것은 아니다(마 7:22).

예수님의 용서의 복음은 거룩해지라는 성경의 요구와 무관하지 않다. 순종은 믿음의 '다음 단계'가 아니다. 그러므로 '예수님을 구세주로 영접하는 일'은 '예수님을 주님으로 영접하는 일'로 보완하지 않으면 안 된다. 우리는 은혜로 구원받은 다음 자신의 노력으로 성화되는(거룩해지는) 것이 아니다. 그리스도인이 된다는 것은 하나님의 뜻에 우리의 뜻을, 그분의 노력에 우리의 노력을 덧붙이는 일이 아니다. 그 반대다. 히브리서 12:1-2은 우리에게 이렇게 말한다.

> 모든 무거운 것과 얽매이기 쉬운 죄를 벗어 버리고, 인내로써 우리 앞에 당한 경주를 하며, 믿음의 주요 또 온전하게 하시는 이인 예수를 바라보자.

그런데 이 본문도 오해의 소지가 있다. 인내로써 경주할 때(믿음의 삶을 살아낼 때) 필요한 두 가지—**죄를 벗어 버리는** 것과 믿음의 주요 또 온전케 하시는 **예수님을 바라보는** 것—가 별개라는 인상을 주기 때문이다. 하지만 이 둘은 서로 무관하지 않다. 가령 우리가 믿음의 경주를 완주할 수 있도록 예수님이 도와주신다면 그리고 믿음의 경주를 완주할 때 마땅히 죄를 벗어버려야 한다면, 예수님은 그 때에도 우리와 함께하신다. 죄 문제가 해결되지 않으면 믿음으로 인내할 수 없기 때문이다.

따라서 "죄를 벗어 버리는 일"은 믿음의 작용이며, 이는 곧 인내에 이르는 수단이 되고, 인내는 시종일관 예수님을 믿을 때에만 가능하다. 바꿔 말해, 불신으로 인한 불순종을 회개하고, 그로 인해 가능해진 믿음으로 인내하는 삶—하나님께 대한 **순종**이 필연적으로 수반되는—을 살아내는 것은 '예수님을 바라보는 것'에 대한 동일한 표현이다. 어느 하나가 없으면 다른 하나도 있을 수 없다. 죄의 회개, 그리스도에 대한 믿음 그리고 순종은 서로 유기적으로 매우 긴밀하게 연결되어 있기 때문에, 히브리서 저자는 "믿음의 주요 온전케 하시는" 예수님이 "자기에게 **순종하는** 모든 자에게 영원한 구원의 근원이 되신다"(히 12:2; 5:9, 강조는 저자의 것)라고 말한다.

구원을 얻기 위해 우리가 해야 할 일은 둘이 아니라 오직 **하나**다. 그것은 하나님이 삶의 필요를 채워 주실 것으로 믿는 일이다. (그리스도 안에서 극명하게 드러났듯이) 하나님이 공급해 주신다고 믿는 신앙은, 상황이 바뀔 때마다 우리가 하나님을 신뢰하는 법을 더 철저하게 배우는 가운데 **수없이** 회개하고 순종하는 일("모든 무거운 것과 얽매이기 쉬운 죄를 벗어 버리는 것")을 통해 처음부터 끝까지 분명하게 드러날 것이다.

율법의 완성

그렇기에 마태복음 5:17에서 예수님은 자신이 "율법이나 선지자를 폐하러" 온 줄로 생각하지 말고 완성하기 위해 온 것으로 이해하라고 제자들에게 주의를 환기시키신다.[2] 이 말씀은 정결 의식 규정, 음식물 제한 규정 및 희생 제사를 비롯한, 옛 언약법의 영향을 받는 삶의 모든 영역에 적용된다. 율법을 완성할 필요가 있다는 사실은 옛 언약 아래 있던 이스라엘의 역사를 살펴보면 금방 알 수 있다. 옛 언약 아래 있던 대다수 이스라엘 백성은 마음이 여전히 완악했고 성령이 아니라 율법을 받았기에, 하나님의 율법은 그 율법의 참 뜻을 실천할 수 없는 사람과 맞닥뜨렸던 것이다(출 32:9; 33:3-5; 34:9; 신 29:2-4; 사 6:9-13; 29:13; 겔 20:5-29). 그렇기 때문에 '문자'(성령 없는 율법)는 이스라엘을 하나님의 언약에 따른 저주 아래 가두어 그들을 '죽인다'(고후 3:6; 참고. 출 32:15-29; 신 27:15-26; 28:15-68; 29:16-28; 갈 3:10).

그럼에도 불구하고 하나님은 이스라엘을 선택하여 그분의 임재의 처소로 삼으셨고, 이로 인해 이스라엘은 여느 민족들과는 구별된 민족이 되었다(출 33:16; 왕상 8:14-53). 그런데 이스라엘이 언약에 충실하지 못해 하나님의 영광을 온 천하에 드러내라는 사명을 완수할 수 없게 되자(출 19:1-6), 하나님은 '상징적 거룩함'(symbolic holiness)을 제정하셔서 자신이 이스라엘 백성들 가운데 늘 계심을 드러내셨다. 따라서 이스라엘은 심령의 변화가 아니라 율법에 따른 할례, 음식 규정, 정결 의식 행위와 같은 일련의 상징적 행위들에 의해 여느 민족들과 구별('거룩')되었다. 이스라엘 백성들의 마음이 완악해지면서 십계명조차도 일상의 삶을 통해 사랑을 구체적으로 드러내기보다 오히려 강제 수단으로 전락해 겉으로만 지켜질 뿐이었다. 그러므로 옛 언약 아래 있는 이스라엘 민족이 **영적으로** 여느 민족들과 별반 다를 것이 없게 되자, 율법은 이스라엘을 **상징적으로만** 구별해 주는 역할을 할 뿐이었다.

예를 들어 보자. 할례를 통해 이스라엘은 다른 민족들과 인종적으로는 구별되었지만, 할례의 원래 의도는 성령에 의해 변화된, '할례 받은' 마음의 실제를 가리키는 데 있었다(신 10:16; 렘 4:4; 롬 2:25-29). 마찬가지로 성전에 들어가려면 정결 의식이 필요했지만, 정결 의식의 본래 의도는 하나님의 임재 안으로 들어가려면 마음이 정결해야 한다는 사실을 지적하는 데 있었다(레 10:8-15:33; 시 24:3-6; 51:10-17; 렘 13:27; 히 10:22). 옛 언약 아래서 드린 희생 제사 또한 그리스도의 죽음만이 단 하나의 참된 희생 제사임을 시사했다. 출애굽을 기념하는 유월절은 하나님의 백성들이 상황적으로 뿐 아니라 영적으로도 구원받는, '제2의 출애굽'이라 할 바벨론 포로 귀환의 전조가 되었다(사 4:2-6; 40:3-5; 43:1-3, 14-21; 64:1-4). 소가 뿔로 들이받았을 때의 처리 방법(출 21:28-36), 계약 위반에 대한 조치(출 22:9-10), 혹은 추수 때의 수확으로 가난한 자들을 돕는 것(레 19:9; 23:22)과 같은 시민법은 경제적 상황에서 베푸는 참된 사랑의 모델을 보여 주려는 의도로 제정되었지만, 경건치 않은 민족이 지켜야 할 사회 질서로서의 역할을 담당하기도 했다. 이스라엘 역사에서 신정 정치법과 왕권의 제정은 하나님이 자신의 아들, 곧 다윗 계열의 메시아를 통해 자신의 백성을 친히 통치하시게 될 그 날을 예표했다(삼하 7:12-16). 마지막으로, 약속의 땅조차도 그 자체가 목표가 아니라 창세기 1:28을 완성하기 위해 하나님의 통치를 땅 끝까지 확산시키는 하나의 발판이 될 터였다.

율법 전체가 하나님의 성품과 약속을 구체화했고 앞으로 다가올 현실을 미리 가리켰다는 것을 알게 된 이상, 예수님이 율법 자체를 열등하거나 부적절한 것으로 여겨 거부하지 않으셨음은 분명해진다. 또한 예수님은 율법이 너무 많은 것을 요구하기 때문에 그것을 파기하신 게 아니다. 마치 복음이 하나님의 거룩하심을 한층 작은 현실로 만들기라도 한 것처럼 말이다. 오히려 예수님은 자신의 죽음으로 완전한 속죄 제물이 되시기 위해 삶 가운데 율법을 완전히 **성취하셨다**. 따라서 예수님의 형상을 끊임없이 닮아가는 사람들은 율법의 외형적 준수가 아니라 변화된 마음에서 나오는 변화된 삶에 의해 열방으로부터 구별된 백성이 된다(고후 3:18; 4:4-6; 5:15-17; 벧전 2:9-12). 사실 예수님의 대속적 죽음으로 하나님의 변화시키시는 임재가 우리 가운데 거할 수 있게 되었기 때문에, 하나님 나라의 도래(하나님이 택하신 백성의 삶을 통치하시는 것)는 우리에게 하나님의 율법에 순종하는 삶을 살라고 단호하게 요구한다. 그리고 예수님은 천지가 없어지기 전에는 율법이 결코 "없어지지" 아니할 것이라고 역설하셨다(마 5:18; 눅 16:17).

그러므로 산상 수훈은 예수님을 새 율법을 가지고 온 제2의 모세로 소개하지 않는다. 복음의 불가항력적 요구는 예수님이 몸소 재확인하시고 가르치신 그대로 하나님의 명령에 순종하라는 것이다(마 7:24-27; 11:29; 28:20). 예수님은 율법의 외적 순종이 마음의 성품으로 이어져야 한다고 지적하시면서, 율법과 예언자들이 처음부터 요구한 것을 단순히 강조하고 계신다. 그리하여 자신을 따르는 자들에게 율법의 **본래 정신**을 '되살리라'고 선언하신다.³⁾

이런 이유로 예수님은 옛 언약 아래서의 간음을 새로운 언약 아래서의 음욕과, 살인을 분노와 연결하셨으며, 복수를 자기 희생과, 이웃 사랑을 원수 사랑과 대비하셨다. 그렇기에 바울은 우상 숭배를 탐심과 동일시하며, 예수님의 말씀대로 율법 전체를 네 이웃을 네 몸과 같이 사랑하라는 명령으로 요약할 수 있었다(마 5:21-48; 22:34-40; 막 12:28-34; 롬 13:8-10; 갈 5:14). 이것은 또한 히브리서가 믿음의 삶이라는 관점에서 안식을 이해하는 이유가 되기도 한다(히 4:1-10). 위의 성경 구절들을 관통하는 원리는 마가복음 7:14-23에 예시되어 있다. 여기서 예수님은 밖에서 들어가는 것이 사람을 더럽게 하는 것이 아니라 "사람에게서 나오는 그것이 사람을 더럽게 하기"(막 7:20) 때문에 제자들이 더 이상 정결 의식을 지킬 필요가 없다고 말씀하신다. 예수님의 제자들이 더 이상 정결 의식법을 지키지 않은 것은 그 법이 잘못되었기 때문이 아니라 그들의 마음이 이미 정결하게 되었기 때문이었다. 제자들은 외면적으로가 아니라 내면적으로 깨끗해진 것이다. 예수님을 따르는 자들은 외적 상징이나 시민법의 강제에 의해서 세상과 구별되기보다 마음에서 나온 삶의 다른 방식을 드러낸다(막 7:21-22). 그리고 그 현실이 나타나면 옛 언약 아래서 그것을 가리켰던 상징들은 개인적인 선호의 문제가 된다. 새 언약 아래서 순결한 삶을 통해 드러나는 정결한 마음은 손을 씻는 옛 관습을 대체한다. 비록 율법이 '의식법'과 '도덕법'을 구별하지 않더라도 두 가지 법 모두 옛 언약 규정으로서 동일한 기능을 발휘하기 때문에, 이것은 이른바 '도덕법'에 그대로 적용된다.

따라서 옛 언약 아래 있는 이스라엘은 살인하지 말라는 명령을 받은 반면, 새 언약 아래서 예수님을 따르는 자들은 심령이 변화되었기에 화조차 낼 수 없었다! 그리고 화를 내지 않는 사람들은 살인에 대해 걱정할 필요가 없다. 마찬가지로, 예수님의 죽음으로 말미암아 옛 언약에 따른 희생 제사가 완성되었기에, 그것을 둘러싼 의식 규정들은 하나님의 백성들의 변화된 마음에 상응하는 규정에 의해 완성되었다(참고. 고전 11:23-34 등). 하나님이 거하시는 성전이 된다는 것에는 그 의미와 더불어 하나님 자신의 거룩하심을 드러내라는 요청이 뒤따른다(참고. 고전 6:12-20; 고후 6:14-7:1).

그렇다고 해서 복음이 우리와 하나님의 계약 관계의 본질을 재정립하기라도 하듯, 율법 없는 상태로 가자는 얘기는 아니다. 오히려 그 반대다! 하나님이 그리스도 안에서 이루신 구원 행위—그로 인해 우리는 최후의 심판 전에 용서를 받았으며, 성령을 선물로 받았으며, 죄의 사슬에서 해방되었고, 또한 의롭다는 인정을 받았다(역사적 서언)—는 그분의 명령에 순종한다는 의미로 하나님의 약속을 신뢰할 것을 요구하며(언약 규정), 이는 그리스도가 재림하시는 날 우리가 반역죄로 정죄를 받기보다 오히려 의롭다는 판결을 받을 수 있도록(언약 축복과 저주) 하기 위함이다. 그리스도인은 율법을 거부하지도, 대체하지도 않는다. 그들은 삶을 통해 율법이 지적하는 바로 그 현실을 드러낸다! 그들은 자신의 전 존재로 하나님을 그리고 이웃을 자신의 몸과 같이 사랑한다.

종교적 관습의 상징적 기능이 새 언약의 실재를 가리키고 있음을 감안한다면, 그리스도인들은 특히 유대인들에게 복음을 전하고 유대교 신자들과 더불어 예배드릴 때 자신의 믿음을 증거하기 위해 옛 언약에 따른 종교적 관습들을 지킬 수도 있다(행 21:17-26; 롬 14:1-12; 고전

9:19-23). 그러나 그리스도께서 오신 이상, 어떤 믿는 자가 하나님의 온전한 백성이 되기 위해 꼭 유대인이 되어야 하는 것처럼 옛 언약이 새 언약의 믿는 자들을 **속박하는** 일이 있어서는 안 된다. 그렇게 한다면 새 언약이 수립되는 근거가 되며, 옛 언약이 줄곧 가리켜 왔던 하나님의 은혜의 행위인 그리스도의 십자가의 효능과 능력을 부인하는 일이 될 것이다(갈 2:21). 이를 훤히 꿰뚫은 바울은 유대인 선교를 위해 디모데에게 할례를 행할 수 있었지만 그렇게 하지 않는다. 오히려, 그리스도인들도 성령 충만을 받으려면 할례가 필요하다고 주장했던 '유대주의자들'(Judaizers)을 호되게 나무란다(갈 2:4-5; 5:2-12; 6:12; 빌 3:2).

율법[결국, 율법 그 자체는 할례, 정결 의식, 살인과 간음 금지, 음식물 정결하게 하기(kosher) 및 절기 지키기 등을 명하지 않던가!]은 지킬 필요가 없다고 주장하는 반면, 하나님의 명령은 지키라고 요구하는 것과 같은 명백한 모순이 생기는 까닭은 옛 언약의 상징적 기능이 이제 더 이상 힘을 쓰지 못하기 때문이다. 그리스도께서 그 언약이 가리켰던 실재를 수립하신 이상 말이다. 다음의 대비를 통해 율법의 기능이 옛 언약과 새 언약 아래서 어떻게 다른지 분명히 드러난다.

고린도전서 7:19상	할례 받는 것도 아무 것도 아니요 할례 받지 아니하는 것도 아무 것도 아니로되,
갈라디아서 5:6상	할례나 무할례나 효력이 없으되,
갈라디아서 6:15상	할례나 무할례가 아무 것도 아니로되,
고린도전서 7:19하	오직 하나님의 계명을 지킬 따름이니라.
갈라디아서 5:6하	사랑으로써 역사하는 믿음뿐이니라.
갈라디아서 6:15하	오직 새로 지으심을 받는 것만이 중요하니라.

새 언약이 등장한 이상, 옛 언약 아래서 이스라엘이라는 민족의 일원이 되어 유대인처럼 사는 것은 더 이상 중요하지 않다. "할례 받는 것도 아무 것도 아니요, 할례 받지 아니하는 것도 아무 것도 아니다." 이제 중요한 것은 믿음을 구체적으로 드러내기 위해—그리스도 안에서 "새로운 피조물"이 된다는 것(고후 5:17)이 어떤 의미인지를 보여 주는—이웃을 네 몸과 같이 사랑하라는 율법의 요구를 성취하느냐이다. 더욱이 위의 대비는 '새로운 창조'(갈 6:15하)가 '하나님의 계명 준수'(고전 7:19하)로 특징지어지는 믿음의 삶을 살아내는 것임을 보여 준다. 하나님의 계명을 지킨다는 것은 "사랑으로써 역사하는 믿음"(갈 5:6하)이라는 의미로 해석할 수 있다. 새 언약이 등장한 이상 중요한 것은 바로 그것이다.

새 언약

예수님이, 이스라엘이 그토록 기다려 왔던 메시아**이기** 때문에, 그분이 순종을 요구한다고 해서 놀랄 필요는 없다. 그러한 요구는 예언자들이 약속한 "새 언약"(눅 22:20; 고전 11:25; 고후 3:6; 히 8:1-13; 10:16)의 시대를 예수님이 여셨다는 사실을 암시할 뿐이다. 새 언약의 윤곽을 묘사한 것 중 가장 의미심장한 것은 예레미야 31:31-34에 나타나는데, 여기서 전개되는 논지는 다음과 같이 개별 주장으로 요약되고 나누어진다(중괄호로 묶은 어구는 그 구절의 논리에 대한 나의 이해를 나타낸다).

[31] "여호와의 말씀이니라, 보라 날이 이르리니
　　내가 이스라엘 집과 유다 집에 새 언약을 맺으리라.
[32상] [특히] 이 언약은 내가 그들의 조상들의 손을 잡고
　　애굽 땅에서 인도하여 내던 날에 맺은 것과 같지 아니할 것은…
[32중] [왜냐하면] 그들이 내 언약을 깨뜨렸음이라

³²ʰ [비록] 내가 그들의 남편이 되었어도, 여호와의 말씀이니라(NRSV의 어순을 따름—편집자 주)

³³ˢ [이 점에서 새 언약이 다른 이유는] 그 날 후에 내가 이스라엘 집과 맺을 언약은 이러하니, 곧 내가 나의 법을 그들의 속에 두며 그들의 마음에 기록할 것이기 때문이다. 여호와의 말씀이니라.

³³ʰ [이러한 새 언약의 결과는] 나는 그들의 하나님이 되고 그들은 내 백성이 될 것이라

³⁴ˢ [내가 그들의 하나님이 되고 그들이 내 백성이 되는, 이러한 새 언약의 궁극적인 결과는] 그들이 다시는 각기 이웃과 형제를 가리켜 이르기를 너는 여호와를 알라 하지 아니하는 것이다.

³⁴ᶜ [왜냐하면] 작은 자로부터 큰 자까지 다 나를 알기 때문이라. 여호와의 말씀이니라.

³⁴ʰ [이 모든 것의 토대는] 내가 그들의 악행을 사하고 다시는 그 죄를 기억하지 아니하는 것이다."

우리는 여기서 새 언약이야말로 이스라엘이 하나님께 고집스레 반역해 온 고질적인 문제에 대해 하나님이 약속하신 응답이라는 사실을 주목할 필요가 있다. 이스라엘의 역사가 언약에 대한 불성실로 점철되어 왔음을 고려할 때, 하나님은 예레미야 자신은 물론이려니와 모세가 중재에 나선다 하더라도 바벨론 포로라는 심판을 통해 다가올 하나님의 분노를 피할 수 없을 것이라고 선언하신다(렘 15:1; 비교. 9:12-16; 11:14; 14:11). 여호와는 예레미야를 통해 이렇게 선언하셨다.

"너희 조상들이 애굽 땅에서 나온 날부터 오늘까지 내가 내 종 선지자들을 너희에게 보내되 끊임없이 보내었으나, 너희가 나에게 순종하지 아니하며 귀를

기울이지 아니하고 목을 굳게 하여 너희 조상들보다 악을 더 행하였느니라"(렘 7:25-26).[5]

따라서 이 시점에서 필요한 것은 하나님의 백성들이 머리에서 발끝까지 철저히 변화되어 하나님과 새로운 관계를 맺는 일이다. 그래서 예레미야는 목이 곧은 이스라엘이 더 이상 예전처럼 하나님께 불순종하지 않게 될 **미래**를 내다본 것이다. 예레미야 31:31에서 미래에 이루어질 언약을 묘사하는 데 사용되는 '새로운'이라는 형용사는 성취되지 않은 현실을 가리키는데, 예레미야는 이것을 바벨론 포로 생활로 인한 파멸 이후 이스라엘의 유일한 희망으로 제시하고 있다(비교. 렘 31:1-30, 35-40).

둘째, 예레미야 31:32-33에서는 이러한 새 언약의 본질을 출애굽 당시의 선조들과 맺은 시내 산 언약과 대비하여 묘사한다(참고. 렘 11:1-6). 불길한 소식이라면, "[여호와께서] 너희 열조를 애굽 땅에서 인도하여 낸 날부터"(렘 11:7) 예레미야 당시의 이스라엘과 유다(렘 11:99-10; 비교. 22:9-10)[6]뿐 아니라 선조들도 "[각각] 그 악한 마음의 강퍅한 대로"(렘 11:8) 행하여 옛 언약을 파기했다는 사실이다. 그래서 그들은 하나님의 진노를 사게 된다(렘 11:11). 극명하게 대비되는 옛 언약과 새 언약 사이의 본질적 차이는, 새로운 **형태**의 언약이 세워지거나 새로운 **내용**이 옛 언약에 추가되는 것이 아니라 시내 산 언약과 달리 새 언약은 **파기되지** 않을 것이라는 사실이다. 시내 산 언약과 달리 새 언약은 "잊을 수 없는 영원한 언약"(렘 50:5)이 될 것이다.

예레미야 31:33은 이 같은 확신에 대한 근거를 제시한다. 하나님이 자신의 계명을 "그들의 속에" 혹은 "그들의 마음에 기록하실" 것이기 때문에 새 언약은 파기되지 않을 것이다.[7] 율법을 그들의 마음에 기록하는 일은 유다의 죄가 "금강석 끝 철필로 기록되되 그들의 마음 판…에 새겨진"

(렘 17:1) 예레미야 당시의 상황을 뒤엎는 것이다. 바꿔 말해, 목이 곧은 이스라엘의 불순종은 하나님의 율법이 의도한 대로 언약 규정에 대한 순종으로 대체될 것이다. 이스라엘이 출애굽 이후 줄곧 하나님께 고집스레 반기를 들었던 배경을 살펴볼 때, 이같이 "율법을 마음에 기록하는" 일은 새 언약 아래서 이스라엘의 불순종에 근본적인 **변화**가 있게 될 것임을 시사한다. 하나님의 계명과 이스라엘의 "마음"의 욕망이 충돌을 빚곤 했던 옛 언약(참고. 민 15:39)과 달리 새 언약 아래서는 하나님의 계명과 택함 받은 백성들의 내적 갈망과 결단 사이에 조화가 이루어질 것이다.

그렇기에 율법이 마음 '속에'(within) 그리고 "마음에 기록된다"는 이미지는 하나님의 율법을 기꺼이 받아들이고 지키려는 사람을 연상시킨다. "새 언약" 아래서는 율법이 폐기되거나 그것을 마지못해 지키는 일은 없을 것이다. 자신을 정당화하는 명예의 상징으로 사용되는 일도 없을 것이다. 오히려 율법은 그것을 받아들이는 사람들의 마음을 변화시켜 언약 규정(겸허히 회개하고 통회하는 마음을 가져 하나님의 자비와 용서를 구하라는 촉구를 비롯한—시 51:117; 미 6:8; 마 23:23)을 지키게 할 것이며, 그로 인해 하나님과의 신실한 관계가 지속되고 하나님이 언약을 통해 하신 약속—"나는 그들의 하나님이 되고 그들은 내 백성이 될 것이라"(렘 31:33 하)—이 성취될 것이다.

셋째, 33절은 율법 준수가 하나님의 구속 행위에 대한 **응답**으로서(비교. 렘 31:1-30) 하나님과 그분의 백성들 사이에 수립된 새로운 언약 관계를 유지시켜 줄 것임을 입증한다. 예레미야 31:31-33은 새 언약 아래서 율법의 무효화를 선언하기보다 오히려 정반대를 역설한다. 율법을 무시하기는커녕, 예레미야는 시내 산 언약과 새 언약의 차이를 드러내는 것이 바로 변화된 본성을 가진 결과로서 율법을 준수할 수 있는 능력임을 강조한다. 두 언약의 차이는 언약 준수 조건의 차이(말하자면, 순종 대 믿음)가 아니라 동일한 율법에 대한 반응의 차이다.

마지막으로, 34절은 하나님의 백성들이 변화되리라는 약속의 결과와 그것의 궁극적 토대에 대해 언급한다. 새 언약의 백성들은 하나님의 율법을 마음 판에 새겨 놓았기 때문에 더 이상 혼성 집단—그 가운데 있던 주님을 아는 소수의 남은 자들이 **자신의** 민족에게 회개하라고 촉구해야 했던—이 되지는 않을 것이다. 옛 언약 아래서는 누구든 언약 공동체 안에서 태어나기만 하면 영적으로는 아니더라도 인종적으로 이스라엘의 일원이 될 수 있었다. 이스라엘 백성이라면 마음의 할례는 아니더라도 육체의 할례는 받을 수 있었다. 이스라엘 중 극히 소수의 무리들, 곧 "남은 자"(롬 11:5)들은 영적 할례를 받은 자들이었다. 말하자면, 그들은 육체적으로 이스라엘의 일원일 뿐 아니라 하나님으로 인해 그들의 마음이 변화를 받아 언약을 지킬 수 있었다. 하지만 새 언약 아래서 하나님의 백성이 된 자들은 성령으로 "거듭났기" 때문에(요 3:3-8) 예외 없이 주님을 인격적으로 알게 될 것이다. 바꿔 말해, 엘리야와 바알에게 무릎 꿇지 않은 7천 명(왕상 19:18)과 같이, 옛 언약 아래 있던 신실한 남은 자들에게 적용되던 것이 새 언약 아래 있는 **모든** 하나님의 백성에게도 그대로 적용될 것이다(롬 11:1-24). **정의상**(by definition), 새 언약의 백성들은 믿음의 표지인 세례가 의미하는, "마음에 할례를 받아" 변화된 사람들이 될 것이다(골 2:11-12; 참고. 행 2:38; 8:12; 18:8; 19:4; 롬 2:28-29; 4:11). 결과적으로 하나님의 백성들은 이제 언약 공동체 안의 '이웃'에 대한 증언에서 세상에 대한 증언으로 방향을 바꿀 것이다(마 28:18-20).

그러므로 예레미야 31:34은 제사장들이 하나님의 뜻과 지식과 임재를 중재하는 역할을 더 이상 할 필요가 없게 될 때를 가리킨다. 하나님은 시내 산 언약 아래 있는 부패하고 목이 곧은 이스라엘이 하나님의 영광으로 인해 파멸당하지 않도록 그들에게서 자신을 숨기신다. 반면 이스라엘의 마음을 변화시키신 하나님은 이제 자신을 **직접** 알 수 있도록 그들의 능력을 새롭게 하실 것이다(렘 7:26; 19:15을 출 33:3, 5 및 신 9:6, 13과, 출 34:29-35을 고후 3:7-14과 비교하라). 따라서 34절은 새 언약의 토대가 하나님이 "그[들의] 죄를 더 이상 기억하지 아니하실" 것이라는 사실임을 강조하면서 끝맺는다. 하나님의 백성 전체가 변화되고, 하나님으로부터 율법 준수 능력을 부여받고, 하나님의 임재 안으로 새롭게 들어가며, 또한 그로 인해 온 천하에 증거할 수 있게 된 것은, 전적으로 새 언약의 기반이라 할 수 있는 하나님의 용서의 행위에 토대를 둔다. 오늘날 우리는 예수님의 오심으로 새 언약이 시작되었고, 그분의 삶과 죽음 그리고 부활로 말미암아 이 같은 용서가 주어진 것으로 알고 있다. 이것이 바로 히브리서 10:11-18의 요점으로, 이 구절은 예레미야 31:34의 약속을 명시적으로 인용하고 있다.

제사장마다 매일 서서 섬기며 자주 같은 제사를 드리되 이 제사는 언제나 죄를 없게 하지 못하거니와, 오직 그리스도는 죄를 위하여 한 영원한 제사를 드리시고 하나님 우편에 앉으사 그 후에 자기 원수들을 자기 발등상이 되게 하실 때까지 기다리시나니, 그가 거룩하게 된 자들을 한 번의 제사로 영원히 온전하게 하셨느니라. 또한 성령이 우리에게 증언하시되, 주께서 이르시되,

"그 날 후로는 그들과 맺을 언약이 이것이라 하시고,
내 법을 그들의 마음에 두고 그들의 생각에 기록하리라."

하신 후에, 또

"그들의 죄와 그들의 불법을 내가 다시 기억하지 아니하리라" 하셨으니,

이것들을 사하셨은즉, 다시 죄를 위하여 제사 드릴 것이 없느니라.

그리스도께서 (옛 언약의 희생 제물들이 가리켰던) 단 한 번의 참된 희생 제물이 되어 우리 죄를 대속하기 위해 죽으셨을 때, 하나님의 영광과 백성 사이를 갈라 놓았던 성전의 휘장이 둘로 찢어졌다. 그리스도께서 죽은 자들 가운데서 다시 사셨을 때, 우리를 옭아맨 죄의 세력은 무너졌다. 그리스도께서 승천해 하나님 우편에 앉으셨을 때, 우리는 성령을 받아 그분과 더불어 새로운 생명에 참예하게 되었다. 따라서 하나님의 백성들은 그리스도 안에서 그리스도를 통해 하나님이 보시기에 이미 거룩하다고 여기신 자로 또한 하나님이 그들의 삶 속에서 지금 거룩하게 만드시는 자로 "영원히 온전하게" 되었다. 이에 대한 응답으로, 복음은 오랫동안 기다려 왔던 "마지막 때" 혹은 "종말", 곧 하나님이 "하나님 나라"의 통치에 순복하는 "새로운 피조물"의 일원인 자신의 백성들을 "새 언약" 아래 불러모으실 그 날이 그리스도의 초림과 더불어 시작되었다고 선언한다(막 1:14-15; 눅 22:20; 행 2:14-36; 고후 3:6; 5:17; 갈 6:15; 히 1:2; 8:1-13; 9:26).

하지만 성경은 어디에서도 하나님의 백성들이 그리스도께서 재림하시기 전에 온전한 삶을 살아낼 것이라고 가르치지 않는다(요일 1:18). 하나님을 믿고 그분의 약속에 소망을 두는 자들은 이미 죄를 용서받았기 때문에, 그분의 말씀에 의지하는 법을 배우면서 성령의 능력으로 그분의 계명에 순종하는 삶을 살게 될 것으로 내다본다. 이것이 바로 하나님과 새 언약 관계를 맺는다는 뜻이다. 하나님이 새 언약에 대해 말씀하시는 구약 성경의 또 다른 핵심 구절인 에스겔 36:27에는 이렇게 기록되어 있다. "또 내 영을 너희 속에 두어 너희로 내 율례를 행하게 하리니, 너희가 내 규례를 지켜 행할지라."

이 구절은 우리의 죄 씻음에 토대를 둔, 성령으로 말미암는 순종이 새 언약의 주된 특징임을 분명히 보여 준다(겔 36:22-28). 이러한 용서를 묘사하는 에스겔 36:25에서 우리는 하나님이 언젠가는 자신의 백성에게 "맑은 물을 뿌려" 그들을 "[그들의] 모든 더러운 것에서와 [그들의] 모든 우상 숭배에서" 정결하게 하시겠다는 약속을 읽게 된다. 그런 후에 에스겔은 예레미야와 마찬가지로 하나님이 자신의 백성에게 "새 마음"과 "새 영"을 주시되, 그들의 "굳은 마음을 제거하고" "부드러운 마음"을 주실 것이라고 선언한다(겔 36:26). 예레미야가 시내 산 언약을 배경 삼아 새 언약, 용서 및 마음 판에 새긴 율법으로 묘사한 것을 에스겔은 자신이 제사장으로 사역했던 경험을 비교점(point of comparison)으로 삼아 정결 의식과 성령의 부으심으로 표현한다. 성전의 제사장들처럼, 하나님의 모든 백성은 장차 정결케 되어 그분의 임재 안으로 들어가며 또한 그분의 영광을 온 세상에 전할 것이다(참고. 출 19:6; 벧전 2:9).

니고데모와의 대화에서 예수님이 "진실로 진실로 네게 이르노니, 사람이 거듭나지 아니하면 하나님의 나라를 볼 수 없느니라"(요 3:3)라고 선언하셨을 때, 그분이 암시하신 것은 정확히 말해 (에스겔이 묘사한 바와 같이) 죄 씻음 받고 순종할 능력을 부음 받는 이러한 체험이었다. 그래서 예수님은 요한복음 3:5에서 "진실로 진실로 네게 이르노니, 사람이 **물**[죄를 용서받음]과 **성령**[율법을 지킬 능력을 받음]으로 나지 아니하면 하나님의 나라에 들어갈 수 없느니라"라고 말씀하신다. 바꿔 말해, 새 언약의 실재를 맛보는 사람들만이 하나님 나라에 들어갈 것이다. 하나님 나라에 들어가는 것은 "거듭 나는", 이번에는 "위로부터", 다시 말해 하나님으로부터 나는 것과 같다(1:12-13; 3:4). 그것이 새로운 삶의 능력으로 철두철미 삶을 새롭게 시작하는 것이기 때문이다.

복음에 나타난 율법과 율법에 나타난 복음

산상 수훈에서 믿는 자들이 지금 하나님의 율법이 궁극적으로 뜻하는 바를 이루어야 한다고 예수님이 주장하신 까닭은, 새 언약 아래서 하나님이 택하신 백성들의 (변화된) 마음에 율법을 기록하시며 그들에게 용서를 베푸시고 성령을 부어 주신다는 사실 때문이다! 실로 예수님을 따르는 자들은 원수까지 사랑하고 자신들을 핍박하는 자들을 위해 기도해야 한다(출 23:4-5; 잠 25:21; 참고. 마 5:21-48). 겉으로 보기에, 예수님의 요구는 사람들의 놀림감이 되기에 전혀 손색이 없는 것 같다. 하지만 예수님은 진지하신 분이다. 사실상 그분은 "누구든지 이 계명 중의 지극히 작은 것 하나라도 버리고 또 그같이 사람을 가르치는 자는 천국에서 지극히 작다 일컬음을 받을 것이요, 누구든지 이를 행하며 가르치는 자는 천국에서 크다 일컬음을 받으리라"라고 우리에게 경고하신다(마 5:19). 예수님은 어째서 자신의 계명을 가르치시고 그것에 순종하는 것이야말로 크다 일컬음을 받는 길이라고 주장하시는가?

답은 예수님이 자신의 계명을 하나님 나라와 연관시키고 있다는 사실에 놓여 있다. 예수님이 하나님의 백성들에 대한 그분의 통치―그들의 삶이 하나님의 성령으로 충만해야 가능한―를 시작하셨기 때문에 순종은 크다 일컬음을 받는 지름길이다. 창조 시 아담과 하와에게 처음으로 내려진 하나님의 다스리심을 받으며 살라는 요구는, 따라서 하나님 나라의 시작과 더불어 회복될 수 있다. 우리 가운데 임재하시는 하나님의 능력으로 인해 새로운 창조의 동이 터오기 때문이다. 예수님은 우리에게 먼저 선물을 주시고 나서 요구하신다. 그러므로 하나님이 명령하신 것을 예수님이 명령하시는 이유는, 그 어느 것도 우리를 하나님의 사랑에서 끊지 못하도록 그분이 하나님 앞에서 우리를 변호하시기 때문만이 아니라(롬 8:33-39) 십자가(용서)와 성령(하나님의 능력)이 하나의 실재이기 때문이다. 예수님의 명령을 평가절하 하는 사람은 누구나 사실상 그분의 삶, 죽음, 부활 및 승천의 의미를 훼손하는 것이다. 순종할 **필요**를 부인하는 깃은, 그리스도께서 확립하신 하나님의 자기 백성에 대한 통치에 따르는 순종할 수 있는 **능력**을 부인하는 것이다.

예수님의 명령이 만만치 않다는 사실은 복음의 위대함을 단순히 드러낸다. 예수님의 **기대**(expectation)는 하나님이 택하신 백성들의 삶 속에서 이루실 일을 **내다보는**(anticipation) 가운데 구축된다! 예수님이 **인간으로서는** 불가능한 일을 요구하시는 까닭은 정확히 말해 그분의 공급하심이 **초자연적**이기 때문이다. 따라서 예수님의 명령이 중대성을 띠려면, 그것이 모든 약속 가운데 가장 위대한 약속 곧 우리가 어떤 처지에 있든지 하나님이 친히 역사하셔서 우리로 하여금 그리스도의 형상을 닮게 하시겠다는 약속과 연관되어 있다는 것을 의미해야 한다(롬 8:28-29).

이런 까닭에 예수님은 산상 수훈에서 "너희 의가 서기관과 바리새인보다 더 낫지 못하면 결코 천국에 들어가지 못하리라"(마 5:20)라고 경고하시면서, 겉으로 보기에 불가능할 것 같은 율법의 요구 사항을 가르치신다. 반면 "내 멍에는 **쉽고** 내 짐은 **가볍기**" 때문에 "수고하고 무거운 짐 진 자들"을 쉬게 하시겠다는 선언도 하신다(마 11:28-30, 강조는 저자의 것). 이 구절의 "멍에"는 바리새인들의 율법 해석과 대비되는 것으로, 율법의 의도와 의미에 대한 예수님 자신의 해석을 가리킨다!¹⁹ 너무 무거워 옮길 수 없는 "짐"은, 마음속의 고통이나 개인의 문제가 아니라 성령 없이 율법을 지키려는 자세를 말한다. 이와 대조적으로, 예수님의 요구는 바리새인의 율법 해석보다 더 어렵기는 해도, 하나님의 나라가 도래하고 새 언약이 시작되기 때문에 감당하기 **쉬운** 멍에이며 **가벼워서** 운반하기 편한 짐이다.

한편으로 예수님은 하나님의 계명이 바리새인의 가르침보다 지키기가 더 어렵다고 말씀하신다. 율법의 원래 의도가 외적이며 상징적인 행동을 단순히 규제하기보다 마음의 도덕적 상태를 언급하는 것이기 때문이다. 이런 의미에서 우리의 의는 마땅히 바리새인의 요구 수준을 '능가해야' 한다. 정결 의식만으로는 부족하다. 마음이 정결해야 한다. 사실상 간음은 음욕과, 살인은 분노와 관련된 문제다. 예수님은 전자가 후자를 나타내기 때문에 율법이 금하고 있음을 분명히 하신다. 간음은 음욕의 결과이며, 살인은 분노의 결과다. 그렇기에 자신을 따르는 자들에게 율법의 이러한 멍에를 씌울 때, 예수님은 그들에게 일련의 새로운 계명을 내리시지 않는다. 율법의 명령을 외적으로만 준수하는 것은 하나님의 뜻을 행하는 것을 의미하지 않는다고 예수님은 분명하게 드러내신다. 율법이 단지 외적 의무를 명시하는 목록이 아니라 하나님의 성품과 약속을 나타내는 것이기 때문이다. '올바른' 행동이 단지 인간의 자만심이나 자기 의존이라는 가장 부패한 마음 상태를 덮어 버리는 연막일 때가 종종 있다.

반면에 바리새인의 가르침과 견주면, 예수님의 멍에는 쉽고 그분의 짐은 가볍다. 예수님이 우리에게 초인적인 의지력을 요구하시거나 우리가 결코 다다를 수 있을 것 같지 않은 유토피아적 이상을 세우시는 것이 아니기 때문이다. 하나님 나라를 가져오실 때, **예수님이 자신이 요구한 것을 공급하시기** 때문에 율법에 대한 그분의 가르침은 "쉽다!" 인간의 자원만을 토대로 한다면 예수님의 요구는 '뜬 구름 잡기' 식일 것이다. 그러나 하나님은 돈에 대한 사랑에서 하나님에 대한 사랑으로 인간의 마음을 변모시키실 수 있을 만큼, **무슨 일이든** 하실 수 있다(막 10:27). 하나님이 우리가 예수님의 요구를 따를 수 있도록 친히 도와주시기에 그분의 요구는 "가볍다." 예수님의 짐은 하나님의 약속을 신뢰하고 그분의 성령을 의지하는 데 따르는 "짐", 곧 그리스도 자신이 가능하게 한 "짐"이기 때문에 "쉽다."

기쁜 소식의 핵심

하나님의 계명에 참으로 순종하라는 예수님의 촉구는 그분의 메시지의 핵심이었다. 그 촉구야말로 예수님의 사역의 주된 목적을 드러내기 때문이다. 그 목적은 마가복음 10:45에 명백히 나타나 있는데, 여기서 예수님은 자신이 "인자"로서 "섬김을 받으려 함이 아니라 도리어 섬기려 하고 자기 목숨을 많은 사람의 대속물로 주기 위해 왔다"라고 선언하신다. 이사야 52:13-53:12(특히 예수님이 막 10:45에서 인용하는 사 53:12을 보라)의 말씀이 성취될 때, 예수님의 죽음은 하나님의 백성들이 죄사함을 받고 죄에서 깨끗해지는 방편이 되었다. 예수님은 자신을 따르는 이들을 살리기 위해 자기 목숨을 대속물로 바쳐 이 일을 이루셨다. 상황이 급선회하면서 다니엘 7:13-27에 나오는, 하나님의 백성들을 불러 모아 그들과 더불어 세상을 심판하고 열방의 섬김을 받게 될 "인자"는, 이사야 53장에 나오는, 자신의 목숨을 대속물로 주고 자신을 따르는 이들에게 자신과 더불어 모든 사람을 섬기는 종이 되라고 촉구하시는(막 10:35-45) '고난받는 종'으로 먼저 나타난다.

그리스도는 새 언약 아래서 지상 통치를 확립하시려는 하나님의 사역의 주춧돌이 되기 위해 필히 죽으셔야만 했다. 세상의 반역이라는 관점에서 볼 때(롬 1:18-32; 3:9-18, 23), 하나님 나라는 죄의 용서라는 기반 위에서만 세워질 수 있기 때문이다(렘 31:34; 겔 36:25). 그렇다고 해서 하나님의 자비가 그분의 거룩하심과 타협하거나, 언약에 따라 죄를 저주하시겠다는 언약의 약속과 대립할 수는 없는 노릇이다. 그렇게 되면 하나님의 본성을 거스르게 될 것이며, 그로 인해 만물이 그분께 영광을 돌리게 하는 데 헌신하시겠다는 약속을 부인하는 셈이 될 것이다(제4장을 보라). 하나님이 죄를 간과하시거나 죄를 용서하시되 자신의 정의와 심판을 포기하신다면, 그분의 신실하심과 진실이 의심받게 될 것이다. 하나님이 자신의 영광을 지키는 데 헌신하시겠다는 다짐은 그분의 말씀을 무시하고 그분의 이름을 더럽히는 자들을 벌하시겠다는 것을 **요구한다**.

그러므로 하나님이 우리 죄를 용서하시려면 누군가 대신 죄 값을 치러야 한다. 따라서 그리스도의 죽음/보혈은 전문적인 신학 용어로는 옛 언약의 희생 제사에 예표된 **구속**(atonement)의 필요를 충족시키는 수단이 된다(예를 들어, 레 4:13-24; 10:17; 16; 17:11과 히 7:7-28 및 9:1-10:18에 대한 확대된 논의를 배경으로, 롬 3:25-26; 4:25; 5:8; 8:3; 고전 6:11; 11:23-26; 15:3-5; 고후 5:21 및 골 1:19-20을 비교하라). 따라서 "우리는 그리스도 안에서…그의 피로 말미암아 **구속** 곧 죄사함을 받았다"(엡 1:7, 강조는 저자의 것). 우리의 대제사장이신 그리스도는 하나님 앞에 제사를 드리실 뿐 아니라, **자신을** 제물로 드리신다(히 7:27; 9:26-28).

말로 다 할 수 없는 하나님의 자비는 이렇게 우리의 삶에 침투한다. 하나님은 **우리에게** 대가를 치르라고 하시기보다 독생자의 완전한 삶을 통해 스스로 대가를 치르신다. 예수님은 죄가 없으시기에 우리를 위한 대속 제물이 되실 수 있다. 이렇듯 예수님이 "단번에 죄를 위하여 죽으셔서 의인으로서 불의한 자를 대신하셨으니, 이는 우리를 하나님 앞으로 인도하려 하신 것이다"(벧전 3:18). 죄 없는 인간이자 하나님의 아들이신 예수님은 한 사람뿐 아니라 인류의 모든 죄 값을 치르셨다. 히브리서 9:26은 예수님이 "자기를 단번에 제물로 드려 죄를 없이 하시려고 세상 끝에 나타나셨다"라고 말한다(비교. 히: 10:12). 예수님의 대속적 죽음으로 말미암아 그리스도 안에서 새로운 피조물이 된 우리는 하나님과 **화목**을 누리게 된다. "하나님이 그리스도 안에 계셔서 세상을 자기와 화목하게 하시며 그들의 죄를 그들에게 돌리지 아니하시기"(고후 5:17-21) 때문이다. 예전에 우리는 하나님과 원수지간이었지만, 이제는 더 이상 대적하지 않으며 반역하더라도 용서받을 수 있다고 복음은 선언한다.

예수님의 죽음은 따라서 우리가 받아야 할 형벌을 **대신한다**. 그러므로 그리스도의 완전한 삶과 대속적 죽음으로 가능케 된 하나님의 용서의 약속을 믿기 시작하는 순간, 우리는 영원한 형벌에서 '구원을 받는다'(사 53:11-12; 행 10:43). 바울의 말대로, "우리는 그의 피로 말미암아 의롭다 하심을 받았으며[하나님의 심판 앞에서 '죄 없다'라고 선포되었으며]", 그로 인해 다가올 "하나님의 진노하심에서 [그리스도로 말미암아] 구원받게" 됨을 전적으로 확신할 수 있다(롬 5:9; 비교. 살전 1:10).

우리의 운명이 영원히 결정되는 최후 심판의 날, 그 때 내려질 최종 판결이 이미 확정된 것(롬 5:1; 8:30; 10:9-13; 비교. 행 13:38-39)은 하나님의 크신 은혜다!("우리가 아직 죄인 되었을 때에 그리스도께서 우리를 위하여 죽으셨다"—롬 5:8) 이러한 의미에서, 마지막 심판과 더불어 확립될 하나님 나라의 통치는 최종 완성을 내다보는 가운데 이미 시작된 것이다(요 5:24, 29; 12:31; 요일 4:17). 우리가 처음에 가졌던 "겨자 씨" 만한 믿음을 보시고 하나님은 약속에 따라 용서를 베푸시며 구원의 능력을 펼치신다. 우리의 왕이신 주권자 예수님이 우리를 다스리시기 때문이다. 그리스도의 죽음과 우리의 믿음으로 말미암아, 우리는 하나님과의 언약 관계에 들어가며 거기서 하나님이 우리의 하나님이 되시며 우리가 그분의 백성이 된다(고후 6:16-18). 우리의 죄 값은 치러졌기에 우리의 미래는 안전하다. "이와 같이 그리스도도 많은 사람의 죄를 담당하시려고 단번에 드리신 바 되셨고, 구원에 이르게 하기 위하여 죄와 상관없이 자기를 바라는 자들에게 두 번째 나타나실 것이다"(히 9:28). 존 파이퍼는 이렇게 말한다.

> 기쁜 소식은 바로 하나님이 인류 전체를 정죄하지 않고서도 자신의 정의가 요

구하는 것을 충족시킬 방법을 친히 정하셨다는 사실이다. 지옥은 죄인들과 거래를 청산해 하나님의 정의를 바로 세울 수 있는 하나의 방식이다. 하지만 다른 방식도 있다. 하나님은 우리를 사랑하셔서 자신의 정의를 훼손하시지 않고도 우리가 그분의 진노에서 구원받을 수 있는 길을 지혜롭게 열어 놓으셨다. 그렇다면 그 지혜는 무엇인가? 그것은 죄인들을 위해 하나님의 아들이 죽으신 것이다![9]

십자가는 스캔들이다

따라서 성경 메시지의 중심점은 나사렛 예수다.[10] 예수님이 전하시는 메시지의 핵심은 오랫동안 기다려 왔던 하나님 나라가 그분의 삶과 사역을 통해 이미 시작되었다는 사실이다. 예수님은 이적을 베푸시고, 귀신을 내쫓으시고, 제자들을 부르심으로써, 그것을 입증하셨다. 예수님의 사역은 그분이 이스라엘의 '메시아'(그리스도), 즉 이스라엘을 구원할 마지막 왕이자 구원자가 되기 위해 '기름부음 받은' 분임을 드러낸다(마 16:13-20; 23:10; 26:63-64; 눅 23:2; 요 20:31; 행 5:31; 13:23 등). 그렇듯, 예수님은 만유의 주, 만왕의 왕, 세상의 구세주, 심판자 그리고 성육신하신 하나님이다(시 17:7; 사 43:3, 11; 호 13:4; 요 4:42; 딤후 1:10; 벧후 1:1, 11; 요일 4:14). 따라서 세상 사람들은 회개하고 하나님의 통치가 이 땅에서 시작되었다는 기쁜 소식을 믿으라는 촉구를 받는다(마 4:12-17; 막 1:14-15; 눅 4:14-21, 43; 비교. 사 52:7; 61:1).

그러나 예수님이 이 땅에서 하나님 나라를 펼치신 방식은 사람들의 구설수에 올랐다. 하나님 나라는 사람들이 기대했던 방식으로 임하지 않았다. 하나님 나라는 로마인들을 싹 쓸어 버리고 이스라엘을 정치적으로 해방시켜 그리스도의 권세 아래 세상을 새롭게 통치하시는 방식이 아니라, 메시아 자신의 고난과 죽음을 통해 이루어졌다. 메시아가 정죄할 것으로 기대했던 자들이 도리어 메시아를 정죄했다! 사악한 자들에게 떨어져야 했던 하나님의 심판(마 3:1-12; 눅 3:1-18)이 예수님께 내려졌다! 예수님은 하나님의 영광스런 통치가 이 땅에 이루어지도록 이방인들을 심판하시는 대신, 정치적 방편이라 할 수 있는 로마 제국의 십자가에 달려 스스로 죽음을 택하셨다(마 27:11, 37; 막 10:32-34; 눅 9:51; 23:2-3).

그러므로 유대인들은 신명기 21:23에 따라 예수님이 주제넘게 나서고, 하나님의 이름을 더럽히고, 백성들을 혼란케 했기 때문에 "나무"에 달려 죽은 것으로 해석했다. 그들은 예수님을 거짓 예언자로 간주했다. 바울 또한 살아 계신 그리스도를 만나기 전에는 그랬다. 그래서 그는 하나님의 율법에 대한 열심이 지나친 나머지 처음에는 그리스도인들을 위험한 이교도로 간주하고 박해했다(행 5:27-33; 8:3; 갈 1:13; 3:13; 고전 15:9; 딤전 1:13). 세례 요한도 예수님이 과연 메시아일까 의아하게 생각할 정도였다. 그가 하나님 나라에 대한 자신의 입장 때문에 목숨을 잃을 처지에 놓였기 때문이다(마 11:3). 하나님 나라가 이미 여기에 와 있다면, 어째서 그 나라의 왕이신 하나님의 아들 그리고 그분과 함께 있는 제자들이 이 세상의 죄악과 불의로 인해 여전히 고통에 시달려야 하는가? 따라서 그리스도의 고난과 십자가 죽음 그리고 그의 제자들에게 닥친 고난은, 유대인들에게는 "거리끼는 것"이 그리고 "이방인들에게는 미련한 것"이 되었다. 그들에게 십자가에 달린 메시아 또는 고난당하는 하나님은 받아들일 수 없는 관념이었다(고전 1:23).

그럼에도 하나님은 예수님을 죽은 자 가운데서 다시 살리시고 영광 중에 하나님 우편에 앉게 하셔서 이스라엘의 메시아이자 하나님의 아들이심을 확증하셨다. 그리고 예수님은 이 땅에 다시 오셔서 산 자와 죽은 자를 심판하시고 하나님의 나라를 완성하실 것이다(막 8:34-38; 14:62; 행 2:22 36; 10:42; 17:31; 롬 1:3-4; 고전 15:23-26; 고후 5:10; 살전

4:13-5:11; 딤후 4:1, 8; 딛 2:13; 벧전 4:5; 제8장을 보라). 앞에서 강조했듯이, 예수님의 부활은 그분의 삶과 죽음을 인정하신다는 하나님의 인치심이며, 이로 인해 십자가의 예수님은 자신의 죄 때문이 아니라 자기 백성들의 죄 때문에 하나님의 저주를 받았음을 보여 주신다(갈 3:13-14; 요일 2:2; 4:10). 부활의 관점에서 베드로는 이렇게 선언했다. "그런즉 이스라엘 온 집은 확실히 알지니, 너희가 십자가에 못박은 이 예수를 하나님이 주와 그리스도가 되게 하셨느니라"(행 2:36). 바울이 고린도전서 15:3-5에서 인용하듯, 복음에 관해 우리에게 있는 최초의 문자화 된 표현은 이 기쁜 소식을 다음과 같이 다섯 개의 짤막한 진술로 요약한다.

> 그리스도가 성경대로 우리 죄를 위하여 죽으셨고,
> 장사 지낸 바 되셨고,
> 성경대로 사흘 만에 다시 살아나셨고,
> 베드로에게 먼저 나타나셨고,
> 그 후에 열두 제자에게 나타나셨다.

은혜로 구원받다

십자가의 이런 측면을 고려할 때, 구약의 예언자들 나아가 천사들까지도 몹시 배우고 싶은 게 무엇이었을지 우리는 알게 된다. 즉, 하나님의 정의가 훼손되지 않은 가운데 아브라함과 같은 겁쟁이와 다윗과 같은 간부(姦夫)이자 살인자가 어떻게 용서받고 의롭다는 인정을 받을 수 있었을까 의아하게 생각했음을 우리는 알게 된다(벧전 1:10-12). 희생 제사 제도가 상징적이었던 옛 언약 아래서는, 죄인들이 하나님의 용서를 믿으면 그분이 죄에 대해 눈감아 주는 것처럼 보였다(롬 3:25). 결국 '황소와 염소의 피가 능히 죄를 없이 하지는 못한 것이다'(히 10:4). 살아 있는 동물로는 하나님의 형상대로 지음받은 인간의 죄 값을 치를 수 없는 법이다. 그러나 십자가의 영향력을 감안한다면, 예수님이야말로 하나님이 자신의 온전하심을 훼손하지 않고도 죄인들을 의롭다 하실 수 있는 근거가 됨을 알 수 있다(비교. 롬 4:1-8).

그러니까 이스라엘 역사 내내 하나님이 옛 언약 아래 있는 백성들을 용서하셨을 때, 그분은 그리스도의 십자가를 내다보시면서 그렇게 하신 것이다. 하나님이 오늘날 새 언약 아래 있는 우리를 용서하실 때, 그분은 바로 그 십자가를 돌아보시면서 그렇게 하신다. 역사의 한가운데 있는 그리스도의 십자가는 창세 전부터 하나님이 염두에 두셨던 계획의 구심점이었다(벧전 1:20). 그렇듯, 그리스도의 죽음은 과거의 죄든 미래의 죄든 하나님이 용서하시는 근거가 된다. "그리스도께서도 단번에 죄를 위하여 죽으셨다"(벧전 3:18). 아담과 하와로부터 교회에서 당신 옆자리에 앉아 있는 사람에 이르기까지, 그리스도의 죽음으로 가능케 된 하나님의 자비가 아니면 그 누구도 죄사함을 받을 수 없다.

이런 까닭에 성경은 우리가 하나님의 "은혜"로 구원받았다고 가르친다. 역사가 끝나는 날, 우리가 죽은 자 가운데서 다시 살아나 그리스도의 영광을 물려받는 것은 물론이려니와, 죄사함을 받고, 의롭다 인정받고, 성령을 받고, 또한 믿음의 삶을 살아내는 것 모두가 하나님이 주신 선물이다. 브라이언 비커스(Brian Vickers)가 말했듯이, 하나님 나라의 도래는 따라서 "삼위일체 하나님의 놀라운 행위"다.[1]

따라서 우리가 먼저 '입회 요건'을 충족시켜야 비로소 하나님이 우리의 삶에 개입하시는 것이 아니다. 우리가 믿음의 삶을 살아낸다고 해서 그것이 또한 '하나님과 협력하는' 삶—그 안에서 그분의 노력에 우리의 노력을 덧붙이는—은 아닌 것이다. 그리스도는 우리의 믿음의 창시자요 완성자이시다. 마치 노력을 통해 구원을 이루거나 자신 안에 뭔가 특별한 게 있어 구원받을 자격이 된다고 착각하듯, 우리는 자신의 "행위"로는 의롭게 되거나 될 수도 없을 것이다(롬 4:5). 예수님의 보혈만이 우리를 의롭게 하며(롬 5:9), 그 보혈로 인해 하나님은 지금부터 영원까지 우리를 위해 능력을 베푸시고 약속하신다. 우리의 구원은 용서받을 만한 자격이 없고, 자신의 노력으로 그것을 얻을 수 없는 자에게까지 용서를 베푸시는, 전적으로 하나님의 자비에 관한 문제다. 하나님은 '그 가운데서 행하여 허물과 죄로 인해 죽었던 우리를 살리신다'(엡 2:1-2). 그래서 우리는 '그 은혜에 의하여 믿음으로 말미암아 구원을 받았고, 이것은 우리에게서 난 것이 아니라 하나님의 선물이다'(엡 2:8).

우리가 앞으로 듣게 될 가장 복된 소식은, 용서와 그 용서가 가져다주는 영생이 '그리스도 예수 안에서 하나님이 거저 주시는 선물'(롬 6:23)이라는 사실이다. 이처럼 '거저 주시는 선물'이 비록 '많은 범죄로 말미암은' 것임에도 하나님 앞에서 우리를 여전히 '의롭다고 여기시는' 것을 보면, 이같이 자비로운 선물이 얼마나 굉장한 것인지 알 수 있다. 예수님이 우리의 대속물이 되셔서 죄 값을 치르셨기에, 하나님은 우리를 그분께 되돌리시고 마치 우리가 죄와는 무관한 사람인 것처럼 대하신다! 성령은 우리의 어두운 눈을 열어 진리를 보게 하시고, 그리스도께서 우리를 위해 행하신 놀라운 일을 보게 하셔서, 우리가 하나님과 화해하고 죄의 사슬에서 풀려 나오게 하신다. 예수님이 제자들에게 말씀하셨듯이, '우리가 그분의 말씀에 거하면 참으로 그분의 제자가 되고, 진리를 알지니 진리가 우리를 자유롭게 하기'(요 8:31-32) 때문이다. 그러나 당시의 유대인들이 예수님이 주시는 자유가 어떤 것인지 깨닫지 못하자 예수님은 이렇게 선언하신다.

"진실로, 진실로 너희에게 이르노니 죄를 범하는 자마다 죄의 종이라. 종은 영원히 집에 거하지 못하되 아들은 영원히 거하나니, 그러므로 아들이 너희를 자유롭게 하면 너희가 참으로 자유로우리라"(요 8:34-36).

죄로부터의 이 같은 "자유" 그리고 하나님의 "집"에서 영원히 예수님과 함께할 것이라는 약속은 예수님이 만들어 내신 차이다. 거리낌없이 순종하는 자유 그리고 그로 인한 영생의 약속이야말로 은혜에 의해 믿음으로 말미암아 구원받는다는 것의 의미가 무엇인지를 가늠하는 완전한 척도가 된다.

맺는 말: 우리는 누구인가?
| 그리스도인 됨의 표지 |

> 내가 기도하노라 너희 사랑을 지식과 모든 총명으로
> 점점 더 풍성하게 하사, 너희로 지극히 선한 것을 분별하며
> 또 진실하여 허물없이 그리스도의 날까지 이르고
> 예수 그리스도로 말미암아 의의 열매가 가득하여
> 하나님의 영광과 찬송이 되기를 원하노라.
> 빌립보서 1:9-11

이스라엘 역사 내내 신실함을 지켰던 남은 자들과 마찬가지로, 그리스도인 됨의 표지는 삶 속에 나타나는 하나님의 임재다. 성령이 우리의 삶에 개입하시지 않고는 우리는 예수를 주님으로 고백할 수 없다(고전 12:3). 그러므로 "하나님의 나라를 보기" 위해서는 위로부터 "거듭나야" 한다(요 3:3). 거꾸로 말해, "누구든지 그리스도의 영이 없으면 그리스도의 사람이 아니다"(롬 8:9).

복음의 기쁜 소식은 그리스도의 죽으심으로 말미암아 하나님의 백성들에게 용서가 임했다는 것이다. 이로 인해 하나님이 그들을 멸하시지 않고 그들 가운데 거하셔서 그들을 주님과 같은 형상으로 변화시키시는 게 가능해진 것이다(고후 3:18). 그래서 베드로는 믿지 않는 이방인 고넬료가 성령을 받았다는 사실을 알게 되자, 하나님이 고넬료를 부르셔서 택하신 백성의 일원, 곧 믿음에 의한 아브라함의 자손이 되게 하셨다는 결론을 내려야 했다. 이는 부인할 수 없는 사실이다(행 10:44-48;

11:17).

구속사의 결과로서, 믿지 않는 이방인이라도 그리스도를 힘입어 하나님께 자신의 삶을 위탁하면 아브라함의 자녀요 택함받은 백성의 일원이 된다. 아브라함과 마찬가지로 그들 역시 하나님의 임재라는 공급하심을 받았기 때문이다. 그러므로 창세기 12:1-3을 성취할 때 믿는 이방인들은 '믿음이 있는 아브라함과 함께 복을 받는다'(갈 3:8-9). 그리스도의 죽음으로 인해 "아브라함의 복", 즉 믿는 이방인들의 삶 속에 임재하시는 성령이 그들에게 임하는 게 가능해졌기 때문이다(갈 3:14). 예전에 믿는 이방인들을 하나님의 온전한 언약 백성으로 받아들이기를 거부했던 예루살렘 교회 지도자들도 고넬료에게 일어난 일을 듣게 되자 "이방인에게도 하나님이 생명 얻는 회개를 주셨"음을 시인하지 않을 수 없었다(행 11:18). 하나님은 그리스도의 십자가와 성령의 부으심을 통해 이방인들을 이스라엘 역사 내내 신실함을 지켰던 남은 자들의 계보에 접붙여 유대인과 이방인을 하나 되게 하셨다(눅 2:32; 행 10:45; 11:18; 13:47; 15:3, 12-19; 롬 3:29-30; 11:24; 엡 2:11-22; 골 1:27). "전에는 [이방인들이] 백성이 아니더니 이제는 [그들이] 하나님의 백성이요, 전에는 [그들이] 긍휼을 얻지 못하였더니 이제는 [그들이] 긍휼을 얻은 자니라"(벧전 2:10).

하나님의 뜻대로 하는 근심

고넬료의 성령 체험은 하나님이 그에게 회개의 선물을 주셨다는 확실한 증거라는 사실에 주목하는 게 중요하다. 하나님의 성령이 우리의 삶에 개입하셨다는 표지 가운데 첫 번째는 우리의 삶이 예전에 얼마나 그릇된 것이었는지를 깨닫기 시작하는 것이다. 이에 대한 반응으로, 하나님이 계시지 않는 것처럼 살아왔다는 자각이 분명해지면서 양심의 가책을 느낀다. 이제껏 자신만을 의지하고 독립적으로 살았던 삶이 후회로 다가온다. 하나님을 만나면 우리는 이런저런 잘못된 결정들뿐 아니라 하나님의 성품과 영광 그 자체를 무시하는 것 또한 죄라는 사실을 깨닫게 된다. 그래서 죄를 깨닫게 되면 그리스도 안에 있는 용서와 자유만이 유일한 희망임을 알기에, 우리는 이전의 삶의 방식을 떨쳐 버리고 하나님의 자비에 모든 것을 맡긴다. 우리가 자신으로부터, 하나님을 부인하는 주변의 문화로부터 구원받고자 한다면, 그렇게 하실 수 있는 분은 하나님뿐임을 깨닫게 된다(고후 4:4-6).

성령으로 말미암는 회개―한 번이든, 일곱 번이든, 사백구십 번이든(마 18:21-22)―는 분명 고통이지만, 커다란 선물이기도 하다. 바울은 그같은 고통이 "후회할 것이 없는 구원에 이르게 하는 회개를 이루기" 때문에 "하나님의 뜻대로 하는 근심"(godly grief)이라고까지 말한다(고후 7:10)." 그러니까 슬픔 그 자체가 목적은 아니다. 그로 인한 부산물, 곧 회개야말로 우리의 행동을 180° 바꿀 수 있는, 본질적이며, 성령으로만 가능하며, 또한 삶을 변화시키는 결단이 된다. 그러한 결단은 새로운 방향으로 첫 걸음을 내딛는 것에서 드러난다. 회개의 영향력은 평생 지속되지만, 회개는 태도와 행동 둘 다에서 최초의 변화를 담고 있다.

따라서 "하나님의 뜻대로 하는" 근심은 단지 '후회스럽다는 느낌'이 아니다. 사람들은 자신이 하나님께 죄를 지었다는 자각에서가 아니라, 온갖 이유로 죄의식을 느낀다. 그러한 "세상 근심(worldly grief)은 사망을 이룬다"(고후 7:10). "세상 근심"은 우리로 하여금 하나님을 찾게 하기보다 우리의 부족함과 커다란 상처에만 초점을 맞추게 함으로써, 이기적인 삶에서 비롯되는 사망을 더욱 부추긴다(고후 5:15).

"세상 근심"은 세상이 주는 것을 얻지 못해 생기는 고민이다. "하나님의 뜻대로 하는 근심"은 하나님의 인정과 축복을 받지 못해 생기는 가책이다. "세상 근심"은 세상의 가치와 약속에만 온통 신경을 씀으로써, 그러한 근심을 일으키는 죽음과 동일한 결과를 낳는다. "하나님의 뜻대로 하는 근심"은 하나님을 구원의 원천으로 삼아 그 구원을 일으키는 생명으로 인도하기 때문에 구원에 이르는 회개를 가져온다. "세상 근심"은 세상의 평가에 대해 신경 쓰지만, "하나님의 뜻대로 하는 근심"은 성령을 근심케 하는 것은 아닌가 신경 쓴다." "세상 근심"은 시간이 흐르고 삶의 다른 영역에서 기쁨을 맛보면 적당히 둘러대거나, 회피하거나, 의지력을 발휘하여 차차 해결될 수 있지만, "하나님의 뜻대로 하는 근심" 때문에 생기는 고통은 회개만이 치유책이다.

자신의 삶이 하나님의 뜻에서 한참이나 벗어났다고 생각하는 사람들은 더 이상 타인과 비교하거나 하나님께 자신의 행동을 변명함으로써 죄의 무게를 가볍게 하지 않는다. "다음에는 더 잘하겠다!"라고 맹세한다든지, 이전의 우상 숭배를 보상할 뚜렷한 업적을 쌓으면 하나님이 기뻐하실 것이라 생각하면서, 죄의식은 떨쳐 버리려고 하지 않는다. 오히려 그들은 다윗이 간음과 살인죄를 깨달았을 때 했던 것처럼 반응한다.

하나님이여, 주의 인자를 따라
    내게 은혜를 베푸시며
주의 많은 긍휼을 따라
    내 죄악을 지워 주소서
나의 죄악을 말갛게 씻으시며
    나의 죄를 깨끗이 제하소서!

무릇 나는 내 죄과를 아오니
    내 죄가 항상 내 앞에 있나이다.

내가 주께만 범죄하여
  주의 목전에 악을 행하였사오니
주께서 말씀하실 때에 의로우시다 하고
  주께서 심판하실 때에 순전하시다 하리이다
내가 죄악 중에서 출생하였음이여
  어머니가 죄 중에서 나를 잉태하였나이다.…

주의 얼굴을 내 죄에서 돌이키시고
  내 모든 죄악을 지워 주소서.

하나님이여 내 속에 정한 마음을 창조하시고
  내 안에 정직한 영을 새롭게 하소서(시 51:1-5, 9-10).

우리는 하나같이 다윗처럼 마음이 부패했기 때문에, 그것을 아무리 그럴 듯하게 포장하더라도 소용 없다. 그렇기에 거룩하신 하나님을 대면하면, 우리 자신의 죄가 드러나고 다른 이들에게 지은 죄가 사실은 하나님께 지은 죄임을 알게 된다(시 51:44). 우리가 하나님께 죄를 지었다는 사실을 알게 되면, 우리는 하나님의 의로운 심판을 받아 마땅한 존재임을 깨닫게 된다. 따라서 우리는 하나님께 긍휼을 베풀어 달라고, 정한 마음을 새롭게 해 달라고 간청하지 않을 수 없다(시 51:1, 10).

성경이 우리의 실상을 폭로하기 때문에 성경 읽기가 버겁거나 꺼려질 때가 있다. 노련한 의사의 손에 들린 외과용 메스처럼 성경은 우리에게서 불신앙이라는 암 덩어리를 도려 낸다. 따라서 하나님이 오셔서 우리를 치유해 주시는 기쁨을 맛보게 되기까지(참고. 시 16:11!), 성경 읽기는 커다란 고통을 초래할 수 있다. 히브리서의 말씀에 귀기울여 보자.

하나님의 말씀은 살아 있고 활력이 있어 좌우에 날 선 어떤 검보다도 예리하여 혼과 영과 및 관절과 골수를 찔러 쪼개기까지 하며 또 마음의 생각과 뜻을 판단하나니, 지으신 것이 하나도 그 앞에 나타나지 않음이 없고 우리의 결산을 받으실 이의 눈앞에 만물이 벌거벗은 것같이 드러나느니라(히 4:12-13).

반복하건대, 이 같은 영적 수술의 목적은 단지 우리의 감정을 상하게 하는 것이 아니라 회개를 낳는 것이다. 그리하여 우리는 삶으로 하나님을 신뢰하는 가운데 안식에 들어가게 된다(히 4:11).

요컨대 "하나님의 뜻대로 하는 근심"과 그에 따른 회개는 성령의 역사로 말미암아 우리의 경건치 못함을 뉘우치는 것이며, 그 결과 죄에서 떠나 하나님께 순종하겠다고 결단하는 것이다. 이 결단은 하나님의 용서의 약속과 내주하시는 성령의 능력(둘 다 그리스도로 인해 가능케 된다)만이 새 출발을 할 수 있는 유일한 희망이라는 확신에 기반을 둔다. "하나님께 대한 신앙"은 "죽은 행실의 회개"와 더불어 그리스도인의 삶의 '토대'가 된다(히 6:1).

복음의 선물

회개하라는 이러한 촉구는 믿음-순종이 **하나님의** 역사임을 더욱 상기시킨다. 그렇지 않다면 우리는 복음을 왜곡해 또다시 우리 자신을 정당화하려 들 것이다(엡 2:8-10). 하나님의 용서를 받기 위한 전제 조건이 '마땅히 우리의 행실을 바로잡는' 것이라고 말하는 성경 구절은 그 어디에도 없다. "죽은" 사람은 소생할 수 없고(엡 2:1), "진노의 자녀"는 스스로 거듭날 수 없으며(엡 2:2-3; 참고. 요 3:3-5), 죄의 "종"은 스스로 죄에서 해방될 수 없다(롬 6:17-22; 고전 7:23).

구원의 전 과정과 마찬가지로, 회개는 인간의 주도적 행위나 자생적 결정이 아니라 주권자 하나님의 무조건적 선택에 따른 은혜의 선물이다(행 5:31; 11:18; 13:48; 딤후 2:25). 이 말은 우리가 회개할 책임이 다소 줄어든다는 뜻이 아니다. 사도행전 2:38에서 베드로가 선언했듯이, 회개는 하나님의 선물이지만 용서의 **조건**으로서 **명령 내려질** 수 있는 것이다. 하나님이 사랑과 긍휼을 베푸시더라도, 회개는 필요하며 다가올 그분의 심판은 여전히 유효하다. 오히려, 장차 내릴 심판을 내다보시고 하나님은 "[우리로 하여금] 회개에 이르도록"(롬 2:4; 참고. 행 17:30; 벧후 3:9) 긍휼을 베푸시며 길이 참으신다. 그리고 회개하라는 하나님의 명령은 이 같은 긍휼의 표현이며, 우리를 회개로 이끄시는 수단이다. 토마스 슈라이너(Thomas Schreiner)와 아델 케인데이(Ardel Caneday)가 설득력 있게 주장했듯이, 하나님의 심판에 대한 성경의 경고, 회개하라는 권면 그리고 고난 중에 인내하며 믿음을 지키라는 촉구는 하나님이 택하신 백성들을 다가올 진노에서 구원하시는 도구다.[3]

그러므로 우리는 회개와 믿음이, 마음에 변화가 일어나며 과거의 자료가 진실하다고 정신적으로 동의하는 것과 같이 그 의미가 축소되는 것을 마땅히 경계해야 한다.[4] 회개와 믿음은 우리가 단지 한 번만 내리는 '결단'이 아니다. 성령의 개입은 우리의 성품을 하나님의 성품으로 변화시키는 **시작**이지 끝이 아니다(고후 3:18). 그러니까 모든 믿는 자는 하나님의 은혜와 능력으로 그런 '변화가 일어나는 과정 중에' 있는 셈이다. 믿음의 삶은 하룻밤 새 뚝딱 이루어지지 않는, 평생에 걸친 과정이다(벧후 1:5-7). 예수님을 죽은 자 가운데서 다시 살리신 바로 그 성령이 우리의 삶에 개입해 아무런 변화도 일으키시지 못할 거라고 생각할 수 있겠는가? 성령이 역사하시는 곳에서, 우리의 사랑과 그로 인한 "의의 열매"는 그리스도를 더욱 신뢰할수록 '더욱' 풍성해진다(빌 1:9-11). 인내하는 중에 하나님의 약속을 더욱 신뢰하는 것은 그분의 명령을 따르는 것이며, 이는 하나님의 선물이자 부르심이다. 베드로전서 1:2은 우리가 **"예수 그리스도에게 순종하기 위해** 하나님 아버지의 미리 아심을 따라 택하심을 받았으며, 성령으로 거룩하게" 되었다고 말한다(강조는 저자의 것).

믿음으로 말미암는 순종

그러나 많은 사람이 순종을 촉구하는 성경의 명령과 맞닥뜨리게 되면 다른 사람들의 기대에 맞춰 살아가려 했던 옛 관습으로 돌아가는 것 같다. 이러한 현상은 유독 오늘날 더 심각하다! 지금 이 순간, **하나님은** 믿는 자들이 **하나님의** 기준에 따라 살아가기를 기대하고 계신다!

사정이 이렇다 보니 그리고 하나님의 명령이 제대로 먹혀들지 않아 그분의 영광이 위기에 처하다 보니, 정말 중요한 것은 사실을 다시 한 번 제대로 파악하는 일이다. 순종하라고 촉구하는 것은 우리가 얼마나 진지한지를 드러내서 하나님으로부터 높은 점수를 따라는 말이 아니다. 하나님은 지나치게 까다로운 기준을 제시해 그것을 지키라고 하시지 않는다. 우리는 실패하기로 설정된 존재가 **아니다**. 하나님은 우리를 "율법"에서 "**복음**"으로 인도하시기 위해―마치 두 메시지가 별개인 듯―까다로운 요구를 내세워 우리를 절망에 빠뜨리려고 하지 않으신다.

언약의 구조를 살펴보면, 하나님이 우리에게 순종하라고 촉구하시는 것은 우리로 하여금 **그분의** 약속을 신뢰하며 우리의 삶 속에서 **그분의** 능력을 붙잡으라고 단단히 이르시는 것임을 알게 된다(제2장을 보라). 하나님의 계명은 일상의 삶에서 그분의 임재가 뜻하는 바가 무엇인지를 묘사한다(요일 3:9). 즉, 하나님의 명령은 그분의 약속이 변장하여 나타난 것이다. 순종하라는 하나님의 촉구야말로 그분이 주시는 귀한 선물을 받고 기뻐하며 놀라게 되는 원천이다. 실상 복음은 너무나 기쁜 소식이어서 사실로 믿기지 않는다! 하나님은 '어떤 시험이라도 우리가 능히 감당할 수 있다'고 약속하시기 때문에 요구할 만한 것을 요구하신다. "하나님은 신실하시기" 때문에 "[우리가] 감당하지 못할 시험 당함을 허락하지 아니하시고, 시험 당할 즈음에 또한 피할 길을 내사 [우리로] 능히 감당하게 하신다"(고전 10:13). 하나님이 주신 것보다 더 많은 것을 우리에게 요구하시는 법은 결코 없다! 따라서 기쁜 소식이란 죄에 대해서는 어떤 변명도 통하지 않는다는 사실이다.

바꿔 말해 하나님이 은혜로 구원하시는 **수단**과 **결과**, 이 둘은 바울이 일컫는 "믿어 순종케 하는 것"(the obedience of faith)이다. 다시 말해 그것은 믿음으로 말미암는 순종(faith's obedience), 곧 순종의 표현인 믿음과 유기적으로 밀접하게 연관된 순종이다(롬 1:5).⁹ 그렇다면 바울이 믿는 자들로 하여금 하나님의 약속을 신뢰한다는 표시로 그분께 순종케 하는 것을 사역의 목표로 삼은 것은 당연하다(롬 1:5을 롬 15:18과 비교하라). 이것이야말로 바울에게 더없이 소중한 것이었다. 그 이유는 하나님의 목적이 택하신 백성들의 변화된 삶을 통해 은혜의 영광을 드러내는 것이었기 때문이다(엡 1:3-14). 따라서 바울은 사도로서의 삶을 이렇게 묘사한다.

> 그리스도께서 이방인들을 순종하게 하기 위하여 나를 통하여 역사하신 것 외에는 내가 감히 말하지 아니하노라. 그 일은 말과 행위로 표적과 기사의 능력으로 성령의 능력으로 이루어졌으며 그리하여 내가 예루살렘으로부터 두루 행하여 일루리곤까지 그리스도의 **복음**을 편만하게 전하였노라(롬 15:18-19, 강조는 저자의 것).

은혜의 복음과 순종을 동일시하는 것이 우리에게는 낯설게 느껴진다. 하지만 바울이 복음 전파를 통해 이방인들로 하여금 **'순종하게** 한다'는 점을 다시 주목해야 한다. 순종을 통해 참된 신앙이 '밝히' 드러나기 때문이다. 그래서 고린도 교인들의 경건치 못한 삶을 목격한 바울은 "너희는 **믿음** 안에 있는가 너희 자신을 시험하고 너희 자신을 확증하라"라고 권면한다(고후 13:5, 강조는 저자의 것). 바꿔 말해, 고린도 교인들은 자신들이 참으로 성령의 전인지를 확증하기 위해 "자신을 시험"해야 했다(고후 13:5을 고후 6:14-7:1과 비교하라). 시험은 간단한 것이었다. 과연 그들은 자신의 죄를 회개할 것인가?(고후 12:21) 올바른 행동은 올바른 믿음이 겉으로 표현된 것이다. 믿음은 행함 없이 존속할 수 없기에, 행함이 없는 믿음은 "죽은" 믿음이거나 '열매 없는' 믿음이다(약 2:14-26).

하나님이 임재하시는 표지

위의 구절에서 바울과 야고보는 솔직하게 말하고 있다. 생사가 갈림길에 놓여 있다! 문제는 바울과 야고보 서신의 독자들이 참으로 그리스도를 아느냐이다. 믿는 자든 믿지 않는 자든 공히 "그리스도의 심판대 앞에 나타나게 되어 각각 선악 간에 그 몸으로 행한 것을 따라 받게 될" 것이기 때문이다(고후 5:10; 참고. 롬 2:6-11).

심판 날에 하나님이 그분의 백성들의 삶을 결산하실 때, 그분은 믿는 자들을 위해 돌아가신 그리스도의 **죽음**뿐 아니라 그리스도의 **생명** 또한 그들이 순종을 통해 재현했는지를(롬 6:2, 4), 그것도 하룻밤 새에 뚝딱하는 식이 아니라 하나님 앞에 적나라한 모습으로 서게 되는 그 날까지 일생동안 꾸준히 그렇게 했는지를 꼼꼼히 따지실 것이다(빌 1:11). 그분의 은혜로 의롭다 인정받은 우리에게 주님은 달란트를 주시고 나중에 이렇게 평가하실 것이다. "잘하였도다, 착하고 충성된 종아. 네가 적은 일에 충성하였으매 내가 많은 것을 네게 맡기리니, 네 주인의 즐거움에 참여할지어다"(마 25:23). 언약의 요구 사항, 곧 회개와 믿음으로 순종하는 삶

을 살았기에, 우리는 하나님의 심판대에서 수치를 당하지 않을 것이다.[6]

그러나 우리의 구원은 우리 자신의 영광이 아니라 하나님의 영광을 드러낸다. 하나님이 우리로 회개하게 하시고, "믿음의 역사"를 능력으로 이루게 하시어, 우리를 "부르심에 합당한 자로 여기시기"(살후 1:11-12) 때문이다. 그렇기에 우리의 삶의 자세는 우리 주 예수님의 자비와 구원을 베푸시는 성품을 드높인다. 결국, 하나님은 은혜로 우리의 삶을 빚으시기 때문에, 우리의 삶을 통해 영광 받으시는 분은 우리가 아니라 하나님이다. 예수님은 자기 백성들에게 이런 확신을 주셨다.

"내 양은 내 음성을 들으며 나는 그들을 알며 그들은 나를 따르느니라. 내가 그들에게 영생을 주노니 영원히 멸망하지 아니할 것이요, 또 그들을 내 손에서 빼앗을 자가 없느니라. 그들을 주신 내 아버지는 만물보다 크시매, 아무도 아버지 손에서 빼앗을 수 없느니라. 나와 아버지는 하나이니라"(요 10:27-30).

따라서 그리스도의 심판대에 선 우리가 '무죄' 판결을 받게 된다면, 그것은 우리가 하나님을 위해 쌓은 공적이 아니라(마치 그것이 가능하기라도 하듯!) 이제껏 우리에게 베푸셨고, 베푸시고, 또한 마지막까지 베푸실 하나님의 은혜 때문이다.[7] 물론 성경에는 순종에 대한 '최소한의 기준'이나 수량적 크기에 대한 언급은 없다. 그런 게 필요하다고 말하는 것은 핵심을 제대로 짚지 못하는 것이다. 내주하시는 성령이 강력하게 역사하시는 것은, 우리가 어떤 최소한의 기준을 충족시키도록 하기 위해서가 아니라 우리가 하는 **모든 일**에서 하나님의 뜻을 **기뻐하도록** 하기 위해서다. 성령을 받은 자들은 자신이 하나님을 얼마나 **적게** 신뢰하는지가 아니라 얼마나 많이 신뢰하는지를 확인하고 싶어한다!

마지막으로, 성령으로 말미암는 우리의 순종을 통해 그리스도 안에서

받은 용서에서부터 하나님의 임재 안에서 드리는 찬양에 이르기까지 구원이 전적으로 우리를 위한 하나님의 역사라면, 우리 그리스도인은 그분이 우리의 삶 속에서 베푸셨고, 베푸시며, 또한 베푸실 일에 대해 찬양하고 감사하지 않을 수 없다는 결론이 나온다. 요컨대, 신학의 목표(하나님 체험)는 말과 행실을 통한 송영(하나님 찬양)이다.

성령이 하나님의 백성들 안에 또한 그들 가운데 임재하시는 주된 목적은 삶의 모든 것을 하나님의 공로로 돌리고 싶다는 이 같은 갈망을 불러일으키는 데 있다(마 5:16; 요 16:14). 우리의 "착한 행실"이 사실상 하나님이 우리 안에서 은혜를 베푸신 결과임을 알기에, 우리는 때와 장소를 가리지 않고 범사에 감사와 찬양을 드려야 한다. "네게 있는 것 중에 받지 아니한 것이 무엇이냐? 네가 받았은즉 어찌하여 받지 아니한 것 같이 자랑하느냐?"(참고. 고전 4:7)

창조주, 유지자, 구속자 또한 심판자이신 하나님을 알지 못하는 사람들이 쌓은 재물과 업적을 행운, 운명, 유전적 요인, 사회적 영향력, 자신의 능력 혹은 생존 의지 덕분으로 돌리는 것은 미묘한 형태의 우상 숭배다. "우리에게는 한 하나님 곧 아버지가 계시니 만물이 그에게서 났고 우리도 그를 위하여 있고, 또한 한 주 예수 그리스도께서 계시니 만물이 그로 말미암고 우리도 그로 말미암아 있느니라"(고전 8:6). 하나님을 사랑하는 자들은 그분이 모든 일(고난까지도!)을 합력하여 선을 이루어 그들로 그리스도의 형상을 닮게 하신다는 것을 알기에, 어떤 형편에서도 그분께만 감사를 돌린다(롬 8:28). "이는 만물이 주에게서 나오고, 주로 말미암고, 주에게로 돌아감이라. 그에게 영광이 세세에 있을지어다"(롬 11:36). 시편 100편은 이렇게 말한다.

온 땅이여 여호와께 즐거운 찬송을 부를지어다!

기쁨으로 여호와를 섬기며,
노래하면서 그의 앞에 나아갈지어다!

여호와가 우리 하나님이신 줄 너희는 알지어다!
　그는 우리를 지으신 이요 우리는 그의 것이니,
그의 백성이요 그의 기르시는 양이로다.

감사함으로 그의 문에 들어가며,
　찬송함으로 그의 궁정에 들어가서,
　그에게 감사하며 그의 이름을 송축할지어다!

여호와는 선하시니,
　그의 인자하심이 영원하고,
　그의 성실하심이 대대에 이르리로다.

　　입술로 주를 찬양하며(시 34:1; 118:28-29) 몸으로 하나님을 섬기는 (고전 6:20) 사람을 새롭게 창조하시는 하나님의 통치는, 죄의 세력이 무너질 때 그 모습이 드러난다. 예전에 하나님의 진리를 가로막아 그분을 영화롭게 하거나 감사드리기를 거부했던 자들이, 그리스도 안에서 새로운 피조물이 되면서 하나님을 주님으로 받들며 그분께 영광을 돌리는 것을 삶의 목표로 삼는다(롬 15:6). 이런 까닭에 시편을 다시 인용한다.

　　주는 나의 하나님이시라, 내가 주께 감사하리이다.
　　　주는 나의 하나님이시라 내가 주를 높이리이다.
　　여호와께 감사하라 그는 선하시며,

그의 인자하심이 영원함이로다!(시 118:28-29)

하나님은 주권적인 창조자시며, 만물의 유지자로서 그분의 백성들의 선을 위해 모든 것을 다스리시기 때문에 감사하라는 시편 기자의 외침은 삶의 모든 상황과 형편에까지 미친다. 우리가 "**범사**에 감사하는" 것은 "그리스도 안에서 하나님의 뜻"이다(살전 5:18). 그렇다면, 하나님이 우리 안에서 역사하시기 때문에 우리가 "두렵고 떨림으로 우리의 구원을 이루는" 방식은 "모든 일을 원망과 시비가 없이 하여, 우리가 흠이 없고 순전하여 어그러지고 거스르는 세대 가운데서 하나님의 흠 없는 자녀가 되는"(빌 2:12-15상) 것임에 틀림없다.

따라서 여러 방식에서 '믿음의 싸움'은 감사로 표현되는, 자족하기 위한 싸움으로 귀착된다(엡 5:20). 하나님의 주권을 신뢰하고 그분의 약속에 소망을 둘 때 자족할 수 있다. 그렇기에 "자족하는 마음이 있으면 경건은 큰 이익이 된다." 자족하는 마음이 없는 "경건"은 그 자체가 모순이며 무익하기 때문이다(딤전 6:6-8). 불평과 걱정은 우리가 거하는 이 작은 행성을 다스리시는 하나님의 능력에 대해 '미덥지 않음'이라는 표를 던지는 것과 같다! 우리의 **필요**에 대해 하나님께 기도할 때에도, 우리는 "아무 것도 염려하지 말아야" 하며 오직 "감사함으로" 하나님께 아뢰어야 한다(빌 4:6). 곤궁한 가운데 감사하는 것은 하나님의 주권적 사랑을 신뢰한다는 표시다! 그리고 감사하라는 하나님의 명령은 그분의 은혜가 모든 것에 미치기 때문에 포괄적이라 할 수 있다. "무엇을 하든지 말에나 일에나 다 주 예수의 이름으로 하고, 그를 힘입어 하나님 아버지께 감사하라"(골 3:17).

요지: 하나님의 영광을 위한 새 창조

이제 우리는 시작했던 곳에서 끝낸다. '둘째 아담'이신 그리스도를 통해 새롭게 창조되었기에 사람들은 모든 것을 하나님께 의지해 그분의 주권적 영광을 온 천하에 드러낸다(제1장과 제2장을 보라). 이런 까닭에 우리를 에덴 동산에서 하나님이 원래 의도하셨던 대로 살게 하시는 예수님은 "인자"인 자신이 "안식일에도 주인"이라고 선언하신다(막 2:28). 바꿔 말해, 인자 예수님은 우리의 필요를 채워 주시기 위해 자신의 주권을 사용하시는 분이다. 이 같은 사실은, 안식일에도 기꺼이 허기진 제자들을 먹이셨으며 한쪽 손 마른 사람을 치유하셨다는 데서 입증되었다(막 2:23-3:6). 새 언약 아래 있는 우리는 '하나님의 법을 마음속에 새겼기'(렘 31:31-34) 때문에 일주일 가운데 하루 일을 멈춤으로써가 아니라, 어떠한 처지에서든 일상적 삶의 매 순간 우리를 인도하시고, 이끄시고 또한 필요를 공급하시기 위해 아무것도 아끼지 않으시는 그리스도 안에 안식함으로써 '안식일을 준수'한다.

그리고 그분을, 우리는 신뢰할 수 있다! 안식일의 주인이신 예수님은 우리의 필요를 아시며, 자신의 지혜와 뜻과 사랑에 따라 그것을 채워 주려고 '일하신다.' 안식일의 주인이신 예수님은 우리의 죄 때문에 죽으셨고, 우리의 의를 위해 다시 사셨고, 우리의 성령 충만을 위해 승천하셨다(행 2:29-36). 나아가 예수님은 우리를 파멸시키려는 사탄의 모든 궤계와 고소를 좌절시키기 위해 하나님의 우편에서 우리를 변호하신다(롬 8:34; 히 7:25; 9:24; 요일 2:1). 그리스도는 장차 큰 영광으로 재림하셔서 영원한 하나님의 임재 속으로 우리를 모으실 것이다(막 13:24-27; 14:62; 살전 1:10; 히 9:28; 계 22:20).

그렇다면 그리스도께서 재림하실 때, 분명히 '우리가 다가올 [하나님의] 나라를 추구하기' 때문에, "예수로 말미암아 항상 찬송의 제사, 곧 그 이름을 증언하는 입술의 열매를 하나님에게 드리자"(히 13:15). 하나님은 그분이 베푸신 은혜의 전리품으로서, 우리가 믿음으로 살아가는 삶의 **모든** 영역에 대해 그 **모든** 영예를 얻으신다. "우리는 그가 만드신 바, 그리스도 예수 안에서 선한 일을 위하여 지으심을 받은 자니, 이 일은 하나님이 전에 예비하사 우리로 그 가운데서 행하게 하려 하심"이기 때문이다(엡 2:10). 우리가 가진 "의의 열매"는 모두 "예수 그리스도로 말미암은 것으로, 하나님의 영광과 찬송이 된다"(빌 1:11). 지상 최대의 **계명**(마 22:34-40)의 확장인 지상 최대의 **명령**(마 28:18-20상)은 지상 최대의 **공급하심과 약속**(마 28:20하), 즉 "볼지어다! 내가 세상 끝 날까지 너희와 항상 함께 있으리라"라는 말씀에 의해 가능해 진다.

주

1. 우리는 왜 존재하는가?

1) Anthony A. Hoekema, *Created in God's Image*(Grand Rapids, Mich.: Eerdmans, 1986), p. 14. 「개혁주의 인간론」(CLC). Hoekema의 연구는 "하나님의 형상"이라는 용어의 성경적 의미와 중요성을 상세하게 다룬 문헌 중 단연 뛰어나다.
2) 같은 책, p. 4. 여기서 Hoekema가 요약한 것은 원문 그대로 옮길 만한 가치가 있다. "따라서 인간에 깃들어 있는 하나님의 형상은 인간의 구성(재능, 능력 및 자질)와 인간의 기능(행동, 하나님과 다른 사람들과의 관계, 재능을 활용하는 방식) 둘 다를 포함하는 것으로 보아야 한다. 어느 하나를 희생하면서 다른 하나를 강조하는 것은 불공평하다. 둘 다 고려의 대상이지만 인간의 구조를 이차적인 것으로, 인간의 기능을 일차적인 것으로 보는 것이 나을 것 같다. 하나님이 자신의 형상으로 우리를 지으신 것은 우리가 과제를 수행하며, 사명을 완수하며, 소명을 추구하도록 하기 위해서다.…인간을 하나님의 형상으로 본다는 것은 인간에게 부여된 과제와 재능 두 가지를 본다는 뜻이다. 그러나 과제가 우선이요 재능은 나중이다. 재능은 과제를 수행하기 위한 수단일 뿐이다"(p. 73).

3) 창 1:26-28에서 인간의 정체성을 묘사하는 데 사용된 히브리어 단어는 두 개다. 영어 성경 번역본에도 두 개가 나온다. 인간은 "하나님의 **형상**(image)을 따라, 하나님의 **모양**(likeness)대로"(창 1:26) 창조되었다. 꼼꼼히 살펴보면, 이 두 단어는 인간의 각기 다른 두 가지 측면을 가리키는 것이 아니라 동의어일 뿐이다. 때문에 창 1:27에서는 인간을 묘사하기 위해 동일한 단어("형상")를 두 차례 쓰는 반면, 이와 동일한 주제가 반복되는 창 5:1에서는 "형상"이라는 단어 대신 "모양"이라는 단어를 쓴다. 그리고 창 5:3에서는 인간의 "모양"과 "형상"대로라는 표현을 쓴다. 그러므로 이 두 단어는 동의어로 병행해서 쓸 수 있으며 둘 중 어느 하나만을 쓰더라도 무방하다. 창 5:3에서처럼 순서를 바꿀 수도 있다. 이런 까닭에 우리는 창세기 1:26에서 인간에게 두 가지 측면, 곧 영적인 본질("형상")과 육적인 본질("모양"), 혹은 영적이자 정신적인 본질, 혹은 이성적이자 감성적인 본질 등이 있다는 결론을 내려선 안 된다. 하나님의 "형상" 혹은 하나님의 "모양"대로 창조되었다는 말은 동일한 실재를 나타내며 인간의 전체성(totality)을 가리킨다.

4) Daniel P. Fuller, *The Unity of the Bible*, 미간행 강의안 개정판, 1974, pp. vii-4. 이와 똑같은 주장이 Fuller, *The Unity of the Bible: Unfolding God's Plan for Humanity*(Grand Rapids, Mich.: Zondervan, 1992), p. 109에서 제기되었다. 추후 이 장과 책 전체를 통해 펼치는 논지의 대부분은 Daniel Fuller와 그의 제자 John Piper의 연구에 힘입은 바 크다. 이 두 사람은 하나님이 쓰시는 은혜의 도구가 되어 내게 성경 신학을 제대로 연구하는 방법을 가르쳐 주었고 하나님의 은혜의 빛 가운데 사는 삶이 어떤 것인지도 보여 주었다(아래의 주 참조).

5) Meredith Kline, *Images of the Spirit*[South Hamilton, Mass.: Gordon-Conwell Theological Seminary, 1986(1980)], p. 28.

6) Jean Danielou, *In the Beginning···Genesis I-III*(Baltimore: Helicon, 1965), p. 38.

7) 이 같은 운동에 대한 분석은 Peter Jones, *The Gnostic Empire Strikes Back: An Old Heresy for the New Age*(Phillipsburg, N. J.: Presbyterian and Reformed, 1992)를 보라.

8) Paul R. House, *Old Testament Theology*(Downers Grove, Ill.: InterVarsity, 1998), p. 59. 「구약신학」(CLC). House의 신학은 매우 유익하며 본래의 신학(theology proper)에서 다루는 주제들, 이를테면 구약 성경 전반에 드러나는 하나님의 정체성, 본질 및 의도를 추적한다.
9) John Piper, *Desiring God: Meditations of a Christian Hedonist*(Sisters, Ore.: Multnomah; expanded edition, 1996), pp. 44-45. 「여호와를 기뻐하라」(생명의말씀사). 인용문은 Jonathan Edwards, "Dissertation Concerning the End for Which God Created the World", *The Works of Jonathan Edwards, vol. 1*(Edinburgh: Banner of Truth Trust, 1974), p. 102에서 가져왔다. Edwards의 논문과 이 논문을 통찰력 있게 소개한 책으로는 John Piper, *God's Passion for His Glory: Living the Vision of Jonathan Edwards*(Wheaton, Ill.: Crossway, 1998, 「하나님의 영광을 위한 하나님의 열심」, 부흥과개혁사)를 보라. 하나님이 창조의 "비밀을 널리 알리셨다"는 생각은 Daniel Fuller, *Unity*, 제8장과 제9장에서 가져왔다.
10) 이같이 중요한 논점을 펼친 책으로는 John Piper, *The Pleasure of God: Meditations on God's Delight in Being God*(Sisters, Ore.: Multnomah, revised and expanded edition, 2000)을 보라. 「하나님의 기쁨」(은성).
11) Fuller, *Unity*, p. 136.
12) Piper, *Desiring God*, p. 32.
13) Joy Davidman, *Smoke on the Mountain: An Interpretation of the Ten Commandments*[Philadelphia: Westminster, 1974(1954)], p. 23.
14) 예배와 순종의 관계는 Fuller, *Unity*, pp. 150-151를 보라.
15) Blaise Pascal, *Pascal's Pensées*, trans. W. F. Trotter(New York: E. P. Dutton, 1958), p. 113. Piper, *Desiring God*, p. 18에서 인용.

2. 하나님을 안다는 것은 어떤 의미인가?

1) Mark R. Talbot, "Does God Reveal Who He Actually Is", in Douglas S. Huffman and Eric L. Johnson, eds., *God Under Fire: Modern Scholarship Reinvents God*(Grand Rapids, Mich.: Zondervan, forthcoming, 2001). Talbot

은 "하나님의 **선하심**과 **사랑**…뿐 아니라 **구원의 능력**(참고. 시 80:7; 사 47:4; 51:12-16; 렘 11:20; 50:33-34; 미 4:1-4; 슥 3:8-10; 12:5; 말 3:1; 4:1-3; 계 11:15-18; 19:1-8) 그리고 말씀의 **신뢰성**과 **확실성**(참고. 렘 7:3-7; 19:1-3, 15; 32:14-15; 38:17-23; 슥 8:2-3; 계 19:11-16)이 그분의 능력에 달려 있듯이" 하나님의 **신실하심** 또한 그분의 능력에 달려 있다(참고. 삼하 7:8-16; 시 91:1-3; 사 31:4-5; 렘 35:18-19; 학 2:23; 슥 1:17; 계 19:11-16)고 지적한다.

2) C. S. Lewis, "The Weight of Glory", in Lewis, *The Weight of Glory and Other Essays*(Grand Rapids, Mich.: Eerdmans, 1965), pp. 1-15.

3) 서론적 작업에는 이 같은 주제들을 통합하는 구속사에 대한 일관된 전개가 빠져 있다. 그러한 얼개는 옛 언약 아래서의 창조, 안식일 및 첫 번째 출애굽에서부터 그리스도 안의 '제2의 출애굽', 새로운 창조 및 새 언약 아래서 재구성된 안식일에 이르기까지 확대될 것이다. 이러한 얼개에 대한 소개는 Graeme Goldsworthy, *Gospel and Kingdom: A Christian Interpretation of the Old Testament*(Carlisle, England: Paternoster, 1994, 「복음과 하나님의 나라」, 성서유니온)를 보라. 좀더 상세한 논의는 Geerhardus Vos, *Biblical Theology: Old and New Testaments*(Grand Rapids, Mich.: Eerdmans, 1948, 「성경신학」, 크리스챤다이제스트), John Bright, *The Kingdom of God*(Nashville: Abingdon, 1953, 「하나님의 나라」, 크리스챤다이제스트), David E. Holwerda, *Jesus and Israel: One Covenant or Two?*(Grand Rapids, Mich.: Eerdmans, 1995, 「예수와 이스라엘」, CLC), 특히 William J. Dumbrell, *Covenant and Creation*(Nashville: Thomas Nelson, 1984), *The End of the Beginning: Revelation 21-22 and the Old Testament*(Homebush West, NSW, Australia: Lancer; distributed by Baker, Grand Rapids, Mich., 1985, 「새 언약과 새 창조」, CLC) 및 *The Search for Order: Biblical Eschatology in Focus*(Grand Rapids, Mich.: Baker, 1994, 「언약 신학과 종말론」, CLC)를 보라.

4) 이 점에 대해서는 추후에 논의하겠지만, 혼란을 피하기 위해 나는 안식일이 일요일로 옮겨졌다고 하더라도 '안식일 엄수주의자'(Sabbatarian)가 아님을 밝힌다. 물론 일정한 형태의 공동 예배는 필수적이지만, 이스라엘 백성들에게 내려진 안식일 준수 명령을 그리스도인들이 글자 그대로 따를 필요는 없

다고 본다. 옛 언약 아래서의 안식일 준수는 창조와 언약의 기본 진리를 일깨워 주는 하나의 상징이었으며, 안식일의 완성은 새 언약 아래서 일주일 내내 믿음으로 말미암은 순종의 삶을 살 때 이루어진다(히 3:16-4:13). 그리스도 안에서 안식일이 아닌 날은 하루도 없다! 새롭게 변화된 우리는 어떤 처지에서든 우리의 필요를 채워 주시는 하나님을 신뢰함으로써 안식일을 지키며, 의를 통해 나타나는 자족의 삶을 지속적으로 살아냄으로써 이 같은 믿음을 드러낸다(딤전 6:6-16). 따라서 안식일은 하나의 상징이기 때문에, 새 언약 아래서 하루를 구별하여 하나님이 우리에게 아낌없이 베풀어 주신 사랑을 기념하는 날로 삼는 것은 주님 앞에 양심을 걸고 각자 알아서 할 일이다(롬 14:5-6).

5) 이 같은 요점과 그것이 함축하는 바에 대해서는 John H. Sailhamer의 중요한 연구인 *The Pentateuch as Narrative: A Biblical-Theological Commentary* (Grand Rapids, Mich.: Zondervan, 1992,「서술로서의 모세오경」, 새순출판사), pp. 84-86를 보라. Sailhamer는 창 1:2에서 "땅이 혼돈하고 공허하며"라고 번역된 부분은 세상을 우주 안에서 형체 없는 냉각 가스 덩어리로 그리는 것이 아니라 "사람이 살 수 없는, 넓게 펼쳐진 황무지", 즉 아직은 "사람이 거주할 수 없는 광야", 말하자면 "하나님이 좋다고 하시기 전의 땅의 상태"를 묘사한 것임을 설득력 있게 제시한다(pp. 84, n. 8, 85). 그의 주장을 이해하는 열쇠는 창 1:2에서 사용되는 이미지가 신 32:10과 사 45:18에서 사용되는 이미지와 어떻게 다른지를 살펴보는 일이다. 따라서 "신 32장은 동일한 이미지(10절)를 사용해 이스라엘이 가나안으로 들어가기 전 광야에서 기다렸던 시간을 묘사한다"(p. 86). 예언자들 또한 창 1:2로부터 이와 동일한 표상을 빌려 이스라엘의 바벨론 포로 생활을 그렸는데, 여기서 땅은 또다시 "사람이 거주할 수 없는" 장소 그리고 "사막"이 되었고 하늘의 빛은 사라졌다(렘 4:23-26을 가리키는 p. 86). "그렇다면 창 1:2의 땅에 대한 묘사는 예언자들이 꿈꾸는 미래와 딱 맞아떨어진다. 땅은 공허하고, 어두우며, 황폐하여, 빛과 생명이 있으라 하시는 하나님의 부르심을 기다린다. 햇빛이 태고의 어둠 위에 비쳐 하나님이 내리시는 최초의 축복을 예고하듯(창 1:3), 예언자들과 사도들 또한 어둠을 깨뜨리는 빛을 발하여 구원의 새 시대가 시작되었음을 알

린다(사 8:22-9:2; 마 4:13-17; 요 1:5, 8-9)"(p. 86).
6) 구약 성경에 나타난 이스라엘의 역사를 살펴볼 때, 우리는 유감스럽게도 이스라엘이 '안식일을 준수'하지 않았음을 알게 된다. 예를 들어, 출 16:27; 느 13:15-18; 렘 17:14-23; 겔 20:13-16; 암 8:4-6; 호 2:11을 보라. 이런 까닭에 안식일 준수의 진정한 의미를 둘러싼 문제는 성경 이후의(post-biblical) 유대교와 예수님의 사역에 결정적인 화두가 되었다(참고. 마 12:1-14; 막 2:18-3:6; 눅 6:1-11; 13:10-16; 14:1-6; 요 5:9-18; 7:21-24; 9:13-17). 복음서는 안식일의 의미가 택하신 백성들의 필요를 채우시겠다는 하나님의 약속이라면, 안식일에 병자를 고치시고 용서를 베푸신 예수님의 행위는 안식일 규정의 위반이 아니라고 주장한다. 그분의 행동이 안식일의 주된 정신을 구체적으로 실현한 것이기 때문이다. 예수님의 말씀대로, "안식일이 사람을 위하여 있는 것이요, 사람이 안식일을 위하여 있는 것이 아니다"(막 2:27). 그러므로 권세를 지닌 인자 예수님은 "안식일에도 주인"이시며, 택하신 백성들의 유익을 위한 일이라면 안식일을 자신의 뜻대로 활용할 수 있는 통치권을 갖고 계신다.
7) Paul R. House, *Old Testament Theology*(Downers Grove, Ill.: InterVarsity, 1998), pp. 61, 63.
8) Bernhard W. Anderson, *From Creation to New Creation: Old Testament Perspectives*(Minneapolis: Fortress, 1994), p. 129. 인용문은 H. Wildberger에서 가져온 것이다.
9) 레 26:12; 렘 7:23; 11:4; 24:7; 30:22; 31:33; 32:38; 겔 11:20; 14:11; 36:28; 37:23, 27; 슥 8:8; 고후 6:16을 보라.
10) John Piper, *Desiring God: Meditations of a Christian Hedonist*(Sisters, Ore.: Multnomah; expanded edition, 1996), p. 50. 미래에 대한 하나님의 약속과 현재에 믿음으로 사는 삶이 어떤 관계에 있는지를 심도 있게 풀어낸 것으로는 Piper가 자매편으로 낸 *Future Grace*(Sisters, Ore.: Multnomah, 1995, 「은혜, 구원을 딛고 삶 속으로」, 좋은씨앗)를 보라. 이 책의 p. 9에는 이 같은 기본적인 핵심 사항이 재천명되고 있다.
11) 성경 신학의 핵심 주제 중 하나를 이처럼 통찰력 있게 요약한 것은 Piper의

연구를 떠받치는 중심 기둥이다.

12) Jon D. Levenson, *Sinai and Zion: An Entry into the Jewish Bible*(San Francisco: Harper and Row, 1985), p. 37.

13) 같은 책, p. 43.

14) 성경의 모든 언약을 이해하는 데 가장 중요한 얼개를 제공하는 일관된 언약 구조가 있음이 분명하다. 이 같은 확신을 갖게 된 결정적 계기는 G. E. Mendenhall의 중추적 연구인 "Covenant Forms in Israelite Traditions", *The Biblical Archaeologist* 1(1954), pp. 50-76이다. 그는 여기서 이스라엘 전통의 기본적인 언약 구조가 고대 근동에서 두루 행해졌던 종주 조약(suzerain treaty)에 기반을 두고 있음을 밝힌다. 언약을 주제로 한 최근의 연구에 대해 상세히 개관한 것으로는 Ernest W. Nicholson, *God and His People: Covenant and Theology in the Old Testament*(Oxford: Clarendon, 1986), pp. 3-117를 보라.

고대 근동에는 두 가지 기본 형태의 계약이 있었다. 하나는 동등한 두 당사자 간의 **제휴** 계약으로, 이는 상호 요구와 헌신에 바탕을 두고 있다. 이 같은 제휴를 맺는 양쪽은 대등한 자격으로 상대방에 대한 의무를 이행하며 약속을 지키기로 합의한다. 구약의 언약 구조의 토대가 되는 조약 방식은 이와 다르다. Mendenhall의 주장대로, 구약의 언약 구조는 오히려 고대 근동에서 강력한 왕과 무력한 왕 사이에, 통치자와 힘없는 백성들 곧 통치자가 어떤 위험에서 구원했거나 구출해 준 봉신들 사이에 체결되는 **일방적** 조약 혹은 '종주권' 조약에 기반을 둔다. 이 같은 일방적 계약은 상호 의무가 아니라 왕이 자신의 봉신들을 보호하고, 해방시키고, 구출하기 위해 이미 행한 일에 토대를 둔다. 이 같은 구원 행위는 과거에 일어난 일을 요약하는 역사적 서언으로 성문화되며, 이를 기반으로 어떤 관계가 이루어진다(예를 들어, 출 20:1-2). 왕은 예전에 봉신들을 구출했기 때문에 그들과 계약 규정을 체결하게 되는데, 이 규정은 봉신들이 왕의 백성으로 존속하며 왕이 **지속적으로** 보살펴 주기를 원한다면 반드시 준수해야 한다. 따라서 **미래**에 계약에 따른 축복을 받게 될지의 여부는 **현재**에 계약 규정을 준수하는 것에 토대를 두며 이는 **과거**에 이루어진 구속과 보살핌이라는 위대한 행위에서 비롯된다.

바꿔 말해, 하나님은 고대 근동의 역사적 체험을 차용해 자신과 택하신 백성의 관계가 장차 어떤 모습이어야 할지를 보여 주셨다. 하나님은 위대한 왕이시며, 우리는 그분의 봉신이다. 우리는 그분의 자비로 고난에서 구원받았다. 우리를 자신의 백성으로 삼으신 하나님은 우리에게 자신이 주도하신 관계에서 비롯되며 그 관계를 유지하는 계약 규정에 대해 알려 주신다. 이러한 규정이 준수될 때(하나님만이 그것을 가능케 하신다!), 하나님은 지금 우리를 지속적으로 다스리실 뿐 아니라 미래에도 그렇게 하실 수 있다. 계약에 순종하는 삶을 통해 우리가 하나님께 영광을 돌리기 때문이다.

15) 개신교 종교개혁 이후로 율법/복음의 대비가 성경 해석을 지배해 왔기 때문에, 이러한 성경 해석은 분명 논란의 여지가 있다. 율법/복음의 대비는 여러 다른 영역에서 차이점을 드러냄에도 불구하고 사실상 20세기를 풍미했던 성경 신학의 두 체계인 세대주의와 수정된 언약 신학의 중심점이 되었다.

이러한 두 체계는 루터교 개혁 전통으로부터 "율법"의 메시지와 "복음"의 메시지라는 근본적으로 상이한 두 메시지의 관점에서 성경을 해석하는 신학적 얼개를 물려받았다. 율법/복음의 대비로 인해 성경의 역사는 세 개의 주요한 시대로 구분된다. (1) 아브라함에게 주어진 "복음"의 메시지 시대(은혜에 의한 이신칭의), (2) 아담, 모세 및 그리스도에게 주어진 "율법"의 메시지 시대(행위를 통한 의), (3) 예수님 자신의 완벽한 율법 준수에 기반을 두고 아브라함의 "복음" 메시지를 되풀이하는 시대(은혜에 의한 이신칭의).

더욱이 율법/복음의 메시지가 본래 근본적인 **갈등**을 드러내기 때문에, 성경의 핵심을 관통하는 것은 바로 이 같은 정반대의 두 방식이다. 이러한 관점에서 "복음"은 하나님이 우리를 위해 행해 오셨고, 행하고 계시며, 또한 행하시겠다는 **약속**의 메시지인 반면, "율법"은 하나님이 우리에게 **요구하시는** 그 무엇이다. 복음이 '좋은 소식'이라면 율법은 '나쁜 소식'이다. 율법은 우리를 실패자로 전락시키며, 범법자가 된 우리는 행위를 통해 의를 획득하려 해도 뜻을 이룰 수 없기 때문이다. 따라서 아담과 하와가 동산에서 계명을 어겼을 때, 그들은 하나님의 진노를 불러일으켰음을 알게 된다. 율법이 흠 없는 완전을 요구하기 때문이다. **마찬가지로** 훗날 하나님이 모세에게 거룩하고, 올바르며, 또한 선하기까지 한 율법—**타락 이전과 마찬가지로 하나님이 재차 흠 없는**

완전을 요구하시는—을 주신 것은 우리가 죄인임을 상기시키며 거듭 불순종하게 해서 우리의 죄를 더욱 가중시키는 데 있었다(롬 3:20; 5:13, 20; 7:7-8과 비교하라).

이런 까닭에 율법은 흠 없는 완전을 요구하면서 (루터가 수도원에서 체험했던 것처럼) 우리를 벼랑 끝으로 내몬다. 율법에는 두 가지 기능이 있다. 율법이 하나님의 거룩한 의를 선포하고, 계명을 어기면 심판이 따른다고 선언하여, 우리로 하여금 절망하게 만드는 긍정적인 기능이 그 하나다. 반면 어떤 식으로든 우리가 하나님의 기대에 따라 살 수 없음을 드러내어 우리를 절망에 빠뜨리는 부정적인 기능이 있다. 그러므로 성경을 이러한 관점에서 읽을 때 사람들은 누구나 하나님의 율법 아래서 정죄를 받게 되는데, 이는 하나님이 은혜로 공급하시는 것과는 구별되는 것 같다. 하나님은 우리에게 오실 때마다 율법의 말씀, 곧 무엇인가를 요구하는 말씀을 갖고 오신다. 이렇게 하나님은 우리의 죄를 드러내셔서 우리에게 그분이 필요하다는 것을 보여 주신다. 나아가 율법 아래 있음으로 인해 인간은 절망의 나락으로 떨어진다. 우리는 율법을 지키려 애를 쓰면 쓸수록 율법을 어긴다는 사실을 절감하게 된다. 즉, 역경에서 벗어나기 위해 신앙적 다짐을 하면 할수록 우리에게 그것을 이행할 능력이 없기에 더욱 낙담한다. 그 결과 우리는 무능력으로 인해 율법을 지킬 수 없다는 사실로 낙담하면서 무릎을 꿇고 만다.

기쁜 소식이란 율법의 정죄를 받게 된 우리에게 하나님이 친히 복음을 주신다는 사실이다. 복음은 요구 체계를 약속의 메시지로 대체하면서 율법을 대신한다. 이제 우리는 하나님 앞에서 의로움을 나타내기 위해(타락한 인간은 도저히 그렇게 할 수 없다) 흠 없는 완전을 이루라는 율법의 요구를 이행하는 대신 복음을 믿기만 하면 된다. 따라서 율법/복음의 대비는 '행위'와 '믿음' 사이의 대비가 된다.

율법/복음의 대비 모델에서의 성경의 통일성은 이 같은 다양성에서 비롯된다. 율법은 처음부터 끝까지 우리가 은혜로 구원받도록 우리를 복음으로 안내한다. 성경의 통일성은 대립되는 두 메시지가, 더없이 소중하며 하나로 합쳐진 하나님의 목적 안에서 통합될 때 이루어진다.

그러므로 성경을 이렇게 읽을 때, 우리는 하나님의 율법에 순종해 그분 앞에서 의롭다는 인정을 받으라고 다그치는 모세 율법과 그 율법의 '공로-의' 체계가 우리를 구원으로 인도하려는 것이 아니라, 복음을 만나게 하시려는 하나님의 섭리를 드러내려 한 것임을 인식해야 한다. 바꿔 말해, 모세 율법은 우리로 하여금 아브라함의 복음으로 되돌아가게 하며, 예수님의 복음을 향해 나아가게 만든다. 복음 아래 있는 우리는 순종을 통해 의를 획득하려는 시도를 포기하고, 예수님을 통해 우리를 구원하고자 하시는 하나님의 공급하심을 단순히 받아들인다.

마지막으로 율법/복음의 모델에서, 하나님은 **아직** 성취되지 **않은** 더 이상의 복을 아담과 하와가 순종으로 인해 받을 자격이 있는지 알아보시기 위해, 일종의 시험으로서 타락 이전의 그들에게 계명을 주신다. 이 복은 영생을 약속하는 생명 나무의 열매를 따먹을 수 있는 권리와 연관되어 있다고 흔히들 생각한다. 따라서 하나님의 계명은 아담과 하와에게 근신 기간을 주셔서 그들이 계명에 순종함으로써 하나님의 궁극적인 축복을 받을 수 있는지를 알아보는 수단이다. 그러나 아담과 하와가 (그들의 죄로 인해) 불순종하여 하나님의 복을 누릴 수 없게 되자, 하나님은 이러한 율법 원리인 '행위 언약'에서 복음 원리인 하나님의 백성들이 **무조건적으로** 그분의 복을 받는 '은혜 언약'으로 전환하신다. 그럼에도 불구하고 하나님이 의를 요구하시는 자신의 성품을 버리신 것은 아니다. 말하자면 하나님은 계명에 온전히 순종하는 자에게만 복을 내리시며, 구원을 얻는 것은 언제나 '행위에 의한 의'를 통해서이다. 따라서 택하신 백성들이 죄를 지었지만 축복을 내리신 하나님은, 두 번째 아담이신 그리스도가 대신 완전한 순종을 보이셔서 공로로 획득하신 것을 그들에게 주신다. 바꿔 말해 그리스도는 율법, 즉 '행위 언약'을 온전히 지키신 후 획득하신 복을 우리에게 내리신다.

세대주의와 언약 신학을 다룬, 그 이상의 주목할 만한 연구로는 John S. Feinberg, ed., *Continuity and Discontinuity: Perspectives on the Relationship between the Old and New Testaments*(Wheaton, Ill.: Crossway, 1988); Geerhardus Vos, *Biblical Theology: Old and New Testaments*[Grand Rapids, Mich.: Eerdmans, 1985(1948)], 「성경신학」(크리스챤다이제스트); Meredith G. Kline, *Kingdom Prologue: Genesis Foundations for a Covenantal*

Worldview(Overland Park, Kan.: Two Age, 2000); Mark W. Karlberg, *Covenant Theology in Reformed Perspective*(Eugene, Ore.: Wipf and Stock, 2000)를 보라. 위의 연구를 각기 분석한 것으로는 Daniel P. Fuller, *Gospel and Law, Contrast or Continuum: The Hermeneutics of Dispensationalism and Covenant Theology*(Grand Rapids, Mich.: Eerdmans, 1980)를 보라.

3. 무엇이 잘못되었으며 하나님은 어떤 조치를 취하셨나?

1) 나는 창 2:15에 대한 번역으로, 좀더 전통적인 "그것을 경작하며 지키게 하시고"(to till it and keep it)보다는 "여호와 하나님이 그 사람을 이끌어 에덴 동산에 두어 **예배하며 순종케 하시고**"(to worship and obey)를 선호한다. 이 절에서 제기되는 질문은 타락 **이전에** 하나님이 인간을 에덴 동산에 두신 진정한 의도가 무엇이냐 하는 것이다. 전통적인 번역의 문제점은, 이야기 전체가 에덴 동산에서 이루어진 첫 '과업'이 타락 **이후에** 저주의 일환으로 일어났다고 지적한다는 인상을 준다는 것이다(창 3:23). 여기서 제안하는 번역으로는 U. Cassuto, *A Commentary on the Book of Genesis*, vol. 1[Jerusalem: Magnes, ET 1972(1961)], pp. 122-123와 John Sailhamer, *Genesis*, Expositor's Bible Commentary, vol. 2(Grand Rapids, Mich.: Zondervan, 1990), pp. 44-45, 47-48에서 제기하는 언어학적 논증을 보라. 언어학적 논증 외에도 Cassuto는 창 2:15의 명령이 동산에서의 희생 제사를 가리키는 것이라 주장하는 반면, 후대 랍비들은 본문이 예배와 순종을 언급하는 것이라고 가르쳤음을 지적하기도 한다(p. 122). 랍비들은 창 2:15의 사람이 "하나님을 섬기고"가 출 3:12과 짝을 이루는 반면 창 2:15의 "지켜라"라는 명령은 신 28:2과 짝을 이루는데, 둘 다 희생 제사를 드림으로써(Genesis Rabbah 16:5과 비교하라) 하나님께 드리는 예배를 언급하는 것이라고 주장했다. 이러한 짝짓기가 설득력이 있는지는 모르겠지만, 이 같은 논지는 랍비들이 하나님을 예배하고 그분의 명령을 지키는 것으로 본문을 해석했음을 드러낸다. 이런 관점을 받아들인다면, 타락 이전의 인간과 타락 이후의 인간이 이 세상에서 해야 할 일이 적절히 대비된다. 타락 이전의 인간은 하나님이 필요를 채워 주실 것이라 믿으며, 동산의 각종 실과는 임의로 먹되 한 가지는 먹지 말라는 계명에

순종하여 하나님을 예배하고 순종할 터였다. 따라서 Sailhamer의 말대로(p. 48), "이러한 두 부정사(infinitives)의 중요성은 이야기가 타락 이후 인간의 상태를 결론적으로 요약하는 대목으로 정확히 되돌아간다는 사실에서 엿볼 수 있다. 남자와 여자는 '예배를 위해'(*le'obdah*, 2:15) 창조되었지만, 타락 이후에는 동산에서 추방당해 '땅을 경작'(*la'abod 'et ha'adamah*, 3:23)해야 했다. 마찬가지로 그들은 '순종하도록'(*lesomrah*, 2:15) 창조되었지만, 타락 이후에는 생명 나무에 접근하는 것이 '금지되었다'(*lismor*, 3:24)." 이러한 언어유희는 시적일 뿐 아니라 결정적이기까지 하다!

2) Paul R. House, *Old Testament Theology*(Downers Grove, Ill: InterVarsity, 1998). p. 62.
3) 이 같은 해석은 Gordon Hugenberger 덕분이다. 그는 고든-콘웰 신학교에서 한 강의(강의 원고는 미간행)에서 창 3:21의 아담과 하와에게 지어 입힌 옷이 창 9:23의 노아의 벌거벗은 몸을 씌운 덮개와 같은 뜻—시 32:1에서는 용서를 뜻하며, 고대 근동에서는 자신의 상속권에 대한 법적 의미를 지니는—을 지닌다고 주장했다(창 37:23; 출 22:26; 삿 14:13; 겔 16:8-16을 보라). 이러한 배경에 비추어 우리는 눅 15:22에서 탕자가 집에 돌아오자 아버지가 옷을 입히며, 갈 3:27에서 하나님의 백성인 우리가 받을 상속이 그리스도 안에서 발견되기 때문에 우리가 그리스도로 '옷 입었다'(우리가 받을 상속)고 말한 까닭을 이해하게 된다. 이와 동일한 표상을 사용해 우리의 최종 구속을 묘사한 것으로는 계 16:15을 보라.
4) John H. Sailhamer, *The Pentateuch as Narrative: A Biblical-Theological Commentary*(Grand Rapids, Mich.: Zondervan, 1992). p. 157.
5) 같은 책, p. 158.
6) 같은 책, p. 160.
7) 이러한 통찰은 Jon D. Levenson, *Sinai and Zion: An Entry into the Jewish Bible*(San Francisco: Harper and Row, 1985), pp. 128-129에서 얻었다.

4. 우리는 왜 상황을 초월해 하나님을 신뢰할 수 있는가?
1) 주목하고자 하는 초점이 다르기는 하지만 이 대목의 주된 요지와 다음에 나

오는 대부분의 사례에 대해서는 John Piper, *The Justification of God: An Exegetical and Theological Study of Romans 9:1-23*(Grand Rapids, Mich.: Baker, 1983), pp. 84-97에 힘입은 바 크다.
2) 같은 책, p. 90.
3) 여기에 제시된 사례와 이러한 사상의 전개는 같은 책의 "The Righteousness of God in Romans 3:1-8", pp. 103-113뿐 아니라 pp. 82-89도 보라.
4) 여기서 이것을 상세히 다루는 것은 취지에 어긋나며 쟁점 또한 복잡한 것이기에, 시 143편이 갈 2:15-21의 "율법의 행위"에 대한 바울의 반박을 이해하는 데 중요하다는 점만 지적한다. "율법의 행위로써는 의롭다 함을 얻을 육체가 없다"(갈 2:16)는 바울의 진술은 시 143:2을 언급한 것이다. 그리고 시 143편에 명백히 나타나 있듯이 시편 기자를 의롭게 만드는 것은 하나님의 의로우심이다. 이것이야말로 시편 기자가 믿었고 모든 "의인"이 믿는(합 2:4) 바다. 합 2:4은 또한 갈 2:15-21에 나타나며, 바울이 믿음의 삶을 언급할 때 인용된다. 따라서 하나님의 종됨에 대해 말하는 시 143편의 의미를 묘사할 때 바울이 사용하는 "율법의 행위"는, 구원의 토대나 원천이 아닌 하나님의 구원하시는 의에 대한 옛 언약의 **반응**이다. 믿음과 그에 따른 순종은 절대적으로 필요하지만, 우리를 구원하는 것은 우리 자신의 반응이 아니라 그러한 반응을 가능케 하는 하나님의 은혜다. 바울은 시 143편의 가르침을 단지 재확인하고 있는 것이다. 시 143편, 창 15:6, 합 2:4을 갈 2:15-21에 나타난 바울의 논증을 지지하는 말씀으로 선호하여 논지를 전개하는 것으로 Roy E. Ciampa, *The Presence and Function of Scripture in Galatians 1 and 2*[Tübingen: J. C. B. Mohr(Paul Siebeck), 1998], pp. 178-220를 보라.

바울이 갈라디아에서 직면했던 문제는, 몇몇 유대인 신자(유대교에서 개종한 신자들)가 그리스도에 대한 믿음을 통해 하나님의 어엿한 백성이 되려면 반드시 유대인이 되어야 한다고 못박은 점이었다. 그들은 그리스도를 따르는 사람들이 이방인처럼 산다면 하나님의 언약 백성에 끼지 못하며, 그로 인해 하나님으로부터 분리된 '죄인'—정의상(by definition)—이 된다고 보았다. 따라서 그들은 예수님을 믿는 이방인들이 유대인이 되어 옛 언약 아래서 살기(할례 받기, 유대교의 음식 규정, 절기, 종교 의식 및 의식적 정결 법규 지키기)를 바랐다.

그러나 메시아가 온 이상, 신자들을 의롭게 하는 것은 새 언약 아래서 하나님의 은혜를 밝히 드러내는 **예수님**의 신실하심에 대한 믿음이다. 이 신실하심은 십자가에 달리심으로 자신의 백성들을 구원해 성부 하나님의 영광을 드러내신 예수님의 헌신으로 표현되었다(갈 2:16, 20). 옛 언약 아래서의 하나님의 구원 사역은 시종일관 그리스도의 도래를 지향하며, 그로 인해 성취된다. 따라서 그리스도가 오신 이상, 우리는 옛 언약이 줄곧 지향했던 하나님의 구원 사역을 새 언약 아래서 신뢰해야 한다. 그렇게 하지 않으면 예수님이 메시아 되심을 부인하는 것이며, 전적으로 그렇게 하지 않으면 그리스도의 구원 사역으로는 충분치 않다고 여기는 것이다.

게다가, 그리스도에 대한 신뢰는 "율법의 행위"(옛 언약 아래서 표현된, 믿음과 그에 따른 순종의 삶)가 아니라, 그리스도와 더불어 십자가에 못박히고(하나님의 저주를 받은 우리의 부패한 욕망을 죽이고) 그리스도가 우리 안에 거하시는 것(그리스도의 부활 능력을 신뢰하는 것, 우리는 이를 통해 율법을 성취하며 성령의 열매를 맺을 것이고 더 이상 율법의 저주를 받지 않게 된다―갈 2:20; 5:18, 23-24)으로 입증된다. 바꿔 말해, 우리를 택함받은 백성의 일원으로 삼으시겠다고 하나님이 아브라함에게 하신 약속은, 옛 언약 아래서의 할례나 민족의 정체성을 말하는 것이 아니라, 우리로 하여금 진심으로 율법을 지키게 하시는 성령―그리스도를 믿는 자들은 누구에게나 부어 주신―을 말하는 것이다(갈 3:14).

옛 언약 아래서는 "율법의 행위"가 하나님의 구원하시는 의에 대한 적절한 반응이었기에, 그것 자체로는 문제될 것이 없었다. 제대로 이해한다면, 율법의 행위는 그리스도 안에서 하나님이 펼치시는 구원 사역―옛 언약 아래 있는 신자들이라도 그들이 구원 받는 토대가 되는―을 지향하며 그것을 상징한다(롬 3:21-26). 따라서 지금 그리스도를 믿는 사람도 누구든지 '유대인처럼 살' 수 있는 것이다. 다만 자신이 그렇게 사는 것을 다른 이들에게 강요하지 않는다면 말이다. 옛 언약 아래 있는 신자들을 구원에 이르게 하는 것은 옛 언약의 준수가 아니라 그리스도의 죽으심이기 때문이다(영어 성경에서는 그 의미가 분명하지 않지만, 이것이 바로 갈 2:16상의 핵심이다―"사람이 의롭게 되는 것은 율법의 행위로 말미암음이 아니요, 오직 예수 그리스도를 믿음으로 말미암는 줄 알므로").

옛 언약이 가리키는 실재가 현실로 나타났기 때문에, 옛 언약의 상징들은 이제 개인적으로 취사선택하는 문제가 된다. 바울 당시, 원하는 사람은 누구든 성전에 들어갈 수 있었지만, 예수님이 진정한 희생 제물이 되셨고 신자들이 하나님이 임재하시는 성전이 된 이상 이제는 더 이상 그럴 필요가 없어졌다. 그러므로 바울은 할례 여부가 중요하지 않다고 말한다(개인이 각자 알아서 할 일이다). 중요한 것은 "하나님의 계명을 지키는 것", "사랑으로 역사하는 믿음" 그리고 "새로운 피조물"이 되는 것이며(고전 7:19; 갈 5:6; 6:15), 이것이야말로 '마음에 할례 받은 진정한 유대인'임을 나타내기 때문이다(롬 2:25-29; 빌 3:3; 골 2:11-15). 바울이 할례 명령과 하나님의 계명 준수를 대비한 것은, 옛 언약 아래 있는 율법이 심령의 변화에 대해 상징적 역할을 했음을 보여 준다. 예수님이 살인을 금하신 것은 심령이 변화되었기에 성내는 일조차 안 된다는 말이며, 간음하지 말라고 하신 것은 음욕조차 품어서도 안 된다는 것이며, 이웃을 사랑하라는 것은 원수까지도 사랑하라는 뜻이다(마 5:17-48).

불행하게도 마음이 완악한 자들은 율법의 겉모습만 지키고 스스로 의인이라고 착각하는데, 이는 하나님의 심판을 자초하는 일이다. 바꿔 말해, 할례 받으며, 성전에서 예배드리며, 살인하지 않으며, 자선을 베풀며, 정결 예식을 지키며, 또한 입으로 하나님을 찬양하더라도 마음으로는 하나님을 '멀리 할' 수 있다(사 29:13; 막 7:1-8). 사실상 이런 일은 이스라엘 백성들에게 다반사였다(고후 3:12-14). 그러므로 옛 언약이 여전히 유효하다고 우기는 것은, 대다수 이스라엘 백성들이 완악해져서 언약을 파기하고 그로 인해 하나님의 저주를 받던 시절로 돌아가자는 것이다.

그렇다면, (그리스도가 구약에서는 볼 수 없는, 매우 혁명적이라 할 만큼 새로운 메시지를 소개해-또한 눅 24:25-27을 보라) 신자들이 더 이상 옛 언약 아래서 살 필요가 없다는 사실을 바울에게 일깨워 준 것은 **그리스도**가 아니었다는 말이 된다. 바울로 하여금 "율법에 대해 죽게"(갈 2:19) 만든 것은 시내 산 언약 아래 있는 율법 그 자체와 이스라엘의 반역의 역사였다. 바울은 자신이 다메섹으로 가는 도중 그리스도를 만난 사건에 비추어 율법을 해석하면서(예를 들어, 시 143편; 창 15:6; 합 2:4), 그리스도가 율법을 완성하셨으며 그리스도인들로 하여금 새 언약 아래서 하나님의 율법에 순종하는 새로운 삶을 통해 율법을 완성할 수 있게 하셨다는 사실을 깨달았다(렘 31:31-34; 겔 36:25-28). 그리스도가 오셨는데도, 옛 언약이 아직도 유효하며 또 필요하다고 우기는 것은, 그리스도의 십자가로 인해 가능케 되었고 새로운 믿음의 삶을 통해 표출된 '하나님의 은혜를 무효화'하는 것이다(갈 2:21상은 2:20을 요약한다). 옛 언약 아래서 의롭게 되는 일이 일어났다면, 그리스도는 죽으실 필요가 없었을 것이기 때문이다(갈 2:21하).

이러한 관점이 함축하는 의미는 제8장과 제9장을 보라.

5) 이스라엘의 대표적 불신앙 행위 열 가지는 출 5:21; 14:11; 15:24; 16:2; 17:2이하; 32:1-6; 민 11:1, 4-9; 12:1; 14:2을 보라.
6) 구약에 펼쳐진 이스라엘 역사를 이해하게 될 때 이러한 요지를 파악하게 된다. Hans Walter Wolff, *Anthropology of the Old Testament*(Philadelphia: Fortress, 1974), p. 152는 이렇게 말한다. 「구약성서의 인간학」(분도).

> 이스라엘은 역사의 시작과 진행이 여호와께서 하신 **약속**의 성취라는 역사관을 지니고 있었다. 국가가 탄생하고, 약속의 땅을 선물로 주시고, 이스라엘이 열국 가운데 사명을 이루고, 다윗 가의 왕국이 세워져 대를 잇고, 사사와 여러 왕의 시대에 파국을 겪고, 바벨론 포로 생활이 시작되고, 포로 생활에서 귀환하고, 예루살렘에서 새롭게 출발하고, 무엇보다도, 열국 가운데 이스라엘이 편입되어 범세계적으로 완전한 갱신이 이루어지는 중에, 이스라엘과 맺은 새 언약에 따른 약속이 성취된 것이었다. 각 개인이 품는 소망의 토대, 지속 여부 및 강도는 그 소망을 이스라엘과 열국에게 하신 이 같은 **약속** 안에 두느냐에 달려 있었다. 하지만 이 같은 모든 변화에 대한 기대는 오로지 여호와의 말씀에 기반을 두고 있었다. 그리고 이스라엘은 여호와의 말씀을 족장들에게 하신 **약속**이자 예언자들을 통한 심판 선언과 구원 서약으로 이해했다(강조는 저자의 것).

7) John Calvin, *Institutes of the Christian Religion*, 3. 11. 29, ed. John T. McNeill,

Trans. Ford Lewis Battles, Library of Christian Classics, vol. 20[Philadelphia: Westminster, 1977(1960)], p. 575.

5. 만물의 회복을 위해 하나님은 왜 그토록 오래 기다리시는가?

1) "우리는 믿음으로 행하고 보는 것으로 행하지 아니함이로라"(고후 5:7)라는 바울의 진술은 믿음의 의미를 둘러싸고 가장 커다란 오해를 불러일으키는 진술 중 하나다. 이 말씀의 요지는 바울이 하나님의 약속을 궁극적 실재로 신뢰하며 그에 걸맞게 살아낸다는 것이다. 바울은 자신의 고난이 삶의 전부는 아니라고 생각하는 것 같다. 그렇기에 Timothy B. Savage가 지적하듯[*Power through Weakness: Paul's Understanding of the Christian Ministry in 2 Corinthians*, Society for New Testament Studies Monograph Series 86(Cambridge: Cambridge University Press, 1996), p. 184], 바울은 '보이지 않는 것에(고후 4:17), 외적 환난이 아니라 내적 영광에(4:17), 낡아지는 겉사람이 아니라 새로워지는 속 사람에(4:16), 옛 시대가 아니라 새 시대에(4:18), 지금 죽어가는 삶이 아니라 부활의 삶에(4:10, 11), 가벼운 것이 아니라 크고 중요한 것에(4:17), 일시적인 것이 아니라 영원한 것에(4:18), 땅에 속한 것이 아니라 하늘에 속한 것에(5:1-2) 주목한다. 요컨대 그는 믿음의 관점…현재와 같은 종말론적 순간에 영광은 고난을 통해 나타난다는 것을 신뢰하는 관점을 수용한다.' 따라서 바울이, 여기서 미래에 대한 확실한 지식을 강조함으로써 분명히 드러나는 것은, '믿음'이란 터무니없거나 비현실적인 것을 진리로 받아들이라는 요구에 무턱대고 부응하는 것이 아니라는 점이다. 그 반대다! '믿음'이란 자신이 알고 있는 것을 무시하는 것이 아니라, 그 아는 것으로 **인해** 미래에 대한 하나님의 약속을 붙드는 것이다. 고후 5:7에서, 눈에 보이지 않는다는 말은 믿음의 불확실한 **토대**가 아니라 하나님이 세우신 약속의 성취가 아직 현실로 드러나지 않았다는 뜻이다. 5:7에서 바울은 인식론적인(즉, 우리에게는 믿어야 할 확실한 이유 곧 '보이는 것'이 없기에 '믿음에 의해' 사물을 인식할 수 있을 뿐이다) 것이 아니라 종말론적인(즉, 우리는 미래에 대한 하나님의 약속을 신뢰함으로써 현재를 살아가는데, 그 약속에 대한 계약금을 우리는 성령 안에서 이미 체험한 바 있다) 것을 강조한다.

이러한 요점에 대해서는 내가 쓴 *2 Corinthians*, NIV Application Commentary (Grand Rapids, Mich.: Zondervan, 2000), pp. 214-215, 223를 보라.

2) John Calvin, *Institutes of the Christian Religion*, 2. 42, ed. John T. McNeill, Trans. Ford Lewis Battles, Library of Christian Classics, vol. 20[Philadelphia: Westminster, 1977(1960)], p. 590.

3) 예레미야서의 중심 주제는 이스라엘이 택함 받았을 때부터 줄곧 하나님에 대해 보인 무정함 혹은 '완고함'이다. 이스라엘의 완고한 태도는 이스라엘이라는 국가의 역사가 어째서 끝없는 불순종으로 점철되었는지, 그리고 심령을 변화시키며, 죄를 용서하며, 순종할 힘을 부여하는 새 언약이 어째서 필요한지를 설명해 준다(렘 31:31-34; 겔 36:22-28). 예레미야가 이스라엘의 부패성을 고발하는 대목은, 렘 3:17; 7:24; 9:13; 13:10; 16:12; 17:23; 18:12; 19:15; 23:17을 참고하라. 이스라엘이 하나님께 신실함을 보여 마침내 새 언약 아래서 회복되는 것에 대해서는, Raymond C. Ortlund, Jr., *Whoredom: God's Unfaithful Wife in Biblical Theology*(Grand Rapids, Mich.: Eerdmans, 1996)를 보라.

4) John Bright, *A History of Israel*(Philadelphia: Westminster, second edition, 1976), p. 356. 「이스라엘의 역사」(크리스챤다이제스트).

5) 예를 들어 사 2:3-4; 7:15-17, 29; 11:6-8, 40; 45:23; 55:12-13; 60:18-22; 65:25; 렘 31:10-14; 겔 34:25-31; 36:8-15; 호 2:20-24; 욜 3:18; 암 9:13-14; 미 5:9-10을 보라.

6) 사 9:2-7; 11:1-9; 45:14-25; 51:9-11; 60:1-22; 61:5-7; 렘 33:19-26; 겔 37:15-28; 암 9:11-12을 보라. 이 자료를 훌륭하게 요약한 것으로는 Ronald E. Clements, *Old Testament Theology: A Fresh Approach*(Atlanta: John Knox, 1978), pp. 144-148를 보라. 「구약신학」(대한기독교서회).

7) Walter Eichrodt, *Theology of the Old Testament*, vol. 1, trans. J. A. Baker (Philadelphia: Westminster, 1961), p. 480. 「구약성서신학」(크리스챤다이제스트).

8) Bright, *History of Israel*, p. 364.

9) Jürgen Moltmann, *Theology of Hope: On the Ground and Implications of a*

Christian Eschatology, trans. James W. Leitch(New York: Harper and Row, 1967), p. 91. 「희망의 신학」(대한기독교서회).

10) Dietrich Bonhoeffer, *Letters and Papers from Prison: The Enlarged Edition*, ed. Eberhard Bethge(New York: Macmillan, third edition, 1971), pp. 372-373. 「디트리히 본회퍼의 옥중서간」(대한기독교서회).

11) 이처럼 중요한 주제에 관해서는, 출 13:3-16; 15:1-18; 신 1:30; 4:31-34; 7:17-18; 수 24:1-28; 삿 2:1; 6:8-9; 삼상 10:17-18; 왕상 8:53; 대상 17:21; 시 44:1-8; 81:10; 106:21; 렘 11:14; 34:13을 보라.

12) 이러한 통찰은 Daniel P. Fuller가 1976년 풀러신학교에서 롬 1-8장을 주제로 한 강의(원고는 미간행)에서 얻었다.

13) 롬 11:32-36; 고전 10:31; 고후 4:15; 8:19, 23; 엡 1:3-12; 3:8-11; 빌 1:9-11; 2:9-11; 골 1:25-27; 벧전 1:6-7을 보라.

6. 이 세상은 왜 고통과 악으로 가득 차 있는가?

1) John Hick, "The Problem of Evil", in *A Modern Introduction to Philosophy: Readings from Classical and Contemporary Sources*, revised edition, ed. Paul Edwards and Arthur Pap(New York: Free Press, 1965), pp. 453-459.

2) Bertrand Russell, *Why I Am Not a Christian and Other Essays on Religion and Related Subjects*, ed. Paul Edwards(New York: Simon and Schuster, 1957), vi.

3) Gregory A. Boyd, *God of the Possible: A Biblical Introduction to the Open View of God*(Grand Rapids, Mich.: Baker, 2000), p. 99. 이 인용문이 암시하듯, Boyd는 자유 의지의 존재에 관한 아르미니우스의 확신을 받아들여 논리적이기는 하나 정통성이 결여된 결과를 이끌어낸다. Boyd는 인간의 자유 의지가 존재한다고 보면서, 일관성 있지만 하나님의 본질적 속성 중 하나를 부인하는 가운데 하나님의 주권과 그로 인한 **예지**(foreknowledge)가 제한적이라는 결론을 내린다. 그가 이렇게 믿는 것은 미결된, 인간의 자유로운 선택이 아직 확정되지 않아 하나님조차도 알 수 없는 미래를 만들어 내기 때문이다 (p. 94).

따라서 어떤 사람의 성격이 틀에 박혀 있어 그의 행동을 완전히 예측할 수 있는 극단적인 경우를 제외하면, "성경은 인간이 어떤 선택을 할 **때** 그 선택을 **어떻게** 할지 하나님이 글자 그대로 아신다고 우리에게 말한다. 하나님은 인간을 스스로 결정하는 행위자로 만드셨으며, 인간이 이쪽 혹은 저쪽으로 결정을 내리기 전에 우리의 미래에 대해 하나님이 아실 수 있는 유일한 실재는 우리가 취할지도 모르는, **있음직한** 방향이다"(p. 66, 마지막 강조는 저자의 것). 따라서 Boyd는 어떤 것들은 하나님이 주권적으로 결정하시기 때문에 예지하실 수 있는 반면, 우리가 자유 행위자로서 내리는 모든 결정은 미결 상태로 남아 우리의 자유 의지에 의한 선택에 따라 이루어진다는 것이 성경의 가르침이라고 본다. 그러니까 우리의 선택에 따라 창출되는 미래는 여전히 미결 상태이기에 하나님도 아실 수 없다(비교. pp. 14, 19, 21, 54, 86). 인간의 자유 의지가 내리는 선택에 관한 한 하나님이 아시는 것은 오로지 인간 행동의 가능성과 개연성뿐이다. Boyd의 말대로, "미래가 미결 상태이기에 자유 행위자가 어느 정도로 결정을 내리든 미래는 여전히 미결 상태로 남는다. 하나님이 미래를 확실성의 영역이 아니라 가능성의 영역으로 여기시는 것은 이 정도로 국한된다"(p. 15). 따라서 "하나님을 '불가능한 것이 없는 하나님'으로 묘사하면 사람들은 미래가 영구히 결정될 것으로 기대하지 않게 된다. 하나님의 은혜와 능력을 힘입어 그들은 미래를 창조하는 데 기여한다"(p. 94; p. 69와 비교하라).

이 같은 '열린 신관'은 하나님이 모든 것을 '세세하게 관리'하지 않으시고 미래의 가장 중요한 측면들이 "자유 행위자의 결정에 따라 이루어지도록" 일임하기로 작정하셨다는 입장을 내세운다(p. 31). 인간의 자유로운 선택을 통해 결정되는 측면들이 사실상 '가장 중요하다'고 할 수 있는 것은 인간의 하나님 사랑, 인간의 영원한 운명, 그리고 온갖 악을 비롯해 인간의 결정에 따라 전개되는 무수히 많은 불가해한 상황과 사건이 그러한 측면에 포함되기 때문이다.

Boyd가 보기에, 하나님의 절대적 주권이 만물을 다스린다고 말하는 것은 그분의 주권을 훼손하는 것이다. 그 까닭은 "사전에 프로그램이 입력되어 저절로 움직이는 세상에 비해, 자유 행위자들이 거주하는 세상을 운영하려면 더 위대한 하나님이 필요하기 때문이다"(p. 31). "하나님은 적절하다고 생각되는 것은 무엇이든 결정하시며 또한 적절하다고 생각되는 만큼 미래의 상당 부분을 미결 상태로 놓으신다. 뭐든 하실 수 있는 하나님은 세계사의 구조와 우리 삶—그 안에서 인간이 자유로운 선택을 할 수 있는 가능성이 현실로 나타나는—의 구조를 '네 스스로 모험을 감행하라'는 식으로 형성하신다"(p. 44). "자유 행위자들이 거주하는 우주에서 사물의 결과—하나님이 내리시는 결정까지도—는 종종 불확실한 것으로 드러나기" 때문이다(p. 58).

내가 보기에 이처럼 그릇된 결론을 이끌어내는 성경 해석에 대해 자세하게 논의하는 것은 취지에 어긋난다. 하지만 Bruce A. Ware, *God's Lesser Glory: The Diminished God of Open Theism*(Wheaton, Ill: Crossway, 2000) 의 신학적 응답을 보라.

4) Boyd, *God of the Possible*, p. 40에서는 눅 7:30과 벧후 3:9을 언급한다.
5) 같은 책, p. 102.
6) C. S. Lewis, *Mere Christianity*(London: Collins, 1952), p. 49. 「순전한 기독교」 (홍성사). Clark H. Pinnock, "Responsible Freedom and the Flow of Biblical History", in *Grace Unlimited*, ed. Clark H. Pinnock(Minneapolis: Bethany, 1975), pp. 94-109. 나는 '아르미니우스주의자'의 입장인 자유 의지를 개략적으로 살펴보고자 하는 사람들에게 이 논문집을 추천한다. 아울러, Clark H. Pinnock, ed. *A Case for Arminianism: The Grace of God, The Will of Man*(Grand Rapids, Mich.: Zondervan, 1990). Pinnock, Boyd 및 기타 '열린' 혹은 '자유 의지' 신론을 주장하는 사람들은 사랑이 자율적 선택을 요구한다는 전제에 기반을 둔 자유 의지를 옹호한다(참고. *God of the Possible*, pp. 63-64, 96-97). 그러나 그들은 자유 의지가 정의상 미결된 미래 및 그에 따른 하나님의 예지의 제한을 뜻한다고 보면서 Lewis가 묘사하는 고전적 아르미니우스주의를 넘어선다.

한편으로, 이러한 견해는 하나님의 주권과 예지에 관한 성경 기록의 구체적인 확증을 재해석하여(예를 들어, 창 15:13-14; 왕상 13:2-3; 시 139:16; 사 44:28; 46:9-10; 48:3-5; 렘 1:5; 29:10-11; 겔 26:7-21; 마 26:34; 요 6:64, 70-71; 21:18-19; 행 2:23; 4:28; 갈 1:15-16; 벧전 1:20), 하나님이 모든 실재를 주권적으로 지배하시고 사진 지식을 갖고 계시는 것과 관련해 보편적으로 적용할 수 있는 진리에 대한 사례라기보다는 오히려 한정된 사건, 전체 상황, 인간의 결정에 의해 훼방을 받을 수 없는 매개 변수, 의도, 계획이나 예측 가능한 결과, 개연성 및 비율을 언급할 뿐이다.

다른 한편으로, '열린 신론'을 내세우는 입장은 성경적 진술의 양식이나 역사적 정황은 고려하지 않고, 하나님이 느끼시는 좌절감, 후회 및 놀람, 생각이 바뀌시는 것, 백성들을 시험하시는 것, 질문과 발견에 대한 진술 및 미래에 대해 언급할 때 조건부 언어를 사용하시는 것에 관한 성경적 진술을 액면 그대로 받아들인다(예를 들어, 창 6:6; 22:12; 출 4:1-15; 16:4; 32:14; 33:1-3, 14; 민 14:11-20; 신 8:2; 9:13-29; 13:1-3; 삼상 15:10-11, 35; 왕하 10:1-6; 대상 21:15; 대하 12:5-8; 32:31; 사 5:2-5; 63:10; 렘 3:6-7, 19-20; 7:31; 18:4-11; 19:5; 26:2-3, 19; 겔 22:30-31; 호 8:5; 욜 2:12-13; 암 7:1-6; 욘 3:10; 4:2; 마 26:39; 행 7:51; 벧후 3:9, 12).

따라서 자유 의지 신론을 주장하는 사람들은 하나님이 인간을 독자적이며 스스로 결정을 내리는 존재, 즉 자신이 어떤 선택을 할지 알 수 없는 존재로 만드셨으며, 그로 인해 하나님이 미래에 대해 결정하고 예지할 수 있는 부분이 있지만 그와 동시에 미래에 대해 결정하거나 예지할 수 없는 부분 또한 있다고 단정한다. 자유 의지 신론에 대한 또 다른 소개로는 David Basinger, *The Case for Freewill Theism: A Philosophical Assessment*(Downers Grove, Ill.: InterVarsity, 1996)를 보라. '열린 신론'과 관련 있는 시각에 대해서는 Clark H. Pinnock, et al., *The Openness of God: A Biblical Challenge to the Traditional Understanding of God*(Downers Grove, Ill.: InterVarsity, 1994)와 John Sanders, *The God Who Risks: A Theology of Providence*(Downers Grove, Ill.: InterVarsity, 1998)를 보라. 그들의 독자적 성서 해석에 대해 언급한다면 족히 책 한 권 분량이 되기 때문에 여기서는 생략하기로 한다. 제한받으시는 하나님(본질상 그렇지는 않더라도 최소한 스스로 결정한 것을 실행에 옮겨 영향을 끼치는 측면에서)이라는 이 같은 관점에 대한 원칙적인 답변과 모든 것을 망라하는 하나님의 주권에 대한 긍정적인 묘사로는 John Piper, *The Pleasures of God: Meditations on God's Delight in Being God*, revised and expanded edition(Sisters, Ore.: Multnomah, 2000)을 보라. 직접적인 응

답으로는 R. K. McGregor, *No Place for Sovereignty: What's Wrong with Freewill Theism*(Downers Grove, Ill.: InterVarsity, 1996)을 보라.

7) Boyd는 *God of the Possible*, p. 31에서 자신의 견해를 '과정 사상'과 혼동해서는 안 된다는 점을 분명히 한다. 그는 이렇게 강조한다. "하나님은 우연이나 자유 의지에 의해 좌우되는 분이 아니다. 하나님의 주권에 대한 이 같은 이해는 진보적 신학 운동인 '과정 신학'과 날카로운 대비를 이룬다. 복음주의 진영의 몇몇 학자는 엉뚱하게도 열린 신론을 주장하는 자들의 노선이 과정 사상과 유사하다는 비난을 퍼부었지만, 사실상 이 둘은 공통점이 별로 없다. 과정 사상은 하나님이 아득한 미래에 관한 것은 어느 것이든 확실하게 사전에 결정하시거나 예지하실 수 없다고 본다. 이와는 달리, 열린 신론을 주장하는 자들은 하나님이 미래에 관해 미리 결정하시거나 알고 싶은 일은 어느 것이든 그렇게 하실 수 있으며, 실제 그렇게 하신다고 본다"(p. 31). "하나님은 무엇이든 원하는 대로 하실 수 있다고 말하는 것은 하나님이 실제로 얼마나 그렇게 하기를 원하시는지의 문제를 미해결 상태로 남겨 놓는다"(p. 51). 그럼에도 불구하고 하나님은 인간이 어떤 결정을 내릴지 예측하실 수 없기에 그것을 아실 수 없다.

8) Winfried Corduan, *Handmade to Theology: An Essay in Philosophical Prolegomena*(Grand Rapids, Mich.: Baker, 1981), p. 138. 과정 신학에 대한 Corduan의 요약 및 비판은 철학적으로 매우 복잡한 문제를 다룰 때 훌륭한 입문서가 된다. 특히 John Cobb의 연구를 다루는 pp. 137-141를 보라.

9) Alfred North Whitehead, "God and the World", in *Process Theology: Basic Writings*, ed. Ewert H. Cousins(New York: Newman, 1971), pp. 85-99. 이 책은 과정 신학의 주요 사상가들과 그들의 관점을 탁월하게 소개하고 있다.

10) Harold Kushner, *When Bad Things Happen to Good People*(New York: Avaon, 1981), p. 113. 「왜 착한 사람에게 나쁜 일이 일어날까」(창).

11) 같은 책, p. 44.

12) Boyd, *God of the Possible*, pp. 105-106, 강조는 저자의 추가.

13) 같은 책, p. 101에서 Boyd는 "단순한 예지"에 대한 아르미니우스주의의 입장 (하나님은 미래를 아시지만 인간의 자유 의지로 인해 미래에 대해 어떤 일도

하실 수 없다)이 예지 그 자체에 대한 성경의 가르침과 일치하지 않는다고 비판한다. Boyd가 제대로 지적하듯이, "성경이 하나님의 예지에 대해 말할 때마다, 하나님이 미래를 아시지만 다스릴 능력이 없다고 선언하는 것이 아니라 발생하는 모든 일을 다스릴 능력이 있음을 강조하는 것이다." 이런 까닭에 Boyd는 하나님이 만물을 다스리지 않기 때문에 만물에 대한 사전 지식을 가지실 필요가 없으며, 그 반대도 마찬가지라는 결론을 내린다. '세계 역사에서 드러난 끔찍한 사건들 그리고 지옥의 망령들이 보여 준 잔인한 행위들이 어떤 식으로든 하나님의 창조에 긍정적으로 기여하고 있다'라는 결론을 Boyd로서는 받아들일 수가 없을 것이다(p. 102). 후자의 결론은 내가 내린 것인데, 제대로 이해하기가 쉽지 않을 듯하다.

14) Kushner, *When Bad Things Happen*, p. 43.
15) 같은 책.
16) Boyd, *God of the Possible*, p. 99.
17) 하나님의 주권과 그것이 일상적 삶에 함의하는 바를 역사적, 신학적 및 실제적으로 유용하게 해석한 것으로는 J. I. Packer, *A Quest for Godliness: The Puritan Vision of the Christian Life*(Wheaton, Ill.: Crossway, 1990); Thomas R. Schreiner and Bruce A. Ware, eds., *Still Sovereign: Contemporary Perspectives on Election, Foreknowledge, and Grace*(Grand Rapids, Mich.: Baker, 2000); Thomas J. Nettles, *By His Grace and for His Glory*(Grand Rapids, Mich.: Baker, 1986)를 보라. 종교개혁에 중심이 되었던 이러한 이슈를 고전적으로 풀어낸 것으로는 Martin Luther, *The Bondage of the Will* [Grand Rapids, Mich.: Revell, 1998(1957)]을 보라.
18) 창 8:22; 15:13; 40:13, 19; 50:20; 출 3:19; 4:21; 7:3; 신 31:16; 삼상 17:45-47; 왕상 13:2; 대하 20:15-17; 욥 38:12; 시 89:9; 135:5-7; 잠 21:1; 사 6:9; 44:28; 45:1; 렘 14:22; 욜 2:21-25; 학 1:11; 요 6:64; 행 2:23; 4:26-28; 17:26; 계 17:7을 보라.
19) 이 절은 나의 번역이다. 여기서 '악'으로 번역된 히브리어는 문맥상 '고통'이나 '역경'으로도 번역될 수 있다. F. Brown, S. R. Driver, D. A. Briggs, *A Hebrew and English Lexicon of the Old Testament*, trans. E. Robinson

[Oxford: Claredon, 1976(1972)], p. 48를 보라.

20) John Piper, *Desiring God: Meditations of a Christian Hedonist*(Sisters, Ore.: Multnomah; expanded edition, 1996), pp. 35-40. 그의 원래 연구인 *The Pleasures of God*(위의 주6을 보라) 외에 하나님의 주권의 성경적 기초와 의미를 요약한 것은 Piper, *Desiring God*, pp. 35-40의 논의를 보라.

21) 다음 세 단락은 나의 주석인 *2 Corinthians*, NIV Application Commentary (Grand Rapids, Mich.: Zondervan, 2000), pp. 74-75에서 따온 것이다.

22) C. H. Spurgeon, "Divine Sovereignty", *The New Park Street Pulpit: Containing Sermons Preached and Revisited*, vol. 1[Edinburgh: Banner of Truth Trust, 1981(1856)], pp. 185-192.

23) John W. Wenham, *The Enigma of Evil: Can We Believe in the Goodness of God?*[Grand Rapids, Mich.: Zondervan, 1985(1974)], p. 44. Wenham은 인간의 자유를 출발점으로 삼기 때문에, 그가 제시하는 해결책이 만족스럽기만 한 것은 아니다. 하나님의 주권을 고난에 철저하게 적용하는 사례로는 Jerry Bridge, *Trusting God, Even When Life Hurts*(Colorado Springs: NavPress, 1988)를 보라. 이와 관련된 성경 구절을 통찰력 있게 다룬 것으로는 D. A. Carson, *How Long, O Lord? Reflections on Suffering and Evil*(Grand Rapids, Mich.: Baker, 1990)을 보라.

24) 원전은 Tertullian(*Apologeticus* 50)인데, 그는 그리스도인들이 믿음을 지키기 위해 고문과 죽음을 담대하게 받아들이는 것을 목격하고 나서, 주후 193년에 회심했다.

25) Paul Marshall, *Their Blood Cries Out: The Untold Story of Persecuting Against Christians in the Modern World*(Dallas: Word, 1997), xxi에 게재한 서두에서 인용. 「그들의 피가 부르짖는다」(두란노).

26) 같은 책, pp. 254-255.

27) 이처럼 침묵하게 만든, 정보의 부재와 사회적 요인들을 분석한 것으로는 Marshall을 보라. Horowitz는 현재 상황과 비슷한 역사적 선례가 있다고 본다. "동료 그리스도인들이 고난을 받는데도 서구 기독교 공동체가 이 사실을 모르거나 침묵을 지켰다는 것은 일찍이 세계사에서 일어났던 끔찍한 사건들

을 연상케 한다. 역사는 제3세계의 복음주의 공동체나 가톨릭 공동체 둘 다 심각한 취약점을 드러내며, 우리가 행동과 기도로 도와줄 필요가 절실하며, 우리가 그들의 처지를 외면한다면 우리도 그들처럼 되고 말 것이라고 경고한다"(ibid., xxi).
28) 같은 책.

7. 하나님의 백성이 왜 고난을 당하는가?

1) 불행하게도, 오늘날 대다수 교회에서 복음은 '필요한 건 뭐든 말해봐'라는 식의 요술 방망이나, '중세'가 빤한데도 회복시켜 주실 거라고 '적극적으로 고백'하면 몸을 치유해 줄 뿐 아니라 물질적 위안까지도 주는 마술적 수단으로 전락했다. 이 같은 운동에 대한 분석은 D. R. McConnell, A Different Gospel: *A Historical and Biblical Analysis of the Modern Faith Movement*(Peabody, Mass.: Hendrickson, 1988)를 보라.

2) 예를 들어, 자신의 *Letter to the Romans*, iv-v에서 고전 15:32을 인용, 로마에서 야수들에게 사지가 갈기갈기 찢겨 "예수 그리스도의 참된 제자"가 되는 게 소망이라던 Ignatius (d. ca. A. D. 115)와 비교하라.

3) 이 같은 위안의 초점과 토대는 하이델베르크 요리 문답(1563)의 첫 번째 질문에 각인되어 있다.

> 질문 1. 살든지 죽든지, 당신의 유일한 위안은 무엇입니까?
>
> 내가 살든지 죽든지 ─ 몸으로나 영으로나 ─ 내 자신에게 속한 것이 아니라, 보혈로 말미암아 내 죄 값을 다 치르시고 악마의 속박에서 완전히 해방시키신 나의 신실하신 구세주 예수 그리스도께 속해 있다는 사실입니다. 그분이 나를 눈동자같이 보호해 주시기에, 하늘에 계신 내 아버지의 뜻이 아니라면 머리카락이 단 한 올이라도 떨어지지 않는다는 사실입니다. 실로 모든 것이 나를 구원하시고자 하는 그분의 목적과 조화를 이루고 있다는 사실입니다. 따라서 그분은 자신의 성령으로 내게 영생의 확신을 주시고, 지금부터 그분을 위해 온 힘을 다해 살며 또 그렇게 할 준비를 하게 하십니다.

Mark A. Knoll, ed., *Confessions and Catechisms of the Reformation*(Grand

Rapids, Mich.: Baker, 1991), p. 137(Miller 및 Osterhaven의 1962년판 번역을 따름)에서 인용.

4) 이러한 접근법이 서구인들의 관심을 끌게 된 것은 Elisabeth Kubler-Ross 덕분이다. 그녀가 쓴 *Death: The Final Stage of Growth*(Englewood Cliffs, N. J.: Prentice Hall, 1975)를 보라.

5) George MacDonald, *Life Essential: The Hope of the Gospel*, ed. Rolland Hein[Wheaton, Ill.: Harold Shaw, 1974(1892)], p. 49.

6) Paul R. House, *Old Testament Theology*(Downers Grove, Ill.: InterVarsity, 1998), p. 428.

7) 같은 책, p. 427. House가 욥기를 다루는 장의 제목을 '섬김을 받기에 합당하신 하나님'으로 한 것은 적절하다.

8) Bernhard W. Anderson, *Understanding the Old Testament*, second edition(Englewood Cliffs, N. J.: Prentice Hall, 1966), p. 513. 「구약성서이해」(크리스챤다이제스트).

9) House, *Old Testament Theology*, p. 431.

10) 하나님에 대한 욥의 이 같은 부정적 반응을 묘사할 수 있게 된 것은 Anderson, *Understanding the Old Testament*, pp. 514-515에 힘입은 바 크다.

11) 욥기를 관통하는 법정/재판이라는 주제의 전개는 Norman C. Habel, *The Book of Job: A Commentary*, Old Testament Library(Philadelphia Westminster, 1985), pp. 30-31, 54-57, 63, 65를 보라.

12) 같은 책, p. 65.

13) Anderson, *Understanding the Old Testament*, p. 517.

14) 같은 책, p. 518.

15) House, *Old Testament Theology*, p. 430.

16) C. S. Lewis, *The Problem of Pain*(New York: Macmillan, 1972), p. 53. 「고통의 문제」(홍성사).

17) C. S. Lewis, *Till We Have Faces: A Myth Retold*(San Diego: Harcourt and Brace, 1984), p. 308. 「우리가 얼굴을 가질 때까지」(홍성사). 동료 교수 Gerald Root 덕분에 이 본문을 이해하고 *Till We Have Faces*를 참고할 수 있

었다.

18) C. S. Lewis, *A Grief Observed*[「헤아려 본 슬픔」, (홍성사)], pp. 61, 76, 44는 Donald Nicholl, *Holiness*(New York : Seabury, 1983), p. 133에서 인용.

19) 이것은 나의 번역이다. 헬라어 θριαμβεύειν의 의미를 살펴볼 때, 이 단어는 로마 제국이 전투에서 거둔 승리를 축하하는 개선 행진을 묘사하는 데 사용되었다. 그렇듯 이 단어는 흔히 '의기양양하게 이끌다'라고 번역된다. 그러나 바울은 행진의 선두에 서는 것이 아니라 하나님의 이끄심을 받는 자임을 주목하라. 이러한 번역과, 그 번역이 바울이 사도직을 수행할 때 당하는 고난과 성령의 능력의 관계를 이해하는 데 함의하는 바를 입증한 것으로는 나의 *Suffering and Ministry in the Spirit: Paul's Defense of His Ministry in II Corinthians 2:14-3:3*(Grand Rapids, Mich. : Eerdmans, 1990 ; Paternoster를 통해 구입 가능), pp. 7-37를 보라.

20) Nicholl, *Holiness*, p. 134.

8. 하나님의 백성은 왜 하나님께 순종하는가?

1) 이러한 통찰과 그것이 하나님과 우리의 관계에 함의하는 바를 심도 있게 논의한 것으로는 John Piper, *Desiring God: Meditations of a Christian Hedonist*(Sisters, Ore. : Multnomah ; expanded edition, 1996)를 보라. Piper의 연구에 기반을 둔 이 장은 그의 통찰을 풀이하는 것에 지나지 않는다. Piper가 쓴 이 책은 연구할 만한 가치가 있는 것으로, 강력하게 일독을 권한다. 자신의 의견을 대단히 명료하면서도 설득력 있게 제시하기 때문이다. Piper 사상의 또 다른 면모에 대해서는 Sam Storms, *Pleasures Evermore: The Life-Changing Power of Enjoying God*(Colorado Springs : NavPress, 2000)을 보라.

2) Daniel P. Fuller, *The Unity of the Bible: Unfolding God's Plan for Humanity* (Grand Rapids, Mich. : Zondervan, 1992), pp. 150-151.

3) 같은 책, p. 150.

4) Piper의 *Desiring God*(주1을 보라)외에 성경의 미래 지향성이 '실질적으로' 함의하는 바를 기술한 것으로는, 그가 쓴 *Future Grace: The Purifying Power of Living by Faith in Future Grace*(Sisters, Ore. : Multnomah, 1995)를 보라.

5) Piper, Future Grace, pp. 9-13.
6) 같은 책, p. 359.
7) 같은 책, pp. 359-360.
8) Richard Sturch, "On Being Heavenly Minded", in Anthony N. S. Lane, ed., *The Unseen World: Christian Reflections on Angels, Demons and the Heavenly Realm*(Carlisle, England: Paternoster, and Grand Rapids, Mich.: Baker, 1996), pp. 65-74. Sturch는 pp. 66-67에서 성경에 나타난 '하늘'의 이미지는 하나님의 탁월한 능력, 전지, 선함(빛을 연상케 하는 긍정적 묘사; 비교. 약 1:17), 희열(비교. 고후 12:2) 및 구속 받은 자들의 최종 상태 – 마음의 소원을 이루어 하나님의 임재를 인식하는 상태를 비롯한 – 를 가리킨다고 주장한다(요 17:3; 고전 13:12; 요일 3:2; 계 21:3-4 등).
9) 예를 들어, 수 3:7-17; 4:23-24; 삿 6:7-10; 왕상 8:46-53; 시 77:11-20; 80:7-13; 106:6-47; 사 11:11-16; 43:14-21; 51:9-11; 렘 11:1-14; 23:5-8; 겔 20:33-38; 호 2:14-15; 미 7:15-17을 보라.
10) 막 10:45; 롬 3:21-26; 4:25; 5:8-10; 고후 5:15; 갈 2:20; 3:13; 골 1:22; 히 2:9; 7:23-28; 9:14; 벧전 3:18을 보라. 그리스도의 십자가가 우리의 죄로 인한 '대리적 형벌'(penal substitution)로서 지니는 중요성을 유익하게 소개한 것으로는, J. I. Packer의 논문 "What Did the Cross Achieve? The Logic of Penal Substitution", *Tyndale Bulletin* 25(1974), pp. 3-45를 보라. 이 논문은 Alister McGrath가 정선하여 소개말을 쓴 *The J. I. Packer Collection*(Downers Grove, Ill.: InterVarsity, 1999), pp. 94-136로 재판(再版)되었다. Packer의 말대로, "'대리적 형벌'이 나타내는 관념은 사랑에 취해 우리를 구원하는 일이라면 발 벗고 나서겠다고 작정하신 주 예수 그리스도께서, 우리가 응당 받아야 할 하나님의 불같은 심판을 인내로 이겨내심으로써 우리로 하여금 죄사함 받고, 양자로 입양되는 영광을 누리게 하셨다는 사실이다. 대리적 형벌을 긍정한다는 것은 그리스도인들이 이러한 사랑을 보여 주신 그리스도께 빚지고 있으며, 이것이야말로 그들이 지금부터 영원히 누리는 모든 기쁨, 평안 및 찬양의 원천이 된다는 뜻이다"(*J. I. Packer Collection*, 114).
11) Fuller, *Unity of the Bible*, p. 56.

12) 이러한 통찰은 Hans Walter Wolff, *Anthropology of the Old Testament* (Philadelphia: Fortress, 1974), p. 153에 힘입은 바 크다.
13) 따라서 벧후 1:3-11에서는 성경을 관통하는 언약의 구조를 이렇게 구분한다. (1) 3-4절에서는 과거에 하나님이 베푸신 강력한 구속 행위를 되새기는 역사적 서언을 담고 있는데, 그러한 구속 행위와 더불어 미래에 대한 약속이 제시되며, (2) 5-7절에서는 이러한 행위와 약속에서 비롯되는 언약 규정을 펼치며, (3) 8-11절에서는 언약에 순종하고 불순종할 때 받게 되는 축복과 저주를 각기 선언한다.

9. 예수님으로 인해 무엇이 달라지는가?

1) 이 같은 해석에 따르면, 엡 2:8-9의 "행위"는 우리가 하나님의 축복을 받기 위해 스스로 행하는 일이나 구별된 행동만을 언급한다기보다 엡 2:10에서 말하는 인간의 온갖 행위, 나아가 그리스도로 말미암는 "선한 일"까지도 포함한다. 우리는 이러한 견해에 다시금 반대하면서, 엡 2:8-9의 "행위"와 대비되는 "믿음"에는 사실상 2:10에서 말하는 "선한 일"도 포함된다고 주장한 바 있다. 그리고 이 "선한 일"은 선물, 즉 하나님이 그리스도 안에서 우리를 새로운 피조물로 만드신 것의 결실이기도 하다. 여기서, 하나님의 축복을 마땅히 받을 만하다고 생각해서 의식적으로 하는 "행위"와, 믿음의 표현이자 하나님이 베푸시는 구원의 은혜로 말미암는 "선한 일"은 조심스럽게 구별해야 한다. 바꿔 말해, 믿음으로 구원을 얻기 이전의 행위는 구원으로 인도하는 믿음의 표현인 행위와 다른 것이다.
2) 마 5:17-48의 이른바 '대립 명제들'(참고. 마 5:21, 27, 31, 33, 38, 43)의 의미를 둘러싸고 최근에 많은 논란이 있었다. 근본적인 쟁점은 예수님의 가르침이 구약 율법의 가르침과 현격한 대비를 이루는 것인지, 아니면 여기서 내가 주장하듯이, 예수님의 가르침이 하나님 나라의 도래라는 새로운 현실에 비추어 율법 자체의 의미를 밝혀 내는 것인지의 문제다. 해결책은 율법과 예언자를 폐하러 오신 것이 아니라 "완성하러"(마 5:17) 오셨다는 예수님의 말씀의 진의가 무엇인지를 파악하는 데 있다. 이 절을 어떻게 해석하느냐에 따라, 예수님과 구약의 관계라는 좀더 폭넓은 질문뿐 아니라 뒤이어 나오는 여러 대

비에 대한 이해 방식이 결정될 것이다. 이에 대한 다양한 입장을 전문적이기는 하지만 유익하게 다룬 Robert A. Guelich, *The Sermon on the Mount: A Foundation for Understanding*(Waco, Tex.: Word, 1982), pp. 138-142를 보라. 이러한 맥락에서 '율법의 완성'이 '율법이 상징하는 모든 것에 대한 최종 결론'(H. Ljungman, Guelich, pp. 139-140에서 인용)이라는 견해를 내가 수용하는 이유는, 예수님이 '성경의 약속대로 하나님과 인간 사이에 새로운 관계를 세우시는 분'으로 오셨기 때문이다(Guelich, p. 142). 이와 같은 새로운 관계는 새로운 방식으로 하나님과 관계를 맺는 것이 아니라 새로운 능력으로 하나님의 뜻에 응답할 수 있다는 뜻이다. 그렇기에 율법과 예언자는 지속적으로 효력을 발생하게 된다. 나는 마 5:17-20의 말씀이 예수님의 가르침을 율법이나 예언자의 경쟁 상대로 보는 어떤 시도도 거부할 것을 요구한다고 생각한다. 이 구절은, 예수님이 우리를 위해 율법을 완성하셨기 때문에, 우리는 율법을 지킬 필요가 없어졌고 단지 예수님이 그렇게 하셨다는 사실을 믿기만 하면 된다고 말하지 않는다.

3) 이러한 결론은 마태복음 전체의 구조에 대한 나의 이해와 그 구조가 마태복음의 기독론을 이해하는 데 함의하는 바에 토대를 두고 있다. 학자들은 "그리고 예수께서 마치시니 그 일이 일어났다"(직역)라는 어구가 마태복음에 다섯 차례 나온다(7:28; 11:1; 13:53; 19:1; 26:1)는 사실을 오래 전부터 알고 있었다. 이러한 어구를 예수님의 사역을 여러 주요 부분으로 나눌 수 있는 암시로 이해한 학자들은 마태복음이 각각 서론과 결론을 갖춘 다섯 개의 섹션으로 나눌 수 있다고 주장했다. 이 가운데 첫 번째는 산상 수훈(마 5-7장)이다. 이를 주시한 많은 학자는 마태복음을 구성하는 섹션들이 모세오경을 반영하며, 마태가 예수님을 '제2의 모세' 혹은 '모세보다 더 위대한' 인물로 묘사하고 있다는 결론을 내렸다. 그런 후에 학자들은 이것이 우리의 예수 이해에 뜻하는 바가 무엇인지를 놓고 각각 다른 결론을 이끌어낸다. 더러는 율법과의 연속성(예수님은 '제2의 모세'로서 하나님의 율법을 계속해서 가르치신다)을, 더러는 율법과의 단절('모세보다 더 위대한' 예수님의 '복음'은 모세의 '율법'을 대체한다)을 강조한다. 이러한 쟁점과 그것이 함의하는 바에 대해서는 Jack Dean Kingsbury, *Mathew: Structure, Christology, Kingdom*

(Philadelphia: Fortress, 1973, 「마태복음서 연구」, CLC), pp. 1-23를 보라. Kingsbury는 마태복음 전체가 이처럼 오중 구조로 되어 있다는 주장은 지극히 단편적 시각이라고 말했다. 그럼에도 불구하고 마태가 이러한 문구를 이용해 자신의 복음서를 다섯 개의 독특한 설교군(群)으로 구성하고 있음은 부인하기 어렵다. 우리는 이러한 관찰을 확대 해석하거나, 이러한 관찰에서 벗어난 해석을 하지 않도록 유의해야 할 것이다. Kingsbury는 "마태가 자신의 사역 내용을 '천국 복음'(26:13; 24:14; 또한 비교. 4:23; 9:35)"으로 요약한 것을 우리가 진지하게 받아들여야 한다고 강조하는데, 이는 올바른 지적이다 (p. 5). 여기서 나는, 마 5:17-48에서의 설교가 명백히 산 위에서 행해지고 있다는 사실에 비추어 볼 때, 산상 수훈을 새로운 모세가 전하는 새로운 율법이 아니라 오히려 구약 율법 자체에 대해 예수님이 보이신 반응의 일부로 보아야 한다는 점을 강조하고 싶다. 마태가 예수님의 가르침을 다섯 개의 커다란 설교군으로 구성한 것은 예수님의 가르침이 그 권위 면에서 이스라엘이 전통적으로 가장 거룩하게 여기는 모세 율법과 다를 바 없다는 것을 나타내고자 한 것이다. 예수님도 하나님의 말씀을 백성들에게 전하고 계시지 않은가! 따라서 우리는 예수님이 랍비들의 전통적 율법 해석을 따르면서 거기에 자신의 해석을 덧붙이신 것으로 여겨서는 안 된다. 예수님의 율법 이해는 오히려 구약의 계시에 대한 하나님 자신의 이해를 드러낸다. Kingsbury의 말처럼, 다섯 개의 설교군으로 된 구조는 "사람들의 시선을 자신의 말씀이 하나님의 계시와 동일한 지위를 누리는 메시아 예수께로 이끈다."(p. 7)

4) 이 부분은 내가 이전에 출간했던 *Paul, Moses, and the History of Israel: The Letter/Spirit Contrast and the Argument from Scripture in 2 Corinthians 3*(Peabody, Mass.: Hendrickson, 1996), pp. 129-135를 각색한 것이다.

5) 이스라엘 백성들이 끊임없이 불순종하는 원인이 되었던 '완악함'이라는 이 같은 동일한 주제에 대해서는, 렘 3:17; 7:24; 9:13; 13:10; 16:12; 17:23; 18:12; 19:15; 23:17을 보라.

6) 언약 백성들과 그들의 지도자들이 끊임없이 언약을 파기했다는 사실에 대해서는, 렘 2:8; 5:31; 6:13, 17; 10:21; 14:18; 23:13 이하; 27:16을 보라.

7) Hans Walter Wolff, *Anthropology of the Old Testament*(Philadelphia:

Fortress, 1974), pp. 43-46, 51-54를 보라. 여기서 Wolff는 구약에서 말하는 '마음'(heart)이 인간의 지적이자 합리적 기능을 나타내는 것이라고 본다. 그는 '마음'을 의지가 더없이 중요한 결정을 내리는 내적 '공간'이자 인간의 갈망과 열망을 불러일으키는 능력으로 정의한다. 따라서 "이성이 기능을 발휘하는 중심지"인 마음은 "우리가 머리와 두뇌의 영역으로 돌리는 모든 활동-인지 능력, 이성, 이해, 통찰, 의식, 기억, 지식, 숙고, 판단, 방향 감각, 분별-을 내포한다. 이것들은 말씀의 진정한 의미에 대해 선을 긋는다"(p. 51). 구약의 인간론에 의하면, 마음은 의지와 갈망이 자리하는 곳일 뿐 아니라 이해 작용과 지적 인식과 밀접한 연관이 있는 기관이기도 하다. Wolff는 이를 뒷받침하기 위해 신 29:34을 예로 들어 하나님이 처음부터 인간에게 이해하는 마음을 주셨다고 말하며, 잠 15:14과 시 90:12을 예로 들어 마음이 하는 본질적인 일은 지식과 지혜를 추구하는 것이라고 말한다(p. 46-47). Wolff의 말대로 "말의 용도가 이해의 기능에서 의지의 활동으로 바뀌는 것은 손쉽게 이루어진다. 이스라엘 백성들은 '인식'과 '선택' 그리고 '들음'과 '순종'을 언어학적으로 구분하는 일이 쉽지 않다는 것을 알게 된다.···따라서 마음은 이해의 기관일 뿐 아니라 의지의 기관이기도 하다"(p. 51).

8) 마 11:30의 "멍에"가 예수님의 율법 해석을 가리킨다고 보는 것은 마 23:4의 이 구절과 평행을 이루는 것에 토대를 두는데, 여기서 우리는 바리새인들이 백성들에게 '과중한' 짐을 지웠음을 알게 된다. 이러한 견해는 유대 문헌에서 멍에가 율법의 요구 사항인 하나님께 대한 순종을 가리키는 은유로 널리 사용된다는 점에서 뒷받침된다. 이러한 자료를 유익하게 요약한 것으로는, Robert H. Gundry, *Matthew: A Commentary on His Literary and Theological Art*(Grand Rapids, Mich.: Eerdmans, 1982), p. 219를 보라.

9) John Piper, *Desiring God: Meditations of a Christian Hedonist*(Sisters, Ore.: Multnomah; expanded edition, 1996), p. 59.

10) 이 부분은 나의 논문 "Am I Not a Good Enough? Why Jesus Had to Die for My Sins", in *This We believe: The Good News of Jesus Christ for the World*, ed., John N. Akers, John H. Armstrong, and John D. Woodridge(Grand Rapids, Mich.: Zondervan, 2000), pp. 79-98를 각색한 것이다.

11) 이 단락에 대한 그의 서면 응답에 나타나 있다.

맺는 말: 우리는 누구인가?

1) 다음 단락들은 나의 *2 Corinthians*, NIV Application Commentary(Grands Rapids, Mich.: Zondervan, 2000), pp. 306-327에 요약된 바와 같이, 고후 7:2-16에 나타난 바울의 논지에 대한 나의 이해에 기반을 두고 있다.

2) 이러한 요점을 통찰력 있게 요약한 것으로는, Ralph P. Martin, *2 Corinthians*, Word Biblical Commentary, vol. 40(Waco, Tex.: Word, 1986), pp. 232-233를 보라. "하나님의 뜻대로 하는 근심과 대비되는 것이 바로 세상 근심이다.…이 근심은 하나님의 뜻대로 하는 근심 못지않게 고통과 후회가 수반되는 유형이다. 하지만 나타나는 결과는 죽음이 아니라 회개다.…세상 근심은 죄가 가져오는 달갑지 않은 결과로 인해 생긴다. 세상 근심에 이처럼 반응하는 사람은 사실상 앞으로 이와 유사한 행동과 그로 인한 결과를 피하려 들지 모른다. 그러나 어느 경우든 그 사람은 **하나님**께로 향하지 않는다. **하나님**께 반역했던 자신의 행동에 대해 깊이 참회하지 않기 때문이다. 오히려 자신이 바보짓을 했거나 "내가 어리석은 일을 하였으니 대단히 잘못 되었도다"(삼상 26:21)라고 토로한 사울 왕처럼, 운이 나빠 발각되었다는 자책에 더 가깝다. 회개는 전인─지, 정, 의─이 포함되며, 감정적 반응 그 이상의 것이다.…죄에 대한 인식 그 자체가 회개는 아니다. 어쩌면 완강한 저항일지도 모른다. 마음속의 애통 또한 죄에 대한 회개는 아니다. 그것은 자책이나 절망일지도 모른다. 죄를 벗어 버리는 것 자체는 사려 깊은 행동일 뿐이다.…어떤 사람이 '애통'할 때 그 가치를 평가하는 기준은 그로 인한 **결과**에 놓여 있다"(강조는 저자의 것). Martin은 에서(창 27:38; 히 12:16-17)와 다윗(시 51:12-19), 유다와 베드로(마 27:3; 눅 22:31-34)의 대조적인 사례를 언급하면서 근심의 유형이 두 가지임을 보여 준다(p. 233).

3) 그들의 중요한 연구라 할 수 있는 *The Race Set before Us: A Biblical Theology of Perseverance and Assurance*(Downers Grove, Ill.: InterVarsity, 2001)를 보라.

4) 더러는 신약에서 말하는 회개의 개념이 **기껏해야** 마음의 변화 혹은 어떤 진리에 대한 동의를 의미할 뿐이라고 주장한다. 이러한 견해를 가장 강력하게

지지하는 사람 중 하나가 Zane C. Hodge다. 그가 쓴 *Grace in Eclipse: A Study on Eternal Rewards*(Dallas: Redención Viva, 1985)와 *The Gospel Under Siege: A Study on Faith and Works*(Dallas: Redención Viva, 1981)를 보라. Hodge는 이렇게 주장한다. "신약에서 회개를 뜻하는 주요 단어들은… 단순히 마음의 변화를 나타낸다. 그 단어는 애통과 회한의 뉘앙스를 풍기며 죄에서 돌아서는 것을 암시하는, 회개를 뜻하는 영어 단어가 주는 느낌이 **없다**.…그러나 구원을 얻기 위해 죄에서 떠나기로 작정해야 한다는 생각은, '회개'(repentance)라는 영어 단어의 의미가 신약의 몇몇 본문을 고려한 것이라는 해석에 사실상 기반을 두고 있는 것이다"(*Grace in Eclipse*, p. 113. n. 5). 그는 Gordon H. Clark, *Faith and Saving Faith*(Jefferson, Md.: The Trinity Foundation, 1983), p. 118에 공감하면서 이렇게 말한다. "믿음은 정의상 암묵적 신조에 대한 동의다.…구원에 이르는 온갖 믿음은 하나 혹은 그 이상의 성경적 신조에 대한 동의다."

여기서 조목조목 반박하는 것은 취지에 어긋나지만, 이러한 견해가 신약에서 말하는 믿음과 회개의 적극적이며 의지적 측면을 진지하게 받아들이지 않는다는 사실을 파악하는 것은 중요하다. 더욱이 Hodge가 신약에서 말하는 "회개"와 "믿음"의 개념을, 각각 '돌아서는 것'과 '신뢰'를 뜻하는 구약의 배경에서 떼어 내려는 잘못이다. 신약에서 말하는 "회개"와 "믿음"의 의미를 밝히는 구약의 배경에 관해서는 Würthwein, 'μετανοέω', in G. Kittel and G. Friedrich, eds., G. W. Bromiley, trans., *Theological Dictionary of the New Testament*, vol. 4(Grand Rapids, Mich.: Eerdmans, 1967), pp. 980-989 및 A. Weiser, 'πιστεύειν', *Theological Dictionary of the New Testament*, vol. 6(1968), pp. 182-196를 보라. Hodge 및 그와 생각이 비슷한 자들은 가령 회개가 삶의 진정한 변화를 수반한다면, 복음이 '행위를 통한 의' 즉 우리의 행동이나 순종을 통해 하나님의 은혜를 구하려는 시도로 전락할지도 모른다고 우려한다.

복음이 요구하는 회개와 순종 **모두** 성령에 의해 가능하다는 사실을 알게 되면 우리는 이 같은 위험을 피할 수 있으며, 결과적으로 하나님은 무엇인가를 요구하시는 동시에 그 요구를 채워 주시는 분이 된다. 우선 생각해야 할 것은, 어떻게 해서도 하나님의 용서 혹은 칭의를 얻어낼 수 없다는 것이며, 우리 자신의 업적에 토대를 둔 즉 행위에 의한 최종 심판이라는 것도 없다는 것이다. 처음부터 끝까지 구원은 하나님이 우리를 위해 베푸시는 행위다. "회개"의 의미를 단지 '마음의 변화'로 격하시키려는 시도는 그 단어가 쓰이는 맥락이나 믿음의 삶을 통한 성령의 역사를 정당하게 다루는 것이 아니다. 실로 은혜를 소낼케 하는 것은 바로 Hodge의 견해다. 그의 견해를 받아들이게 되면, 은혜를 베푸시는 하나님의 행위가 그 활동 범위 전부를 망라할 수 없기 때문이다.

5) 롬 1:5에 나타나는 "**믿어** 순종함"(the obedience of faith)이라는 어구의 뜻을 제대로 이해하지 못하는 주석가들이 많다. 그들은 "믿어"(of faith)라는 속격이 설명하는 기능을 지닌 것으로 생각한다. 이러한 견해에서는, 롬 1:5을 '순종, 그것이 믿음'(the obedience, which is faith)이라고 옮겨야 한다. 그래야 우리가 고려하는 "순종"이 하나님의 율법에 대한 순종과 대비되며, 실제로 그리스도 혹은 복음에 대한 믿음을 뜻하게 된다. 바꿔 말해, 믿음은 복음의 메시지에 대한 순종으로 정의된다. 이러한 입장을 강력하게 천명한 것으로는 Ernst Käsemann, *Commentary on Romans*, trans. Geoffrey W. Bromiley (Grands Rapids, Mich.: Eerdmans, 1980), pp. 14-15를 보라. Käsemann이 이러한 입장을 옹호하는 이유는 바울이 말한 것으로 여겨지는 바로 그것, 즉 "적극적 순종으로 이루어지는 성화야말로 믿음의 진정한 핵심이라는 결론" (p. 15)을 그가 피하고 싶기 때문이다. 내 입장은 이와 사뭇 다르다. 나는 속격이 출처를 밝히는 속격이거나 주격적 속격이거나 둘 중의 하나라고 보기 때문에, "믿어"라는 속격이 '믿음이 행하는 순종'(the obedience that faith does) 혹은 '순종으로 행하는 믿음'(faith that acts in obedience)을 뜻하는 것으로 이해한다. 문법적으로는 둘 다 가능하다. 이에 대한 궁극적 해결책은 바울 신학을 총체적으로 연구할 때 비로소 나올 것이다. 이 어구를 학자들이 일곱 가지 방식으로 이해한 것을 일목요연하게 정리한 것으로는 C. E. B. Cranfield, *A Critical and Exegetical Commentary on The Epistle to the Romans*, vol. 1, International Critical Commentary(Edinburgh: T and T Clark, 1975), p. 66를 보라. 「로마서 1」 국제비평주석(로고스).

6) 내가 지지하는 입장은 율법과 복음의 관계에 대한 루터교, 칼뱅주의, 그리고 세대주의의 전통적 견해를 재평가한 것에 기반을 둔다. 이러한 전통적 견해에서는 율법과 복음이 갈등 관계에 있는 것으로 나타난다. 좁게는 율법을 우리 구원의 토대로서 흠 없는 순종을 보여야 한다는 하나님의 요구로 볼 수 있는 반면, 복음은 하나님이 우리 대신 율법을 완벽하게 지키신 그리스도 안에서 베푸신 은혜로 볼 수 있다. 따라서 그리스도는 "모든 믿는 자들이 의롭다 함을 얻도록"(롬 10:4) 율법을 ('폐지'라는 의미에서) '종식'시키는 분으로 이해되었다. 그러므로 율법/복음 대비는 율법이 가르치는 '행위로 인한 의'와 복음이 가르치는 믿음에 의한 의 사이의 대비가 된다. 이러한 견해에서, 율법은 하나님이 친히 우리를 복음으로 이끄시기 위해 끊임없이 요구하시지 않았다면 아담과 이스라엘이 준수할 수 없었을 율법주의를 가르친 셈이다.

최근에 이러한 견해는 신랄한 비판을 받게 되었다. 기존의 접근 방식을 대체하는 것에 대해 새로운 합의가 이루어진 것은 없지만, (많은 변형과 더불어) 세 가지 기본적인 접근 방식이 등장했다. 몇몇 학자는 초대교회 당시 율법을 둘러싼 쟁점이 단지 문화적이거나 인종적 쟁점에 지나지 않았기 때문에, 신약 성경 특히 바울 서신은 율법이 유대인들과 이방인들의 교제를 가로막는 사회적·인종적 '경계 표지'(boundary markers) 역할을 하지 않았다고 주장한다. 이렇게 보면 할례, 음식 규정, 유대교 절기 및 정결을 둘러싼 의식과 전례만이 시대에 뒤떨어진 것이 된다. 율법의 이러한 측면들로 인해 유대인과 이방인이 갈라졌기 때문이다. 그러므로 율법에서 말하는 '율법주의'는 율법의 이러한 부분 집합을 오용한 것과 관계가 있을 뿐이다. 따라서 바울이 그리스도가 율법의 "마침"이 되신다고 말하거나 '율법의 행위'에 반대할 때, 그는 유대인들과 이방인들을 갈라 놓은 그러한 율법 및/혹은 율법의 적용만을 말하고 있는 것이다.

바울이 반대한 것은 율법이 아니라 율법이 걸핏하면 율법주의로 **왜곡되는** 현상이었다고 주장하는 학자들도 있다. 이렇게 보면 '율법의 행위'라는 표현은 율법 그 자체의 가르침—율법의 소소한 부분에 있어서라도—이 아니라 율법의 이러한 왜곡을 나타내는 것이다. 바울 당시의 헬라어에는 '율법주의'라는 단어가 없었기 때문이다. 따라서 바울이 '율법의 행위'를 반대할 때, 그는 믿음을 가르치는 기능이 있는 율법 그 **자체**를 구출하는 일에 적극 나선다. 따라서 제대로 이해하기만 하면 율법과 복음의 가르침은 동일한 것이다. 바울이 그리스도가 율법의 "마침"이 되신다고 말할 때, 그는 롬 10:4에서 '목적'($\tau\epsilon\lambda o\varsigma$)으로 흔히 번역되는 '목표' 혹은 '성취'를 의미하는 "마침"을 말하는 것이다. 따라서 이러한 견해는 율법과 복음의 신학적 통일성을 지지한다.

바울의 사상에서 율법과 복음의 대비는 구속사 내에서 하나님이 택하신 백성들을 다루시는 두 시기의 대비와 같다고 주장하는 학자들도 있다. 따라서 (율법 전체가 그 자체가 내리는 명령으로서의) '율법'의 법규 혹은 '율법의 행위'와 '복음' 혹은 '믿음'은 이른바 옛 언약 및 새 언약, 옛 시대 및 새 시대, 창조 및 새 창조의 내용을 요약하는 데 사용된다. 이 같은 '종말론적 견해'는 대단히 설득력 있어 보인다. 이렇게 보면, 바울은 두 가지 상이한 구원 방식을 대비시키는 것이 아니다. 구원의 원리와 언약의 구조는 두 시대에 동일한 것이기 때문이다. 율법을 율법주의로 왜곡하여 그것이 구원의 **토대**가 된다는 주장과 바울이 명백히 투쟁을 벌이고 있는 것도 아니다. (율법을 겉으로만 지키고 그것을 뻔뻔스럽게도 하나님과 사람들 앞에서 자랑거리로 삼았던, 율법주의에 갇힌 유대인들이 1세기 당시 분명 있었지만) 이러한 신학적 왜곡이 흔히 생각하듯 널리 퍼져 있었는지는 확실치 않다. 그리고 바울의 '율법의 행위'라는 어구가 율법 전체의 가르침 혹은 그것의 부분 집합과 다른 어떤 것을 가리키는지도 입증할 수 없다. 오히려 종말론적 입장은 율법의 왜곡이나 유대인과 이방인 사이의 사회적 장벽보다 율법이나 '율법의 행위'에 대한 바울의 반론에 더 많은 것이 관련되어 있다는 주장을 펼친다. 분명 이런 식으로 그러한 쟁점이 겉으로 드러나기는 했지만 말이다. 설령 메시아가 오셨더라도 옛 언약은 여전히 유효하다고 생각하도록 부추기는 세력과 바울은 맞서야 했다. 그러한 견해가 뜻하는 바는 새 언약의 새 시대가 그리스도의 초림과 더불어 아직 결정적으로 열린 것이 아니며, 예수님의 죽음은 율법이 율법의 상징적 구현이라고 지칭했던 (이 단어의 온전한 의미에서) 하나님의 은혜를 드러내는 유일하면서도 충분한 방편이 되지 못한다는 것이다(제8장과 제9장을 보라).

'종말론적 견해'에 따르면 유대주의자들은 새 언약에 속하는 온전한 백성이 되기 위해서는 마땅히 유대인인 **동시에** 그리스도를 따르는 사람이 되어야 한다는 주장을 펼쳤다. 그리스도가 한 차례 용서를 베풀 수 있다 하더라도 유대인이 되지 않으면 그는 결코 성령 충만을 체험하지 못할 것이다. 바울은 옛 언약을 새 언약의 시대에까지 가져와 십자가의 능력을 폄하하려는 이 같은 시도(갈 2:21)와 새 시대가 부활과 더불어 사실상 시작되었음을 깨닫지 못하는 사람들을 배격한다. 성령 충만의 조건으로 유대인이 될 것(혹은 그 밖의 다른 '제2단계')을 요구한다면, 그것은 성령을 과연 받기는 한 것인지 의심케 하는 일이다. 성화는 칭의와 마찬가지로 오로지 그리스도에 대한 믿음으로만 가능하기 때문이다. 그리스도 외에 다른 어떤 것을 덧붙인다면 그분 자체를 부정하는 일이 된다.

더욱이 메시아가 도래했는데도 시내 산 언약이 필요하다고 주장하는 것은, 율법이 성령을 받지 못한 이스라엘에 주어졌기 때문에 하나님의 임재가 시내 산 언약 아래 있는 백성들에게 감추어져 있다는 사실을 깨닫지 못한다는 말이 된다(고후 3:6-15). 바꿔 말해 구속사 내에서 옛 언약의 주된 역할은, 이스라엘이라는 국가가 언약을 파기했기 때문에 그들에게 하나님의 저주를 내리는 것이었다(갈 3:10; 4:1-3). 반면에 그리스도의 십자가로 인해 새 언약이 세워지기 때문에, 그리스도를 믿는 사람이라면 인종이나 종교적 신분과 무관하게 유대인이나 이방인 모두에게 성령이 폭포수처럼 쏟아져 내린다(갈 3:1-5). 그러므로 두 시대를 혼합하는 것은 구속사 내에서의 하나님의 목적이라는 측면에서 볼 때 기름과 물을 뒤섞는 것과 흡사하다. 나아가 **이방인의 신분으로** 성령을 받는 것은 그리스도께서 이루신 업적에 비추어 볼 때 택함받은 백성의 일원이 되기 위해 하나님이 더 이상 옛 언약에 매달릴 필요가 없다고 하시는 확실한 표지가 된다. 새 시대가 도래했다! 따라서 시내 산 언약 아래서 기능을 발휘했던 율법과 더불어 계속해서 살겠다고 고집하는 것은 구원을 얻기 위해 메시아 그리스도만 신뢰하지는 않겠다는 뜻이다.

이러한 쟁점은 만만치 않기에 쉽게 타결될 것 같지 않다. 불행하게도 사람들의 인정을 얻기 위해 경쟁을 벌이는 다양한 견해가 학술적 문헌의 차원에서 일반 대중들이 더 쉽게 다가갈 수 있는 차원으로 탈바꿈하지 못하고 있다. 여기서 예외라 할 수 있는 중요한 연구 하나는 Daniel P. Fuller, *Gospel and*

Law, Contrast or Continuum: Hermeneutics of Dispensationalism and Covenant Theology(Grand Rapids, Mich.: Eerdmans, 1980)다. Fuller는 '율법주의로 왜곡된 율법'이라는 입장을 대변한다. '사회학적' 혹은 '경계 표지'라는 관점에 대해서는, James D. G. Dunn의 대표적 연구인 *Jesus, Paul and the Law: Studies in Mark and Galatians*(Louisville: Westminster/John Knox, 1990)를 보라. 다양한 입장을 유익하게 개관한 것으로는 Douglass Moo, "Paul and the Law in the Last Ten Years", *Scottish Journal of Theology* 40(1987), pp. 287-307와 Frank Theilman, *Paul and the Law*(Downers Grove, Ill.: InterVarsity, 1994), pp. 14-47를 보라. 역사적 발전이라는 테두리 안에서 이루어진 현재의 논의를 유익하게 개관한 것으로는, 나의 "Paul and His Interpreters since F. C. Baur", in Gerald F. Hawthorne, Ralph P. Martin, and Daniel G. Reids, eds., *Dictionary of Paul and His Letters*(Downers Grove, Ill.: InterVarsity, 1993), pp. 666-679를 보라.

7) 그러므로 G. B. Caird, *New Testament Theology*, completed and edited by L. D. Hurst(Oxford: Claredon, 1995) p. 118에 의하면, "구원은 하나님이 펼치시는 삼중 행위, 즉 이루어진 사실, 현재에 계속되는 체험 그리고 장차 다가올 완성"이기 때문에 구원의 '시제는 세 가지'다. 따라서 바울은 우리가 의롭게 된 것을 우리의 삶 속에서 이미 이루어진 사실(롬 3:24; 4:5; 5:1, 9)로, 우리가 "주 예수 그리스도의 이름과 우리 하나님의 성령으로 의롭다 하심"을 받았기에 '죄의 노예'가 아니라 '의의 노예'로 사는 현재 상태(고전 6:11; 참고. 롬 5:21; 6:13, 16)로, 그리고 "성령으로 믿음을 따라" 기다리는 "의의 소망"(갈 5:5; 참고. 마 12:37; 롬 2:13; 3:20, 30)으로 언급한다. Caird, pp. 119-120에서는 이것이 바울에게만 해당되는 것이 아니라 신약 성경 전체에서 공히 강조되는 것임을 보여 준다. 말하자면 그리스도인들은 단번에 구원을 얻었지만, 지금도 구원을 얻고 있으며, 자신의 구원을 이루어 나가며, 다가올 구원을 손꼽아 기다린다(롬 13:11; 빌: 3:20; 비교. 벧전 2:16). 그들은 자유를 얻었지만, 새롭게 얻은 자유 안에 굳건하게 서서 자유인으로 살아가야 하는(갈 5:1; 고후 3:17; 비교. 벧전 2:16) 동시에 최종적으로 자유하게 될 그 날을 기다린다. 그들은 깨끗이 씻김 받았지만, 완전한 연합이 이루어질 때

까지(계 19:8) 씻김 받는 과정은 지속된다(고후 7:1; 비교. 약 4:8; 요일 1:7). 죄의 세력을 꺾고 결정적 승리를 거두었지만, 하나님의 주권에 도전하는 세력이 모두 사라질 때까지 전투는 지속된다.

옮긴이 소개

강봉재는 서울교대와 건국대학교 영어영문학과를 졸업했고, 미국 오하이오대학교 대학원에서 언어학(M. A.)을, 감신대 목회신학대학원에서 신학(M. Div.)을 전공했다. 현재 서울 영동일고등학교에서 영어 교사로 재직중이며, 역서로는 「21세기의 과학과 신앙」(크리스천헤럴드), 「회개」(복있는사람), 「귀 없는 리더, 귀 있는 리더」(IVP)가 있다.

하나님의 약속을 이루어 가는 **온전한 신뢰**

초판 발행 2006. 12. 15
지은이 스코트 해프먼 | 옮긴이 강봉재
발행처 한국기독학생회출판부 | 판권 ⓒ 한국기독학생회출판부 2006
등록 제 9-93 호(1978. 6. 1) | 100-603 · 서울 중앙우체국 사서함 327
대표 전화 02-337-2257 | 팩스 02-337-2258 | IVP Books 02-3141-5321
서점 주문 전화 02-338-2282 | 팩스 080-915-1515
홈페이지 http://www.ivp.co.kr | E-mail ivp@ivp.co.kr
ISBN 89-328-2111-9